各國海域執法制度（下冊）

邊子光／著

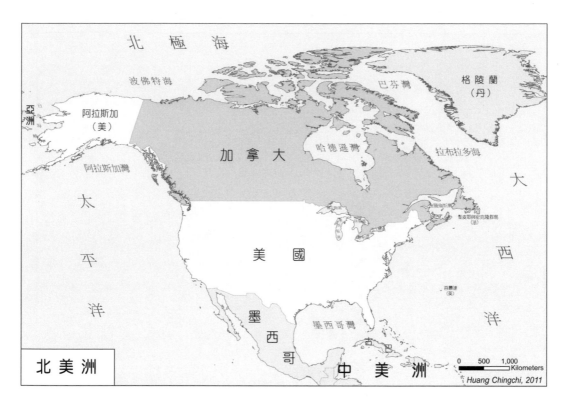

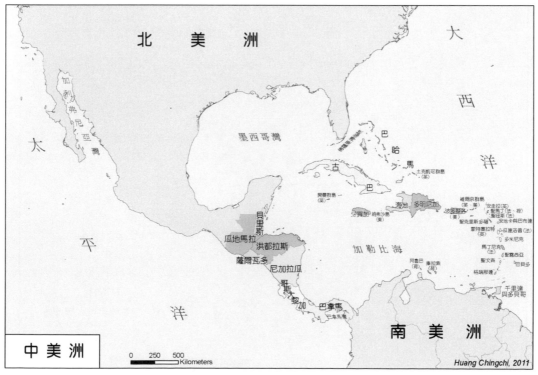

資料來源：黃清琦繪製

資料來源：黃清琦繪製

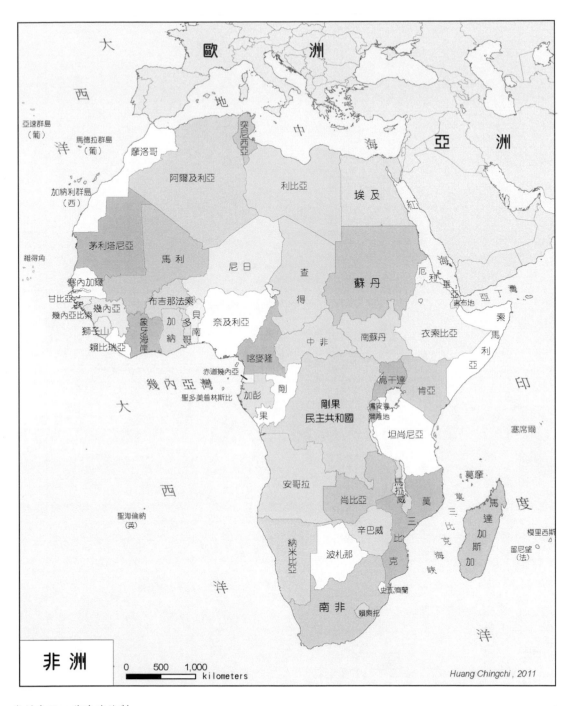

非洲

Huang Chingchi, 2011

資料來源：黃清琦繪製

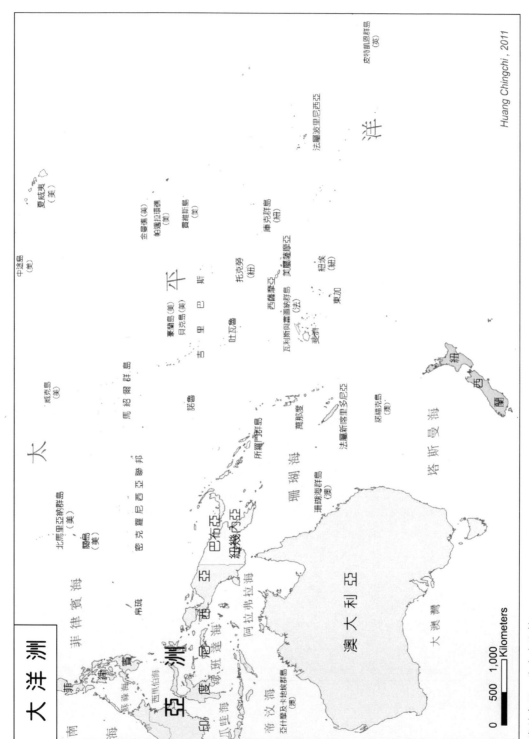

大洋洲

Huang Chingchi, 2011

資料來源：黃清琦繪製

0 500 1,000
━━━━━ Kilometers

- iv -

目次

美洲篇

非洲篇

大洋洲篇

總結論

各國海域執法制度

美洲篇

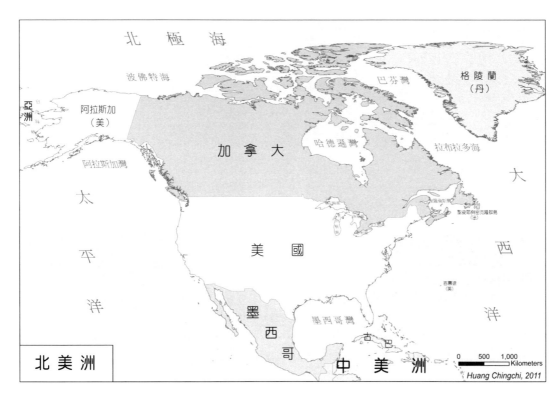

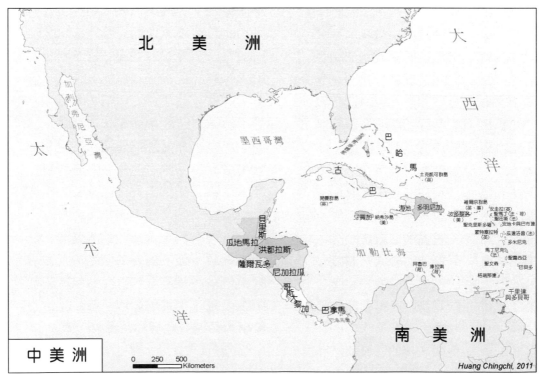

資料來源：黃清琦繪製

加勒比海

大

西

洋

中

美

洲

委內瑞拉

蓋亞那

蘇利南

法屬圭亞那

哥倫比亞

厄瓜多

太

秘

魯

巴　西

洋

大

波利維亞

巴拉圭

西

智

阿根廷

烏拉圭

利

洋

福克蘭群島
（英）

南喬治亞與南三明治島
（英）

南　美　洲

0　250　500
Kilometers

Huang Chingchi, 2011

資料來源：黃清琦繪製

美洲各國海域執法制度

導言

壹、美洲概況（America Overview）

　　十五世紀西班牙人哥倫布發現新大陸後，歐洲列強紛至沓來，西班牙、法國、英國、荷蘭和瑞典相繼侵入北美洲。1774 年至 1783 年英國與法國為爭奪海上霸權和掠奪殖民地而進行的七年戰爭，英國取得勝利。英國在北美洲接管了加拿大，成為北美大陸的主要殖民者。其後因受美利堅民族意識逐漸覺醒，啟蒙思想的傳播及英國殖民者的殘酷掠奪，引起北美人民的反抗。到了 18 世紀初，隨著殖民地經濟的發展，矛盾更加激化，終於 1764 年至 1789 年期間發生美國獨立戰爭。而南美洲則以西班牙及葡萄牙兩國為主，當時又以西班牙帝國憑著其訓練有素的海軍無敵艦隊，主宰歐洲戰場、稱霸海洋為主要殖民帝國。惟因長期戰爭消耗國力，政治腐敗導致經濟停滯，國力於 17 世紀中葉開始下滑，加上西、葡兩國在拉丁美洲地區採取專制統治與榨取式的殖民經濟各地紛起反抗，且受到北美獨立戰爭影響，於 1810 年至 1821 年紛紛獨立，19 世紀西班牙喪失美洲殖民地。

　　目前美洲共有 35 個國家，自 1823 年美國總統詹姆士、門羅（James Monroe）提出，美洲大陸不得再被歐洲任何國家視為未來目標，歐洲各國不能再以任何美洲國家為殖民地，任何殖民美洲的企圖將被視為「對美國國家安全之威脅」，此即所謂之「門羅主義」（Monroe Doctrine）。自 1823 年實施以來，始終是美國與拉丁美洲的外交準則，也成功協助中南美洲各國擺脫歐洲強權而成為獨立國家。加上地理因素之便，拉丁美洲向有「美國後院」之稱，禁止美洲以外強權染指。1948 年美洲各國在哥倫比亞首都通過「美洲國家組織憲章」，1951 年成立美洲國家組織（Organization of American States, OAS），成立宗旨為加強美洲國家之和平與安全，確保會員國之和平解決爭端，促進各國間之經濟、社會、文化合作，總部設於美國華盛頓哥倫比亞特區，1962 年古巴飛彈危機事件後，古巴未再參加

該組織活動，目前有 34 個成員國，在這期間美國為防止共產主義在中南美洲擴散，積極援助中南美各國政府，因此除古巴卡斯楚政權外，各國皆與美國關係良好 。

　　1994 年美國與加拿大聯合發起，在邁阿密召開第一屆美洲國家高峰會（Summit of the Americas）。原擬做為團結從北到南三十四個美洲國家的組織，巧妙地排除了卡斯楚統治的古巴。第一屆美洲高峰會中，宣稱將建立美洲自由貿易區（Free Trade Area of the Americas, FTAA），惟因各國對擴大自由貿易區未達共識。另 1994 年「北美自由貿易協定」正式生效後，美國資本公司終於可以自由汲取墨國廉價勞動力，同樣出現在中美洲的薩爾瓦多、尼加拉瓜、哥斯大黎加。整個中美洲是一個龐大的國際加工廠，惟有學者指出，在外資主導型開放經濟下，卻令拉丁美洲喪失對本國經濟和資源的控制權而付出代價。貧困人口比例從一九八〇年代的平均百分之四十，不斷上升至二〇〇三年的百分之四十五，整個地區有二‧二億人口生活在貧窮線之下，百分之一的地區人口便占了百分之四十三的地區財富，造成拉丁美洲國家對美國不滿。1999 年查維斯（Hugo Charvez）當選委內瑞拉總統後，進行經濟變革，鼓動拉丁美洲左傾政權風潮，逐步向中國及俄羅斯靠攏，對抗美國，帶動拉丁美洲國家集體向左傾斜，近三億人口生活在左派政權之下，此變局使美國意識到其「後院」危機，美國影響力正逐步式微，因此帶動拉丁美洲國家之結盟行動。2005 年，在阿根廷銀海市（Mar del Plata）舉行第四屆美洲高峰會，惟美國在阿富汗陷入苦戰，自顧不暇。

　　2004 年第三屆南美國家元首會議通過《庫斯科宣言》宣布成立南美洲國家共同體（葡語：Comunidade Sul-Americana de Nações, CSN），2007 年更名為南美洲國家聯盟（葡語：União Sul-Americana de Nações；英語 Union of South American Nation），共有 12 個會員國，為加強會員國之政治對話，強化經濟、金融、社會發展和文化交流等領域整合建設，共同簽署《南美洲國家聯盟憲章》，因此南美洲各國正進行政治和軍事區域整合，未來將以南美洲共同體身份出現。2008 年全世界之金融風暴，美國陷入金融危機，無力自保，經濟榮景不再，與此相對，中國崛起和俄羅斯經濟復甦，無形中挑戰美國對拉丁美洲之外交準則。南美洲國家聯盟等區域組織正隱含美國、中國和俄羅斯三國之角力，拉丁美洲區域平衡現狀正在改變，於左右路線中擺動，美國則視為對其國家安全之威脅。最近十年來中國與拉丁美洲的貿易迅速成長，現已是第二大貿易夥伴，僅次美國。正當美國政府準備重建與拉丁美洲的緊繃關係之際，中國趁機透過增加貸款、換匯等方式，用錢拉攏正為經濟問題苦惱的拉丁美洲國家，擴張中國在拉丁美洲的勢力。

　　2009 年 4 月，美洲三十四個國家在千里達與托巴哥（Trinidad-Tobago）舉辦第五屆美洲國家高峰會議，以討論金融風暴為主題，向來仇視美國的委內瑞拉總統查維斯（Hugo Chavez）、玻利維亞總統莫拉賴斯（EvoMorales）、尼加拉瓜總統奧蒂嘉（Daniel Ortega）等，

在此次會議中與美國總統互動良好。[1]但是。委內瑞拉被「自由之家」[2]認為民主出現明顯倒退,但其人民仍擁抱國家的民主體制,是由於總統查維斯運用新增的總統權利,將新收歸國有的土地與石油收益,分享給眾多社會邊緣團體,使其提昇其生活保障與社會地位。[3]

貳、美洲次區域國家及濱海面數分布

美洲國家共計三十五國,內陸國有 2 國,沿海國有 33 國。(見美洲地圖及表 C-1)。

一、北美洲(3 國):加拿大、美國、墨西哥。

二、中美洲(20 國):貝里斯、瓜地馬拉、宏都拉斯、薩爾瓦多、尼加拉瓜、哥斯大黎加、巴拿馬、巴哈馬、古巴、牙買加、海地、多明尼加、聖克里斯多福、安地卡及巴布達、多米尼克、聖露西亞、聖文森、巴貝多、格瑞那達、千里達。

三、南美洲(12 國):委內瑞拉、蓋亞那、蘇利南、哥倫比亞、厄瓜多、祕魯、巴西、智利、烏拉圭、阿根廷、玻利維亞、巴拉圭。

美洲位於大西洋與太平洋之間,一般以巴拿馬地峽(Isthmus of Panama)[4]為界,以北稱北美洲,以南稱南美洲。北美洲的南端,由墨西哥至巴拿馬的陸地,及加勒此海海域的西印度群島,合稱中美洲。中美洲的加勒比海,為世界最主要航路所經的海域之一,與地中海的地理關係位置類似,亦為世界重要戰略地帶之一,有「美洲的地中海」之稱。

本篇所討論國家除北美洲加拿大(Canada)外,以所謂美洲地中海之稱由西側的墨西哥灣和東側的加勒比海構成,相鄰國家為主共有大陸國家:美國(United States)、墨西哥(Mexico)、哥倫比亞(Columbia),地峽國家哥斯大黎加(Costa Rica)與巴拿馬(Panama),島嶼國家,經常被稱為西印度群島中之大安地列斯群島之古巴(Cuba)6 個國家為主,另包括面臨南太平洋之秘魯和智利及大西洋之巴西及阿根廷共 11 國家。就戰略角度而言,墨西哥灣和東側的加勒比海由陸地或島嶼所環繞,與其它水域連接的戰略要道,以及可聯繫太平洋及大西洋,在海洋戰略上增加美洲戰略縱深,亦可確保美國利益。總面積約 435 萬平方公里的美洲地中海,相當於歐洲地中海及其附屬水域面積;從美國紐奧良到千里達,亦即美洲地中海的最長距離,也等同直布羅陀半島到黑海喬治亞巴統的距離,約 3,200 公里。

---

[1] 陸以正,《中國時報-陸以正專欄》〈美洲 34 國高峰會〉,2009/04/20。

[2] 本指標詳細詳見導論,頁 11。

[3] 朱雲漢,《中國時報-時論廣場》〈全球進入政治體制多元競爭時代〉,2010/02/12。

[4] 巴拿馬地峽是美洲中部的一個地峽,從哥斯大黎加邊界延伸至哥倫比亞邊界,全長約 640 公里,連接南、北美洲。巴拿馬運河開鑿於其上,連接大西洋加勒比海和太平洋。

　　拉丁美洲地區天然資源豐富，人力充沛，且為世界原料大生產區之一，對美國的工業生產有所助益，但人民生活水準普遍貧窮，工商業不發達，交通不足，國力普遍低落。拉丁美洲南端近南極洲，為最接近該區之大陸，對南極洲資源的開發極具地利之便，尤其以智利、阿根廷最有利。拉丁美洲海岸線長，易受外敵侵略，且缺乏充分的軍事防禦力量，因此在經濟上與軍事上依賴美國甚深，美國亦基於其安全考量，一方面在外交、軍事與經濟援助上去加強西半球的防禦，一方面運用戰略基地，特別是位於加勒比海一帶的基地，以鞏固巴拿馬運河及嚇阻非友好國家侵入美洲。

　　美洲沿海國共 33 國，群島 11 國，四面環海島國 2 國，二面濱海 9 國，1 面濱海 11 國。（見表 C-2）總而言之，分配尚屬平均。

表 C-1　美洲內陸與沿海國（地區）表

	北美洲 （3）	中美洲 （20）	南美洲 （10）
沿海國 （33） 100%	加拿大 美國 墨西哥	貝里斯 瓜地馬拉 宏都拉斯 尼加拉瓜 薩爾瓦多 海地 巴哈馬 牙買加 聖露西亞 古巴 多明尼加 巴貝多 千里達 聖克里斯多福 安地卡及巴布達 多米尼克 聖文森 格瑞那達 哥斯大黎加 巴拿馬	委內瑞拉 智利 哥倫比亞 祕魯 巴西 阿根廷 烏拉圭 圭亞那 蘇里南 厄瓜多
	（3） 100%	（20） 100%	（10） 100%
內陸國 （2）			玻利維亞 巴拉圭 （2）

| 地區 | | 波多黎各*
美屬維京群島*
阿魯巴* | |

說明：標示星號「*」的波多黎各與美屬維京群島為國家屬地（領地），由於並未將美洲各屬地列出，故不做百分比顯示。

表 C-2　美洲沿海國濱海面數分布

	北美洲	中美洲	南美洲
一面濱海 （11）		貝里斯 薩爾瓦多 （2）	委內瑞拉 蓋亞那 蘇利南 哥倫比亞 厄瓜多 祕魯 智利 烏拉圭 阿根廷 （9）
二面濱海 （9）	加拿大 美國 墨西哥 （3）	瓜地馬拉 宏都拉斯 尼加拉瓜 哥斯大黎加 巴拿馬 （5）	巴西 （1）
群島 （11）		巴貝多 古巴 巴哈馬 海地 多明尼加 牙買加 聖文森 聖露西亞 格瑞那達 千里達 安地卡及巴布達 （11）	
島國 （2）		聖克里斯多福 多米尼克 （2）	

第 73 章　美國海域執法制度

第一節　國情概況（Country Overview）

　　美利堅合眾國（United States of America, USA）位於北美洲，東濱大西洋（Atlantic Ocean），西臨太平洋（Pacific Ocean），北接加拿大（Canada），南接墨西哥（Mexico）及墨西哥灣（Gulf of Mexico）。全國面積 9,631,418 平方公里，為台灣 267.7 倍大。本土海岸線長 19,924 公里（不含夏威夷（Hawaii））。另外，阿拉斯加（Alaska）海岸線長 10,686 公里，領海 12 浬，專屬經濟海域 200 浬。[1]

　　首都華盛頓哥倫比亞特區（Washington, DC），全國人口 313,234,044 人（2011）[2]。採行政（總統）、立法（國會）、司法（法院）三權分立，互相監督和制衡。為總統制國家，總統為國家元首與最高行政長官，國會分參議院與眾議院。（見圖 73-1）主要輸出半導體、

---

[1]　CIA, The World Factbook.(https://www.cia.gov/index.html) (2011/06/02)
[2]　CIA, The World Factbook.(https://www.cia.gov/index.html) (2011/06/02)

農產品、飛機、電機，輸入原油、成衣、電動器具。[3]美國國內生產總值（GDP）14,620,000（百萬）美元，在 190 個國家排名第 1 名；每人國民所得（GNP）47,132 美元（2010），在 182 個國家排名第 9 名。美國在自由之家（Freedomhouse）的政治權利與公民自由兩種自由程度在 2010 年的分數皆為 1，歸類為自由國家；透明國際（Transparency International）中的 2010 年的貪污調查分數為 7.1，在 178 個國家中排名第 22 名；聯合國（2010）最適合居住國家的人類發展指數為 7.9，在 169 個國家中排名第 4 名。[4]

西元 1776 年，美國欲脫離英國統治，13 州殖民地發表「美國獨立宣言」（United States Declaration of Independence）[5]，獨立戰爭後，1783 年與英國簽訂「巴黎條約」（Treaty of Paris）[6]，成立聯邦共和制國家。美國經濟、政治和軍事對全球影響深遠，除古巴、北韓、蘇丹等國家外，與各國建立外交關係。[7]2009 年，歐巴馬總統主張美國新政府外交政策，主張揚棄單邊主義，重視國際對話，應與日本、南韓、澳洲及印度等盟國加強關係，以建構穩定而繁榮的亞洲關係，另與北韓及伊朗等國家增加接觸。美國注重氣候變遷及能源安全等議題，與全球合作減少溫室效應氣體之排放。發展綠色能源產業，推動所有石油進口國建立聯盟，以合作降低需求。嚴格控制核武及其原料流動等等。

---

[3] 《世界各國簡介暨各國首長名冊》，中華民國外交部，2001 年，頁 314。

[4] 五類指標詳情請見本書導論，頁 11-13。

[5] 美國獨立宣言為北美洲十三個英屬殖民地宣告自大不列顛王國獨立，並宣明此舉正當性之文告。1776 年 7 月 4 日，本宣言由第二次大陸會議於費城批准，當日茲後成為美國獨立紀念日。宣言之原件由大陸會議出席代表共同簽署，並永久展示於美國華盛頓特區之國家檔案與文件署（National Archives and Records Administration）。此宣言為美國最重要的立國文書之一。（http://zh.wikipedia.org/wiki/%E7%BE%8E%E5%9C%8B%E7%8D%A8%E7%AB%8B%E5%AE%A3%E8%A8%80）（2010/03/04）

[6] 巴黎和約於 1783 年的 9 月 3 日簽定，並於 1784 年由美國國會批准通過，從而正式結束了英美間自 1776 年起由反抗英國統治而爆發的獨立戰爭。英國與法國和西班牙簽定了附帶的凡爾賽條約。英國承認美國獨立，並必須把密西西比河（Mississippi River）以東的地區（當時有一部份不是美國領土）送予這個新興國家。（http://zh.wikipedia.org/zh-hk/%E5%B7%B4%E9%BB%8E%E6%A2%9D%E7%B4%84_（1783%E5%B9%B4））（2010/03/04）

[7] 中華民國外交部，外交資訊網頁（2010/02/11）

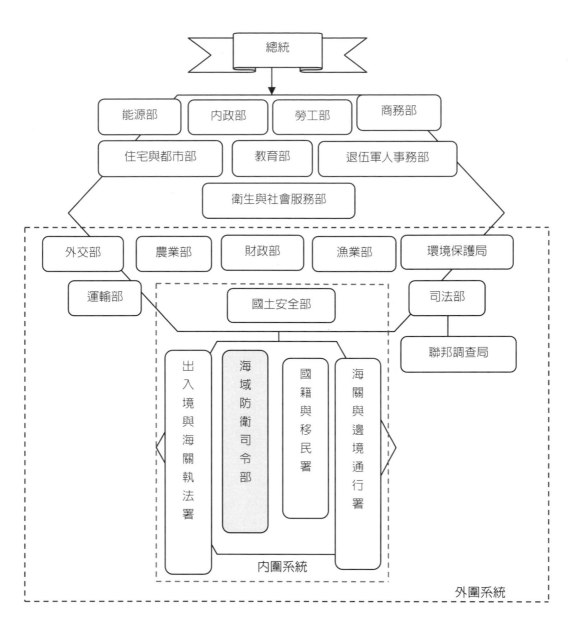

圖 73-1　美國海域執法相關部門互動圖

資料來源：作者自繪

第二節　歷史沿革（History）[8]

　　美國海域防衛司令部（United Stated Coast Guard, USCG）是陸、海、空軍及陸戰隊外，唯一不隸屬國防部之武裝力量，平時隸屬國土安全部（Department of Homeland Security），戰時接受海軍指揮，它同時是美國五大武裝力量中唯一擁有執法權力的機關，USCG 可視為各國海域執法機關典範。早期美國並無專責海上事務組織，因相關機關間權責不清，無法有效執行聯邦任務，決定合併緝私船隊（Revenue Cutter Service）、海上救生隊（Life Saving Service）、航務局（Bureau of Navigation）、輪船檢查局（Steamboat Inspection Service）及燈塔局（Lighthouse Service）5 個聯邦機關，成立海域防衛司令部。1790 年 8 月，美國財政部依據關稅法，設立海上海關執法機構，並建造 10 艘海上緝私船的巡邏隊，以加強關稅的稽徵與防止逃漏關稅。抗法期間（西元 1798 年至 1800 年）及 1812 年戰役中，海上緝私艇及海軍共同執行任務。1831 年，時任財政部長為提昇巡邏隊救難能力，指示 7 艘緝私艇加強巡防搜尋遇難船艇，並依據航海法、取締搶劫及買賣奴隸等法令執行任務。

　　1915 年 1 月 8 日，威爾遜總統簽署「創立海域防衛司令部法案」（Act to Create the Coast Guard），於同年 1 月 2 日國會通過。該法案將緝私船隊與 1848 年成立的海上救生隊合併，正式成立美國海域防衛司令部。1939 年，USCG 與航務局（Bureau of Navigation）整合並納入燈塔局業務，1946 年將輪船檢查局（Steamboat Inspection Service）併入。1967 年，因管理及政治考量，由財政部改隸運輸部，明定 USCG 為美國第五種軍事力量，平時隸屬運輸部，戰時依據總統命令，接受海軍部長指揮，成為海軍一部分。自從 911 恐怖攻擊事件後，美國為強化反恐機制、保護國內安全，2003 年設置國土安全部，USCG 改隸其下。現今的 USCG 傳承各原單位特有精神，具備多元執行任務機關，且係唯一被國會授權於和平時期扮演執法角色的武裝力量。

---

[8]　吳東明，《借鏡美日韓各國、探討我國海巡署發展策略之研究》，行政院海岸巡防署，2004 年 12 月，頁 11。

第三節　組織、職掌與編裝
（Organization, Duties and Equipment）

美國海域防衛司令部（United Stated Coast Guard）

一、組織與職掌

　　美國海域防衛司令部是美國海域執法機關，隸屬於國土安全部，一切法令依據「海域防衛司令部法」。平時擔任海域執法，巡邏海域、港口及海難搜救任務，戰時歸海軍指揮，擔任港口安全及執行禁運等工作。[9]USCG 總部設於華盛頓，設有指揮官（Commandant）、副指揮官及參謀長，內勤單位共有 8 單位。外勤單位計大西洋區指揮部（Atlantic Area）與太平洋區指揮部（Pacific Area），指揮部下又分成 9 個分區指揮部（District），分區指揮部下設組（Group），組下設站（Station）。（見圖 73-2）

　　大西洋區指揮部指揮中心（Atlantic Area Command Center）位於普茲茅斯（Portsmouth），負責協調公海上或分區指揮部轄區外國土安全、海域執法及救難任務。下轄第一分區指揮部（波士頓（Boston））、第五分區指揮部（普茲茅斯（Portsmouth））、第七分區指揮部（邁阿密（Miami））、第八分區指揮部（紐奧良（New Orleans））、第九分區指揮部（克利夫蘭（Cleveland））。太平洋區指揮部中心（Pacific Ocean Command Center）位於阿拉米達（Alameda），下轄第十一分區指揮部（阿拉米達（Alameda））、第十三分區指揮部（西雅圖（Seattle））、第十四分區指揮部（夏威夷（Honolulu））、第十七分區指揮部（朱諾（Juneau））。[10]（見圖 73-3）

---

[9]　游乾賜，《海巡署成長與變革》，台北：黎明文化，2006 年 10 月，頁 83。
[10]　United Stated Coast Guard, (http://www.uscg.mil/) (2011/08/30)

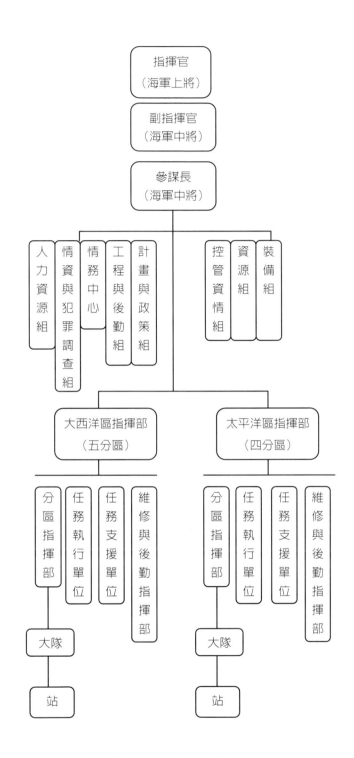

圖 73-2　美國海域防衛司令部組織系統圖[11]

資料來源：作者自繪

---

[11] Homeland Security, (http://www.dhs.gov/xabout/structure/editorial_0644.shtm) (2011/01/21)

圖 73-3 美國海域防衛司令部各分區部署圖[12]

二、裝備[13]

USCG 總計 2,094 艘艦艇，包括 HRI、UBT 及 MLB 搜救船，包含 200 艘大型巡邏船，204 架海域防衛直升機和飛機分佈於美國境內及管轄地區，包含中程的 HH-65 海豚機至長程的 HH-60 的 Jayhawk。USCG 擁有 HU-25Falcon 飛機，可快速抵達事故地點，而大型的 C-130 運輸機負責監控及通報冰山移動及長程的救難任務。[14]

USCG 為執行任務，配置各式船、艇、直升機及定翼機等能量，有效保護美國利益，惟部分艦艇船齡偏高。例如自 1967 年服役至今，船長 378 呎漢彌爾頓級高續航力巡防艦（High Endurance Cutter），雖在 USCG 完善維修制度及人才努力下，各艦艇擁有優良性能，

---

[12] United Stated Coast Guard, (http://www.uscg.mil/) (2011/08/30)

[13] United Stated Coast Guard, (http://www.uscg.mil/) (2011/08/30)

[14] Clayton Evans , Rescue at Sea, An International History of lifesaving, Coastal Rescue Craft and Organizations, Naval Institute Press Annapolis, Maryland 2003. pp.265-267.

惟為因應 21 世紀海洋環境變化，USCG 依任務需求，規劃深水計畫（Integrated Deepwater System），提升執法效能。

（一）艦艇

1. 巡防艇

船長低於 65 呎稱為「艇」，通常運用於海岸及內河航道水域，包含救生艇、多功能艇、追緝快艇、助航設施船、港口安檢艇、硬底式快艇等。巡防艇皆可對抗惡劣海象，例如 47 呎巡防艇，具有自動汲水、自動扶正及防沉沒功能，可在惡劣天候下進行搜救。

2. 巡防艦

船長超過 65 呎稱為「艦」，其中船長超過 179 呎巡防艦由總部負責指揮，船長 175 呎以下巡防艦由分區指揮部指揮，巡防艦配備有救生汽艇及硬底式快艇，極區破冰船配備極區調查艇及登陸小艇等。

3. 艦艇數

依統計，USCG 各噸巡防艦艇如下：
a. 12 艘高續航力巡防艦（High Endurance Cutter）
b. 29 艘中續航力巡防艦（Medium Endurance Cutter）
c. 1 艘國家保安巡防艦（National Security Cutters）
d. 13 艘破冰船（Icebreakers）
e. 111 艘巡防艇（Patrol Force）
f. 1 艘訓練艦（Training Cutters）
g. 53 艘浮標補給艦（Buoy Tenders）
h. 13 艘建造補給艦（Construction Tenders）
i. 11 艘港口拖艦（Small Harbor Tugs）
j. 其餘各式小艇 2,000 艘。
k. 航空器
美國航空站計 25 座，大型航空站 14 座，小型航空站 11 座，多設置於美國沿岸，部分設置於波多黎各、阿拉斯加及夏威夷。[15]USCG 共配置航空器 182 架，其中直升機 147 架、

---

[15] 吳東明，《借鏡美日韓各國、探討我國海巡署發展策略之研究》，行政院海岸巡防署，2004 年 12 月，頁 31。

固定翼飛機 35 架。負責空中偵查，以協助查緝走私毒品及偷渡，並執行海難搜救、偵查執法、海上環境通報反應、破冰及攔截等任務。

（二）人員

USCG 為執行搜救、海域執法、助航、破冰、環境保護、港口安全及國防準備等任務，計現役（2011）41,874 人、7,057 位文職人員、8,100 位後備人員、30,000 位義務人員。[16]

（三）深水計畫

深水計畫（Integrated Deepwater System），是一項汰換 USCG 艦艇、航空器及指管通情監偵系統的計畫。該項計畫係 2002 年洛克希德馬丁公司（Lockheed Martin）和諾斯羅普格魯曼公司（Northrop Grumman）組成的公司得標。洛克希德馬丁公司船舶系統（Lockheed Martin Ship System）執行 91 艘新型艦艇設計及建造計畫，諾斯羅普格魯曼公司負責指管通情監偵系統整合計畫及航空器籌獲。911 恐怖攻擊後，依據 2005 年一項操作需求（Operational Requirements）評估計畫，深水計畫已修正，強化該計畫能力。[17]

表 73-1　美國深水計畫能量表

能量種類	數量	計畫服役期程
國家保安巡防艦（National Security Cutter）	8 艘	2006-2013
遠洋巡防艦（Offshore Patrol Cutter）	25 艘	2012-2022
快速反應巡防艦（Fast Response Cutter）	58 艘	2018-2022
長程阻截巡防艦（Long Range Interceptor）	42 艘	2006-2022
短程查緝巡防艦（Short Range Interceptor）	82 艘	2003-2021
海域巡防航空器（Maritime Patrol Aircraft）	35 架	2005-2012
垂直起降式無人操控航空載具（Vertical Takeoff and Landing Unmanned Air Vehicle）	69 架	2006-2018
垂直降落式海域偵察航空器（Vertical Recovery and Surveillance Aircraft）	34 架	2014-2022
多目標任務艦載直升機（Multi-mission Cutter Helicopter）	93 架	2007-2013
高海拔耐航力無人操控載具（High Altitude Endurance Unmanned Air Vehicle）	7 架	2016

資料來源：吳東明、許智傑，《第 13 屆水上警察學術研討會論文集》〈美國「深水計畫」的挑戰——整合海岸防衛隊設備系統的方法研析〉，中央警察大學，2006 年 9 月，頁 20-21。

---

[16] Department of Homeland Security, Budget-in-Brief Fiscal Year 2010 U.S. Department of Homeland Security, February 2009, p.81.

[17] *Jane's Fighting Ships.2008-2009*, Edited by Commodore Stephen Saunders RN, Virginia U.S.A, pp.885- 894.

第四節　權限與管轄（Authority and Jurisdiction）

美國海岸線長，海域面積廣闊，美國利用海洋連接國貿易，亦可投射軍力保護避免海洋成為犯罪及威脅國土的管道。USCG 保護海域公共秩序、環境及美國經濟及安全利益，包含國際水域及美國海岸、港口及內水航道等。美國國會賦予 USCG 搜救、海上安全、港口航道及海岸安全、破冰、助航、查緝毒品、查緝偷渡、國防準備、海洋環境保護、海洋生態資源等 11 種法定任務。[18]USCG 是國土安全部內唯一具有執法能力的軍事機關，兼具有多重海事任務的海巡組織，扮演海事安全、海上保安及海洋守護者角色。[19]

壹、角色（Role）（見圖 73-4）

一、海事安全（Maritime Safety）

執行海難搜救，救助遇難人員及撈救遇險財物，USCG 座右銘「隨時備便」（Always Ready），便是隨時備便各項能量執行海難搜救，實施船舶交通管理及設立助航設施，降低船舶碰撞、追撞及擱淺事件，提供極區破冰服務，維護極區交通安全，確保人員及貨物安全。

---

[18] Department of Homeland Security, Budget-in-Brief Fiscal Year 2010 U.S. Department of Homeland Security, February 2009, p. 81.
[19] Coast Guard , U.S. Coast Guard: America's Maritime Guardian, May 2009, p. 4.

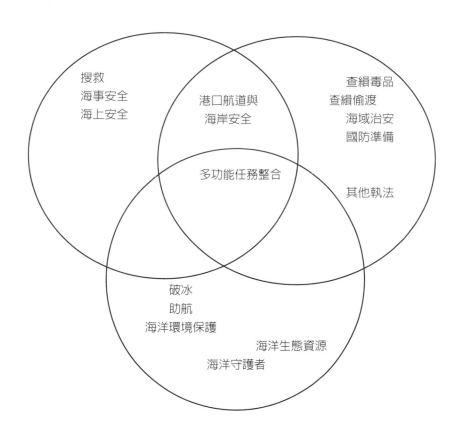

搜救
海事安全
海上安全

港口航道與
海岸安全

查緝毒品
查緝偷渡
海域治安
國防準備

多功能任務整合

其他執法

破冰
助航
海洋環境保護

海洋生態資源

海洋守護者

圖 73-4　美國海域防衛司令部任務圖[20]

二、海上保安（Maritime Security）

　　查緝毒品、偷渡，杜絕海上走私、偷渡入境，預防外國漁船非法進入美國海域捕魚，取締違反聯邦法律行為，保護入侵美國海域行為，運用海上執行能力，支持國家安全策略，增加區域性穩定，執行軍事行動，提供國防部要求之核心能力。

三、海洋守護者（Maritime Stewardship）

　　保護海洋各種生物資源，降低海洋環境損害，減少油料排放至海中。前開海事安全、海上保安及守護者等三個角色，任何一個角色皆涵蓋多種任務。例如助航涵蓋在海事安全角色內，惟助航亦可預防船舶擱淺及碰撞。而預防船舶擱淺及碰撞對生物資源有影響，可納入海洋守護者角色範圍內，混合的角色及多重的任務，要求 USCG 的人員及能量必

---

[20] Coast Guard , U.S. Coast Guard: America's Maritime Guardian, May 2009, p. 4.

須符合多任務能力。而 USCG 制式能量裝備及編制能力人才的特性，提供更有效（Effectiveness）、洞察力（Insight）、敏捷（Agility）能力因應各種狀況，成為優良成效的基礎資源。2012 年 4 月 5 日，因去年東日本大地震海嘯後，漂流流到阿拉斯加外海的漁船，美國國家海洋暨大氣總署考量海洋生態環境，建議 USCG 直接擊沉漁船，以維護航海安全與生態。[21]

貳、執法權限

　　海域管轄權由沿海國與船旗國間互相增消，公海上船舶享有航行自由、飛越自由、捕魚自由、科學研究自由等。公海普遍管轄對象主要包括海盜、人口販賣、非法販賣麻醉藥品與精神性調理物質之行為，以及非法廣播行為。沿海國於專屬經濟海域，享有主權權利，沿海國於鄰接區，享有防止及懲治船舶違反海關、財政、移民及衛生法規，領海沿海國享有主權。

　　USCG 執法依據美國聯邦法（United States Code）及相關聯邦法規（Code of Federal Regulations）等，而執法權限及執法對象依美國法規及國際法規、雙（多）邊協定等而有不同，離美國海岸越遠之海域，美國管轄權限相對較小。依美國聯邦法典第 14 編之海域防衛司令部法第 89 條第 1 項（14 USC 89（a））規定：「海域防衛司令部於公海及其他美國具有管轄權之水域，基於防止、偵查及鎮壓違反美國法律之目的，得採取質問、查驗、檢查、搜索及扣押行為。」[22]

　　基於上述目的，軍官、基層軍官及士官（兵）可以登臨任何具有管轄權或可適用任何美國法令之船舶，並對人員提出質問、查驗船舶之文件及資料、實施盤查、檢查及搜索，必要時得行使任何武力迫使其遵守上述處分。經上述質問、查驗、盤查、檢查或搜索，發現任何違反美國法律之行為而應逮捕之情事存在，或曾有犯罪之行為，對上述之行為人應予以逮捕，其於逃跑至岸上者，應於岸上追捕並逮捕之。經上述質問、查驗、盤查、檢查或搜索，發現進入美國之船舶、貨物或其他因此船舶上之任何部分，有違反美國法律之情事，對該船舶應予以沒收。該船舶應課予罰金或者處罰，且有保全之必要者，扣押該船舶、物品或兩者。[23]同條第 2 項規定，USCG 於依據本條所規定之執行權限範圍內，於執行任何

---

[21] 潘勛，《中國時報－國際新聞》〈美擊沉日海嘯「幽靈船」〉，2012/04/07。

[22] 吳東明，《借鏡美日韓各國、探討我國海巡署發展策略之研究》。行政院海岸巡防署。2004 年 12 月。頁 40。

[23] (a)The Coast Guard may make inquiries, examinations, inspections, searches, seizures, and arrests upon the high seas and waters over which the United States has jurisdiction, for the prevention, detection, and suppression of violations of laws of the United States.

For such purposes, commissioned, warrant, and petty officers may at any time go on board of any vessel subject to the jurisdiction, or to the operation of any law, of the United States, address inquiries to those on

美國法律時，應被視為掌理特別法令之特別執行部門或獨立單位之幹員，受到該執行部門或獨立單位，對於該等執法事項所制定之行政規則所拘束。[24]同條第 3 項規定，本條之規定包括任何由其他法律所賦予上述人員之權力，並不限制其他賦予上述人員權力之法律與其他美國官員。[25]USCG 依海域範圍具有不同的執法權限。（見圖 73-5）

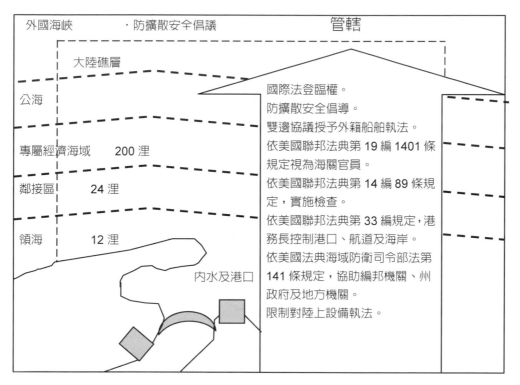

73-5　美國海域防衛司令部管轄區域圖[26]

---

board, examine the ship's documents and papers, and examine, inspect, and search the vessel and use all necessary force to compel compliance.

When from such inquiries, examination, inspection, or search it appears that a breach of the laws of the United States rendering a person liable to arrest is being, or has been committed, by any person, such person shall be arrested or, if escaping to shore, shall be immediately pursued and arrested on shore, or other lawful and appropriate action shall be taken; or, if it shall appear that a breach of the laws of the United States has been committed so as to render such vessel, or the merchandise, or any part thereof, on board of, or brought into the United States by, such vessel, liable to forfeiture, or so as to render such vessel liable to a fine or penalty and if necessary to secure such fine or penalty, such vessel or such merchandise, or both, shall be seized.

[24] (b)The officers of the Coast Guard insofar as they are engaged, pursuant to the authority contained in this section, in enforcing any law of the United States shall:(1)be deemed to be acting as agents of the particular executive department or independent establishment charged with the administration of the particular law; and(2)be subject to all the rules and regulations promulgated by such department or independent establishment with respect to the enforcement of that law.

[25] (c)The provisions of this section are in addition to any powers conferred by law upon such officers, and not in limitation of any powers conferred by law upon such officers, or any other officers of the United States.

[26] Coast Guard, United States Coast Guard Posture Statement With 2010 Budget in Brief, May 2009, p.11.

依美國聯邦法典第 14 編海域防衛司令部法第 141 條規定：「當有適當之權限對海域防衛司令部提出請求時，可以使用其所屬人員及設備。對任何之聯邦機關、州政府、行政區域、屬地及州政府所屬之機構或哥倫比亞特區，協助執行特別符合海域防衛司令部設備及人員資格之任何執法活動。」[27]美國聯邦法典第 14 編海域防衛司令部法第 143 條規定：「海域防衛司令部軍官、基層軍官及士官兵亦視為海關官員。」[28]由於 USCG 為專責海域執法機關，為執行多項海域任務，必須與各機關間互相協調聯繫，共同維護美國海域權益。（見圖 73-1）

第五節　教育與訓練（Education and Training）

美國海域防衛司令部為全球優良海巡組織，除配置先進制式能量裝備外，另編制能力人才亦具關鍵因素。由於 USCG 人員擔負多功能責任且被賦予法定任務，接受良好海事專長教育訓練，具備多重任務適應能力及彈性。因尖端應用科技設備不可取代特有海巡組織文化及人員犧牲奉獻精神，榮譽、尊重、恆心、毅力、勇敢、熱忱及捨己救人特質，將持續領導 USCG 通往成功。

USCG 擁有符合海巡人員利益及發展需求的生涯計畫藍圖，並涵蓋人員深造及領導升遷等工作激勵制度，海事專業訓練使人員具備更廣泛及彈性選擇能力。USCG 訓練可分為：一、海域防衛司令部官校（Coast Guard Academy），主要培養幹部，係海域防衛司令部幹部養成搖籃學校。二、訓練中心（Training Center），培養海事專業人才。三、訓練隊，提供在職訓練。

USCG 依據任務需要對隊員施訓，在國際訓練手冊（International Training Handbook）中詳列各訓練班次。USCG 三分之一隊員擔任執法工作，三分之一擔任海事服務工作，三

---

[27] (a)The Coast Guard may, when so requested by proper authority, utilize its personnel and facilities (including members of the Auxiliary and facilities governed under chapter 23) to assist any Federal agency, State, Territory, possession, or political subdivision thereof, or the District of Columbia, to perform any activity for which such personnel and facilities are especially qualified. The Commandant may prescribe conditions, including reimbursement, under which personnel and facilities may be provided under this subsection.
(b) The Coast Guard, with the consent of the head of the agency concerned, may avail itself of such officers and employees, advice, information, and facilities of any Federal agency, State, Territory, possession, or political subdivision thereof, or the District of Columbia as may be helpful in the performance of its duties. In connection with the utilization of personal services of employees of state or local governments, the Coast Guard may make payments for necessary traveling and per diem expenses as prescribed for Federal employees by the standardized Government travel regulations.

[28] Commissioned, warrant, and petty officers of the Coast Guard are deemed to be officers of the customs and when so acting shall, insofar as performance of the duties relating to customs laws are concerned, be subject to regulations issued by the Secretary of the Treasury governing officers of the customs.

分之一擔任國防工作等。國際訓練班次為期約 10 週，訓練對象除美國外，時常與各國海域執法單位進行技術、知識、科技交流。例如如何成為一位艦長，東西二岸各有一執法訓練基地，訓練中心講授搜救計畫。USCG 亦開發搜救計畫軟體，可精確計算出遇難船舶位置，增加搜救成功率。有關危機處理、港口安全等方面，訓練中心編排實務演練。此外，USCG 訓練隊巡迴各站實施在職訓練，主動、直接至實務單位提供訓練，彌補人員調訓不便與不足缺陷。各駐地人員亦可提出訓練需求，訓練隊準備教材提供訓練。[29]

壹、晉用管道

　　USCG 幹部來源管道計有海域防衛官校（Coast Guard Academy）、軍官儲備學校（Officer Candidate School）、直接任官訓練課程（Direct Commissioning Programs）、大學學生任官養成行動方案（The College Student Pre-Commissioning Initiative）等不同方式。對於美國高中畢業生，由海域防衛官校（Coast Guard Academy）四年養成教育，於畢業後，授與學士學位及取得任官資格。對於美國一般大學畢業生或更高學位者，藉由進入軍官儲備學校（Officer Candidate School）訓練課程後晉用，該等晉用人員不限任何專業領域，舉凡大學畢（肆）業生有興趣者，皆可申請，軍官儲備學校課程分為專業課程及領導與管理二部分。[30]直接任官訓練課程（Direct Commissioning Programs）係依 USCG 飛行員、工程師、環境管理師、律師、具有證照的商船海員等各種專業領域需求，在完成訓練課程後，取得後備任官資格。大學學生任官養成行動方案係招募就讀大學二年級學生，由 USCG 提供獎學金，利用該學生暑假期間施予養成訓練、航海技能、海域執法等專業訓練，大學畢業後需進入軍官儲備學校繼續受訓，期滿後取得後備軍官之任用資格。[31]

　　USCG 基層隊員來源管道可分為四種類別，第一種人員係先前無服役於軍事機關紀錄，其服役年限為 4 年至 6 年。第二種人員係先前曾有服役於其他軍事機關紀錄，服役年限為 4 年。第三種人員是先前曾服役於 USCG 者，其再次徵募者，得依當事人之意願而選擇 3 年至 6 年不等之服役期限。第四種人員是先前曾服務於 USCG 後備人員且服役期滿未展延其服役期間者，得依其意願選擇服務 4 年或 6 年。[32]

---

[29] 游乾賜、林俊熙、劉建國、歐凌嘉，《行政院海岸巡防署考察加拿大與美國海岸防衛隊報告書》，90 年 6 月 23 日，頁 28-29。
[30] Officer Candidate School, Pre-Reporting Guide, July 2009, p. 12.
[31] 吳金碧，《我國海巡人員任用制度之研究》，國立台灣大學政治學系政府與公共事務研究所碩士論文，2006 年 7 月，頁 53-55。
[32] 姜皇池，《設立專業海巡學校可行性之研究》，行政院海岸巡防署委託研究，2005 年 12 月，頁 26。

貳、教育訓練機構

　　USCG 養成教育及訓練制度健全，計有美國海域防衛官校（Coast Guard Academy）及北卡羅來納伊莉莎白市（Elizabeth City, North Carolina）美國海域防衛司令部飛行技術訓練中心（Coast Guard Aviation Technical Training Center）、紐澤西州開普美（Cape May）新兵訓練中心（Training Center Cape May）、北加州培特倫馬（Petaluma）訓練中心及紐約州約克鎮（Yorktown）訓練中心等，培養專業海巡人員。

一、海域防衛官校

　　成立於 1876 年，校址設於新倫敦（New London），最初作為緝私查稅人員訓練機構（Revenue Cutter School Institute）之陸上訓練基地。1915 年，USCG 成立後，更名為海域防衛官校。[33]教育宗旨在培養身心健全、具有榮譽感、熱愛海洋、具海事專才之幹部。學校每年招考 17 歲至 21 歲高中生，享公費接受 4 年課程，畢業後取得理工學士學位。每年約有 175 位學生畢業，在校學生人數約有 850 人，其中男性約 7 成，女性 3 成。該校主修課程分造船學與輪機工程學群、機械工程學群、電機工程學群、作業研究與電腦分析學群、政治學學群、管理學學群、海洋環境科學、土木工程，除主修課程外，並有體能訓練、課外活動及模擬訓練。

　　海域防衛官校四年制學生總人數，依據 2004 年的資料統計，一年級到四年級的學生總人數為 1,019 人，如下表：

表 73-2　2004 年美國海域防衛官校學生總人數表

種類	1 至 4 年級總人數	
總數	1019	
男性	708	69%
女性	311	31%
少數族群	194	19%

資料來源：姜皇池，《設立專業海巡學校可行性之研究》，行政院海岸巡防署委託研究，2005 年 12 月，頁43。

---

[33] 邊子光，《海巡巡防理論與實務》，桃園：中央警察大學，2005 年 2 月，頁 122。

二、海域防衛司令部訓練中心

USCG 的約克鎮（Yorktown）訓練中心位於翁利溪（Wormley Creek）及約克河（York River）所形成之半島上。每年數以千計後備人員、義工及一般民眾赴該中心學習 USCG 最新技術及裝備，訓期約 3 個。課程內容包含海域執法、航海、雷達、搜救、助航、多功能救生艇、海上檢查及調查、港口安全及警戒、海洋科技、海洋環境應變、海岸防衛、兵器、機械技術、損害管制、電機士官、學生生活品質及體能訓練等。[34]

第六節　與我國制度之比較
（A Comparison with Taiwan Coast Guard）

表 73-3　美國海域防衛司令部與台灣海巡署比較表

	美國海域防衛司令部	台灣海岸巡防署
隸屬機關	國土安全部	行政院
任務	1. 海事安全 2. 海上治安 3. 天然資源保護 4. 海上交通 5. 國家防衛	1. 海域、海岸、查緝走私、偷渡 2. 海洋事務研究 3. 執行事項 　a. 海上交通秩序管制護 　b. 海上救難、海洋災害救護及海上糾紛 　c. 漁業巡護及漁業資源 　d. 海洋環境保護及保育事項
組織	1. 總部下設 　太平洋及大西洋司令部 2. 司令部下設 　9 個地區指揮部	1. 署部下設海洋、海岸總局 2. 海洋總局下設 21 個隊、海岸總局下設 26 個隊 　及東沙、南沙指揮部
能量	1. 各型艦艇計 244 艘、小艇約 2 千艘、航空器 182 架 2. 現役 42,613 人（包含男女性），7,341 位文職（Civilian）人員，8,100 位後備人員（Reservist），28,986 位義務人員（Auxiliary）	1. 巡防艦 14 艘、20 噸以上巡防艇 140 艘，功能船艇 12 艘，計 166 艘 2. 軍職 1,0913 人、文職 2,960，合計 1,3873 人。
勤務面積	880.6 萬平方公里	54.8898 萬平方公里（以暫定執法線計算）

---

[34] 游乾賜，《海巡署成長與變革》，台北：黎明文化，2006 年 10 月，頁 88。

人員性質	1. 人員軍文併用	1. 人員軍文併用
	2. 設有海域防衛司令部官校、訓練中心	2. 總局設有研習中心
平戰轉換	具平戰轉換機制	具平戰轉換機制

資料來源：作者自製

第七節　結語（Conclusion）──特徵（Characteristics）

美國東瀕大西洋，西臨太平洋，南濱墨西哥灣，本土海岸線長 19,924 公里，分為二大指揮中心與九個分區，以下為其海域執法制度特徵。

壹、集中制

美國專責海域執法之單位，是由建構完整的海域防衛司令部負責。

貳、三級制──隸屬於國土安全部

海域防衛司令部為隸屬於國土安全部之三級單位。

參、任務多樣且專業

海域防衛司令部負責搜救、海事安全、助航、破冰、海事環境保護、海洋生態資源、查緝毒品、查緝偷渡、港口航道及海岸安全、國防準備等 11 項法定任務。已成為海域專責機關，並與其他聯邦機關共同維護美國海域安全，海域防衛司令部各項海域成效優異，列為各國海巡機關學習對象，各國海巡機關安排人員前往訓練中心學習執法標準作流程，我國海巡機關亦同。

肆、重視裝備與人員發展

　　檢視美國海域防衛司令部優良海巡文化，主要在於先進海巡裝備及優秀海巡人才，為提升海巡裝備能量，近年執行深水計畫，新建或汰換艦艇與航空器，強化海域巡防能力。

伍、專業教育搖籃

　　設有海域防衛司令部養成教育與訓練，訓練制度與內容相當健全，設有海域防衛官校、美國海域防衛司令部飛行技術訓練中心、新兵訓練中心、北加州培特倫馬訓練中心及紐約州約克鎮訓練中心等，培養專業海巡人員。各校均具有優良傳統，培育專業海巡幹部，熱忱無私地執行海巡任務。

陸、專屬航空器

　　配置航空器 182 架，包含 147 架直升機、35 架固定翼飛機。

第 74 章　加拿大海域執法制度

第一節　國情概況（Country Overview）

加拿大（Canada）位於北美洲，東臨大西洋（Atlantic Ocean），西瀕太平洋（Pacific Ocean），西北鄰美國阿拉斯加州（Alaska），南有五大湖（Great Lakes）[1]與美國（America）為鄰，北濱北極海（Arctic Sea）達北極圈。全國面積 9,984,670 平方公里，為台灣的 278 倍。海岸線長 202,080 公里，領海 12 浬，專屬經濟海域 200 浬。[2]

---

[1] 五大湖（Great Lakes）是位於加拿大與美國交界處的 5 座大型淡水湖泊，按面積從大到小分別為蘇必略湖（Lake Superior）、休倫湖（Lake Huron）、密西根湖（Lake Michigan）、伊利湖（Lake Erie）和安大略湖（Lake Ontario）。除了密西根湖全屬美國外，其它 4 湖為加拿大和美國共有。（http://zh.wikipedia.org/zh-hk/%E4%BA%94%E5%A4%A7%E6%B9%96）（2010/02/12）

[2] *Jane's Fighting Ships.2004-2005*, Edited by Commodore Stephen Saunders RN, Virginia U.S.A, p.87.

首都渥太華（Ottawa），全國人口 34,030,589 人（2011）[3]。國體聯邦制，政體議會制，國會仿英制，分參議院及眾議院兩院。為大英國協成員，奉英王為元首。（見圖 74-1）主要輸出木材製品、木漿液、穀類，輸入機械設備、石礦燃料、鋼鐵。[4]加國國內生產總值（GDP）1,564,000（百萬）美元，在 190 個國家排名第 9 名；每人國民所得（GNP）45,888 美元（2010），在 182 個國家排名第 11 名。加國在自由之家（Freedomhouse）的政治權利與公民自由兩種自由程度在 2010 年的分數皆為 1，歸類為自由國家；透明國際（Transparency International）中的 2010 年的貪污調查分數為 8.9，在 178 個國家中排名第 6 名；聯合國（2010）最適合居住國家的人類發展指數為 8.0，在 169 個國家中排名第 8 名。[5]

加拿大有完善的社會福利保險制度，包括失業保險和失業救濟金、醫療保險、養老金、家庭津貼和殘疾津貼等多項內容，都是由聯邦、省和市三級政府分類負擔和管理。加國外交政策已自多邊主義轉為區域主義（regionalism），加強與拉美國家及美、澳之同盟即為明證。[6]

第二節　歷史沿革（History）

加拿大原本並無正式的海域安全單位，於十八世紀發生數件海難後，第一艘救生艇與燈塔終在東海岸建造。十九世紀，為了回應保護、管制捕魚及航運船隻的需求，東部沿岸與大湖地區首次出現海洋巡邏制度。1867 年，加政府開始建立數項海洋基礎設施與制度，包括航行援助制度、救生站、運河和水道、規範組織和執法船隻和輔助的海岸基礎設施。1868 年，成立海洋與漁業部（The Department of Marine and Fisheries），負責海洋各措施之執行。

1930 年，海洋與漁業部各自劃分為獨立部門，1936 年起海洋運輸管理責任轉移到運輸部（Department of Transport, DOT）。運輸部下轄之艦隊配有 241 艘艦艇，是為加拿大海域執法署（Canadian Coast Guard , CCG）之前身，當時主要作用為維持航運與破冰，至今也仍是加拿大海域執法署的工作。1941 年至 1961 年間，由於各組織與地區對海域防衛的需求大增，1962 年 1 月 26 日加拿大海域執法署於正式成立，提供專業海難搜救、維護北極主權（Arctic sovereignty）及適應科技促進船舶交通等。聯邦政府兩次重組海域執法署，一

---

[3]　CIA, The World Factbook.(https://www.cia.gov/index.html)（2011/06/03）
[4]　《世界各國簡介暨各國首長名冊》，中華民國外交部，2001 年，頁 312。
[5]　五類指標詳情請見本書導論，頁 11-13。
[6]　中華民國外交部，外交資訊網頁（2011/06/03）

次是 1995 年加拿大海域執法署與加拿大海洋漁業部（Department of Fisheries and Oceans, DFO）合併；另一次是 2005 年成為 DFO 的分支機構，讓 CCG 專注運送與救難服務。今日 CCG 仍繼續維護海上安全、環境與促進海上貿易及維護北極的主權上發揮重要的支持作用。[7]

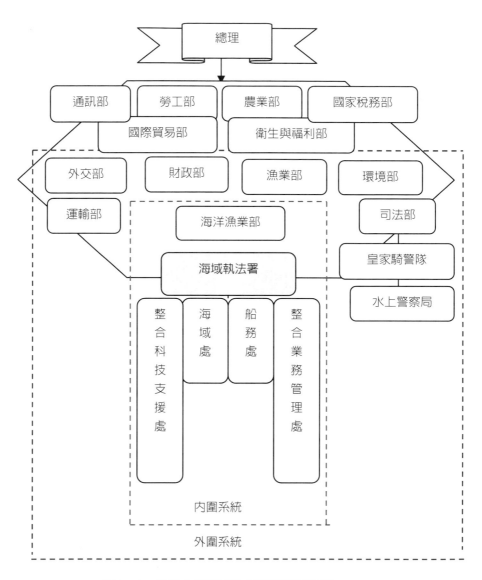

圖 74-1　加拿大海域執法相關部門互動圖

資料來源：作者自繪

---

[7]　Canadian Coast Guard ,History, 2008/04/03, (http://www.ccg-gcc.gc.ca/eng/CCG/History) (2009/04/08)

第三節　組織、職掌與編裝
（Organization, Duties and Equipment）

　　加國海岸線是全世界最長之國家，其沿海岸線海域皆非常危險。聖勞倫斯海灣（Gulf of St. Lawrence）的航海者常需面對危險淺灘與潮流，受北大西洋風暴影響之強流，近幾年已造成數艘大船海難。海灣沿著大西洋海岸，在冬春兩季皆是冰封時期，夏天則需面臨冰山問題，其沿格陵蘭島及巴芬海峽（Baffin Straits）飄流而下，受溫暖的海灣流（the Gulf Stream）影響而融化。北太平洋海岸則滿佈崎嶇外露岩石、懸崖和小島，有些向外海延後伸至 100 公里。由阿拉斯加至溫哥華大約有數千個島嶼，同時此處亦是最強海流之一，使當地就像一條暴漲河流。有些潮流流速達到 17 節，使得大型船舶在夏季經過這些水域提心吊膽。加國大湖區是全世界最大淡水湖泊區，低密度的水域容易起浪，加上危險潮流與河上浮冰，成為行經船隻的威脅。[8]

壹、加拿大海域執法署（Canadian Coast Guard, CCG）

一、組織與職掌

　　1997 年，海域執法署改隸海洋漁業部，接收大約有近一百艘艦艇的船隊，包含大型破冰船至小型之水文調查船，及 34 個救生艇站和四艘氣墊船。[9]CCG 現今擁有 114 艘船艇、22 架飛機（包括 CL415 多功能兩棲森林滅火及救難飛機）。[10]年度預算約\$285M[11]，隨時應付緊急情況或執行計劃。CCG 第一線工作人員超過 3,000 人，總部約有 360 人，義工約 5,000 人。全國有 26 座基地、30 座救難艇基地、138 座漁業保護基地、25 座海事通訊及交通中心等合計 219 座主要設備基地。[12]

---

[8] Clayton Evans, Rescue at Sea, An International History of lifesaving, Coastal Rescue Craft and Organizations, Naval Institute Press Annapolis, Maryland 2003. pp. 209-210.

[9] Clayton Evans, Rescue at Sea, An International History of lifesaving, Coastal Rescue Craft and Organizations, Naval Institute Press Annapolis, Maryland 2003. pp. 209-210.

[10] 《行政院及所屬各機關出國報告（出國類別：考察）》，2001 年 5 月 31 日，頁 10。（open.nat.gov.tw/Open Front/report/show_file.jsp?...&fileNo=001）（2009/04/22）

[11] Canadian Coast Guard, Our Fleet, 2008/04/03, (http://www.ccg-gcc.gc.ca/eng/CCG/Our_Fleet)（2009/06/28）。

[12] 《行政院及所屬各機關出國報告（出國類別：考察）》，2001 年 5 月 31 日，頁 12-13。（open.nat.gov.tw/ OpenFront/ report/show_file.jsp?...&fileNo=001）（2009/04/22）

CCG 下設四個幕僚單位，分別為整合業務管理處（Integrated Business Management）、海務處（Marine Program）、船務處（Fleet）、整合科技支援處（Technical Support）等。整合業務管理處主要負責行政、計畫、財務、人力資源、協調工作等。海務處負責海域執法署任務內容，船務處負責維修、規劃、造船等。整合科技支援處負責技術支援、工程師、採購等。

CCG 劃分為 5 大任務區，在地圖上由西至東依序為太平洋區（Pacific）、中央和北極區（Central and Arctic）、魁北克省區（Quebec）、紐芬蘭（Newfoundland）和拉布拉多區（Labrador）和濱海區（Maritimes）。（見圖 74-2）

CCG 組織依據任務導向進行整合，結合新政策與立法等策略，加強機關合作以提昇效率，精簡船隊增加資產有效性，強化訓練以建立專業幹部，發展新科技節省人力，增加策略管理能力。[13]CCG 船隊現已投注資金改裝維護，但由於大型船艦一半超過 25 歲，保養經費減弱了購買力，他們因此制定了長達 25 年的艦隊更新計劃。[14]逐步採購新船取代老舊船隻，將資源轉化為一個小而強的精實力量，目的是確保未來能夠提供有效與可靠的服務。CCG 最大限度地利用資金修復船舶將是重大挑戰，今後數年能否取得成功，將是老舊艦隊是否能轉換成理想的先進船隊的關鍵。

圖 74-2　加拿大海域執法署五大區域劃分圖[15]

---

[13] 《行政院及所屬各機關出國報告（出國類別：考察）》，2001 年 5 月 31 日，頁 18。（open.nat.gov.tw/Open Front/report/show_file.jsp?...&fileNo=001）（2009/04/22）

[14] 《Jane's defence weekly》〈Canada concentrates on coastal control〉，1998 年 9 月，30 卷 10 期，頁 14。

[15] Canadian Coast Guard , Marine Communications and Traffic Services, 2009/11/10,（http://www.ccg-gcc.gc.ca/eng/CCG/Mcts）（2011/08/30）

CCG 除了 2008 年宣布採購極地破冰船，另還將採購多艘海域巡邏艇，用於漁業養護和保護大西洋、魁北克省與太平洋地區，負責大湖區和聖勞倫斯海運系統（St. Lawrence Seaway System）及海上安全職責。三艘先進的近海漁業科學船（Three state-of-the-art offshore fishery science vessels）分布在太平洋、大西洋和紐芬蘭和拉布拉多地區。該艦隊以五年預算計畫為初步基礎，包括提升船隻、氣墊救生艇、直升機和其他設備。如 2009 年建構取代 CCGS 鯊魚船隻（CCGS Shark）執行大湖地區的漁業研究、生態系統監測和其他核心科學計劃的活動。並計畫更新魁北克地區用於搜救、破冰任務、洪水防治和海運業務的高速氣墊船。

CCG 是以海事服務為主的加拿大文職機關[16]，協助 DFO 執行海洋事務，航行援助、破冰工作、回應環境污染和搜索救援等，並支援 DFO 的漁業養護和保護以及海洋科學計劃。[17]執法任務則由其他機關負責。[18]

CCG 有龐大完整的義工制度，初期由加拿大公民自發性的參與海上救援，慢慢形成義工制度。1970 年，政府體認志願者對協助任務的貢獻與重要性，其組織能與 CCG 搜救系統連繫，CCG 義警組織（Canadian Coast Guard Auxiliary）逐漸成形。[19]加拿大義工身為公益組織分為六個區域組織，每一區約一千人，每區域主任透過年度大會選舉產生，每一區下設隊，每隊約五十人。義工訓練二至三週，每二年受訓乙次，訓練策略及標準依據各地區的 CCG 搜救需求。義工執行搜救行動的費用，由 CCG 補助。[20]該組織現今約有 4,300 人和 1,200 艘船隻，協助搜救及人道服務、增進海洋安全等。[21]

---

[16] 但加拿大在 1995 年 3 月 11 日，曾為了捕魚權問題，派出海域執法署的 5 艘艦艇三次鳴槍示警後扣押了西班牙漁船，西班牙遂與加拿大政府斷絕官方往來，甚至以斷交要脅，歐盟亦向加發出最後通諜。直至 3 月 15 日，加拿大釋放被扣漁船，爭端才得以緩解。此即著名的「比目魚爭奪戰」。參見《七彩雲南保護行動網》〈為了生命　今天補魚　明天將食無魚〉，2007 年 9 月 20 日。（http://www.ynepb.gov.cn/color/DisplayPages/ContentDisplay_39.aspx?contentid=8991）（2009/04/25）

[17] Canadian Coast Guard ,Our Fleet－Fleet Annual Report 2007-2008－Our Vessels and Helicopters, 2011/04/13,（http://www.ccg-gcc.gc.ca/eng/Ccg/fleet）（2011/08/30）

[18] 《行政院及所屬各機關出國報告（出國類別：考察）》，2001 年 5 月 31 日，頁 3，（open.nat.gov.tw/OpenFront/report/show_file.jsp?...&fileNo=001）（2009/4/22）。如 1996 年我國籍的福明輪發生命案，於加國港口遭到扣押，即是由皇家騎警隊負責處理，見《中國時報》，1996 年 6 月 1 日。

[19] *National Guidelines Respecting Canadian Coast Guard Auxiliary Activities* 手冊

[20] 《行政院及所屬各機關出國報告（出國類別：考察）》2001 年 5 月 31 日，頁 25〈open.nat.gov.tw/OpenFront/report/show_file.jsp?...&fileNo=001）（2009/4/22）。

[21] Canadian Coast Guard , Search and Rescue, 2011/04/03, (http://www.ccg-gcc.gc.ca/eng/CCG/Search_Rescue) (2011/08/30)

二、裝備[22]

目前 CCG 全體成員有 4,554 人，包含 2,400 名航海人員。[23]總計擁有 132 艘艦艇，包含 1 艘重型破冰船（其中一艘為 1300Heavy Gulf Class, 搭配有 2 BO 105 CBS 直升機）。4 艘 1200 型中型破冰船（3 艘 R 級，1 艘 Modified 級），搭配有 Bell 212 直升機。7 艘搭配有 Bell 206L 直升機的 1100 型高度耐用性多元輕型破冰船（6 艘 Martha L Black 級與 1 艘 Riffon 級）。1 艘 1200 型重型破冰船／補給船與 5 艘高度耐用性多元船艇。在主要助導航設施輕型船艇方面，有 1 艘 J E Bernier C 級（Type 1100）；2 艘主要助導航設施船艇／Ice Strengthenede Provo Wallis 級，3 艘 1000 型，1 艘 Tracy 級與 1 艘 Simcoe 級。22 艘專業用船、7 艘巡邏船、2 艘科學調查船、4 艘近岸調查船、12 艘漁業巡邏船、5 艘水文調查船、2 艘海洋調查船、4 艘特殊用船、4 艘航空緩衝船、41 艘搜救艇、3 艘實習船、

此外，尚有擔任輔助角色的加拿大皇家騎警，擁有 10 艘漁業研究船與 7 艘搜救船。

貳、加拿大皇家騎警隊（Royal Canadian Mounted Police, RCMP）

加拿大皇家騎警隊成立於 1873 年，隸屬於司法部。（見圖 74-1）RCMP 總監下設兩位副總監，分別職掌管理部門與執行部門的工作，在其下轄調查局、安全局、行政局、總務局、水上警察局等五局。水上警察局管理內海、河川、沿岸等水域的治安工作。[24]其長官直屬的單位有秘書室、企劃局、外事局、宣傳局等。在管理部門的副總監下，另設有監察官與通信部。[25]

---

[22] Canadian Coast Guard ,Our Fleet-Vessels and Air Cushioned Vehicles, 2011/04/11, (http://www.ccg-gcc.gc.ca/eng/CCG/Our_Fleet)(2011/08/30)

[23] Canadian Coast Guard ,Our Fleet－Fleet, 2011/04/11, (http://www.ccg-gcc.gc.ca/eng/CCG/Our_Fleet) (2011/08/30)

[24] 邱華君編著，《各國警察制度概論》，桃園：中央警察大學，民國 89 年 9 月，頁 643、645。

[25] 陳明傳等編著，《各國警察制度》，桃園：中央警察大學，民國 85 年 5 月，頁 136。

第四節　權限與管轄（Authority and Jurisdiction）

　　加拿大海域執法署的航行援助計畫（Aids to Navigation）混合傳統與電子航標，幫助船隻快速航行的安全、支援保護海洋環境、維護海上安全和協助海上貿易和海洋發展的進展。計劃活動包括建立國家標準的航標，提供與運作浮動、固定與電子的航標系統；監測並提供如 NOTMAR 航海通告等安全信息。[26]共設置 6,008 套固定式助航設備、1,3645 套移動式助航設備、260 座燈塔、112 座雷達信標、6 座無線電浮標、4 座羅遠站（LORAN Station）、17 座差分全球衛星定位系統等。[27]

　　CCG 的航道管理計劃，旨在幫助確保航行的安全與有效，支援保護海洋環境，促進海洋貿易和商業。其目的在以不傷害環境的安全有效方式使用水域，帶來海洋航運業的經濟利益和社會的公共利益。內容包括幫助確保安全、效率且即時地回應環境（污染）的維護與使用船隻航道、提供使用者渠道的安全資訊（如通道底部條件和水位的預測），和在國際聯合委員會（International Joint Commission）代表商業航行爭取利益，在安大略湖區（Lake Ontario-St）及勞倫斯河系統（Lawrence River system）控制水位和流量等。[28]。

　　CCG 破冰計劃，幫助加拿大水域覆冰區域海事交通活動的航行順暢，服務對象包含航運業、渡輪、漁船、港口和靠近北極一帶的居民。內容包括提供信息和航路的結冰狀況資訊、提供船隻保護及協助被困在冰中的船隻破冰、保持至沿岸的順暢航路、監測冰情與水位、以及防汛和冰況管理業務的執行、補給提供北部偏遠的居住點、維持聯邦於北極的航行、提供港口破冰及碼頭的冰塊清理。運作季節包括冬季（12 月中旬至 5 月），有 17 艘破冰船打通大湖區和紐芬蘭到蒙特利爾（Montréal）的東海岸航路；夏季（6 月至 11 月初）6 艘破冰船在北極地區執行協助船隻運送貨物至一些較偏遠的社區，維護主權並執行必要的科學任務。[29]

　　海洋通信和交通服務（Marine Communications and Traffic Services, MCTS）計劃海上移動服務標識（Maritime Mobile Service Identity, MMSI），職責包括發現遇險情形及時提供幫

---

[26] Canadian Coast Guard, Aids to Navigation, 2011/06/17, (http://www.ccg-gcc.gc.ca/eng/CCG/Aids_Navigation) (2011/08/30)。

[27] 《行政院及所屬各機關出國報告（出國類別：考察）》，2001 年 5 月 31 日。(open.nat.gov.tw/OpenFront/report/show_file.jsp?...&fileNo=001)（2009/04/22）。

[28] Canadian Coast Guard, Waterways Management, 2008/04/03, (http://www.ccg-gcc.gc.ca/eng/CCG/Waterways_Management) (2011/08/30)。

[29] Canadian Coast Guard, Icebreaking, 2008/04/03, (http://www.ccg-gcc.gc.ca/eng/CCG/Icebreaking) (2011/08/30)

助；檢查船隻，以防止具潛在危險性船隻進入加拿大水域；廣播安全資訊；規範船舶交通活動；協調溝通船隻和陸地上的客戶（以成本可回收為前提）；綜合管理海洋信息系統。全年 24 小時在整個加拿大各地 22 個 MCTS 中心運作，唯一的例外為北極一帶的努納瓦特地區（Nunavut）的伊卡瑞特（Iqaluit）和西北領地（Northwest Territories）的伊努維克（Inuvik），僅在 5 月中旬至 11 月底的航季運作。服務對象包括貿易船和漁船、娛樂划船、港口當局、航運和海洋產業及一般公眾、其他相關政府機構與地方政府。[30]

CCG 為保障人民生命財產安全，依國際海事組織海上人命安全國際公約、海上搜索與救助國際公約，聯合國公海公約、海洋法公約，國際民用航空公約等規定，執行海難搜救（SAR）。依公約規定，CCG 義務包含成立搜救組織、海岸當值（接聽遇難者求救訊號）、透過搜救協調中心整合搜救工作、搜救任務、醫療服務、設立救難單位、建立船舶報告系統提昇搜救成功率。[31] 加拿大搜救體系分為空中、海上、陸地等三方面，海上包含國防部、CCG、皇家騎警隊等。搜救任務涉及各政府機關，由國防部主導搜救工作，成立國家級救助計畫，整合空中、海上、陸地搜救能量。國防部提供航空器，國防部與 CCG 合作確保空中、海上能量，處理海上遇難案件。[32]

加拿大搜救工作係由國防部主導，國防部統合 CCG 等搜救組織，每年平均搜救成功率約 92%。CCG 每年支出佔海洋漁業部約 1/2 的預算，其中搜救佔約 1/5。[33]CCG 的搜索和救援計劃提供具急迫危險的人、船或其他航具的援助。其為國防部搜索和救援網絡的一部分，該網絡是由六個聯邦部門和兩個志工團體組成。整個救援網絡包括三個聯合救援協調中心（Joint Rescue Coordination Centers）、兩個海上救援分中心提供補充的通信、當地知識和協調服務以及 41 個搜救站，以便最迅速的回應海難搜救事件。[34]

CCG 自願隊（Canadian Coast Guard Auxiliary, CCGA）係擔任搜救任務之組織，於 1962 成立。自願救援單位人員大部分有私人船艇並熟悉當地海象，由 CCG 選拔經由交通部長提名。他們由新建立之搜救協調中心調度，亦受 CCG 和空軍管制，平常監控海域之船舶動靜，也提供基礎訓練，例如通訊和抽水等。有些則接受搜救指揮課程，以培養出現場指揮官。[35]

---

[30] 主要依 VTS Regulations（Vessel Traffic Services Zones Regulations）（加拿大海域執法署官網）〈Marine Communications and Traffic Services, 2008/04/03〉。（http://www.ccg-gcc.gc.ca/eng/CCG/Mcts）（2009/04/17）

[31] Canadian Coast Guard,Our Fleet-Fleet, 2011/04/11, (http://www.ccg-gcc.gc.ca/eng/CCG/Our_Fleet) (2011/08/30)

[32] 《行政院及所屬各機關出國報告（出國類別：考察）》，2009 年 3 月 28 日，頁 15-16。（open.nat.gov.tw/OpenFront/report/show_file.jsp?...&fileNo=001）（2009/04/22）。

[33] 《行政院及所屬各機關出國報告（出國類別：考察）》，2009 年 3 月 28 日，頁 13。（open.nat.gov.tw/OpenFront/ report/show_file.jsp?...&fileNo=001）（2009/04/22）。

[34] Canadian Coast Guard, Search and Rescue, 2011/04/03, (http://www.ccg-gcc.gc.ca/eng/CCG/Search_Rescue) (2011/08/30)

[35] Clayton Evans ,Rescue at Sea, An International History of lifesaving, Coastal Rescue Craft and Organizations, Naval Institute Press Annapolis, Maryland 2003 , p.212

每年平均七千件搜救案件中，義工協助約二十五案件，平均救助二百名遇難者，CCG 每年平均支付給義工約二百萬加幣，維持義工在搜救系統中的能量以快速反應搜救任務。[36]

1990 年，加國簽署國際油污預防、回應與合作協定（International Convention on Oil Pollution Preparedness, Response and Cooperation），CCG 的環境反應計劃確實清理船舶溢漏石油和其他污染物。任務包括監督污染者負責清理復原，並在污染者不明、不願或不能應對海洋污染事件，安排清理工作。加拿人法律規定污染者應支付清理費用，包括 CCG 進行監測與管理的成本。「區域和地區應急計劃」發展與提供計劃人員應對污染物洩漏有效的指導，這些計劃是根據國家反應計劃框架（National Response Plan framework）。CCG 還負責維護一套溢油反應設備，並不時進行相關的培訓與演習。[37]

第五節　教育與訓練（Education and Training）

加拿大海域執法署學院（The Canadian Coast Guard College, CCGC）於 1965 年成立，位於新斯科舍省（Nova Scotia），是專為 CCGC 設立的國家海事訓練中心，學院提供英語與法語兩種官方語言的培訓，提供任職於 CCG 人員所需的訓練，是 CCG 最主要的人才來源。[38]1981 年，CCGC 遷至 Westmount, N.S.，擁有現代化設備與便利設施，有 133 間套房式房間、112 間宿舍、26 間教室、14 間科驗室、可容納三百人禮堂、二萬六千冊圖書館、電腦中心、6 間模擬教室、游泳池、運動場等，1990 年開始較多元的發展。[39]

1973 年創立的加拿大運輸部訓練所（Canada Transport Training Institute），於 1979 年遷入安大略省之貢渥市（Cornwel, Ontaria），其中的海事訓練中心提供海難搜救、救助訓練、海上交通管制、雷達與電子導航設備、海上管理與技術等訓練，後於 1992 年併入 CCGC。[40]

CCGC 為四年制，招收高中畢業或大學一、二年級學生，1974 年開始招收女性與加勒比海、中東等十七國的學生，學生享有公費膳宿及免學雜費、公務人員保險等福利。

---

[36] 《行政院及所屬各機關出國報告（出國類別：考察）》，2009 年 3 月 28 日，頁 15。（open.nat.gov.tw/Open Front/report/show_file.jsp?...&fileNo=001）（2009/04/22）

[37] 加國同時也是北大西洋海域執法署會議的一員。見 Canadian Coast Guard, Environmental Response, 2008/04/03。（http://www.ccg-gcc.gc.ca/eng/CCG/Environmental_Response)(2009/04/18)。

[38] Canadian Coast Guard, History, 2010/10/04, (http://www.ccg-gcc.gc.ca/eng/CCG/History) (2011/08/30)。

[39] Canadian Coast Guard College, (http://www.ccg-gcc.gc.ca/eng/College/welcome) (2011/08/30)

[40] 邊子光，《海洋巡防理論與實務》，桃園：中央警察大學 2008 年 11 月 2 刷，頁 128。

　　CCGC 計畫和課程包括軍官培訓計劃，由航海科學部（Nautical Sciences department）提供，符合資格的申請者將專攻為期 45 個月的海洋航行或工程學程，並保證所有畢業生都能在 CCGC 取得職位。

　　海洋通信和交通服務人員，訓練學生成為海事通信和交通服務處（The Marine Communications and Traffic Services, MCTS）人員，畢業生經歷 25 週的 MCTS 學程，將擁有至加拿大各地 22 MCTS 中心就業的機會。

　　搜索、救援和環境反應，由搜救、安全和環境反應處（The Rescue, Safety and Environmental Response, RSER）提供 CCG 及國防部成員搜索和救援訓練，同時亦提供環境反應課程。

　　海洋維護和設備培訓，是提供科技人員的培訓，負責促進全國各地區加拿大海域執法署及沿岸所使用的海洋設備的維修技術。

　　2002 年起，增加船舶水手長、環境應變課程（海洋溢油反應）等訓練課程。該校畢業生除領取證照，分發至各實務單位任基層幹部四年後，可再轉調其他單位，職務階級依此提升，亦可轉任聯邦政府其他工作。[41]

　　除了針對未來的 CCG 成員作訓練，CCGC 也提供獨特的機會，讓見習軍官和加拿大公共服務部門僱員參與海上安全和環境保護。除教室內的課程，實際培訓亦包括許多海上的操作課程。[42]

　　另外，CCGC 幹部訓練課程尚有航海與輪機、搜救及污染防治訓練、海事通訊及船舶交通管理訓練、航海人員訓練、當值、發證標準國際公約、高級航海與輪機訓練、海岸防衛（Coastal Defense）訓練等。[43]

第六節　與我國制度之比較
（A Comparison with Taiwan Coast Guard）

　　加國海域執法署成立於 1962 年，提供加國海域和五大湖區之搜救任務，燈塔維護和航行安全、船舶安全檢查、極地破冰和補給、海上電信、船舶交通和海洋環境污染保護等服務。在某方面 CCG 和美國海岸防衛司令部有些相似，惟加國係全文職而美國組織係軍事單

---

[41] 邊子光，《海洋巡防理論與實務》，桃園：中央警察大學 2008 年 11 月 2 刷，頁 129。

[42] Canadian Coast Guard College , (http://www.ccg-gcc.gc.ca/eng/College/welcome)（2011/08/30）

[43] 《行政院及所屬各機關出國報告（出國類別：考察）》，2009 年 3 月 28 日，頁 14。（open.nat.gov.tw/Open Front/ report/show_file.jsp?...&fileNo=001）（2009/04/22）

位。[44]加國海域執法單位與我國最大的差異,即為其純屬文職單位,僅負責搜救、破冰、運送、航行輔助等工作,至於實際的執法工作則交由警察單位來執行。此外加國地為瀕臨北極的偏遠地區,其破冰工作與援助偏遠孤立居住點的業務內容為我國所無。我國的海巡署僅負責沿岸地區,而不涉及內陸水域的相關管轄業務。

第七節　結語(Conclusion)──特徵(Characteristics)

加拿西臨太平洋,東瀕大西洋,北濱北極海,在長 202,080 公里的海岸線,分為五大任務區,以下為其海域執法制度特徵。

壹、大英國協式海域執法制度

海域執法署負責海難搜救及污染防治,海域犯罪之偵查必須由警察承擔,走私之取締由海關負責,與美國海域執法制度大相逕庭,故以大英國協式海域執法制度名之。

貳、簡化船型與機型

加拿大海域執法署最大的特色,就是考量到政府預算及行政效率,加國成功地致力於減少執勤船隻種類,即簡化船型與機型,其優點為可以減少研發過程中的工程缺失風險、節省投資成本、維修零件較少、料配件庫房易於管理、載台有共用性、訓練可相互支援等。[45]

---

[44] Clayton Evans, Rescue at Sea, An International History of lifesaving, Coastal Rescue Craft and Organizations, Naval Institute Press Annapolis, Maryland 2003, p.209-210

[45] 《行政院及所屬各機關出國報告(出國類別:考察)》,2009 年 3 月 28 日,頁 61。(open.nat.gov.tw/Open Front/ report/show_file.jsp?...&fileNo=001)(2009/04/22)

參、汙染防治制度完整

海域執法署在處理海上油污、危險物品等皆有完善清除制度與設備。在制度方面，平時針對各種污染源加強監管檢查，一旦發生水面溢油等污染事件，有完善應變計畫。[46]同時，更有密切配合的空中監測以加強水域污染防治效能。[47]

肆、義工組織興盛發達

由於加國地廣人稀，海域執法署人手有限，很大程度上依靠其完整龐大且有一定效能的義工組織制度，此點亦為其值得我國參考仿效之特點。[48]

伍、專屬航空器

擁有 8 架艦載直升機。

陸、海難搜救能量特強

加國因地理位置和天然環境所致，加國最早海岸救生服務是始於殖民時代，設於大西洋岸之新斯科舍，在 1798 年一處暫時人道救援站於 Sable Island，由新斯科舍省長 Sir John Wentworth 所建立，新斯科舍（Nova Scotia）是皇家殖民時代，於美國獨立戰爭時代，由新英格蘭成千上萬忠於英國逃難者之天堂。那些人沿著加國法語地區，僅數十年即把不毛之地，變成全世界最繁忙及造船最發達地區，隨著成千上萬飄著英國國旗船舶由北美大西洋殖民區下水，海上交通日益繁忙，跟隨而來是船難及海上人命之損失。因而首次提出有關

---

[46] 《行政院及所屬各機關出國報告（出國類別：考察）》，2009 年 3 月 28 日，頁 60。（open.nat.gov.tw/Open Front/ report/show_file.jsp?...&fileNo=001）（2009/04/22）

[47] 《環保專責人員設置動態管理系統意見調查表》，（open.nat.gov.tw/OpenFront/report/show_file.jsp?...&fileNo=001）（2009/04/22）

[48] 《行政院及所屬各機關出國報告（出國類別：考察）》，2009 年 3 月 28 日，頁 62。（open.nat.gov.tw/Open Front/ report/show_file.jsp?...&fileNo=001）（2009/04/22）

安全設施包含海上助航設備及 19 世紀於新斯科舍及新布朗維克（New Brunswick）附近半數燈搭皆派駐人員。其中海豹島（Seal Island）位於新科斯舍頂端西南，被選為新地點設置燈塔，因當地係不毛之地且天氣惡劣，該島則經歷多次海難悲劇，在 1823 年瑪莉席奸（Mary Hichens）建議其先生及家人搬至島上，如此那些海難受難者、水手們將不再於海灘上無人援助。經由其家人努力及遊說殖民政府，終於海豹島燈塔設立。瑪麗兒子們則建造救難為主之船舶，同時使得加國第一個救生艇站終於成立。於 1867 年加拿大自治領（the Dominion of Canada）成立，建立由大西洋至太平洋之巨大國家，管理這些救生站變成聯邦政府責任。

第 75 章　墨西哥海域執法制度

第一節　國情概況（Country Overview）

墨西哥合眾國（United Mexican States）位於北美大陸南部，東臨墨西哥灣（Gulf of Mexico），西濱太平洋（Pacific Ocean），南接瓜地馬拉（Guatemala）與貝里斯（Belize）。全國面積 1,964,375 平方公里，為台灣的 54.8 倍大。海岸線總長 9,330 公里，領海 12 浬，專屬經濟海域 200 浬。[1]

首都墨西哥城（Mexico City），全國人口 113,724,226 人（2011）[2]。國體聯邦制，政體總統制，國會分參、眾兩議院，總統掌行政權，直接民選，終生不得連任。（見圖 75-1）主要輸出原油、針織紡織品，輸入電子零組件、汽車零配件。[3]墨國國內生產總值（GDP）

---

[1]　CIA, The World Factbook.(https://www.cia.gov/index.html)（2010/11/30）

[2]　CIA, The World Factbook.(https://www.cia.gov/index.html)（2011/06/02）

[3]　《世界各國簡介暨各國首長名冊》，中華民國外交部，2001 年，頁 358。

1,004,000（百萬）美元，在 190 個國家排名第 14 名；每人國民所得（GNP）9,243 美元（2010），在 182 個國家排名第 61 名。墨國在自由之家（Freedomhouse）的政治權利與公民自由兩種自由程度在 2010 年的分數前者為 2，後者為 3，歸類為自由國家；透明國際（Transparency International）中的 2010 年的貪污調查分數為 3.1，在 178 個國家中排名第 98 名；聯合國（2010）最適合居住國家的人類發展指數為 7.7，在 169 個國家中排名第 56 名。[4]

墨西哥於 1810 年 9 月 16 日脫離西班牙獨立，目前政局穩定，但貧富懸殊問題嚴重。原住民多集中在中、東、南部地區，居住地資源貧乏，權益長期遭受忽視，多方面衝突引發原住民反彈聲浪。墨國官僚文化氣息重，州政府非常重視肅貪和行政革新，中央及各州政府亦積極推動「行政透明法案」。治安和污染問題嚴重，前者是因為大量毒品走私美國、貧富差距及員警紀律不彰為重要因素，污染是因為都市化造成人口過度集中。[5]

第二節　歷史沿革（History）

早期墨西哥人並不擅長海事活動，雖然在西班牙殖民期間建了一些港口，但墨國十九世紀獨立後政局不穩，海軍並不受重視。1821 年，在軍事部（Ministry of War）的倡議下，才開始建立海軍，直到 1939 年其仍與陸軍部合併。初期海軍主要是為了對付沿岸來自西班牙的滋擾，故海軍發展一直不振，也很少能夠擊退入侵。[6]1939 年，墨總統聖樊尚將軍（General Lazaro Cardenas）重組內閣，才正式建構海軍部（Department of the Navy）。[7]墨國國防由總統直接指揮全國武裝力量並兼最高司令官，因此政局變動對海軍的影響比其他國家大。現任總統於 2006 年任命新的海軍參謀長與海軍部長，海軍與總統的日常行程便直接聯繫在一起。例如，總統於 2007 年 2 月決定從三軍中分派額外軍隊到鄰國東北部進行禁毒作戰，要求軍力和資源的再分配。

---

[4]　五類指標詳情請見本書導論，頁 11-13。
[5]　中華民國外交部，外交資訊網頁（2010/12/02）
[6]　Mexican Navy, (http://en.wikipedia.org/wiki/Mexican_Navy) (2010/12/02)
[7]　Historical Summary of Mexico's Naval Forces, (http://www.gomanzanillo.com/features/Navy/history.htm) (2010/12/02)

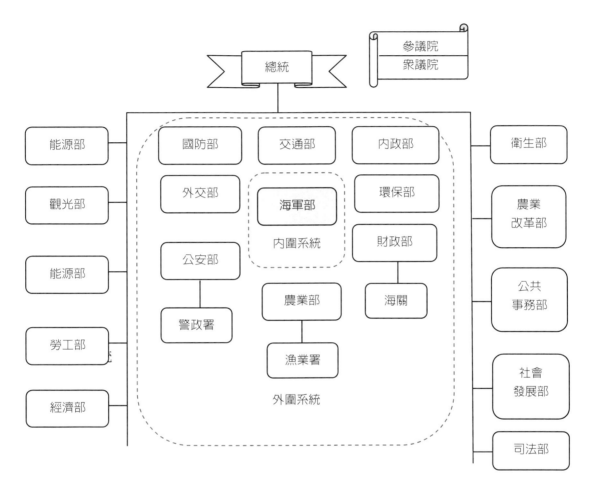

圖 75-1　墨西哥海域執法相關部門互動圖

資料來源：作者自繪

第三節　組織、職掌與編裝
（Organization, Duties and Equipment）

墨西哥海軍部（Mexican Department of the Navy）

一、組織與職掌

　　海軍部負責保衛墨西哥灣和太平洋海域，分別由艦艇部隊、海軍航空隊和海軍陸戰隊組成，戰略集中在兩個目標上，分別是海上防禦和行使主權。[8]為了行使海上主權，海軍部將濱海地區劃分為七個區域，分別為北加州（Calfo Norte）的第一分區，北太平洋（Pacifico Norte）的第二分區，坎佩切灣（Sonda de Campeche）的第三分區，科爾特斯海（Sea of Cortés）的第四區，坎佩什（Caribe）的第五區，太平洋中心（Pacifico Centro）的第六區，南太平洋（Pacifico Sur）的第八區，以及位於墨西哥城的海軍總部。[9]（見圖 75-2）海軍由於軍力不強，缺乏海戰能力，在所謂的「海軍九級實力制度」中只能列入第八級的「海上警察型」，亦即海上軍事力量純粹扮演警察角色，等同於其他國家的海域防衛隊。[10]

---

[8]　*Jane's Fighting Ships.2004-2005*, Edited by Commodore Stephen Saunders RN, Virginia U.S.A, p.469.

[9]　海軍部各軍區原文皆以西班牙文顯示。

[10]　〈全球海軍實力的九級劃分〉,（http://qkzz.net/magazine/1002-4514/2007/06/906664.htm）（2010/12/02）

圖 75-2　墨西哥海軍部軍區劃分圖[11]

　　今日毒品販運及偷渡美國的方法不斷變化，這些威脅對規模小的海軍實為挑戰。墨海軍雖擁有上百艘艦艇，但大多無法遠航作戰。大部分水面艦艇和飛機（墨西哥沒有潛艇）皆為購自他國的二手裝備。雖然經費有限，但由於體認到海上巡防武力的重要性，近年仍盡力淘汰落後艦艇，將裝備現代化，可預見未來海軍武力的持續成長。以海軍航空隊為例，過去幾年已經為其添購不少飛機與直升機，除採購新機型，也對現役飛機進行升級，包括為直升機增加新式探測功能，最近還為 11 架 BO 105 海岸巡邏直升機裝設「班迪克斯」搜索雷達。為使固定翼飛機提高海上巡邏和偵察任務效率，也裝設更多的傳感器，例如 8 架 CASA C-212 運輸機安裝搜索雷達和照相器材。

　　海軍從俄羅斯採購蘇 27 型（Su-27）戰鬥機增強巡邏能力，並採用艦艇、地面、空中協同「三棲」作戰概念，加強能力。實際作戰中，艦載直升機可直接從艦艇起飛巡邏，對可疑船隻定位後，引導載艦並派出高速船追捕。艦艇效能在「三棲」概念下得到提高，尤其可以在離灘頭很遠的位置獨立地投送快速船，可以幫助海軍擴展覆蓋範圍。由於此概念

---

[11] (http://www.fhl.net/travel/1-mapflag.htm) (2010/12/02)

的成功，海軍採購更多國外和本國生產的可搭載直升機的 Oaxaca 級艦艇，與瑞典北極星公司設計在墨建造的「北極星 II 型」快速巡邏艇，並由於艦艇數量需求的增加，建立更多造船廠。2006 年 5 月，為加強保護坎佩切灣地區（Bahia de Campeche）石油生產設備，墨西哥國家石油公司與泰利斯‧雷西昂系統公司聯合引進 AN/MPQ-64「哨兵」防空雷達，該雷達可移動和 360 度掃描，可以提供完全整合的空中監視圖像。[12]

二、裝備

墨西哥海軍部 56,000 人，[13]艦艇部隊中與海域執法相關的編裝則有 1 艘驅逐艦、6 艘巡防艦，197 艘 18 噸至 1,680 噸的各式巡邏艦艇，7 艘 18 噸至 1,390 噸的調查與研究船，10 艘拖船，31 艘後備支援船。2 艘分別為 150 噸與 1,662 噸帆船式實習船，1 艘 804 噸實習船。海軍航空隊則有 14 架艦載直升機，81 架不同功能之飛機與直升機。[14]

海軍在 2006 年至 2007 年期間訂購 3 艘「北極星 II 型」高速戰鬥艇，設計上充分考慮了速度和靈活性，速度最高可達 50 節，可在 8 秒內轉彎 180 度，還可在 35- 40 米的距離緊急停船。儘管販毒分子的快艇可以在高達 40-45 節的速度航行，但是該型艇仍略勝一籌，即使在惡劣天氣，其抗風浪性在追趕時更有優勢。該型艇吃水僅 1.1 米，因此在淺水區作戰，可開啟船艉的附加滑軌投送 18 名特戰隊員。

「北極星 II 型」快速巡邏艇是從「北極星型」巡邏艇發展而來的，它滿足了海軍的各式任務需求，例如禁毒、搜救、防止非法捕撈等。其裝設了可在船艙內控制的 12.7 毫米「奧托‧梅拉羅」自動機槍、NavNet 導航系統、具有航線識別能力的自動鑑別系統、長距離航行自動導航系統以及從斯佩里公司引進的 E 波段和 I 波段雷達，兩型雷達對大型艦船探測距離達 64 浬，對小型艦船達到 3 浬。

海軍目前以 Oaxaca 級作為沿海巡邏艦（OPV）的原型艦，並嘗試改進傳感器系統、武器系統及乘載舒適性來升級其他艦艇。除了致力將「北極星型」升級到 II 型，也計畫每 15 年升級 OPV，在 10 年後升級攔截艇。這些 Oaxaca 級巡邏艦是海軍執行反恐、禁毒、搜救任務的最好平台。由於採用新技術，該級艇的探測範圍廣大，防衛能力更強並擁有足夠火力破障。

2008 年 12 月開始，墨西哥海軍部計畫增加比前年高 20%的預算，達到 12.8 億美元，資金主要用於招募 12,500 名海軍陸戰隊員及支援軍備採購。這份預算於 2009 年 11 月 13

---

[12] 丹尼斯‧漢密克著，李斌編譯，《簡氏國際海軍》，台北：知遠出版社，（http://mil.news.sohu.com/20071128/n253626899.shtml）（2010/12/02）

[13] （http://mil.cnwest.com/content/2008-12/04/content_1613766.html）（2010/12/02）

[14] 木津徹著，張雲清譯，《世界海軍圖鑑》，台北：人人，民國 96 年 11 月，頁 86。

日得到國會批准，海軍計劃增加為 6.85 萬人，步兵增加一倍。資金亦用於採購兩架 EADS CASA 生產的 CN-235-300MPA 海上巡邏機，已於 2010 年 9 月交付。該型巡邏機的總訂貨為 6 架，預計於 2011 年交付完成。另外，還增建兩艘 Oaxaca 級近岸巡邏艇，分別於 2005 年和 2007 年服役。[15]在排水量為 1,840 噸的巡邏艦上搭載的兩架 AS-565MB 多用途直升機已於 2010 年 5 月和 8 月交付。另外還訂購 17 艘「北極星 II 型」級 16 米的攔截艇及 5 艘海岸巡邏艇。[16]

第四節　權限與管轄（Authority and Jurisdiction）

由於恐怖主義活動和走私活動威脅，海軍主要任務是保護位於墨西哥灣坎佩切區域的數百個石油平台。為加強與石油公司的合作，海軍在此區域中擁有專屬平台，並將其作為艦船、高速快艇和水上飛機的基地。此外他們也必須防止毒販經過墨北地區將毒品運進國內，而得以在境內販賣毒品或轉運他國。任務還包含防止由墨南邊境偷渡進入國內，防止非法運送軍火、汽車、瀕危動物、出土文物、珍稀樹木等交易，也必須保護國家海域不受非法捕撈。自從墨國在 1992 年簽署北美自由貿易協定之後，海軍也擔負保持海上貿易線暢通的責任。

事實上，自從墨國成為北美自由貿易協定成員後，海軍發生了很大的轉變，過去因為墨國經濟封閉，沒有幾條盈利的海洋貿易線，加上不干涉他國內政的外交政策，使得海軍沒有充分發展。但 2004 年後，除美國外，墨國相繼與拉美各國、歐盟、以色列、日本等國簽署了海上貿易的雙邊協定。墨海軍致力於重組海軍司令部與以海軍陸戰隊為核心的地面部隊，國會正研究該議案以期順利通過。墨海岸附近有大量離海岸較遠且需要保護的無人島，但地方政府沒有能力和防衛設施保護島嶼，因此海軍開始按照重要性排序，海軍陸戰隊將按照次序部署在各島嶼上。[17]

---

[15] Jane's Defence Weekly, vol. December, 2007, p 8.

[16] （http://mil.cnwest.com/content/2008-12/04/content_1613766.html）（2010/12/02）

[17] 丹尼斯・漢密克著，李斌編譯，《簡氏國際海軍》，台北：知遠出版社，（http://mil.news.sohu.com/20071128/n253626899.shtml）（2010/12/02）

第五節 教育與訓練（Education and Training）

平民從入伍到成為一名合格的海軍艦員，可分別在圖斯潘（Tuxpan）、韋拉克魯斯（Veracruz）或恰帕斯港（La Paz）的海軍學院用兩個月學習基本訓練課程。為了提高作戰效率，船員也在此接受紀律、知識、技術等各方面的訓練。至於軍官經過類似訓練後，還要到位於墨西哥城和韋拉克魯斯的專門海軍學院進行專業課程。在畢業成為軍官前，必須在海軍學院裡面學習 6 年。在學期間，學員要學習諸如指揮、參謀、中級指揮、國家安全等課程，並自己選擇進行行政管理或作戰專業訓練，例如海軍工程、電子、機電、水文地理學和海洋學等。[18]

學校還包括位於韋拉克魯斯以南 23 公里安東利薩爾（Antón Lizardo）的墨西哥海軍學院（Mexican Naval Academy），這裡是墨西哥培養海軍指揮官、工程初級軍官和海軍陸戰隊、海軍航空兵初級軍官的學校。學制為期 4 年，主要講授海軍指揮、工程軍官、海軍陸戰隊、海軍航空兵軍官的課程，畢業後可取得海軍科學工程師的學士學位（Bachelor of Naval Science Engineer）。畢業後，分配到海軍部隊擔任初級指揮軍官或工程技術軍官，而海軍陸戰隊、海軍航空兵學員分別分配到海軍陸戰隊、海軍航空兵部隊任職。[19]

位於 Mata Grape 與安東利薩爾的海軍工程學院（Naval Engineering School），提供專業的電子工程和海軍通訊訓練，負責設置與維修海軍艦艇及設備上之各式系統和電子設備。另外還有位於韋拉克魯斯的海軍航空隊學校（School of Naval Aviation）、位於墨西哥城的海軍醫學院（Naval Medical School）、海軍醫護學院（Naval Nursing School）。設在阿卡普爾科（Acapulco）的調查、研究與潛水學校（Search, Rescue and Diving School）則教授海洋科學、搜索、救援與潛水專業。[20]

墨國海軍重視和他國家海軍的協同訓練，例如與美國海域防衛司令部等與墨海軍任務相似的單位合作，墨國亦積極將海軍人員送至美國培訓。期待國外培訓有助於海軍發展，課程包含維和任務、作戰和後勤補給任務以及行政能力等。因為和美國海域防衛司令部有正式的訓練合作項目，墨海軍人員在美受訓尤其重視反恐怖訓練。墨西哥同樣為他國海軍

---

[18] 《中安在線》〈墨西哥政治的不穩定影響到海軍作戰〉，2007/11/28，（http://mil.news.sohu.com/20071128/n253626899.shtml）（2010/12/02）

[19] Mexican Naval Academy, (http://baike.baidu.com/view/398276.html) (2010/12/02)

[20] Mexican Navy, (http://en.wikipedia.org/wiki/Mexican_Navy) (2010/12/02)

提供培訓，與瓜地馬拉海軍的良好關係已有三十多年，墨國海軍學院已經為瓜國海軍培養許多高素質軍官，雙方時常共同執行任務。[21]

第六節　與我國制度之比較
（A Comparison with Taiwan Coast Guard）

比較墨國與我國海域執法制度最主要的差別，就是在於該國完全是由海軍執行海域安全維護任務。此外最主要之任務為反走私運毒，但因該國毒梟集團勢力甚大，海上查緝人員常需與販毒集團進行激烈纏鬥，等同於小型的軍事行動。而我國專責海域執法的海巡署，即使戰時受國防部指揮，但本身並非國防單位，且在任務執行上，也甚少發生如墨國海軍面對毒梟時，時常發生的交戰危機。

第七節　結語（Conclusion）——特徵（Characteristics）

墨西哥東臨墨西哥灣，西濱太平洋，為二面濱海國家，沿著長 9,330 公里的海岸線，將海域切割為七大分區，以下為其海域執法制度特徵。

壹、海軍型海域執法機制

墨西哥並無設立海域執法單位，僅由海軍兼負國防與海域執法。

貳、重視海洋科學研究

設有 7 艘 18 噸至 1,390 噸的調查與研究船。

---

[21] (http://mil.news.sohu.com/20071128/n253626899.shtml) (2010/12/02)

參、重視人員航海實習

設置 2 艘分別為 150 噸與 1,662 噸帆船式實習船，1 艘 804 噸實習船。

肆、專屬航空器

海軍航空隊設 14 架艦載直升機，以及 81 架不同功能之飛機與直升機。

伍、專業教育搖籃

針對海員教育分別設有墨西哥海軍學院、海軍工程學院、海軍醫學院、調查、研究與潛水學校、海軍醫護學院。

第 76 章　貝里斯海域執法制度

第一節　國情概況（Country Overview）

貝里斯（Belize）位於中美洲東北部，東濱加勒比海（Caribbean Sea），北鄰墨西哥（Mexico），西部與南部與瓜地馬拉（Guatemala）為界，東臨宏都拉斯灣（Bay of Honduras）。國土面積 22,966 平方公里，台灣為其 1.6 倍。海岸線長 320 公里，領海 12 浬，專屬經濟海域 200 浬。[1]

首都貝爾墨邦（Belmopan），全國人口 321,522 人（2011）[2]。為大英國協會員，英王為名義元首，實行內閣制，國會分參議院及眾議院。（見圖 76-1）主要輸出香蕉、蔗糖、龍蝦，輸入工業製品、石油、紡織品。[3]貝國國內生產總值（GDP）1,336（百萬）美元，在 190 個國家排名第 166 名；每人國民所得（GNP）4,262 美元（2010），在 182 個國家排名第 96 名。貝國在自由之家（Freedomhouse）的政治權利與公民自由兩種自由程度在 2010

---

[1]　*Jane's Fighting Ships.2008-2009*, Edited by Commodore Stephen Saunders RN, Virginia U.S.A, p.56.

[2]　CIA, The World Factbook.(https://www.cia.gov/index.html) (2011/06/02)

[3]　《世界各國簡介暨各國首長名冊》，中華民國外交部，2001 年，頁 324。

年的分數前者為 1，後者為 2，歸類為自由國家；聯合國（2010）最適合居住國家的人類發展指數為 6.6，在 169 個國家中排名第 78 名。[4]

　　貝里斯為多種族國家，幸無種族歧視問題。因為人口密度低，無激進對立社會意識形態及土地資源豐富等因素，因此較沒有社會運動，2005 年 4 月，雖曾有工會之抗爭運動，並未造成重大動亂。貝國人民享有言論自由及出版自由，反對黨及獨立新聞媒體非常活躍，皆可自由發表言論。[5]

第二節　組織、職掌與編裝
（Organization, Duties and Equipment）

貝里斯海域防衛署（Belize Coast Guard Service）

一、組織與職掌

　　貝里斯海域防衛署成立於 2005 年隸屬國家安全部（Ministry of National Security），同年 11 月，海軍之海事聯隊改隸海域防衛署。貝國從此沒有海軍能量，海域防衛全由海域防衛署負責。總指揮部位於 Ladyville，第二指揮部位於 Calabash Caye，艦艇停駐於 Caye Caulker 及 San Pedro 兩基地，皆由總指揮部操作。他們部分遠洋任務及裝備由美國海域防衛司令部支援，主要任務包含保衛領海安全、海難搜救、颶風防範與救災。另外，保護觀光郵輪同為海域防衛署之關鍵任務。其執行任務時，與同樣隸屬於國家安全部的國防署（Belize Defense Force）（陸軍及空軍）及警察署（Police Department）合作協調。[6]（見圖 76-1）

---

[4]　五類指標詳情請見本書導論，頁 11-13。
[5]　中華民國外交部，外交資訊網頁（2010/03/08）
[6]　Belize Coast Guard Service, Wikipedia, (http://en.wikipedia.org/wiki/Belize_Coast_Guard_Service) (2011/09/01)

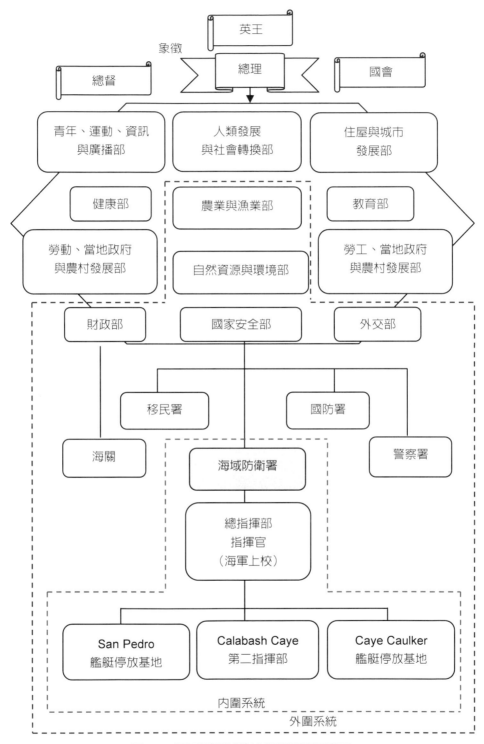

圖 76-1 貝里斯海域執法相關部門互動圖

資料來源：作者自繪

二、裝備

　　海域防衛署有 120 名人員，2007 年海域防衛署新增 8 艘艦艇，無專屬航空器，2008 年從美國海域防衛司令部接收幾艘最大時速可達 108 公里的快艇。現今加上舊有的 11 艘小型快艇，共擁有 19 艘巡邏艦艇。2010 年 4 月，海域防衛署自美收到 2 艘司法艇，以及 3 艘自動扶正船。[7]

第三節　與我國制度之比較
（A Comparison with Taiwan Coast Guard）

　　貝里斯海域防衛署因為併入海軍的海事聯隊，因此任務囊括軍事安全、海難搜救、執法及海上防災等任務；台灣則有海軍維護海域安全，由海巡署進行海域執法及搜救等任務。貝國海域防衛署因人員不足，執行任務時常與國家軍事單位及警察局合作；而我國海巡署僅有在國家緊急危難或重大海難搜救時，才會與國家軍事單位合作。

第四節　結語（Conclusion）──特徵（Characteristics）

　　貝里斯東濱加勒比海與宏都拉斯灣，在 320 公里的海岸線上，設有二個指揮部與二個艦艇基地，以下為其海域執法制度特徵。

壹、海軍型海域執法機制

　　貝國現今已無海軍單位，政府將原海軍的海事聯隊併入海域防衛署，執行領海安全維護、海域搜救及防災等任務。

---

[7]　Belize Coast Guard Service, Wikipedia, (http://en.wikipedia.org/wiki/Belize_Coast_Guard_Service) (2011/09/01)

貳、三級制——隸屬於國家安全部

貝里斯海域防衛署為隸屬於國家安全部之三級單位。

參、成立年份短

於 2005 年正式成立，並於同年 11 月併入海事聯隊。

肆、與國家安全單位合作

人員有限，因此與國防署及警察署密切合作。

第 77 章　瓜地馬拉海域執法制度

第一節　國情概況（Country Overview）

瓜地馬拉共和國（Republic of Guatemala）位於中美洲北部，西、北方接墨西哥（Mexico），東鄰貝里斯（Belize）、東南接宏都拉斯（Honduras），南界薩爾瓦多（El Salvador），西南臨太平洋（Pacific Ocean），東南濱加勒比海（Caribbean Sea）。全國面積108,889平方公里，為台灣3倍大。海岸線長400公里，領海12浬，專屬經濟海域200浬。[1]

首都瓜地馬拉城（Ciudad de Guatemala），全國人口13,824,463人（2011）[2]。國體共和制，政體總統制，國會為一院制。總統為元首兼行政首長，終身不得重選。（見圖77-1）主要輸出咖啡、蔗糖、豆蔻，輸入電子零件、運輸設備、化工製品。[3]瓜國國內生產總值（GDP）

---

[1]　*Jane's Fighting Ships.2004-2005*, Edited by Commodore Stephen Saunders RN, Virginia U.S.A, p.295.
[2]　CIA, The World Factbook.(https://www.cia.gov/index.html) (2011/06/03)
[3]　《世界各國簡介暨各國首長名冊》，中華民國外交部，2001年，頁348。

40,770（百萬）美元，在 190 個國家排名第 78 名；每人國民所得（GNP）2,839 美元（2010），在 182 個國家排名第 115 名。瓜國在自由之家（Freedomhouse）的政治權利與公民自由兩種自由程度在 2010 年的分數皆為 4，歸類為部份自由國家；透明國際（Transparency International）中的 2010 年的貪污調查分數為 3.2，在 178 個國家中排名第 91 名；聯合國（2010）最適合居住國家的人類發展指數為 7.2，在 169 個國家中排名第 116 名。[4]

瓜政府積極掃除文盲，提振經濟，盼透過觀光，開拓出口市場和鄉村建設，增加就業機會。但社會資源分配不均，貧富差距甚大，治安情況尚待改善。在經濟方面，瓜國總體經濟穩健，外債比率低，債信甚佳。我國與瓜國有外交關係。瓜地馬拉基於歷史淵源，一向主張對貝里斯擁有主權，而貝國事實上與其母國英國關係密切，無意與瓜國合併。於 1991 年 9 月正式承認貝里斯，兩國互派大使交往，關係漸趨穩定友好。但迄今雙方國界爭議未決，現透過美洲國家組織[5]調解中。[6]

第二節　組織、職掌與編裝
（Organization, Duties and Equipment）

瓜地馬拉海軍（Guatemala Navy）

一、組織與職掌[7]

瓜地馬拉海軍隸屬於國防部，1950 年末，海軍因裝備有限，僅執行巡邏、保護漁場等小型任務。然而海軍陸戰隊在國土南部早就扮演關鍵角色，在大西洋海岸及內部水域都扮演了防衛及執法角色。經過政府重新組織後，海軍成為快速反應任務的單位，以突擊方式

---

[4]　五類指標詳情請見本書導論，頁 11-13。
[5]　美洲國家組織（Organization of American States），是一個以美洲國家為成員的國際組織，總部位於美國華盛頓，成員為美洲的 34 個獨立國家。（http://www.oas.org/en/default.asp）（2010/04/09）
[6]　中華民國外交部，外交資訊網頁（2010/03/22）
[7]　Jane's Navy, Guatemala Navy, 2011/08/31, (http://www.janes.com/articles/Janes-Sentinel-Security-Assessment-Central-America-And-The-Caribbean/Navy-Guatemala.html) (2011/09/11)

登陸可疑海岸，並高效率的完成任務。海軍在北部及東部佈署的特遣部隊，沿著水域以游擊方式偵查毒品及人口走私。

因海軍經費有限，致使艦艇長久沒有汰換，目前最大訴求便是更新武器、電子裝備及翻修艦艇。早在 1979 年購入的武器，即使今日裝設新式裝備，並不足以應付海上問題，而 1980 年末購入的幾門 Oerlikon 大砲及 Mk4 狙擊槍，亦無法解決根本缺失。瓜國海軍完全缺乏適當武力在領海及沿岸執行任務，因為偵查及追捕走私毒品，實際是需要快速巡邏艇，而非大型艦艇。

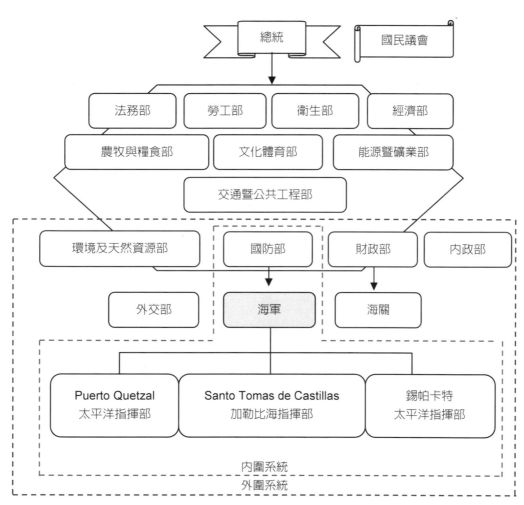

圖 77-1　瓜地馬拉海域執法相關部門互動圖

資料來源：作者自繪

海軍分三大指揮部，一個是位於 Santo Tomas de Castillas，負責加勒比海海域的指揮部。另一個位於錫帕卡特（Sipacate）與 Puerto Quetzal，負責太平洋海域的兩個指揮部。（見圖 77-1）海軍巡邏範圍包含內陸河湖，主要有莫塔瓜河（Motagua）、烏蘇瑪辛達河（Río Usumacinta）、奇克索河（Chixoy）以及沙士敦河（Sarstún），以及主要伊札巴湖（lac Izabal）和佩藤察湖（Petén Itzá）。其任務為保證國家領海主權、專屬經濟海域權益，保護內陸河湖與邊界安全，為加強國防控制，另與陸軍及空軍一起合作。和平時期，他們有執行海域巡邏、調解衝突、執行海軍策略、民防和人道主義支援等四大作用。[8]

二、裝備

瓜地馬拉海軍約 1,250 人，包含 650 名海軍陸戰隊成員。現有的艦艇共計 36 艘，包含 1 艘 110 噸 BROADSWORD 級近岸巡邏艇、2 艘 54 噸 SEWART 級近岸巡邏艇、6 艘 45 噸 CUYLASS 級巡邏艇（5 艘近岸巡邏艇及 1 艘調查艇）、1 艘 11 噸 DAUNTLESS 級巡邏艇、6 艘 3.5 噸 VIGILANTE 級小型巡邏艇、20 艘由海軍陸戰隊操控的河流巡邏艇。[9]

第三節　教育與訓練（Education and Training）

瓜地馬拉海軍學校於 1959 年創立，主要培訓海軍水手及海軍陸戰隊。學校分別位於 Village Santa Rosa、Port Quetzal、Escuintla，教育使命為不分男女的訓練海事安全、防禦、調查以及海洋科學發展、技術等技能專業化。[10]

第四節　與我國制度之比較
　　　　　（A Comparison with Taiwan Coast Guard）

首先，瓜地馬拉海軍雖是國內唯一海事安全單位，本身卻沒有良好的海事基礎與裝備，進行毒品及偷渡偵查都有技術上的困難，如遇國家緊急危難，恐怕也是難以應付；而我國

---

[8]　Military of Guatemala, Office Website, (http://www.mindef.mil.gt/index.html) (2010/03/22)

[9]　*Jane's Fighting Ships.2004-2005*, Edited by Commodore Stephen Saunders RN, Virginia U.S.A, pp. 295-296.

[10]　Military of Guatemala, Office Website, (http://www.mindef.mil.gt/index.html) (2011/09/01)

海域軍事安全交由海軍負責，但海域執法、海難搜救及非法活動偵查則由海巡署負責，艦艇多達 130 艘，實可應付海域執法任務。其次，瓜國海軍不僅在海域巡邏，內陸各大河流以及湖泊同樣是偵查範圍，尤其是與他國相接的流域，更是毒品走私的一大通道；我國因河流多短而急促，也少有大型非法活動在這些地區進行，因此海巡署僅負責海域巡邏。

第五節　結語（Conclusion）──特徵（Characteristics）

瓜地馬拉東南臨加勒比海，西南濱太平洋，為二面濱海國家，在長 400 公里的海岸線上，設有三大指揮部，以下為其海域執法制度特徵。

壹、海軍型海域執法機制

瓜地馬拉沒有設立專職海域執法單位，而是由海軍負責各式巡邏及維安任務。

貳、海軍陸戰隊為海軍主力

海軍陸戰隊人員占了海軍全員的一半（海軍 1,250 人，陸戰隊員 650），沿岸及內陸河湖的偵查多以游擊方式進行。

參、裝備老舊過時

艦艇的數量僅有 36 艘，更新的裝備也不符合現實需求，缺乏快速艦艇執行緝毒任務。

肆、內陸河湖亦為巡邏範圍

中美洲走私毒品猖獗，國內四大河流及兩大湖泊也是海軍緝毒範圍。

第 78 章　宏都拉斯海域執法制度

第一節　國情概況（Country Overview）

　　宏都拉斯共和國（Republic of Honduras）位於中美洲，西界瓜地馬拉（Guatemala）和薩爾瓦多（El Salvador），東南接尼加拉瓜（Nicaragua），北臨加勒比海（Caribbean Sea），南有一小段海岸濱太平洋（Pacific Ocean）。全國面積 112,090 平方公里，是台灣的 3 倍大。臨加勒比海海岸線長 644 公里，臨太平洋海岸線長 124 公里，領海 12 浬，專屬經濟海域 200 浬。[1]

　　首都德古西加巴（Tegucigalpa），全國人口 8,143,564 人（2011）[2]。國體共和制，政體總統制，國民議會為最高立法機構。總統是國家元首和內閣政府首腦，執掌國家行政權。（見圖 78-1）主要輸出咖啡、香蕉、龍蝦，輸入化學品、燃料、紡織品。[3]宏國國內生產總值（GDP）

---

[1]　*Jane's Fighting Ships.2008-2009*, Edited by Commodore Stephen Saunders RN, Virginia U.S.A, p.297.

[2]　CIA, The World Factbook.(https://www.cia.gov/index.html) (2011/06/02)

[3]　《世界各國簡介暨各國首長名冊》，中華民國外交部，2001 年，頁 354。

15,340（百萬）美元，在 190 個國家排名第 109 名；每人國民所得（GNP）2,014 美元（2010），在 182 個國家排名第 124 名。宏國在自由之家（Freedomhouse）的政治權利與公民自由兩種自由程度在 2010 年的分數皆為 4，歸類為部份自由國家；透明國際（Transparency International）中的 2010 年的貪污調查分數為 2.4，在 178 個國家中排名第 134 名；聯合國（2010）最適合居住國家的人類發展指數為 7.0，在 169 個國家中排名第 106 名。[4]

　　1821 年，宏都拉斯脫離西班牙獨立，後與其他中美洲國家臣屬墨西哥帝國。1823 年，墨西哥帝國傾覆，同年中美洲各國組成聯邦，1838 年宏國退出聯邦，自成獨立共和國。2009年 6 月，宏國發生政變，總統賽拉亞遭罷黜，多數國家及國際組織均暫時中止相關合作，我國駐宏大使館基於人道立場，提供賽拉亞女兒庇護處所。[5]由於宏都拉斯社會資源分配不均，貧富差距甚大，近年窮者愈窮，罷工及示威迭起。宏國支持中美洲地區整合，但與薩爾瓦多邊界問題爭議多年，與尼加拉瓜則有海域疆界爭執。[6]

第二節　歷史沿革（History）

　　1970 年前，宏都拉斯並無獨立運作的海軍，國內僅有一艘 102 尺長的公家小艇，由軍隊人員以排班制度巡邏沿海。1972 年，宏國海軍開始獨立運作，當時人員有 1,200 人，包括 600 名海軍陸戰隊。1993 年，在美國的援助下加強海軍裝備，宏國海軍開始在中美洲佔有重要性。

---

[4]　五類指標詳情請見本書導論，頁 11-13。
[5]　郭篤為，《中國時報－國際新聞》〈宏國政變 我國使館庇護賽拉亞女兒〉，2009/09/29。
[6]　中華民國外交部，外交資訊網頁（2010/03/15）

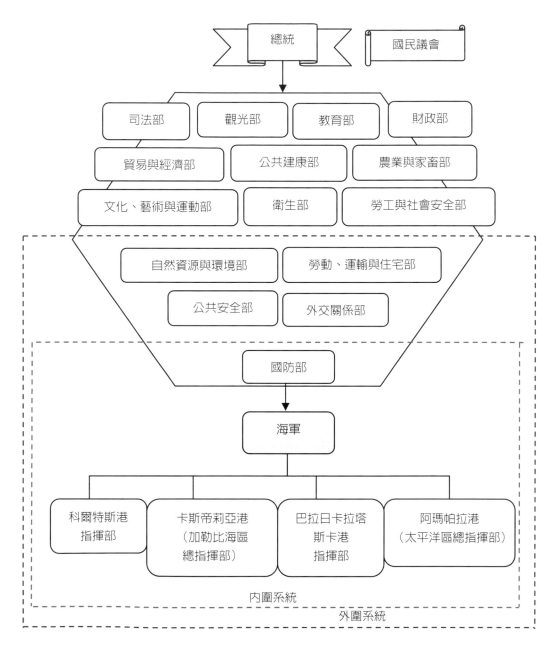

圖 78-1 宏都拉斯海域執法相關部門互動圖

資料來源：作者自繪

第三節　組織、職掌與編裝
（Organization, Duties and Equipment）

宏都拉斯海軍（Honduras Navel）

一、組織與職掌[7]

宏都拉斯海軍不僅負責軍事防衛還肩負海域警衛角色，身為最年輕的國防武力，仍努力成為頂尖單位，其發展在未來是可以期待的。他們主要在領海及專屬經濟海域維護治安，並加強偵查走私毒品的動向。內陸河流亦為巡邏範圍，分別在科科河（Coco River）、帕圖卡河（Patuca River）和烏盧河（Ulúa River）查緝犯罪及毒品買賣。海軍經費在政府總預算中佔有不小的比例，但 1990 年後，政府大量縮減經費及人事，今日成為三軍中資金分配最少的單位。即使如此，政府仍努力將海軍發展為小而美的軍事單位，另於 2000 年重整內部組織以符合需求。海軍共有四大指揮部：

（一）科爾特斯港（Puerto Cortes）：為面對加勒比海的小型基地。

（二）卡斯帝莉亞港（Puerto Castilla）：為加勒比亞海域的總指揮部，專責海軍燃料補充。

（三）阿瑪帕拉港（Amapala）：位於豐賽卡海灣（Gulf of Fonseca），負責太平洋事務的總指揮部。

（四）巴拉日卡拉塔斯卡港（Barra de Caratasca）：為最新海軍基地，專責海難搜救以及毒品交易的檢舉。

二、裝備

海軍兵力約 1,000 人，包含 350 名海軍陸戰隊員，總計有 34 艘大小不等之巡邏艇，包含 3 艘 111 噸 SWIFT 105 ft 級快速攻擊艦、6 艘 33 噸 SWIFT 65 ft 級海岸巡邏艇、1 艘 94

---

[7]　Honduras Naval, (http://www.ffaah.mil.hn/index.php/noticias/fuerza-naval.html) (2011/09/01)

噸 GUARDIAN 級海岸巡邏艇、1 艘 60 噸 SWIFT 85 ft 海岸巡邏艇、5 艘 2.2 噸 OUTRAGE 級河流巡邏艇、15 艘河流巡邏艇、2 艘運輸船、1 艘 625 噸 LANDING 輔助船。[8]

第四節　教育與訓練（Education and Training）

　　宏都拉斯海軍學院訓練海軍，因重視實地操作，故每年與美國合作全球艦隊駐地訓練（The pilot Global Fleet Station , GFS）。2007 年，由宏國主辦，活動範圍包含遠征艦隊及內河巡邏往返訓練，訓練教官皆由宏國海軍將領擔任。訓練內容有維修管理、作戰救護及醫療訓練，海軍陸戰隊訓練內容包含評估港口安全及敵人弱點，海軍領導原則及設備維護亦為訓練重點。宏國海軍學員與他國學員可在課堂及實際操作上交流，不僅可以建立未來合作的可能，更可加深輔導員及學員之間的關係。宏國海軍除了與美國有學術課程交流外，也曾在美國駐宏使館召開軍事領導招待會，讓雙方的資深指揮官交換意見。2007 年，美國贈送宏國艦艇，並提供機會給宏國優秀海員至美國加州海軍學校受訓。[9]

第五節　與我國制度之比較
（A Comparison with Taiwan Coast Guard）

　　首先，宏國海軍負責保衛國家領海，還需要擔任海域執法的角色，因中南美洲毒品交易盛行，因此偵查毒品更是海軍巡邏重點；而我國海巡署的責任主要偵查走私及偷渡等刑事案件。其次，宏國海軍與美國有密切關係，每年舉辦的全球艦隊駐地訓練就是海軍的盛大活動，他們在理論課程及實地操演中交流，以期發展為國軍的中堅單位。而我國海巡署雖與他國雖無大型交流活動，但也派遣優秀人員出國參訪、進修，期望我國海巡人員及制度能有更好的發展。

---

[8]　Honduras Naval, (http://www.ffaah.mil.hn/index.php/noticias/fuerza-naval.html) (2011/09/01)
[9]　Global Security, Global Fleet Station Completes Honduras Training, (http://www.globalsecurity.org/military/library/news/2007/08/mil-070826-nns01.htm) (2010/03/16)

第六節　結語（Conclusion）──特徵（Characteristics）

宏都拉斯北臨加勒比海，南部有一小部分海岸濱太平洋，為二面濱海國家，在長 768 公里的海岸線上設有四大指揮部，以下為其海域執法制度特徵。

壹、海軍型海域執法機制

宏都拉斯無專責海域執法單位，因此領海及專屬經濟海域的維安與犯罪偵查由海軍負責。

貳、內陸河湖為巡邏範圍

宏國內河流域廣，於是在科科河、帕圖卡河和烏盧河有海軍負責巡邏。

參、與美國海軍有多項交流

宏國海軍重視人員教育，更注重學術與操作的進步，因此多次與美國合作交流。

第 79 章　尼加拉瓜海域執法制度

第一節　國情概況（Country Overview）

　　尼加拉瓜共和國（Republic of Nicaragua）位於中美洲中部，東臨加勒比海（Caribbean Sea），西濱太平洋（Pacific Ocean），南界哥斯大黎加（Costa Rica），北鄰宏都拉斯（Honduras）。人口多集中於馬納瓜湖（Lake Managua）及中美洲最大湖泊尼加拉瓜湖（Nicaragua Lake）（面積 8,029 平方公里）的周邊。全國面積 130,668 平方公里，為台灣 3.6 倍大。海岸線長 1,121 公里（臨加勒比海海岸線長 705 公里，臨太平洋海岸線長 416 公里），[1]無主張專屬經濟海域，部分海岸線主張領海 200 浬。[2]

　　首都馬納瓜（Managua），全國人口 5,666,301 人（2011）[3]。國體共和制，政體總統制，國會採一院制。（見圖 79-1）主要輸出咖啡、牛肉、棉花，輸入機械與零件、原油、食品。[4]

---

[1] *Jane's Fighting Ships.2008-2009*, Edited by Commodore Stephen Saunders RN, Virginia U.S.A, p.509.

[2] 《新華社》〈尼加拉瓜抗議哥倫比亞恐嚇漁民〉，2008/02/13。（http://world.people.com.cn/BIG5/1029/6875448.html）（2010/03/18）

[3] CIA, The World Factbook.(https://www.cia.gov/index.html)（2011/06/02）

[4] 《世界各國簡介暨各國首長名冊》，中華民國外交部，2001 年，頁 360。

尼國國內生產總值（GDP）6,375（百萬）美元，在 190 個國家排名第 137 名；每人國民所得（GNP）1,096 美元（2010），在 182 個國家排名第 141 名。尼國在自由之家（Freedomhouse）的政治權利與公民自由兩種自由程度在 2010 年的分數皆為 4，歸類為部份自由國家；透明國際（Transparency International）中的 2010 年的貪污調查分數為 2.5，在 178 個國家中排名第 127 名；聯合國（2010）最適合居住國家的人類發展指數為 7.1，在 169 個國家中排名第 115 名。[5]

尼加拉瓜歷任政府皆崇尚民主自由，積極參與中美洲整合體系，現任政府與委內瑞拉政府一樣，反對霸權及帝國主義，也批評美國的強勢作風。尼國長期與哥倫比亞存有海疆爭議，極力反對美國在哥駐軍。尼國為中美洲經濟發展落後國家之一，貧富懸殊已久，因此改善貧窮成為現政府首要目標，近兩年鄉鎮居民福利已獲較佳照顧，目前成為中美洲治安最佳國家。[6]

第二節　歷史沿革（History）

尼加拉瓜海軍於 1980 年成立，最初只有幾艘老舊巡邏艇，即便當時桑地諾政府（Sandinista）[7]增加新式艦艇，也多為不超過 50 噸的小型艦艇。1983 年至 1984 年，海軍使命是防止海上船隻遭受攻擊，並防止國家油槽設施與港口礦場遭受破壞。1990 年，海軍成為擁有 3,000 名成員的大型軍隊，但 1993 年因經費縮減，人員大減至 800 人。1993 年，海軍獲得蘇聯 8 艘 Yevgenya 型掃雷艇以及 3 艘 Zhuk 巡邏艇，另北韓也提供 3 艘快速巡邏艇。[8]

---

[5] 　五類指標詳情請見本書導論，頁 11-13。

[6] 　中華民國外交部，外交資訊網頁（2010/03/18）

[7] 　桑地諾的支持者，即尼加拉瓜桑地諾民族解放陣線成員，是社會主義擁護者，推翻早期的獨裁統治，其政權統治尼國到 1990 年總統大選失敗才宣告結束。（http://tw.dictionary.yahoo.com/search?ei=UTF-8&p=Sandinista）（2010/03/19）

[8] 　Nicaragua Navy,（http://www.mongabay.com/history/nicaragua/nicaragua-navy.html）(2010/03/19)

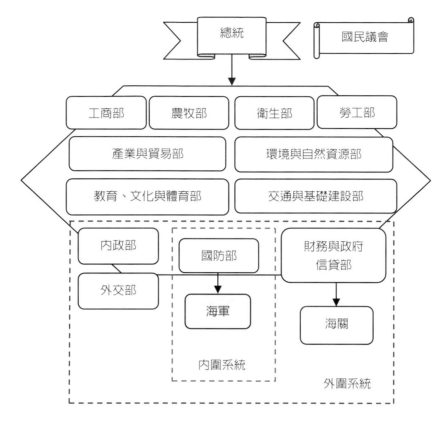

圖 79-1 尼加拉瓜海域執法相關部門互動圖

資料來源：作者自繪

第三節　組織、職掌與編裝
（Organization, Duties and Equipment）

尼加拉瓜海軍（Nicaragua Navy）

一、組織與職掌[9]

　　尼加拉瓜海軍是國內小型的海域防衛力量，海軍指揮部分為太平洋及大西洋兩區，太平洋總指揮部位於科林托（Corinto），副指揮部位於聖胡安德爾南（San Juan del Sur）及 Puerto Sandino y Potosi。大西洋總指揮部位於布魯菲爾茲（Bluefields），副指揮部位於 El Bluff、Puerto Cabezasru 以及穀物島（Corn Islands）。境內的馬納瓜湖及尼加拉瓜湖亦為海軍巡邏範圍。[10]海軍因為有限的財政預算，裝備一直無法更新而不堪使用，造成巡邏範圍非常有限，至多只能在近海執勤。至今沒有購入適當地新式或大型艦艇執行勤務，已經使維護海域安全及檢舉非法走私行動陷入困難。美國國務院經調查發現，尼國是哥倫比亞（Colombia）毒梟將可卡因（Cocaine）及海洛因等貨源，運入美國毒品市場的最大轉運站。當毒品交易者以功率大的船舶快速穿越尼國海域時，尼國海軍因自身過時的裝備降低了攔截毒梟的機會。

　　1990 年，海軍為改善並加強裝備能量，曾自以色列購入 3 艘 Dabur 小艇及幾艘快艇，也從中國購入多艘艦艇。但近年政府因國防開銷意外增加，要購入新式裝備愈加困難。現下海軍各任務多依賴國際援助，卻造成他國在領海內的非法捕撈案件增加，影響了國內的經濟來源。

　　海軍現今已適應重點任務放在偵查非法捕撈、毒品走私、各式維安，海難搜救等角色。至 2011 年 7 月，雖然海軍現代化仍沒有一具體時間表，但同年 8 月海軍的最新變化是組成了 300 人海軍中隊專職打擊販毒組織。

---

[9] Jane's Navy, Nicaragua Navy, 2011/08/23, (http://articles.janes.com/extracts/extract/cacsu/nicas130.html) (2011/09/01)

[10] *Jane's Fighting Ships.2004-2005*, Edited by Commodore Stephen Saunders RN, Virginia U.S.A, p.509.

二、裝備

海軍現有 750 名人員，共計有 21 艘艦艇。於大西洋服役的 3 艘 DABUR 級 39 噸海岸巡邏艇，另外 19 艘分別是攻擊艇及河流巡邏艇。[11]

第四節　與我國制度之比較
（A Comparison with Taiwan Coast Guard）

首先，尼加拉瓜海軍因國家經費有限，致使裝備過時、人員缺乏，然而海上國防安全、毒品偵查、內河流域巡邏、海難搜救、防止偷渡等多項服務皆由海軍承擔，著時吃力；台灣海巡署艦艇全台計有 130 艘，裝備與人員大致充足，軍事安全由國內海軍負責，權責區分不致讓海巡人員吃力。其次，尼加拉瓜海軍最需重視國際毒品流通問題，卻遲遲無法增加新式艦艇以跟上世界趨勢，常依賴國際援助；台灣的毒品偵查是由海巡署負責，除非遇國際毒梟案件，否則少與他國合作。

第五節　結語（Conclusion）──特徵（Characteristics）

尼加拉瓜東臨加勒比海，西濱太平洋，為二面濱海國家，擁有中美洲最大湖泊尼加拉瓜湖，在總長 1,121 公里的海岸線上，分為兩大總指揮部，各自有兩個副指揮部，以下為尼國海域執法制度特徵。

壹、海軍型海域執法機制

尼加拉瓜沒有專責的海域執法單位，海域相關服務是由海軍負責。

---

[11] *Jane's Fighting Ships.2004-2005*, Edited by Commodore Stephen Saunders RN, Virginia U.S.A, p.509.

貳、內陸河湖亦為巡邏範圍

境內的馬納瓜湖及尼加拉瓜湖亦為海軍維護治安範圍。

參、裝備老舊，人員不足

尼加拉瓜位於中美洲中部，是毒品最大轉運站，卻因為國防經費有限，沒有足夠的裝備及人員應付毒梟新穎的裝備，只能任其自由來去。

第 80 章　薩爾瓦多海域執法制度

第一節　國情概況（Country Overview）

　　薩爾瓦多共和國（Republic of El Salvador）位處中美洲北部，西北鄰接瓜地馬拉（Guatemala），東北與宏都拉斯（Honduras）交界，南濱太平洋（Pacific Ocean），東南鄰近馮瑟卡灣（Golf of Fonseca）。全國面積 21,040 平方公里，台灣為其 1.7 倍大。海岸線總長 307 公里，領海 12 浬，專屬經濟海域 200 浬。[1]

　　首都聖薩爾瓦多（San Salvador），全國人口 6,071,774 人（2011）[2]。國體共和制，政體總統制，國會一院制。（見圖 80-1）主要輸出咖啡、藥品、服飾，輸入各類車輛、塑膠原料、原油。[3]薩國國內生產總值（GDP）21,800（百萬）美元，在 190 個國家排名第 98 名；每人國民所得（GNP）3,717 美元（2010），在 182 個國家排名第 99 名。薩國在自由之家

---

[1] *Jane's Fighting Ships.2008-2009*, Edited by Commodore Stephen Saunders RN, Virginia U.S.A, p.203.

[2] CIA, The World Factbook.(https://www.cia.gov/index.html) (2011/06/02)

[3] 《世界各國簡介暨各國首長名冊》，中華民國外交部，2001 年，頁 344。

（Freedomhouse）的政治權利與公民自由兩種自由程度在 2010 年的分數前者 2，後者為 3，歸類為自由國家；透明國際（Transparency International）中的 2010 年的貪污調查分數為 3.6，在 178 個國家中排名第 73 名；聯合國（2010）最適合居住國家的人類發展指數為 6.7，在 169 個國家中排名第 90 名。[4]

　　薩爾瓦多於 1525 年受到西班牙侵略並占領，至 1821 年才宣告獨立，次年加入墨西哥帝國。1823 年 7 月，加入中美洲聯邦[5]，1841 年，薩國成為獨立共和國。2009 年 3 月，左派政黨在總統大選中勝利，成為繼尼加拉瓜之後，中美洲第二個朝社會主義傾斜的完全執政黨。[6]受經濟不景氣影響，失業及社會犯罪率偏高，所幸國家總體經濟尚屬健全。[7]

第二節　歷史沿革（History）

　　薩爾瓦多海軍創立於 1952 年，是國防三軍中最晚成立的，薩國海域安全原由一支小型的海防隊負責，但海軍成立後便將其吸收同化。1978 年，海軍至少擁有 1,300 名成員，當中包括 600 人的海洋步兵團及 330 人的特遣部隊。1980 年末，海軍擁有 30 艘艦艇，主要執行海域防衛及保護漁場任務，艦艇多為英國製的小型艦艇。1979 年底，反政府游擊組織與政府軍隊展開內戰，反政府組織控制北部及東部，佔了全國的三分之一。後來美國支援政府軍，提供軍備、資金援助並派遣顧問。內戰期間，政府規劃海軍成立游擊隊伍，主要深入內陸河流打擊反政府組織、襲擊軍營。在內戰結束後，全國軍事大傷，人力與裝備減少了一大半。經過長達 12 年的內戰，終在聯合國的斡旋下，雙方簽訂和平條約。[8]

---

[4]　五類指標詳情請見本書導論，頁 11-13。

[5]　中美洲聯邦（Republic Federal of Central America）是一個已不存在的國家。位於中美洲，存在於 1823 年至 1840 年，領土包括今日的瓜地馬拉、薩爾瓦多、宏都拉斯、尼加拉瓜、哥斯大黎加，以及墨西哥東部的一部分。百度百科，（http://baike.baidu.com/view/122997.htm）（2011/01/24）

[6]　郭篤為，《中國時報－國際新聞》〈薩國大選變 親美政權連莊夢碎〉，2009/03/17。

[7]　中華民國外交部，外交資訊網頁（2010/03/22）

[8]　El Salvador The Navy, (http://www.photius.com/countries/el_salvador/national_security/el_salvador_national_security_the_navy.html) (2010/03/25)

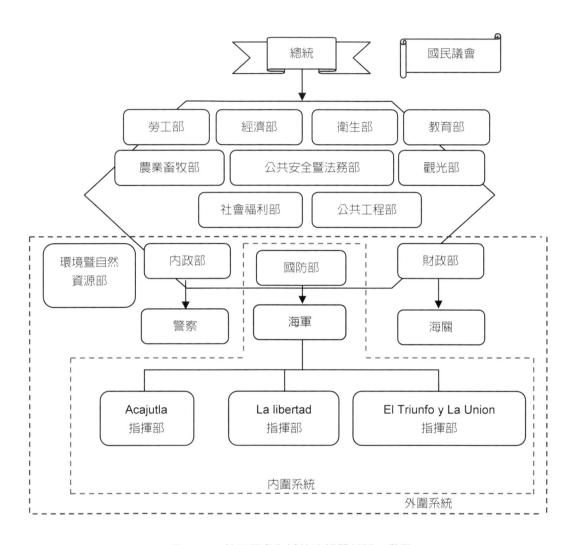

圖 80-1　薩爾瓦多海域執法相關部門互動圖

資料來源：作者自繪

第三節　組織、職掌與編裝
（Organization, Duties and Equipment）

薩爾瓦多海軍（Navy of El Salvador）

一、組織與職掌[9]

　　薩爾瓦多海軍隸屬於國防部，是維護國家海域安全的重要角色，創建於 1952 年，設有三大指揮部。（見圖 80-1）承擔一切海域執法及軍事防衛責任，巡邏艇主要用於沿海巡邏、漁場保護、偵查走私與偷渡等等。由於薩國境內河流湖泊眾多，全長達 350 公里的倫帕河（Lempa River），流域占全國面積的一半，是境內唯一能通航的流域，如此重要的河流亦為海軍巡邏範圍。政府為了海軍專業教育，在聖薩爾瓦多設立一所由海軍總部管理的海軍學校。另外，隸屬於內政部的警察，專責海難搜救任務。[10]

二、裝備

　　海軍有 800 人，共計 39 艘巡邏艇，包含 1 艘 67 噸 POINT 級巡邏艇、3 艘 100 噸 CAMCRAFT 型近岸巡邏艇、1 艘 48 噸 77 ft 級近岸巡邏快艇、1 艘 36 噸 65 ft 級近岸巡邏快艇、4 艘 18 噸型 44 級巡邏艇、6 艘 8.2 噸 PIRANHA 級河流巡邏艇、9 艘 9 噸 PROTECTOR 級河流巡邏艇、2 艘 MERCOUGAR INTERCEPT 級輕艇。8 艘作為內河流域搜救的巡邏艇、3 艘 45 噸輔助艇。2002 年，美國海域防衛司令部贈與的 1 艘 1,034 噸 BALSAM 級巡邏用的支援船。2010 年，自智利訂購 2 艘 107 噸與 1 艘 100 噸巡邏艇。[11]

　　另外，警察有 11 艘 3.1 噸 RODMAN 890 專用於救難的巡邏艇。

---

[9]　Navy of El Salvador, (http://en.wikipedia.org/wiki/Navy_of_El_Salvador) (2011/09/01)

[10]　*Jane's Fighting Ships.2004-2005*, Edited by Commodore Stephen Saunders RN, Virginia U.S.A, p. 205.

[11]　*Jane's Fighting Ships.2004-2005*, Edited by Commodore Stephen Saunders RN, Virginia U.S.A, pp.203-205.
　　Navy of El Salvador, (http://en.wikipedia.org/wiki/Navy_of_El_Salvador) (2011/09/01)

第四節　與我國制度之比較
（A Comparison with Taiwan Coast Guard）

　　由於薩爾瓦多並無專責的海域執法單位，因此由海軍全權負責海洋治安防護，經過內戰損失後，造成海軍裝備及人員大量損傷，至今仍未痊癒；台灣海域執法由海巡署負責，海上軍事防衛則由海軍執行，海巡署人員或艦艇的數量大致可應對海上危機。薩國因內陸的倫帕河占國家面積的一半，又是可與海洋通航的唯一流域，因此內陸河湖亦為巡邏範圍；相反的，台灣的河流多短而急促，不適合通航，海巡署並沒有將國內河流視為巡邏範圍。

第五節　結語（Conclusion）──特徵（Characteristics）

　　薩爾瓦多南濱太平洋，為一面濱海國家，境內有可通航之倫帕河，在長 307 公里的海岸線上，設有三大指揮部，以下為薩國海域執法制度特徵。

壹、海軍型海域執法機制

　　薩爾瓦多無設置專責海域執法單位，因此交由國內唯一的海事機構，也就是海軍負責。

貳、人員不足、裝備老舊

　　南濱太平洋的薩國，不僅要應付國內河流的治安，還要處理海域的各種問題，卻僅有 800 海員及 39 艘巡邏艇，根本不足以應付現實需求。

參、海域與內陸河湖搜救任務由警察及海軍合作

海域及內河流域搜尋救難由海軍執行，而警察單位則備有 11 艘小型搜救艦艇可支援海軍。

第 81 章　多明尼加海域執法制度

第一節　國情概況（Country Overview）

　　多明尼加共和國（Dominican Republic）是加勒比海（Caribbean Sea）與大西洋間（Atlantic Ocean）的一個半島國，全境位於伊斯帕尼奧拉島（Hispaniola）的東半部。西接海地（Haiti），隔莫納海峽（Mona Passage）與波多黎各（Puerto Rico）相望。全國面積 48,442 平方公里，是台灣的 1.3 倍大。海岸線長 1,288 公里，領海 6 浬，毗鄰區為 24 浬，專屬經濟海域 200 浬。[1]

　　首都聖多明哥（Santo Domingo），全國人口 9,756,648 人（2011）[2]。國體共和制，政體屬總統制，總統身兼行政首長與國家元首，可任命內閣，國會分參、眾兩議院。（見圖 81-1）[3] 多國國內生產總值（GDP）50,870（百萬）美元，在 190 個國家排名第 73 名；每人國民所得（GNP）5,152 美元（2010），在 182 個國家排名第 84 名。多國在自由之家

---

[1] *Jane's Fighting Ships.2008-2009*, Edited by Commodore Stephen Saunders RN, Virginia U.S.A, p.192.

[2] CIA, The World Factbook.(https://www.cia.gov/index.html) (2011/06/02)

[3] 《世界各國簡介暨各國首長名冊》，中華民國外交部，2001 年，頁 339。

（Freedomhouse）的政治權利與公民自由兩種自由程度在 2010 年的分數皆為 1，歸類為自由國家；透明國際（Transparency International）中的 2010 年的貪污調查分數為 5.2，在 178 個國家中排名第 44 名；聯合國（2010）最適合居住國家的人類發展指數為 7.6，在 169 個國家中排名第 88 名。[4]

伊斯帕尼奧拉島先後受到西班牙與法國佔領為殖民地，多明尼加曾受海地入侵，直到 1844 年 2 月 27 日才正式獨立。1916 年後，美國多次以不同理由出兵佔領多國。多國與各國友好，但與海地關係一向不睦。因為海地長期政治不穩、失業問題嚴重，與多國相比明顯落後，大批海地人民即非法越過邊界尋找工作或較好生活，令多政府相當困擾。由於多政府採取大量遣返措施，亦引起海地政府抗議，移民問題成為兩國長期的衝突焦點。[5]

第二節　歷史沿革（History）

多明尼加海軍雛型出現於 1873 年，首艘艦艇建於蘇格蘭。1916 年，美國藉故佔領多國後，海軍同年遭到解散時，艦隊僅有 2 艘砲艦與 4 艘武裝艇。1917 年，海軍納入多國警察局成為一支小型的海域防衛隊，但仍屬於國家海上軍隊。1943 年，海軍重新成立，並開始在 Las Calderas 港的基地活動，隔年海軍學院（Naval Academy）也設立於此。海軍於二戰後擴大，並自加拿大與美國獲得船舶。1950 年後，海軍成為加勒比海地區最強大的海上武力，至少擁有 3,000 名海員，一個海軍陸戰隊營，一直穩定發展到 1965 年內戰爆發。海軍參與反叛軍陣營，並轟炸首都的總統府。1965 年後，海軍許久未更新老舊船隻，能量持續下降。多國後來因政府經濟困難，至 1989 年後，除了一艘從加拿大收購的大型艦艇，大部分船艦多來自於美國。1989 年，政府將海軍總部設於聖多明哥。[6]

---

[4]　五類指標詳情請見本書導論，頁 11-13。
[5]　中華民國外交部，外交資訊網頁（2010/07/22）
[6]　Dominican Republic navy, (http://www.marina.mil.do/(2011/09/01)

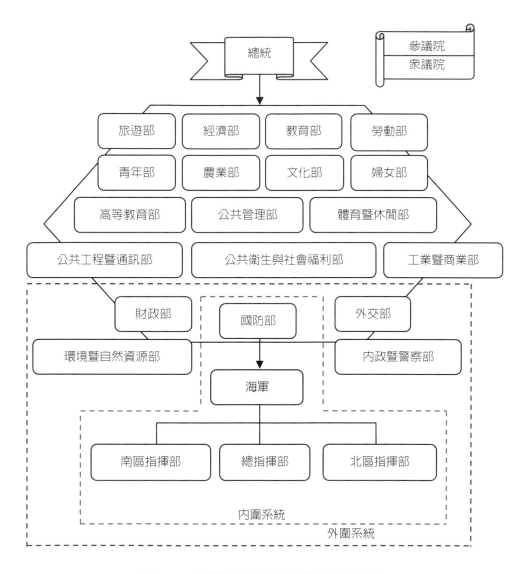

圖 81-1　多明尼加海域執法相關部門互動圖

資料來源：作者自繪

第三節　組織、職掌與裝備
（Organization, Duties and Equipment）

多明尼加海軍（Dominican Navy）

一、組織與職掌[7]

　　多明尼加海軍為國家正規軍隊，海軍總指揮部設於首都。另外有兩大方區，分別是設於普拉塔港（Plata）的北區指揮部，負責巡邏北部海岸及與海地相連的北部沿海邊界，而來自東部國家的船舶，都需要通過莫納海峽，因此本海洋通道亦為巡邏重點。而設於巴拉奧納港（Barahona）的南區指揮部，負責與海地相連的南部沿海巡邏，並偵查所有通過莫納海峽南部的往來船舶。海軍極重視莫納海峽，是因為本海峽為非法偷渡或走私者到美國的重要通道。（見圖 81-2）

　　海軍內部設有海軍突擊部隊（Naval Commandos）專門執行海軍特別任務，但只有緊急情況才會動用。突擊部隊主要進行非常規作戰，例如解救人質、打擊恐怖主義、突擊及偵查不明船舶，內有專家處理爆裂物。隊員們為隨時面對特殊任務，訓練內容以跳傘及實地作戰演習為主。多明尼加以此特殊武裝部隊參與伊拉克的維和行動，即使常遭受迫擊砲攻擊，但人員傷亡機率極低。

　　海軍未來計畫在 Las Calderas 港的造船廠艦建造一艘 190 英呎長多用途平台（Multipurpose Platform）。海軍人員現來自於 1989 年設立的海軍學院，正式服役前需進行四年專業教育。

7　Dominican Republic navy, (http://www.marina.mil.do/) (2011/09/01)

圖 81-2　多明尼加海軍指揮部位置圖[8]

二、裝備

　　海軍約 4,000 名人員，共計 33 艘艦艇，多來自於美國海域防衛司令部，僅有 2 艘來自於國內造船廠。包含 1 艘 Mesquite 級、2 艘 White 級、2 艘 Point 級與 4 艘 Seaward 級巡邏艇，2 艘 100 級快艇、1 艘攔截者級快艇，4 艘 1500 級海難搜救艇。4 艘 Nor-Tech 4300 級、4 艘 Defender 級與 2 艘攔截者快艇。7 艘後備支援艇。[9]

---

[8]　(http://www.wordtravels.com/images/map/Dominican_Republic_map.jpg) (2010/07/23)

[9]　Dominican Navy, Wikipedia, (http://en.wikipedia.org/wiki/Dominican_Navy) (2010/07/23)
　　Dominican Republic navy, (http://www.marina.mil.do/) (2011/09/01)

第四節　與我國制度之比較 （A Comparison with Taiwan Coast Guard）

　　多明尼加海軍不僅執行軍事任務，身為國內唯一海事單位，還需偵查往來船舶以預防非法活動的發生，尤其是人口販賣及偷渡等行為。多國海軍內部設有國內發生緊急情況才會使用的特殊突擊部隊，其曾經參與打擊恐怖組織等國際行動。我國海軍執行海洋國防任務，但非法物品走私及偷渡等的刑事案件偵查是由非軍事組織的海巡署執行。

第五節　結語（Conclusion）──特徵（Characteristics）

　　多明尼加位於加勒比海與大西洋間，東臨莫納海峽，為三面濱海的半島國，在總長 1,288 公里的海岸線上，分南、北兩大分區，以下為其海域執法制度特徵。

壹、海軍型海域執法機制

　　多明尼加沒有專職海域執法單位，海軍身為國內唯一海事單位，便肩負軍事維護與偵查船舶等任務。

貳、重視偷渡取締問題

　　多國與波多黎各之間的莫納海峽為偷渡或走私者，私渡至美國的主要通道之一，因此海軍對可疑船舶都嚴格登檢。

參、設有突擊部隊

　　海軍設有突擊部隊執行特殊任務，只有在國家緊急時刻才可使用，本部隊也曾至伊拉克執行反恐怖任務。

第 82 章　海地海域執法制度

第一節　國情概況（Country Overview）

　　海地共和國（Republic of Haiti）是加勒比海（Caribbean Sea）中的一個半島國，全境位於大西洋西部的伊斯帕尼奧拉島（Hispaniola）的西半部。東面接多明尼加（Dominica），隔牙買加海峽（Jamaica Channel）與牙買加（Jamaica）相望。全國面積 27,750 平方公里，台灣為其 1.3 倍大。海岸線長 1,771 公里，領海 12 浬，毗鄰區 24 浬，專屬經濟海域 200 浬。[1]

　　首都太子港（Port-au-Prince），全國人口 9,719,932（2011）[2]。國體共和制，元首為總統，政府首腦為總理，國會分參、眾兩議院。[3]（見圖 82-1）主要輸出咖啡、芒果、香茅油，輸入機械、石油、食品。[4]海地國內生產總值（GDP）6,495（百萬）美元，在 190 個國家排

---

[1]　CIA, The World Factbook.(https://www.cia.gov/index.html) (2010/03/08)

[2]　CIA, The World Factbook.(https://www.cia.gov/index.html) (2011/06/02)

[3]　中華民國外交部，外交資訊網頁（2010/03/08）

[4]　《世界各國簡介暨各國首長名冊》，中華民國外交部，2001 年，頁 352。

名第 135 名；每人國民所得（GNP）659 美元（2010），在 182 個國家排名第 156 名。海地在自由之家（Freedomhouse）的政治權利與公民自由兩種自由程度在 2010 年的分數前者為 4，後者為 5，歸類為部份自由國家；透明國際（Transparency International）中的 2010 年的貪污調查分數為 2.2，在 178 個國家中排名第 146 名；聯合國（2010）最適合居住國家的人類發展指數為 3.9，在 169 個國家中排名第 145 名。[5]

　　海地先後受到西班牙與法國殖民，1804 年成為拉丁美洲區第二爭取獨立的國家。海地獨立後動盪不安，美國於 1915 年開始政治干預，聯合國多次進行維和行動，2006 年才逐漸穩定。2010 年 1 月 12 日，海地發生芮氏 7 級強震，首都太子港及周邊城鎮遭致嚴重損害，包括總統府、政府部會大樓等建築物倒塌不計其數，計有 30 萬人喪生。海地與我國有邦交關係，其對外政策為爭取國際援助及聯合國駐海特派團任期延展，改善與美國、多明尼加及加勒比海共同體（Caribbean Community, CARICOM）國家之關係。[6]

第二節　歷史沿革（History）

　　海地海域防衛委員會（Coast Guard Commission, CGC）成立於 1930 年末，為延續 20 年前解散的海軍而組織的海域安全單位。1942 年，美國海域防衛司令部轉移六艘艦艇給予海地，1947 年再轉移三艘 121 噸的小型驅逐艦。1948 年，美國海軍艦隊抵達海地協防，1951 年，美國運輸船在海地海域沉沒，CGC 雖然不成熟，仍完成搶救行動。1956 年及 1960 年，美國再次提供三艘巡邏艦。1965 年，海地發生政變，叛軍以 CGC 攻擊位於太子港的總統官邸及美國海軍基地。美軍因此事件解除了對海地的武裝軍隊，海地人因而大肆慶祝此海域防衛單位的成功，並將之視為國家海軍。1973 年，改制為海軍的 CGC 試圖擴張裝備而購入二十四艘艦艇，當中包括魚雷快艇，但卻遭美軍阻撓而未果。CGC 購買新式艦艇多次遭阻，至 1980 年末，CGC 艦艇仍只有美國提供的艦艇約十二艘，在太子港的海軍僅有 280 名軍官。1990 年末，海地軍事力量解散，目前僅剩下形式上的存在，於是海軍轉隸國家警察局下，正式命名為海域防衛委員會。[7]

---

[5]　三類指標詳情請見本書導論，頁 11-13。
[6]　中華民國外交部，外交資訊網頁（2010/03/08）
[7]　Haiti National Police, (http://www.pnh.ht/welcome/index.php) (2010/03/09)

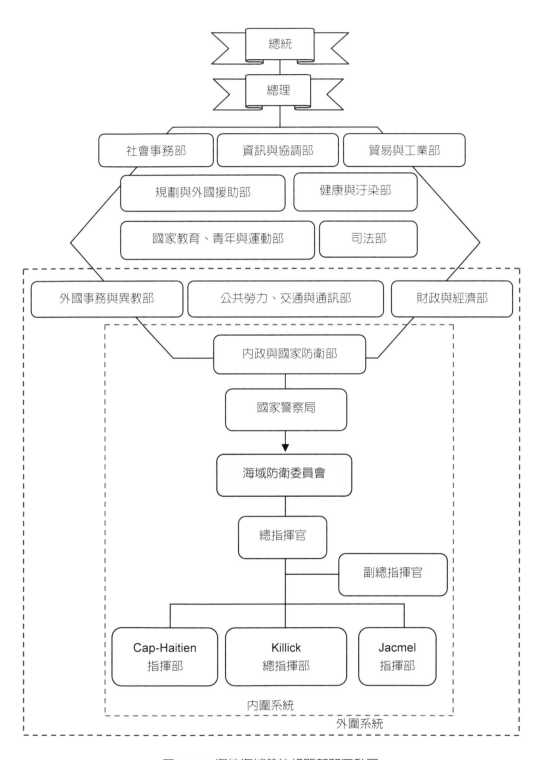

圖 82-1 海地海域執法相關部門互動圖

資料來源：作者自繪

第三節　組織、職掌與編裝
（Organization, Duties and Equipment）

海地海域防衛委員會（Haiti Coast Guard Commission）

一、組織與職掌

　　海地海域防衛委員會（Coast Guard Commission, CGC）是海地國家警察局（Haiti National Police）操作的單位之一。它是世界上少數身為警察去維持海域治安並執法的單位。CGC 主要任務為，在領海透過監視獲取資訊、維護海上航行安全、海難搜救、監督漁船及商業船舶遵照法律章程、參與毒品偵查、監察偷渡及走私活動等等可能在海域發生的非法活動。CGC 分為三大基地，分別是位於太子港的 Killick 總指揮部，位於 Cap-Haitien 的指揮部及 Jacmel 的指揮部。[8]

　　海地海域目前最常遭遇的問題，是想從中美洲國家偷渡至美國的非法移民，但 CGC 因訓練與裝備不足，時常無法有效執行任務，因而錯失多次機會。其人員訓練仍侷限在國內，多項裝備及人員能力無法更新，也缺少至他國進修或交流的機會，限制了未來執法的成效。[9]美國贈與海地四艘巡邏快艇，期許海地改善保護領海及偵查非法活動的能量，雙方更合作查緝毒梟及偷渡案件。[10]

二、裝備

　　CGC 現有艦艇類型有兩大類，一為 40 英呎的小型哨艇，一為 32 英呎的快速巡邏艇。位於太子港總指揮部有 6 艘小型哨艇及 4 艘快速巡邏艇，Cap-Haitien 指揮部有 4 艘小型

---

[8] Haiti National Police, (http://www.pnh.ht/welcome/index.php) (2010/03/09)

[9] Lack of equipment, crews hobbles Haiti's coast guard, (http://www.latinamericanstudies.org/haiti/coast-guard.htm) (2010/03/09)

[10] Four brand new boats for the Haitian coast guard, (http://www.haitixchange.com/index.php/forums/viewthread/94/) (2010/03/09)

哨艇及 2 艘快速巡邏艇，Jacmel 指揮部有 2 小型哨艇及 1 艘快速巡邏艇，共計 19 艘艦艇。[11]

第四節　與我國制度之比較
（A Comparison with Taiwan Coast Guard）

海地的 CGC 前身為海軍，現為隸屬於國家警察的四級單位，是國內唯一的海域安全機構；台灣海巡署為國內專責的海域執法單位，與 CGC 同樣擁有執法權限，但海巡署人員與裝備大致完備，不至像海地時常錯失行動機會。

第五節　結語（Conclusion）——特徵（Characteristics）

海地為位於加勒比海上的半島國，西臨牙買加海峽，在長 1,771 公里的海岸線上，設有三個指揮部，以下為其海域執法制度特徵。

壹、警察型海域執法機制

海域防衛委員會前身為海軍，後因政府改制轉隸於國家警察局，國家的海域安全與執法全交由 CGC 負責，是世界少數結合水警功能與海域防衛的警察單位。

貳、集中制

海地設有 CGC 做為海域執法的專責單位。

---

[11] Haiti National Police, (http://www.pnh.ht/welcome/index.php) (2010/03/09)

參、四級制——隸屬於國家警察局

CGC 隸屬於內政與國家防衛部下轄之國家警察局。

肆、專業有限，設備老舊

CGC 裝備是海軍時期沿用下來的，艦艇老舊不符現實需求，加上人員的專業教育不足，無法有效率的執行海域安全維護。

第 83 章　委內瑞拉海域執法制度

第一節　國情概況（Country Overview）

　　委內瑞拉波利瓦爾共和國（Bolivarian Republic of Venezuela）位於南美洲，北濱加勒比海（Caribbean Sea）及大西洋（Atlantic Ocean）。東與圭亞那（Guyana）相接，南界巴西（Brazil），西與哥倫比亞（Colombia）接壤。全國面積 912,050 平方公里，是台灣的 25.4 倍大。海岸線長 2,813 公里，領海 12 浬，專屬經濟海域 200 浬。[1]

　　首都卡拉卡斯（Caracas），全國人口 27,635,743 人（2011）[2]。國體共和制，政體總統制，國會採一院制。（見圖 83-1）主要輸出原油、鋁錠、石化，輸入機械、汽車、小麥。[3]委

---

[1]　*Jane's Fighting Ships.2008-2009*, Edited by Commodore Stephen Saunders RN, Virginia U.S.A, p.900.

[2]　CIA, The World Factbook.(https://www.cia.gov/index.html) (2011/06/02)

[3]　《世界各國簡介暨各國首長名冊》，中華民國外交部，2001 年，頁 380。

國國內生產總值（GDP）285,200（百萬）美元，在 190 個國家排名第 33 名；每人國民所得（GNP）9,773 美元（2010），在 182 個國家排名第 60 名。委國在自由之家（Freedomhouse）的政治權利與公民自由兩種自由程度在 2010 年的分數前者為 5，後者為 4，歸類為部份自由國家；透明國際（Transparency International）中的 2010 年的貪污調查分數為 2.0，在 178 個國家中排名第 164 名；聯合國（2010）最適合居住國家的人類發展指數為 7.8，在 169 個國家中排名第 75 名。[4]

委內瑞拉對外採反美親古巴、中國、伊朗、敘利亞及北韓等外交政策，以石油外交方式在國際推動波利瓦爾革命路線及二十一世紀社會主義，以建立拉美地區一體化。其與哥倫比亞因左派游擊隊問題意見不合，與圭亞那亦有領土糾紛，自從以反美著稱的現任總統查維斯（Hugo Chavez）上台後，委國便時與美國齟齬，抨擊美國為帝國主義，[5]但委國與世界各國大致維持友好關係。[6]

第二節　歷史沿革（History）

委內瑞拉海域防衛隊創立於 1982 年，它的歷史要從海軍開始回顧。1811 年 7 月 5 日，委國脫離西班牙獨立，並在 1830 年脫離大哥倫比亞聯邦自建共和國。完全獨立的委國面對接踵而來的國防危機，當時周圍各國政治動盪，國內也因軍事獨裁混亂不堪，人民為了生存而進行非法活動，海盜數量逐年增加，十九世紀大量的維安任務使海軍疲於奔命。二十世紀後，委國政府穩定，海軍開始有效的執行國防使命，但領海及各海島之間的走私、海盜活動仍然風行。政府為維護領海安寧，便計畫擴展海軍，成立一支專職維護領海主權及保護海域資源的單位。1981 年，海軍成立一支分遣艦隊，並重新編排內部制度。1982 年 7 月 20 日，此分遣艦隊正式命名為海域防衛隊，由海軍指揮操作。1984 年，海域防衛隊由海軍總基地遷至海軍碼頭 La Guaira。1987 年，海域防衛隊成為委內瑞拉的五大作戰指揮力量之一。[7]

---

[4] 五類指標詳情請見本書導論，頁 11-13。

[5] 蔡佳敏，《奇摩新聞》〈共和黨批與查維斯握手不負責任 歐巴馬駁斥〉，2009/04/20。（http://tw.news.yahoo.com/article/url/d/a/090420/19/1i4p5.html）（2010/03/12）

[6] 中華民國外交部，外交資訊網頁（2010/03/11）

[7] Venezuela Coast Guard, (http://www.globalsecurity.org/military/world/venezuela/coastguard.htm) (2010/03/11)

美洲篇　委內瑞拉海域執法制度

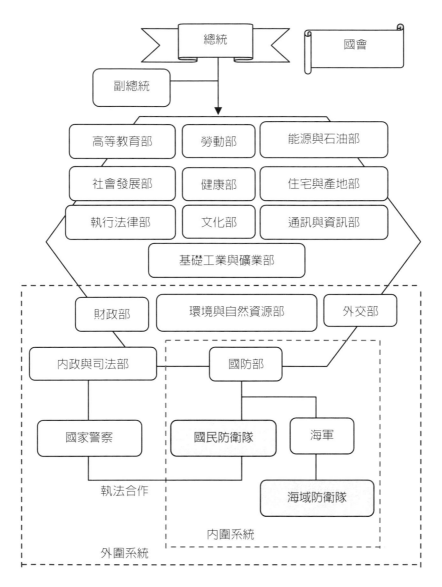

圖 83-1 委內瑞拉海域執法相關部門互動圖

資料來源：作者自繪

第三節　組織、職掌與編裝
（Organization, Duties and Equipment）

壹、委內瑞拉海域防衛隊（Venezuela Coast Guard）

一、組織與職掌

委內瑞拉海域防衛隊隸屬於海軍，指揮官由海軍上將擔任，其總部設於 La Guaira。主要任務為協助海軍維護領海安全、保護海域環境、保存自然資源及掌控船舶交通，最重要的是專責對抗海盜，必要時以武力與海盜進行交戰。委國境內河流域多，境內最長的奧裏諾科河（El río Orinoco）及其支流卡羅尼河（Rio Caroni）皆由海域防衛隊巡邏。為執行眾多任務，因此創造一系列有效率的指揮系統，位於總部的衛星基地台監控衛星資訊，以此掌握巡護範圍動態。[8]

二、裝備

海域防衛隊共有六大衛星基地台和六個監控衛星，共計有 6 艘專屬艦艇。[9]

---

[8] Venezuela Coast Guard, (http://www.globalsecurity.org/military/world/venezuela/coastguard.htm) (2010/03/11)

[9] Venezuela Navy, wikipedia, (http://en.wikipedia.org/wiki/Bolivarian_Armada_of_Venezuela) (2011/09/01)

貳、委內瑞拉國民防衛隊（Venezuela National Guard）

一、組織與職掌

國民防衛隊為正式軍隊，其下仍設有陸海空三大部隊，責任是執行政府下達的戰鬥行動，以保證國家領土安全。他們與正規軍隊合作，維護國內的秩序和平。在邊界依據法律給予的權限，執行與國內行政警察相同的刑事調查活動。運用陸軍、海軍及空軍合作宣揚並維護國家主權象徵，其亦會參與國內安全維護，與市政警察合作共同防禦。根據 1999 年憲法，如果國民防衛隊基於社會和平及安全執行任務時，國民必需與其合作以達到有益於社會的目的。[10]

二、裝備

目前國民防衛隊共有 25,000 名人員，海上裝備計有 8 艘小型巡邏艇負責近岸與與河流巡邏。[11]

第四節　教育與訓練（Education and Training）

海域防衛隊隸屬於海軍，所有人員職前皆需至作戰學院及水文作戰訓練學校受訓，兩所學校直接由海軍總指揮官管轄。目前國民防衛隊人員均是志願役，所有志願新兵需至位於 Los Teques 的 Ramo Verde 的學校進行兩年訓練。候補軍需至位首都的四年制軍官學校受訓，軍官畢業後可進入位於卡拉卡斯的 Caricuao 軍官研究學院進修。[12]

---

[10] Venezuela National Guard, (http://www.guardia.mil.ve/) (2011/09/01)

[11] Venezuela National Guard, (http://www.guardia.mil.ve/) (2011/09/01)

[12] Venezuela Navy, (http://en.wikipedia.org/wiki/Navy_of_Venezuela) (2010/03/12);
Venezuela National Guard, (http://www.guardia.mil.ve/) (2011/09/01)

第五節　與我國制度之比較
（A Comparison with Taiwan Coast Guard）

　　首先，委國海域防衛隊為軍事組織，任務包括保護領海安全、自然資源及環境保護，最重要的還有防範海盜，必要時還有武力交鋒的風險；台灣海巡署對海域汙染處理的機制並不齊全，主要任務多放在查緝走私與偷渡等任務。其次，委國國民防衛隊的海軍部隊專責邊界海域的安全，依據法律還可有刑事執法權限，而海域防衛隊不僅要負責領海，包含內流水域也是其巡邏範圍；而台灣海巡並沒有負責內流水域，僅對領海及近岸負責。

第六節　結語（Conclusion）——特徵（Characteristics）

　　委內瑞拉北濱加勒比海及大西洋，為一面濱海國家，在長 2,813 公里的海岸線上，設有一指揮部，以下為委國海域執法制度特徵。

壹、海軍型海域執法機制

　　委國海域執法均由準軍事的海域防衛隊及國民防衛隊負責，兩者皆有作戰能力，國民防衛隊依據法律賦予的權限，還可於邊界執行與警察相同的刑事職權。

貳、三級制及四級制

　　負責海域執法的單位分別是隸屬於海軍的海域防衛隊及五大軍事力量之一的國民防衛隊。

參、裝備與能量完整

國民防衛隊人員便有 25,000 人，海域防衛隊裝備均具有軍事作戰能力，例如大型驅逐艦及巡航艦。

肆、高科技監控技術

設有六大衛星基地台及衛星，監控由衛星傳回來的資訊，由此快速掌握各非法行動。

伍、內陸河湖為巡邏範圍

奧裏諾科河及其支流卡羅尼河皆由海域防衛隊巡邏，並擁有 7 艘河流巡邏艇。

第 84 章　智利海域執法制度

第一節　國情概況（Country Overview）

　　智利共和國（Republic of Chile）位於南美洲西南方，西濱南太平洋（South Pacific Ocean），北界秘魯（Peru），東接阿根廷（Argentina）及玻利維亞（Bolivia）。全國面積 756,626 平方公里，相當於台灣的 21 倍大，此外其宣稱擁有南極地區 1,250,000 平方公里之主權。[1] 海岸線長 4,300 公里，領海 12 浬，專屬經濟海域 200 浬。[2]

　　首都聖地牙哥（Santiago），全國人口約 16,888,760 人（2011）[3]。國體共和制，政體總統制，國會分為參議院與眾議院。由總統掌理行政權，為國家元首與最高行政長官，無常

---

[1]　中華民國外交部，外交資訊網頁（2010/04/12）

[2]　*Jane's Fighting Ships.2004-2005*, Edited by Commodore Stephen Saunders RN, Virginia U.S.A, p.104.

[3]　CIA, The World Factbook.(https://www.cia.gov/index.html) (2011/06/02)

設副總統職位。（見圖 84-1）主要輸出銅、鐵礦、魚粉，輸入石油、機器、車輛。[4]智利國內生產總值（GDP）199,200（百萬）美元，在 190 個國家排名第 44 名；每人國民所得（GNP）11,587 美元（2010），在 182 個國家排名第 49 名。智利在自由之家（Freedomhouse）的政治權利與公民自由兩種自由程度在 2010 年的分數皆為 1，歸類為自由國家；透明國際（Transparency International）中的 2010 年的貪污調查分數為 7.2，在 178 個國家中排名第 21 名；聯合國（2010）最適合居住國家的人類發展指數為 6.3，在 169 個國家中排名第 45 名。[5]

智利曾受西班牙殖民統治，於 1816 年獨立。智利在中南美洲中發展相對穩定，但 2009 年 2 月，因政府大幅轉向自由經濟政策，導致貧富差距大增，首都爆發近 10 年來最嚴重的示威衝突。智利政府堅持傳統國際法觀念，其國際行為準則往往以聯合國憲章為依歸，近年來積極拓展與亞太國家經貿關係。[6]

第二節　歷史沿革（History）

智利十分重視海洋發展，因此對海軍和海域防衛隊的現代化投入大量財力，目前正著手建造可裝載直升機的導彈驅逐艦，未來將是南美洲最強大的多用途護航潛艇。[7]政府與美國關係密切，至今美國都仍是其全球最大貿易夥伴、主要債權國與投資國。1952 年，與美國簽訂「雙邊軍事協定」，期間除卡特政府一度中斷外，[8]美國一直企圖美國一直欲加強與智利的夥伴關係，共享並達成海事安全和目標，因此智利三軍長期接受美軍援助與訓練，即使在阿葉德執政時期沒收美國銅礦公司的財產後，美雖停止金援，但仍維持軍事援助。[9]2009 年，美國宣佈送出 200 艘軍艦給予某些發展中國家，其中便包含智利。[10]

---

[4] 《世界各國簡介暨各國首長名冊》，中華民國外交部，2001 年，頁 330。

[5] 五類指標詳情請見本書導論，頁 11-13。

[6] 中華民國外交部，外交資訊網頁（2010/04/12）

[7] 王曉燕，《智利》，北京：社會科學文獻出版社，2004 年，頁 302。

[8] 王曉燕，《智利》，北京：社會科學文獻出版社，2004 年。頁 294。

[9] 王建勛，《中南美洲政治論叢》，台北：商務出版社，1981 年，頁 315。

[10] （astguardnews.com/coast-guards-foreign-military-sales-program-delivers-200th-vesse）（2009/03/10）

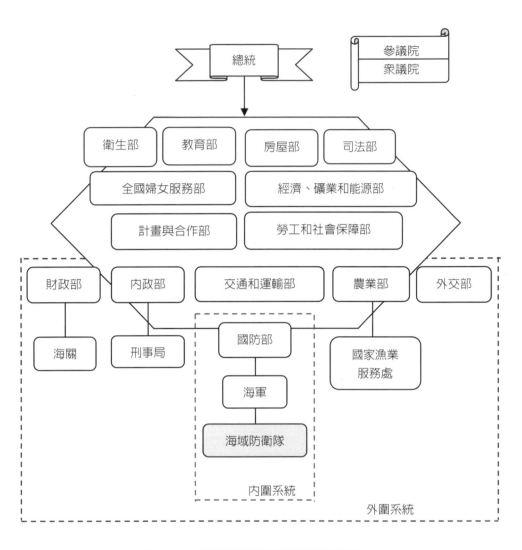

圖 84-1　智利海域執法相關部門互動圖

資料來源：作者自繪

第三節 組織、職掌與編裝
（Organization, Duties and Equipment）

智利海軍（Chilean Navy）──**海域防衛隊（Coast Guard）**

一、組織與職掌[11]

　　智利的武裝部隊由國防部的陸、海、空三軍及隸屬內政部的「刑事局」（Investigations Police）共同組成。[12]海軍沿著智利的狹長海岸線，共劃分為四軍區，分別設在伊基克（Iquique）、蓬塔阿雷納斯（Punta Arenas）、Talcahuano、和瓦爾帕萊索（Valparaís）。（見圖 84-2）其他區域指揮部（The Naval Zone Commands）在特定地區擔任聯合作戰及後勤的武力，負責海域防衛及維持海域管轄區的交通安全。智利海軍分為防衛（Defense）、國際（International）、海事（Maritime）三大職掌（Three Vectors Naval Strategy），以維持海域和平以利海事發展為主。主要業務內容為監管智利海域的安全，增進海軍與各地區的連結。智利海洋資源豐富，漁業發達，國家幾乎完全依賴海洋生存，政府堅持「單邊開放主義」[13]，無論是政治或是經濟都是向全世界開放的，加上其地理位置和廣闊的海洋，確保其綿延長達 400 多公里[14]的海岸線及海域的安全更顯得十分重要。

---

[11] Chilean Navy, (http://www.armada.cl/prontus_armada/site/edic/base/port/armada_ingles.html) (2011/01/25)

[12] 王曉燕，《智利》，北京：社會科學文獻出版社，2004 年，頁 294。

[13] 王曉燕，《智利》，北京：社會科學文獻出版社，2004 年，頁 197。

[14] *Jane's Fighting Ships.2004-2005*, Edited by Commodore Stephen Saunders RN, Virginia U.S.A, p.104.

圖 84-2　智利海軍四大軍區[15]

　　海域防衛隊隸屬海軍，在智利海岸線分為 13 個海事管理機構（gobernaciones marítimas），包括 46 個港口指揮（port captaincies）。海域防衛隊在奇洛埃島（Isla de Chiloé）近海一帶設有浮動醫療診所，另於復活節島（Easter Island）有空、海救難小艇（air-sea rescue launch）。因為缺乏足夠的船隻從事遠航巡邏或海難搜救工作，海域防衛隊在必要時將請求海軍專屬艦艇和飛機（特別是直升機）給予支援，各港口的指揮同時也組成海難搜救的救生船隊。[16]海域防衛隊職掌範圍甚廣，需確保包含河湖在內的一切水域安全，其中以海上緝私、反偷渡、反海盜、保護漁場以及搶救海難等海上任務為主，但其並不具有執法權限。[17]

---

[15] (http://upload.wikimedia.org/wikipedia/commons/c/c2/Ci-map.png) (2010/04/12)

[16] Daniel Prieto Vial, *Defensa Chile, 2000*, Santiago, (www.country-data.com/cgi-bin/query/r-2535.html) (2010/04/12)

[17] (http://shipmuseum.sjtu.edu.cn/zhanx_imglist.asp?zxid=145) (2009/03/12)

二、裝備

海軍兵力約 25,000 人，各型艦艇約 68 艘，包含 4 艘攻擊潛艇、8 護衛艦、7 艘導彈快艇、5 艘兩棲作戰艇、2 艘補給艦、1 艘潛艇供應船、16 艘巡邏艦艇、1 艘研究船、1 艘醫療船、1 艘破冰船、18 艘海事服務船、2 艘拖吊船、1 艘實習船，另有 50 架航空器。[18]

海域防衛隊擁有 1,800 人，艦艇 66 艘，[19]內含 18 艘 Protector 級、1 艘近海巡邏艇、2 艘海岸巡邏艇、18 艘 Rodman800 級、6 艘 type44 級小艇等。[20]由於常負擔搜救任務，船艦配有精良裝備，包含可迅速定位精確座標的系統（軌道通信）[21]。其一向與美國合作密切，1999 年美國曾宣布將美國曾贈與 6 艘 44 英尺的機動救生艇。[22]分別在 2008 年與 2009 年自德國購入 2 艘 80 米的達努比奧四代近海巡邏艦（簡稱 OPVs）。[23]

第四節　權限與管轄（Authority and Jurisdiction）

智利海域防衛隊的海域執法內容，以防範偷渡、走私與反恐為主。當通報偷渡案件時，先透過外事部門的刑事局處理，而國家的海事管理局（Maritime Authority）則僅在船隻被通報涉及偷渡時，支援偵緝警行動。

當船隻遭通報或被偵查有偷渡嫌疑，大致的處理程序大致如下。當海事管理局於事前或在船舶停泊期間獲悉該船載有偷渡者，刑事局接獲通知後，將會上船查證並視情況扣押偷渡者。如果是未持有效證件的偷渡者，通常不允許下船，並會採取相關措施以確保他們留在船上，船長需負責照顧停留在船上的偷渡者。若偷渡者持有效護照，出境卡（embarkation card）或其他可認定為旅行證件（travel document）的身份證明文件，得允許下船，並在船公司或其代表支付費用後展開遣返手續，在等待遣返回原籍國期間，偷渡者將被羈留在警局中。

---

[18] Chilean Navy, (http://www.armada.cl/prontus_armada/site/edic/base/port/armada_ingles.html) (2011/09/02)

[19] 木津徹著，張雲清譯，《世界海軍圖鑑》，台北：人人出版社。2007 年，頁 24-26。

[20] *Jane's Fighting Ships.2004-2005*, Edited by Commodore Stephen Saunders RN, Virginia U.S.A, pp115-130.

[21] (www.orbital.com/NewsInfo/release.asp?prid=261) (2009/03/09)

[22] (www.dot.gov/affairs/1999) (2009/03/09)

[23] (www.highbeam.com/doc/1P3-879777951) ((2009/03/09)

當遭通報偷渡案件的智利海港並未駐有外事部門相關人員時，海事管理局將採取一切必要步驟，以確保偷渡客留在船上，並知會距離海港最近的海事及調查當局，共同採取法律行動。

另外，由於法律認定「船上秘密乘客的存在」是一個非常嚴重的罪行，智利海事局依法（General regulation Concerning order, security and discipline in the Ships and along the seaboard of the Republic）對載有偷渡者的船長處以最高 10000 比索（約相當美金 $ 2500 元）的罰鍰。最後，若是偷渡者要求政治庇護，以保護他的人身安全，應根據原居國的政治情況衡量偷渡者是否允許上岸，政府當局做出詳盡的評估才得以提供庇護。[24]

此外因為智利的地理位置，防範毒品走私成為海域執法的重要一環，其有執行國際船隻港口設施安全法（International Ship and Port Facility Security, ISPS）的責任，海軍透過領海及海運指揮部與警察密切合作，負責防範非法運送藥物的行動。[25]但由於智利的國防政策主要以「威嚇」與「積極防禦」為主，一般來說並不動用軍隊直接參加緝毒行動，而僅負責後勤支援、情報交流、領海及領空控制等。[26]

近年防範恐怖份子攻擊船隻與港口亦成為重要的業務內容。根據智利在 APEC 會議中提出的自述，智利經濟約有 90%仰賴海上運輸，由於海域防衛隊自成立以來，一直成功扮演守護船舶及港口安全的角色，因此智利無疑的擔負起協助執行 ISPS 法令。事實上，相關當局早已建立起船隻與港口的應急計劃，各港口都設有警衛、障礙以管制接近的可疑人員，並設有電子數位閉錄系統與保安人員監控，致力於打擊恐怖主義、海盜、毒品和武器走私。[27]此外海域防衛隊的其他海域執法內容還包括除以上所述及部份外，智利的海岸防衛隊大致還在下列各方面與政府各相關部門有所合作：與國家漁業部門與漁業相關部門（National Fishing Service）合作進行漁業監控（漁業監管（Supervision of Fishing）[28]以及與海關（National Customs Service）合作遏止走私等。[29]

---

[24] (www.imo.org/includes/blastData.asp/doc_id=2756/62) (2009/04/12)

[25] Chilean Navy, (http://www.armada.cl/prontus_armada/site/edic/base/port/armada_ingles.html) (2011/01/25)

[26] 基於此原則，智利也不參加任何軍事集團，而是在保持獨立自主的前提下發展與美國的軍事關係。王曉燕，《智利》，北京：社會科學文獻出版社，2004 年，頁 301。

[27] (www.apec.org/apec/documents_reports/counter_terrorism_task_force/2004) (2009/03/09)

[28] 20 世紀 90 年代智利曾出現濫捕的現象，為了保障漁業資源的發展，智利議會通過了新漁業法，對各種魚的捕撈量加以嚴格限制。另外值得注意的是，智利漫長的海岸線與眾多的湖泊河流大體上並未有太嚴重的環境污染。王曉燕（2004），《智利》，北京：社會科學文獻出版社，頁 184-185。

[29] Chilean Navy, (http://www.armada.cl/prontus_armada/site/edic/base/port/armada_ingles.html) (2011/01/25)

第五節　教育與訓練（Education and Training）

　　智利海域防衛隊隸屬於海軍，海軍官兵的養成，包括訓練參謀指揮的海軍戰爭學院、訓練初級軍官的「阿爾圖羅・普拉特」海軍學校、培養職業軍士的「阿萊杭德羅・納瓦雷斯」水兵學校、針對初級軍官和軍事進行培訓的「海軍綜合技術學校」等。[30]此外亦接受美國援助的各種軍事訓練。

第六節　與我國制度之比較
（A Comparison with Taiwan Coast Guard）

　　智利在沿海國家的分類，雖屬「一面濱海國家」，不過，其海岸線之長度並不亞於我國。其海域執法制度與我國相較，有以下差異。首先，有別於我國仿效美國所行的「海域防衛型」（Coast Guard Model），即基本上將海域執法、海事服務以及國家安全全都集中於一個獨立的安全機制，智利雖亦有「海域防衛隊」之組織，但其基本上仍為隸屬海軍的四級單位。

　　其次，由於其隸屬於軍隊（海軍）的敏感身分，加上智利的國防政策為「有效嚇阻」及「積極防禦」，因此在執行任務時，海域防衛隊僅擔任輔助角色。如防範毒品走私時只負責支援警方，查緝偷渡亦僅扮演協助刑事局的角色，即使事發當時港口未有相關查緝人員，也只負責留扣押偷渡客，而後通知鄰近港口之外事部門警員前來處理，此皆與我國海巡署可獨立執法的制度有所差別。

　　另外，由於其海軍武力堪稱南美洲第一，有關其領海內漁船遭外來勢力襲擾的相關記載似乎較少，相對海域防衛隊的主要職掌之一，反而是監管漁船是否違反漁業相關規定，這也是與我國較為不同之處。

---

[30] 王曉燕，《智利》，北京：社會科學文獻出版社，2004 年，頁 306。

第七節　結語（Conclusion）——特徵（Characteristics）

智利西濱南太平洋，為一面濱海國家，在長 4,300 公里的海岸線上，分為四大指揮部，海域防衛隊分為十三個海事管理機構，以下為其海域執法制度特徵。

壹、海軍型海域執法機制

海域巡邏與緝私、反偷渡、反海盜、保護漁場以及搶救海難等海事任務均由隸屬於海軍的海域防衛隊執行。

貳、服務型的海域執法制度

海域犯罪之偵查由外事警察負責，而海軍下轄的海域防衛隊僅是支援單位。

參、與警察密切合作，以控制海域犯罪

因海域防衛隊屬於執行海難搜救任務等服務型的單位，實際上無執法之權責，因此海域犯罪之法令執行是交由警察負責。

第 85 章　巴貝多海域執法制度

第一節　國情概況（Country Overview）

　　巴貝多（Barbados）位於東加勒比海（Caribbean Sea）小安地列斯群島（Lesser Antilles）[1]中向風群島的中部。全國面積 430 平方公里，為總面積 150 平方公里的金門的 2.8 倍大。海岸線長 97 公里，領海 12 浬，專屬經濟海域 200 浬。[2]

　　首都橋鎮（Bridgetown），全國人口 286,705（2011）[3]。國體君主立憲制，政體責任內閣制，總理掌行政權，國會分為參、眾兩議院。（見圖 85-1）主要輸出糖、蜜糖、蘭姆酒，輸入燃料、日用品、食品。[4]巴國國內生產總值（GDP）3,963（百萬）美元，在 190 個國家排名第 149 名；每人國民所得（GNP）14,307 美元（2010），在 182 個國家排名第 43 名。

---

[1] 位於加勒比海西印度群島中安地列斯群島東部和南部的島群，群島呈圓弧狀，由於位於加勒比海，又稱加勒比群島。（http://zh.wikipedia.org/zh-hk/%E5%B0%8F%E5%AE%89%E7%9A%84%E5%88%97%E6%96%AF%E7%BE%A4%E5%B2%9B）（2010/09/03）

[2] CIA, The World Factbook.(https://www.cia.gov/index.html) (2010/09/03)

[3] CIA, The World Factbook.(https://www.cia.gov/index.html) (2011/06/02)

[4] 《世界各國簡介暨各國首長名冊》，中華民國外交部，2001 年，頁 322。

巴國政治權利與公民自由兩種自由程度在 2010 年的皆為 1，歸類為自由國家；透明國際（Transparency International）中的 2010 年的貪污調查分數為 7.8，在 178 個國家中排名第 17 名；聯合國（2010）最適合居住國家的人類發展指數為 6.5，在 169 個國家中排名第 42 名。[5]巴貝多獨立於 1966 年，現為大英國協會員，黑人為主要人口，觀光業發達，遊客多來自歐美國家。

第二節　組織、職掌與裝備
（Organization, Duties and Equipment）

巴貝多海域防衛署（Barbados Coast Guard, BCG）

一、組織與職掌

巴貝多國防軍（Barbados Defence Force, BDF）是國家防衛單位，成立於 1978 年，責任為保護國家領土與海域安全，由陸軍部隊、空軍聯隊、海域防衛署及皇家警察組成。BCG 於 1974 年便已成立，是在 BDF 成立後才編制於其下。BCG 職責為巡邏國家領海、維持海域安全、毒品偵查、人道主義救援與執行海難搜救。BCG 總部位於橋鎮，擁有一支小型艦隊，其船身印有「女皇的船艦」（Her Majesty's Battle Ship, HMBS）字樣。2007 年 9 月，BCG 為迎合海上作戰及訓練需求將總部移至橋鎮，如此易與其他軍種合作為一完整國防系統。而巴貝多皇家警察（Royal Barbados Police Force）下轄海事處（Maritime Division），其基地與 BCG 同樣位於橋鎮，雙方合作密切。[6]

---

[5]　五類指標詳情請見本書導論，頁 11-13。

[6]　Sea-Security,
(http://bararchive.bits.baseview.com/archive_detail.php?archiveFile=./pubfiles/bar/archive/2007/September/15/LocalNews/45367.xml&start=0&numPer=20&keyword=HMBS+Pelican&sectionSearch=&begindate=1%2F1%2F1994&enddate=12%2F31%2F2007&authorSearch=&IncludeStories=1&pubsection=&page=&IncludePages=1&IncludeImages=1&mode=allwords&archive_pubname=Daily+Nation%0A%09%09%09)
(2011/09/02)

二、裝備

BCG 約有 127 人，預計 2007 年至 2011 年，以每年增加 30 人為目標。艦艇數量少，共計有 10 艘，分別是 1 艘 190 噸大型巡邏艇、2 艘 11 噸巡邏艇，4 艘近岸巡邏艇，以及 2007 年與 2008 年他國贈與的 3 艘巡邏艇。[7]

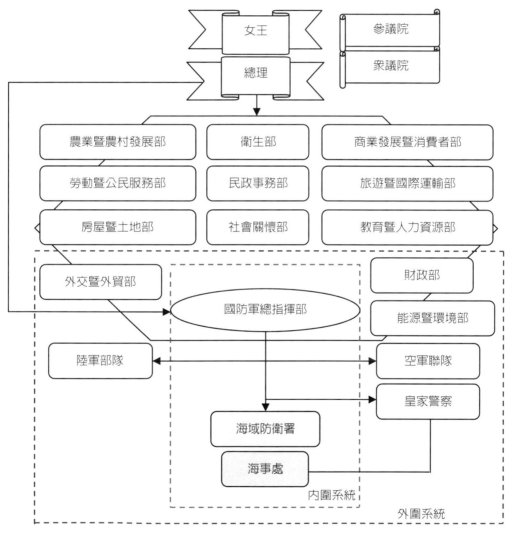

圖 85-1　巴貝多海域執法相關部門互動圖

資料來源：作者自繪

---

[7]　Barbados Coast Guard, Wikipedia, (http://en.wikipedia.org/wiki/Barbados_Coast_Guard) (2010/09/03)
　　Jane's Fighting Ships.2004-2005, Edited by Commodore Stephen Saunders RN, Virginia U.S.A, pp. 51- 52.

第三節　教育與訓練（Education and Training）

巴貝多並無設立軍事院校，軍隊訓練由加拿大及美國提供援助。加拿大皇家騎警及國防單位早在 1970 年便開始提供軍事技術服務。加拿大曾對東加勒比海地區的安全系統提供戰略評估，巴貝多也因此受益於加國的軍事訓練援助計畫，其軍官多畢業於加拿大的軍事學校。[8]美國則於 2010 年派遣海軍培訓 BCG，雙方有著良好的合作關係。[9]

第四節　與我國制度之比較
（A Comparison with Taiwan Coast Guard）

巴國國防軍直接由總理統率，其下轄之海域防衛署是比國防軍還要早成立的軍事單位，主要執行查緝毒品及進行人道救援等較單純的任務。巴國並無設立軍事學校，因此軍事教育由美國或加拿大的軍事學校提供，更與美、加兩國定期舉辦軍事演習。而我國海巡署並非軍事單位，肩負職責相較之下更加複雜。我國海巡署人員多來自於與海巡相關的國內院校科系，除與國際交流外，實際並未依賴他國培訓。

第五節　結語（Conclusion）──特徵（Characteristics）

巴貝多是位於東加勒比海上的一個小島型國家，在總長 97 公里的海岸線上，僅有一個基地，以下為其海域執法制度特徵。

8　Canada - Barbados Relation, (shttp://www.canadainternational.gc.ca/barbados-barbade/bilateral_relations_bilaterales/canada_barbados-barbades.aspx) (2010/09/03)

9　U.S. Navy Sailors and the Royal Barbados Defense Force participate in training during Southern Partnership Station 2010, (http://www.flickr.com/photos/usnavynvns/4907412545/) (2010/09/03)

壹、海軍型海域執法機制

巴國的海域執法由身為國防部隊的海域防衛署負責，身兼海上軍事防衛及海域執法職責。

貳、裝備能量小

僅有 10 艘艦艇及 127 名人員。

參、他國代訓

BCG 人員分別由美國及加拿大協助訓練。

第 86 章　千里達海域執法制度

第一節　國情概況（Country Overview）

千里達與多巴哥共和國（Republic of Trinidad and Tobago）常稱千里達，位於加勒比海（Caribbean Sea）東部小安地列斯群島（Lesser Antilles）[1] 最南端，分為千里達島（Trinidad）及多巴哥島（Tobago），南與委內瑞拉隔海相望（Venezuela）。（見圖 86-2）國土面積 5,128 平方公里，台灣為其 7 倍大。海岸線長 362 公里，領海 12 浬，毗鄰區 24 浬，專屬經濟海域 200 浬。[2]

首都西班牙港（Port of Spain），全國人口 1,227,505 人（2011）[3]。國體共和制，政體內閣制，國會分為參、眾兩議院。[4]（見圖 86-1）主要輸出原油、糖、可可，輸入重型機械、

---

[1] 位於加勒比海西印度群島中安地列斯群島東部和南部的島群，群島呈圓弧狀，由於位於加勒比海，又稱加勒比群島。（http://zh.wikipedia.org/zh-hk/%E5%B0%8F%E5%AE%89%E7%9A%84%E5%88%97%E6%96%AF%E7%BE%A4%E5%B2%9B）（2010/07/29）

[2] *Jane's Fighting Ships.2008-2009*, Edited by Commodore Stephen Saunders RN, Virginia U.S.A, p.751.

[3] CIA, The World Factbook.(https://www.cia.gov/index.html) (2011/06/02)

[4] 中華民國外交部，外交資訊網頁（2010/07/29）

運輸工具、食品。[5]千國國內生產總值（GDP）11,960（百萬）美元，在 190 個國家排名第 118 名；每人國民所得（GNP）16,167 美元（2010），在 182 個國家排名第 40 名。千國政治權利與公民自由兩種自由程度在 2010 年的分數皆為 2，歸類為自由國家；透明國際（Transparency International）中的 2010 年的貪污調查分數為 3.6，在 178 個國家中排名第 73 名；聯合國（2010）最適合居住國家的人類發展指數為 7.0，在 169 個國家中排名第 59 名。[6]

1498 年，命名為 "Trinidad"，1532 年，西班牙派總督治理，後遭荷蘭及法國侵擾。1814 年，劃歸英版圖。1888 年，英國合併多巴哥島與千里達島。1958 年，兩島與加勒比海諸小島組成西印度聯邦，1962 年 8 月 31 日，兩島宣佈獨立導致該聯邦解體。1976 年 8 月 1 日，改稱千里達與多巴哥共和國，目前仍是大英國協會員國。[7]

第二節　組織、職掌與裝備
（Organization, Duties and Equipment）

千里達與多巴哥海域防衛署（Trinidad and Tobago Coast Guard）

一、組織與職掌[8]

千里達與多巴哥海域防衛署成立於 1962 年，是隸屬於國家安全部（Ministry of National Security）的海事防衛單位。國家安全部下轄國防部隊、後補軍官部隊、警察部門、戰略服務機構、獄政機關、國家藥品顧問、消防機構、訴願單位、入境事務處、災難準備及管理辦公室、諮詢機構及委員會、刑事鑑定科學中心、2003 年至 2010 年部門成就彙整等等單位，而海域防衛署便是國防部隊中的海事部門。（見圖 86-1）其使命宣言為：「為國家維護主權，為海洋邊界提供良好的安全服務，並在其他領域為國家盡職責，履行國際安全義務。」

5　《世界各國簡介暨各國首長名冊》，中華民國外交部，2001 年，頁 376。
6　五類指標詳情請見本書導論，頁 11-13。
7　中華民國外交部，外交資訊網頁（2010/07/29）
8　Trinidad and Tobago Coast Guard, (http://www.ttdf.mil.tt/ttcg/about.html) (2011/09/02)

他們最為重視非法毒品禁令，並在沿海或鄰近島嶼海域進行海難搜救任務。其總部位於 Staubles Bay，另有其他 6 處基地。（見圖 86-2）

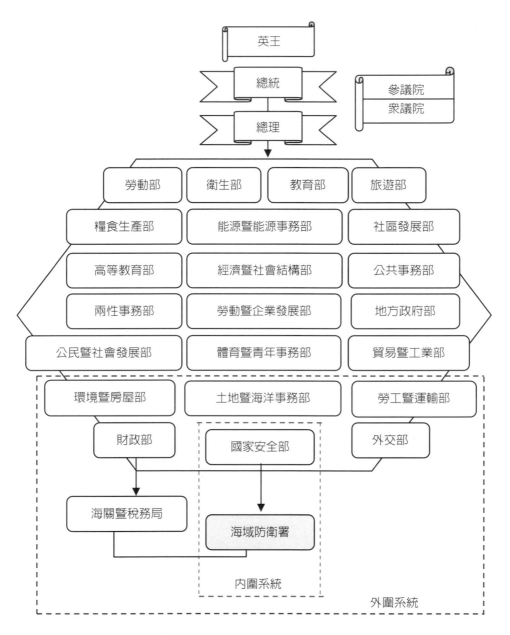

圖 86-1　千里達海域執法相關部門互動圖

資料來源：作者自繪

依據國家法令賦予，海域防衛署的權責有：

（一）監視與監聽國家管轄海域通訊

（二）擔任陸軍後勤支援

（三）維持港口安全

（四）協助海上科學研究

（五）以民事法律為執法依據

（六）與財政部海關暨稅務局（Customs and Excise Division）合作反走私及反毒品行動

（七）漁業資源保護

（八）監測海洋污染並偵查污染源

（九）維持海上船舶交通安全

業務工作則有：

（一）持續監視國家離岸設施

（二）環境保護、未成年救助及海事調查

（三）與他國海軍合作

圖 86-2　千里達海域防衛署總部與基地分佈圖[9]

---

[9]　(http://www.caribseek.com/Caribbean_Maps/map-of-trinidad-and-tobago.shtml) (2010/07/30)

二、裝備[10]

　　海域防衛署擁有 580 人，艦艇總計 21 艘，分別是 1 艘 925 噸 Island 級與 2 艘 210 噸 CG 40 型的巡邏艦，4 艘 66 噸 Point 級、4 艘 20 噸 17 Metre 級、2 艘 32 噸 20 Metre 級、1 艘 15.5 噸的近岸巡邏艇，3 艘 11 噸 Dauntless 級巡邏艇，2 艘快速攔截艇，2 艘負責港務與其他業務的後備支援船。專屬航空站設有 5 架西斯納（Cessna）航空器負責海難搜救。

　　為了提高海域防衛署能量，政府委託英國造船公司建造 3 艘巡邏艦。另外，海關暨稅務局為與海域防衛署合作走私物品與毒品的查緝行動，因此海關暨稅務局亦配有一艘快速攔截艇，提高行動效率。

第三節　教育與訓練（Education and Training）

　　欲進入海域防衛署，只要是現役士官或受過軍事訓練的任何公民都有資格。並且年紀介於 18 歲至 24 歲間，英文、數學與科學等專業科目達到標準皆可進入海域防衛署的職前訓練中心。如欲申請成為船隻或其他工程技術員，必須至少具有一份國家認可的技術合格證書或學歷。海域防衛署亦將優秀人員送至他國進修，例如英國的達特茅斯皇家海軍學院（Britannia Royal Naval College Dartmouth），或是各國海軍學校，避免海事專業停滯不前。[11]

第四節　與我國制度之比較
　　　　（A Comparison with Taiwan Coast Guard）

　　千里達與多巴哥海域防衛署雖是國家軍事武裝部隊，但也同時肩負海域執法任務，諸如查緝非法買賣、維護港口安全、保護漁業資源等職責。而我國海巡署雖非國家武裝部隊，但其餘任務與千國無異。千國海域防衛署身為國內唯一海事安全單位，為精進內外力量，時常將優秀人員送往他國海軍學院受訓，或是與各國海軍進行交流。我國雖未與他國海事單位有實質操演交流，但仍時常派任署內人員至他國進行參訪。

---

[10] *Jane's Fighting Ships.2008-2009*, Edited by Commodore Stephen Saunders RN, Virginia U.S.A, pp.751- 753. Trinidad and Tobago Coast Guard, (http://www.ttdf.mil.tt/ttcg/about.html) (2011/09/02)

[11] Trinidad and Tobago Coast Guard, (http://www.ttdf.mil.tt/ttcg/about.html) (2011/09/02)

第五節　結語（Conclusion）──特徵（Characteristics）

千里達與多巴哥是位於加勒比海上的島國，在長 362 公里的海岸線上，設有六個基地，以下為其海域執法制度特徵。

壹、海軍型海域執法機制

海域防衛署為國家海事武裝單位，不僅承擔軍事責任，還要負責其他海事任務。

貳、岸海合一

毒品交易與非法走私活動猖獗，海域防衛署在重要港口設置基地，並於近海巡邏，如遇狀況便可迅速處理。

參、具執法權限

可逮捕在領海進行非法交易、造成海洋污染、濫捕的非法人員。

肆、與財政部海關合作無間

政府重視非法物品交易問題，由海域防衛署與隸屬財政部的海關暨稅務局合作查緝。

伍、專屬航空器

具 5 架專屬航空器進行海難搜救任務。

第 87 章　牙買加海域執法制度

第一節　國情概況（Country Overview）

　　牙買加（Jamaica）位於加勒比海（Caribbean Sea）中央偏西地區，東隔牙買加海峽（Jamaica Channel）與海地（Haiti）相望，北距古巴（Cuba）145 公里。全國面積 10,991 平方公里，台灣為其 3 倍大。海岸線長 1,022 公里，領海 12 浬，專屬經濟海域 200 浬。[1]

　　首都京斯敦（Kingston），全國人口約 2,868,380 人（2011）[2]。國體君主立憲制，奉英王為元首，政體責任內閣制，國會分參、眾兩議院。（見圖 87-1）主要輸出鋁、礬土、成衣，輸入機械、汽油、穀物。[3]牙國國內生產總值（GDP）13,740（百萬）美元，在 190 個國家排名第 112 名；每人國民所得（GNP）5,055 美元（2010），在 182 個國家排名第 86 名。牙國在自由之家（Freedomhouse）的政治與公民兩種自由程度在 2010 年的分數前者為 2，後

---

[1]　*Jane's Fighting Ships.2004-2005*, Edited by Commodore Stephen Saunders RN, Virginia U.S.A, p.382.
[2]　CIA, The World Factbook.(https://www.cia.gov/index.html) (2011/06/02)
[3]　《世界各國簡介暨各國首長名冊》，中華民國外交部，2001 年，頁 356。

者為 3，歸類為自由國家；透明國際（Transparency International）中的 2010 年的貪污調查分數為 3.3 在 178 個國家中排名第 87 名；聯合國（2010）最適合居住國家的人類發展指數為 6.7，在 169 個國家中排名第 80 名。[4]1494 年，西班牙至牙買加開發，於 1655 年遭受英國占領。1670 年，英、西簽訂條約將牙買加劃歸為英國屬地。1944 年，牙買加成立自治政府，於 1962 年 8 月 6 日宣告獨立，並加入大英國協。[5]

第二節　歷史沿革（History）

牙買加宣告獨立後，成立牙買加國防部隊（Jamaica Defence Force, JDF），隔年新增牙買加海上中隊（Jamaica Sea Squadron）。海上中隊設備只有女皇牙買加船隊（Her Majesty's Jamaican Ship）向美國政府購買的 3 艘 63 英呎魚雷艇。起初海上中隊由英國皇家海軍（Royal Navy）提供培訓團隊進行輔助。1966 年初，海上中隊更名為「牙買加國防部隊海域防衛署」（Jamaica Defence Force Coast Guard, JDFCG），海軍軍銜、制服顏色及圖案的改革也通過政府法案。同年，JDFCG 認為現有巡邏艦艇不足，因此女皇牙買加船隊提出申請，後獲得 3 艘海灣級巡邏艇，2 艘小巡邏艇，分別在 1974 年與 1985 年獲得 2 艘近岸巡邏艇，目前最新的巡邏艇是在 2005 年與 2006 年收購的。[6]

---

[4] 五類指標詳情請見本書導論，頁 11-13。
[5] 中華民國外交部，外交資訊網頁（2010/08/09）
[6] JDF Coast Guard, History, (http://www.jdfmil.org/Units/coast_guard/cg_home.php) (2010/08/09)

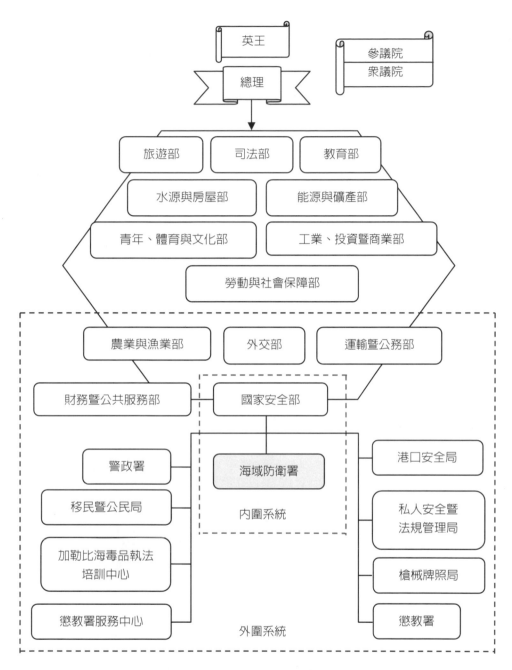

圖 87-1　牙買加海域執法相關部門互動圖

資料來源：作者自繪

第三節　組織、職掌與編裝
（Organization, Duties and Equipment）

牙買加國防部隊海域防衛署
（Jamaica Defence Force Coast Guard, JDFCG）

一、組織與職掌[7]

　　牙買加國防部隊海域防衛署隸屬於國家安全部，成立目的是為維護國家領海的法律及秩序，任務權責分為海域安全及海域執法兩大領域。由位於 HMJS CAGWAY 皇家港口（HMJS CAGWAY Port Royal）的總部指揮任務，另設有 6 個基地，分別為蒙特哥灣（Montego Bay）、發現灣（Discovery Bay）、安東尼奧港（Port Antonio）、摩蘭特港（Port Morant）、黑河（Black River）以及位於南方 85 浬的佩德羅群島（Pedro Cays）。（見圖 87-2）海域安全職責有海難搜救、遊艇巡察、應對海上漏油、維持船舶交通安全。海域執法職責為，在領海及各港口海灣進行毒品搜索、防止港口走私行動（槍支、彈藥、爆裂物）、防止偷渡、保護漁業資源、維護海洋生物資源。

圖 87-2　牙買加國防部隊海域防衛署基地分佈圖[8]

---

[7] JDF Coast Guard, Mission, (http://www.jdfmil.org/Units/coast_guard/cg_home.php) (2010/08/09)
　JDF Coast Guard, Operations, (http://www.jdfmil.org/Units/coast_guard/cg_home.php) (2010/08/09)

牙國海域遼闊，JDFCG 為滿足業務節奏，每週進行人員調度，尤其是偏遠地區的任務編排。JDFCG 以「為他人生命服務」為座右銘，不間斷地提供民間服務，更與民間機構及漁民們建立海難搜救行動互聯網。JDFCG 有四大主要任務：

（一）海域執法

嚴格執行海域執法法案，尤其重視毒品的販運問題。其他職責包含出入境管制、海關、保護漁業及野生動物資源。

（二）海域安全

如遇海難事件，派員於現場進行搜索及救援任務，並協調人員調度。JDFCG 專屬廣播監聽平台 24 小時注意附近海域是否有船舶發出遇險訊號。JDFCG 監控並抑止石油、回收油類等有害物質在海上的洩漏及擴散，以維持海洋生態環境。對海域來往船舶安全進行檢查，目前 JDFCG 已開始培訓海岸巡察員。

（三）為國防部進行海上軍事職責

JDF CG 實為國防部隊，不僅是軍事單位，亦為維護海域法令及秩序的執法者，因此同時進行兩種聯合訓練及實習任務極為平常。外國軍艦到國內聯合訓練或訪問，JDFCG 是以軍事身份進行各項活動。他們必須隨時確保人員各項技能以維持水準，有力的支持國家安全。

（四）國家建設

JDFCG 擁有不同技能，維護民間工業活動的服務包含操作碼頭的起重機、消防等活動。另外，JDFCG 還支持非政府組織的海洋調查與研究活動。

二、裝備

JDFCG 現有人員 200 人，艦艇總計 14 艘，分別為 1 艘 130 噸 Fort 級、1 艘 93 噸 Hero 級、2 艘 67 噸 Point 級巡邏艇，3 艘 11 噸巡邏快艇，4 艘 11 噸近岸巡邏艇，3 艘 3 噸近岸巡邏艇。[9]

[8] JDF Coast Guard, Operations, (http://www.jdfmil.org/Units/coast_guard/cg_home.php) (2010/08/12)

[9] Equipment, Ship, (http://www.jdfmil.org/equipment/ships/ships_home.php) (2010/08/12)

第四節　教育與訓練（Education and Training）

　　牙買加士兵申請資格為 18 歲以上 23 歲以下，才可進入軍事學校進行基礎培訓。軍官的申請資格，如果介於 18 歲至 23 歲，要先完成基本的軍事訓練。而超過 23 歲的人員，必須提出符合軍事專業的同等學歷證明，再由軍官選拔委員會（JDF Officers' Selection Board）審核資格，成功通過的候選人將被發送至聖安德魯（St Andrew）的紐卡斯爾訓練兵站（JDF Training Depot at Newcastle）進行標準培訓方案。最後根據表現，優秀人員可選擇分別到英國皇家桑赫斯特軍事學學院（Royal Military Academy Sandhurst）、林普斯頓皇家海軍陸戰隊突擊訓練中心（Commando Training Centre, Royal Marines Lympstone）、加拿大新布倫瑞克作戰訓練中心（Combat Training Centre New Brunswick）、英國克蘭威爾皇家空軍學院（Royal Air Force College Cranwell）、英國大不列顛達特茅斯皇家海軍學院（Britannia Royal Naval College Dartmouth）、美國喬治亞州本寧堡步兵學校（Home of the Infantry Fort Benning Georgia）等等，以上六所學校進修。

第五節　與我國制度之比較
（A Comparison with Taiwan Coast Guard）

　　牙買加海域防衛署為具有軍事身份的單位，成立目的為維護國家領海的法律與秩序。JDFCG 職務分為海域安全、海域執法、為國防部進行軍事職責、國家建設等四大領域。海域執法尤重毒品往來活動及偷渡管制，幾年也開始重視海域環境生態問題，進而嚴加取締造成污染之船舶。JDFCG 因身為國家軍事單位，如遇國際性海軍交流演習，JDFCG 必定全力配合。不管是海域執法或軍事技能，JDFCG 隨時保持實力，以確保國家利益不受威脅。而我國海巡署與牙國最大差異便是不具有軍事身份，可以專心一志的進行維護海域安全等執法任務，只有國家重大危難時，才會受國防部指揮協助海軍。

第六節 結語（Conclusion）──特徵（Characteristics）

牙買加是加勒比海中央偏西地區的島國，東臨牙買加海峽，在長 1,022 公里的海岸線上，JDFCG 除總部外另設有六大基地，以下為其海域執法制度特徵。

壹、海軍型海域執法機制

JDFCG 為國家防衛部隊之一，身兼海軍與執法者兩種身份。

貳、三級制──隸屬於國家安全部

JDFCG 是隸屬於國家安全部的三級單位。

參、與民間組織合作密切

JDFCG 與民間機構建立海難搜救行動互聯網，並支持非政府組織的海洋研究，亦協助民間工業的操作進行。

肆、重視人員教育

與國外 6 所軍事院校合作，將國內具有潛質人員送至他國進修。

伍、艦艇設備薄弱

雖然積極處理海域安全問題，可惜艦艇數少，執行效率不高。

第 88 章　巴哈馬海域執法制度

第一節　國情概況（Country Overview）

　　巴哈馬（Commonwealth of The Bahamas）地處美國（American）東南面，位於古巴（Cuba）和加勒比海（Caribbean Sea）以北，全國包含 700 座島嶼和珊瑚礁。全國面積 13,880 平方公里，相當於台灣的三分之一。海岸線長 3,542 公里，領海 12 浬，專屬經濟海域 200浬。[1]

　　首都拿索（Nassau），全國人口約 313,312 人（2010）[2]。國體君主立憲制，奉英王為元首，政體責任內閣制，國會分為參、眾兩議院。（見圖 88-1）主要輸出石油、荷爾蒙、傳動輪帶，輸入機械、日用品、食品。[3]巴國國內生產總值（GDP）7,538（百萬）美元，在190 個國家排名第 134 名；每人國民所得（GNP）20,876 美元（2010），在 182 個國家排名第 31 名。巴國在自由之家（Freedomhouse）的政治與公民兩種自由程度在 2010 年的分數

---

[1]　*Jane's Fighting Ships.2004-2005*, Edited by Commodore Stephen Saunders RN, Virginia U.S.A, p.37.

[2]　CIA, The World Factbook.(https://www.cia.gov/index.html) (2011/06/02)

[3]　《世界各國簡介暨各國首長名冊》，中華民國外交部，2001 年，頁 320。

皆為 1，歸類為自由國家；聯合國（2010）最適合居住國家的人類發展指數為 6.5，在 169 個國家中排名第 43 名。[4]

　　1492 年，哥倫布發現巴哈馬群島中的薩爾瓦多島。1647 年，英國開始移民至該島，並於 1783 年收為殖民地。1964 年，巴哈馬獲得自治，終於 1973 年完全獨立。

第二節　組織、職掌與編裝
（Organization, Duties and Equipment）

巴哈馬皇家國防軍（Royal Bahamas Defence Force, RBDF）

一、組織與職掌[5]

　　巴哈馬皇家國防軍成立於 1980 年 3 月 31 日，隸屬國家安全部（Ministry of National Security）。巴國並無陸軍或是空軍，海軍是 RBDF 唯一武裝力量。根據巴哈馬國防法，授權 RBDF 保護領土完整，並於國家領海巡邏，提供海上災害救助。RBDF 分為海軍陸戰隊及軍官兩大部份，不管是否為外務人員，皆強制接受海事訓練。他們的訓練及組織方式，多依循英國皇家海軍。RBDF 的職責包括反盜獵巡邏、禁毒及移民的執法、海難搜救以及一般國防任務。雖然 RBDF 並沒有設置空軍，但有一空中聯隊用於海域偵察及巡邏，回報監測資訊並支援海上戰略佈署工作。

　　RBDF 總部位於新普羅為斯登島（New Providence Island）的科勒爾哈伯（Coral Harbour），另有 3 個附屬基地分別位於馬修鎮（Matthew Town）、印瓜（Inagua）及大巴哈馬（Grand Bahama）的自由機場（FreePort）。RBDF 使用英國皇家海軍軍銜，船舶皆標示「女皇巴哈馬船舶」（Her Majesty's Bahamas Ship, HMBH）的字樣。由於缺少艦艇，多數人員並不會在海域花太多時間，而是去進行其他活動。另外，RBDF 曾多次參與維和任務（Peacekeeping missions），並派遣人員至薩爾瓦多（El Salvador and）及海地（Haiti）值勤。

---

[4]　五類指標詳情請見本書導論，頁 11-13。

[5]　Royal Bahamas Defence Force, (http://www.rbdfmil.com/index.html) (2011/09/02)

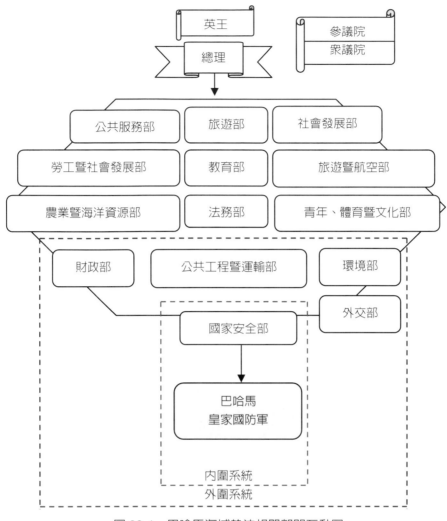

圖 88-1　巴哈馬海域執法相關部門互動圖

資料來源：作者自繪

二、裝備

　　RBDF 現有約 885 人，31 艘艦艇及 3 架航空器，分別是 2 艘 375 噸 Bahamas 級、1 艘 110 噸 Protector 級、4 艘 11 噸 Dauntless 級、1 艘 80 噸 Challenger 級、2 艘 Dauntless 級、1 艘 37 噸 Inagua 級、3 艘 Vigilant 級巡邏艇，6 艘攔截艇，5 艘海港巡邏艇、3 艘快速巡邏艇、2 艘充氣艇、1 艘小型巡邏艇。[6]

---

[6]　Royal Bahamas Defence Force, Equipment, (http://www.rbdfmil.com/index.html) (2011/09/02)

第三節 教育與訓練（Education and Training）[7]

RBDF 的訓練分為基礎訓練、軍官訓練、突擊中隊訓練。基礎訓練是 RBDF 不可或缺的基礎教育，尤重視軍事實體的技術發展以便適應環境的變化。培訓單位以增進體能與基礎能力進行課程設計，重視當地與國際的專業。最初學員需先至位於奧克斯牧場（Oakes Field）的警察培訓學院（Police Training College）進行基礎訓練。6 週後進入 HMBH 珊瑚灣進行 15 項專科教育，之後再繼續 16 項職前專題訓練。專業領域包含航海、導航、武器使用、急救等，學術科目則有數學及英文。新兵特別重視紀律及性格發展，另外提昇體能也是學員的重點課程。

軍官訓練同樣有基礎訓練，男女候選人進入大不列顛皇家海軍學院（Britannia Royal Naval College）接受 9 個月的初期軍官課程。而特別職務軍官則由上級對學員的學術及操作能力進行評分，後至英國海軍學院或是美國海域防衛司令部軍官候補學校受訓。

突擊中隊訓練則是為選擇海軍陸戰隊的人員安排的專業課程，授以專業軍事科目，例如打擊恐怖主義、兩棲行動、鑑定炸藥、拆除炸藥、武器技術、通訊、後備支援。並參加加勒比海地區，每年舉辦一次的海上軍事演習，參與國家另有美國及英國。

第四節 與我國制度之比較
（A Comparison with Taiwan Coast Guard）

巴哈馬皇家國防軍僅有海軍，並無設立陸軍或空軍。因此身為國內唯一軍事單位，便負起了軍事防衛任務及執法職責。但因其設備有限，RBDF 並不會花太多時間進行海域巡邏。平時任務以查緝毒品及海難搜救為主，或參與國際維和行動。相對地，我國專責海域執法的海巡署，不管是權限、人員、裝備或是制度的完整性，都比巴哈馬成熟許多。

---

[7] Royal Bahamas Defence Force, Training, (http://www.rbdfmil.com/index.html) (2011/09/02)

第五節　結語（Conclusion）──特徵（Characteristics）

巴哈馬是加勒比海以北的群島國，包含 700 座島嶼和珊瑚礁，在長 3,542 公里的海岸線上，設有三個基地，以下為其海域執法制度特徵。

壹、海軍型海域執法機制

RBDF 為國內唯一海域安全單位，兼負軍事及海域執法任務。

貳、國內唯一軍事單位

巴哈馬皇家國防軍內僅有海軍一個軍事單位，並沒有設立空軍或陸軍。

參、設空中聯隊

擁有 3 架專屬航空器，主要任務為海域偵察及巡邏，提供監測回報，並支援海上的戰略佈署工作。

肆、重視專業教育

分為基礎訓練、軍官訓練、突擊中隊訓練，以人員需求及程度傳授專業科目，並將優秀人員送往他國進修。

第 89 章　聖基茨與尼維斯海域執法制度

第一節　國情概況（Country Overview）

聖克里斯多福與尼維斯聯邦亦稱聖基茨與尼維斯聯邦（Federation of Saint Christopher and Nevis；Federation of Saint Kitts and Nevis）位於東加勒比海（Caribbean Sea）小安地列斯群島（Lesser Antilles）[1]之背風群島北部，由聖基茨島（Saint Kitts）與尼維斯島（Nevis）組成。全國面積 269 平方公里，為面積 150 平方公里的金門的 1.8 倍大。海岸線長 135 公里，領海 12 浬，專屬經濟海域 200 浬。[2]

首都巴士地（Basseterre），全國人口 50,314 人（2011）[3]。國體君主立憲制，政體責任內閣制，國會一院制。（見圖 89-1）主要經濟活動為觀光、農業、蔗糖。[4]克國國內生產總值（GDP）562（百萬）美元，在 190 個國家排名第 180 名；每人國民所得（GNP）10,205

---

[1]　位於加勒比海西印度群島中安地列斯群島東部和南部的島群，群島呈圓弧狀，由於位於加勒比海，又稱加勒比群島。(http://zh.wikipedia.org/zh-hk/%E5%B0%8F%E5%AE%89%E7%9A%84%E5%88%97%E6%96%AF%E7%BE%A4%E5%B2%9B）（2011/03/02）

[2]　CIA, The World Factbook.(https://www.cia.gov/index.html) (2011/03/04)

[3]　CIA, The World Factbook.(https://www.cia.gov/index.html) (2011/06/03)

[4]　《世界各國簡介暨各國首長名冊》，中華民國外交部，2001 年，頁 368。

美元（2010），在 182 個國家排名第 58 名。克國在自由之家（Freedomhouse）的政治權利與公民自由兩種自由程度在 2010 年的分數皆為 1，歸類為自由國家。[5]

　　法國曾在島嶼西端登陸並占領，1783 年劃歸英國管轄。英國後將聖克里斯多福島名稱簡化為聖基茨（St. Kitts，Kitts 是 Christopher 的簡稱），成為英國在加勒比海地區的第一個殖民地。1983 年 9 月 19 日，克國脫離英國獨立，同月加入聯合國與大英國協。觀光業興盛，外來文化對人民造成衝擊，吸毒嚴重，對社會治安構成威脅，國內物價昂貴，為我國之三至四倍。[6]

第二節　歷史沿革（History）

　　聖基茨與尼維斯國防部隊（Saint Kitts and Nevis Defence Force, SKADF）的前身是為了平定 1896 年的工人叛亂而成立的志願單位，此志願單位解決紛爭後隨之解散，直到 1967 年政府發現成立當地軍隊的必要性。第一個成立的國防單位名為皇家聖克里多福和尼維斯警察部隊，其下轄機動部隊與特殊服務單位，但此專屬部隊受到反對派抗議，在 1980 年反對派上台後將之解散。直到 1997 年，新的領導人上任後，再次成立國防部隊，國防部隊主要武力有步兵團（聖基茨尼維斯團（St. Kitts Nevis Regiment））與海事單位（聖基茨尼維斯海域防衛署（St. Kitts Nevis Coast Guard）[7]

---

[5] 三類指標詳情請見本書導論，頁 11-13。
[6] 中華民國外交部，外交資訊網頁（2010/12/23）
[7] Saint Kitts and Nevis Defence Force, (http://en.wikipedia.org/wiki/Saint_Kitts_and_Nevis_Defence_Force) (2011/03/04)

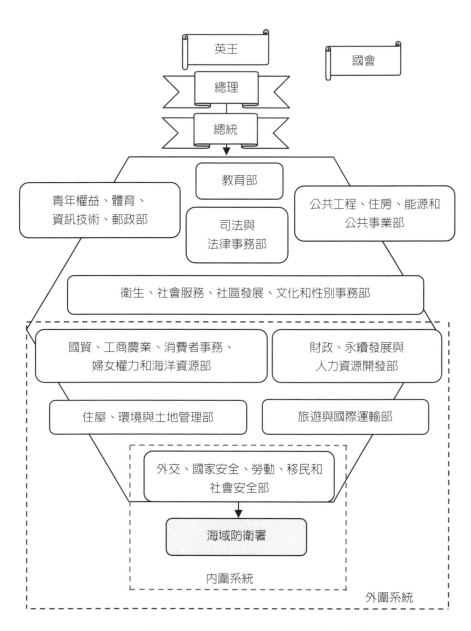

圖 89-1 聖基茨與尼維斯海域執法相關部門互動圖

資料來源：作者自繪

第三節　組織、職掌與編裝
（Organization, Duties and Equipment）

聖基茨尼維斯海域防衛署（St. Kitts Nevis Coast Guard）

一、組織與職掌

聖基茨與尼維斯國防部隊分別由後備步兵隊、支援與服務隊、農業服務團、海域防衛署、青年團組成。SKADF 共 150 名人員，扮演多種角色，平時與當地員警共同維護境內治安，目前將偵查重點放在查緝毒品走私，平時提供災害救助，亦參與國際維和行動。海域防衛署有一位於巴士地的總部、工程單位與專屬艦隊，主要負責保衛國家領海安全，遭遇戰爭時將與英國皇家海軍共同保衛海域。[8]

二、裝備

海域防衛署共有 46 名人員，總計有 5 艘美國捐贈的 3 噸至 100 噸之巡邏艇。

第四節　與我國制度之比較
（A Comparison with Taiwan Coast Guard）

聖基茨與尼維斯海域安全依賴海域防衛署負責，其身為軍事單位亦負責海域治安，是隸屬於外交、國家安全、勞動、移民和社會安全部的三級單位。我國設有海巡署做為海域防衛單位，與聖基茨與尼維斯海域防衛署的軍事性質不同，是警、文並立的執法單位。

---

[8]　CIA, The World Factbook.(https://www.cia.gov/index.html) (2011/09/02)

第五節　結語（Conclusion）──特徵（Characteristics）

　　聖基茨與尼維斯是東加勒比海島國，海岸線長 135 公里，設有一總部，以下為其海域執法制度特徵。

壹、海軍型海域執法機制

　　聖基茨尼維斯海域防衛署是國防部隊的一部分，不僅肩負軍事防禦角色，亦須維護海上治安。

貳、三級制──隸屬於外交、國家安全、勞動、移民和社會安全部

　　聖基茨尼維斯海域防衛署是隸屬於外交、國家安全、勞動、移民和社會安全部的三級單位。

參、與英國合作密切

　　聖基茨與尼維斯為大英國協成員，如遇戰爭海域防衛署將與英國皇家海軍合作保衛海域。

第 90 章　哥斯大黎加海域執法制度

第一節　國情概況（Country Overview）

　　哥斯大黎加共和國（Republic of Costa Rica）位於中美洲南端，東濱加勒比海（Caribbean Sea），南鄰巴拿馬（Panama），西臨太平洋（Pacific Ocean），北接尼加拉瓜（Nicaragua）。全國面積 51,100 平方公里，為台灣 1.4 倍大。海岸線長 1,290 公里，領海 12 浬，專屬經濟海域 200 浬。[1]

　　首都聖荷西（San Jose），全國人口 4,575,562 人（2011）[2]。國體共和制，政體屬總統制，國會一院制。（見圖 90-1）主要輸出工業製品、香蕉漁牧產品，輸入機動車輛、鋼鐵、醫藥製品。[3]哥國國內生產總值（GDP）35,020（百萬）美元，在 190 個國家排名第 85 名；每人國民所得（GNP）7,350 美元（2010），在 182 個國家排名第 68 名。哥國在自由之家

---

[1]　CIA, The World Factbook.(https://www.cia.gov/index.html) (2010/12/21)

[2]　CIA, The World Factbook.(https://www.cia.gov/index.html) (2011/06/02)

[3]　《世界各國簡介暨各國首長名冊》，中華民國外交部，2001 年，頁 334。

（Freedomhouse）的政治權利與公民自由兩種自由程度在 2010 年的分數皆為 1，歸類為自由國家；透明國際（Transparency International）中的 2010 年的貪污調查分數為 5.3，在 178 個國家中排名第 41 名；聯合國（2010）最適合居住國家的人類發展指數為 8.5，在 169 個國家中排名第 62 名。[4]

　　1564 年，成為西班牙殖民地，1821 年 9 月 15 日，宣布獨立。1822 年，成為墨西哥帝國一員，隔年帝國瓦解後參加中美洲聯邦，又於 1838 年退出。經過前段政治混亂時期，1848 年 8 月 30 日，正式成立共和國。哥國自 1949 年廢除軍隊，現僅設置警察，成為世界第一個沒有軍隊的國家。因世界經濟衰退，加上國際油價上漲，哥國經濟情況欠佳，導致社會治安惡化。[5]

第二節　歷史沿革（History）[6]

　　1949 年 11 月 7 日，哥斯大黎加憲法公布禁止成立軍隊，從此再也未設立正規國防部隊。國家防衛機制遂由成立於 1949 年的海域防衛隊（Coast Guard）、航空部隊（Air Section）、人民防衛隊（Civil Guard）、鄉村義勇防衛隊（Rural Assistance Guard）、邊境防衛隊（Frontier Guard）等單位組成。1996 年，公共安全管理暨治安部改組，原獨立的人民防衛隊、鄉村義勇防衛隊、邊境防衛隊皆改隸公共安全部（Ministry of Public Security），負責維護國家安全、執行法律、打擊毒品和邊境巡邏等任務。哥國海域防衛隊雖擁有二十五艘巡邏艇，但其中十六艘早已因財務、技術及管理缺失問題而損壞棄用，其餘協助查緝走私之儀器亦多損壞，海上巡邏功能成效不彰，致使海域防衛隊形同虛設，致使哥國成為拉丁美洲毒梟轉運毒品到北美及歐陸的一大轉運站。美國應哥國政府請求，洽談協助哥國重建國家海域防衛隊之計劃，藉由美國設備及技術援助，加強該單位防治毒品走私。美國要求哥國同意雙方進行聯合海域巡邏，但此舉涉及哥國內政及主權行使，國會直到 2000 年才同意該項協定，始建立較專業之海域防衛隊。

　　2005 年 7 月 7 日，美國華府針對哥國報告討論反毒和國家執法計畫，認為哥國橫跨中美洲與南美洲，成為南美洲古柯鹼和海洛因製造國輸出美國最好的轉運站，原因有缺乏巡邏的雙海岸線、極少巡邏之泛美公路、多管道的南方邊境、沒有正規軍隊、資源有限之海

---

[4]　五類指標詳情請見本書導論，頁 11-13。

[5]　中華民國外交部，外交資訊網頁（2010/12/21）

[6]　U.S. Department of State, (http://www.state.gov/g/inl/rls/fs/49154.htm) (2010/12/21)

域防衛隊等因素。由於毒品走私問題，2005 年 6 月起，美國提供經費、裝備及人員訓練，協助哥國重新成立更專業的海域防衛隊打擊毒品走私。

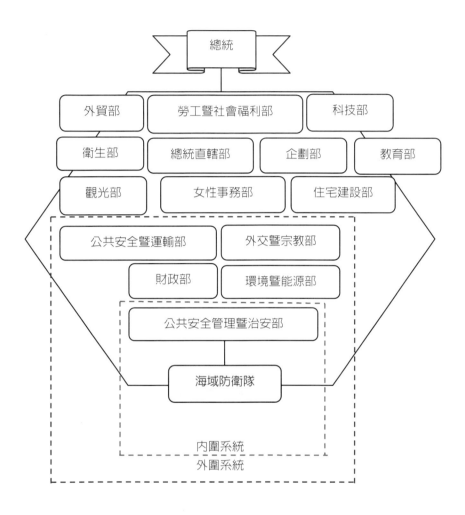

圖 90-1　哥斯大黎加海域執法相關部門互動圖

資料來源：作者自繪

第三節 組織、職掌與編裝
（Organization, Duties and Equipment）

哥斯大黎加海域防衛隊（Costa Rica Coast Guard）

一、組織與職掌

　　哥斯大黎加海域防衛隊設置正副隊長各一人，幕僚單位設有管理處置處長一名，負責管理人事、秘書、檔案、統計、預算等業務。在濱太平洋的 Golfito、Punta Arenas、Cuajiniquil、Quepos，臨加勒比海的 Limon、Moin 設置基地。[7]海域防衛隊屬於專業技術警察機構，任務為維護國家領海安全，協助邊境防衛隊、檢察單位、安全局、公共安全管理暨治安部、農業部，執行查緝毒品、非法捕魚、非法移民、槍械，穀類、牲畜走私及人船失蹤協尋，並偵查未經申請進入該國水域違法捕魚的外國漁船等任務。另外，海域防衛隊亦不遺餘力地保護海洋資源，常與國際環境保護協會共同宣導保護海洋環境及保育的重要性，以維護資源永續發展。[8]

二、裝備

　　海域防衛隊包含警察及技術人員計 350 人，總計有 10 艘巡邏船，加勒比海區有 1 艘大型巡邏艇、5 艘小型巡邏艇、1 艘救援船，太平洋區有 3 艘小型巡邏快艇。[9]

---

[7] *Jane's Fighting Ships.2004-2005*, Edited by Commodore Stephen Saunders RN, Virginia U.S.A, p.159.

[8] Costa Rica Civil Guard, Coast Guard, (http://www.msp.go.cr/index.html) (2011/09/02)

[9] *Jane's Fighting Ships.2004-2005*, Edited by Commodore Stephen Saunders RN, Virginia U.S.A,.pp.159-160.

第四節　權限與管轄（Authority and Jurisdiction）

哥斯大黎加自 1949 年 11 月 7 日憲法公布即禁止成立軍隊，因此國內無正規軍隊，海域防衛隊亦兼負國家領海之防衛責任。海域防衛隊、航空部隊與公共安全部分別負責哥斯大黎加海、空、陸巡邏任務，為隸屬於公共安全部之三級機關。哥國因財務、技術及管理不足致使設備遭到棄用，其他查緝走私之儀器亦多損壞，海上巡邏功能成效不彰，致使海域防衛隊形同虛設。國會於 2000 年同意美國協助重新建立海域防衛隊並進行聯合海域巡邏，藉由美國機器設備及技術援助，加強該機構防治毒品走私。

第五節　教育與訓練（Education and Training）

哥斯大黎加海域防衛隊為提升人力素質，在自籌資金與美國金援下，計劃性地重建海域防衛隊與海域防衛學校，培訓該隊之專業警察及其他偵查人員。由於哥國財政困難，除尋求美國援助外，為籌措經費，便以船隻航行註冊年費、外國船隻自哥國港口出港之港口稅捐、非法捕撈罰款之 35%、漁業營業稅由 7%降至 2%，其 5%的差距金額等作為經費來源。

第六節　與我國制度之比較（A Comparison with Taiwan Coast Guard）

哥斯大黎加禁止成立軍隊，但海域防衛隊為準軍事之執法機關，兼俱執法與防衛角色，職掌以海域執法為主，海難搜救為輔，在國際環境保協會之協助下，亦逐漸重視海洋資源保護之工作。哥國走私、偷渡嚴重問題，但由於財政困難，其編制人力僅配置 350 員兵力，雖有設置六個基地，卻僅有 10 艘裝備老舊的艦艇可用，人力裝備明顯與我國有明顯差距，因此無法嚇阻毒品走私及偷渡問題，其所能負擔之職掌與我國亦無法相提並論。未來在美

國經濟援助下，將重建海域防衛隊與海域防衛學校，裝備及人力素質獲得提升後，將可大為改善治安問題。

第七節　結語（Conclusion）──特徵（Characteristics）

　　哥斯大黎加東瀕加勒比海，西濱太平洋，為二面濱海國家，在長 1,290 公里的海岸線上，分別在靠加勒比海區設置 4 個基地，太平洋區設 2 個基地，以下為其海域執法制度特徵。

壹、警察型海域執法機制

　　哥斯大黎加設立海域防衛隊負責海域執法任務，並擁有與警察相同的執法權限。

貳、集中制

　　海域防衛隊為哥國專責的海域執法單位。

參、三級制──隸屬於公共安全管理暨治安部

　　海域防衛隊為隸屬於公共安全管理暨治安部的三級單位。

肆、岸海分立

　　該國並未設立正規軍隊，國家防衛機制由航空部隊負責空中巡邏，人民防衛隊、鄉村義勇防衛隊、邊境防衛隊等防衛機構負責內陸防衛與執法，海域防衛隊負責海域執法，並未編制岸際人力。

伍、兼具執法與防衛角色

哥斯大黎加並未設立正規軍隊，海域防衛隊負責國家防衛，因設有警察於隊內，亦具有執法權限。

陸、與美共同海域聯防

由於財務及能量不足，巡邏功能成效不彰，致使海域防衛隊形同虛設。美國不僅提供設備及技術，並要求雙方進行聯合海域巡邏。

第 91 章　阿根廷海域執法制度

第一節　國情概況（Country Overview）

阿根廷共和國（Argentine Republic）位於南美洲南端，東北鄰烏拉圭（Uruguay）及巴西（Brazil），北界巴拉圭（Paraguay）及玻利維亞（Bolivia），西與智利（Chile）接壤，西臨太平洋（Pacific Ocean），東濱大西洋（Atlantic Ocean）。全國含南極洲領土的總面積3,761,274 平方公里（南極洲領土約 100 萬平方公里），是台灣的 105 倍大。海岸線長 4,989公里，領海 12 浬，專屬經濟海域 200 浬。[1]

首都布宜諾斯艾利斯（Buenos Aires），全國人口 41,769,762 人（2011）[2]。國體聯邦共和制，政體總統制，國會分為參、眾兩議院。（見圖 91-1）主要輸出穀物、食油、肉類，輸入電子、機器設備、化工品。[3]阿國國內生產總值（GDP）351,000（百萬）美元，在 190個國家排名第 28 名；每人國民所得（GNP）8,663 美元（2010），在 182 個國家排名第 62

---

[1]　CIA, The World Factbook.(https://www.cia.gov/index.html) (2010/11/30)

[2]　CIA, The World Factbook.(https://www.cia.gov/index.html) (2011/06/02)

[3]　《世界各國簡介暨各國首長名冊》，中華民國外交部，2001 年，頁 318。

名。阿國在自由之家（Freedomhouse）的政治權利與公民自由兩種自由程度在 2010 年的分數皆為 2，歸類為自由國家；透明國際（Transparency International）中的 2010 年的貪污調查分數為 2.9，在 180 個國家中排名第 105 名；聯合國（2010）最適合居住國家的人類發展指數為 7.1，在 169 個國家中排名第 46 名。[4]

1526 年，西班牙開始治理阿根廷，1810 年發生獨立運動，於 1816 年 7 月 9 日宣布成立阿根廷共和國。1946 年，貝隆（Juan Domingo Perón）崛起，屬行獨裁政治，直到 1955 年被軍人推翻，往後軍政府與文政府交互執政。1982 年 4 月，在與英國之間的福克蘭（Falkland Islands）之役[5]戰敗，軍政府被迫舉行大選還政於民。2001 年末，因嚴重外債引發金融失序致使政治動盪，兩週內更迭 5 位總統。目前仍繼續主張擁有福克蘭群島主權，除與英國在福克蘭群島主權上仍存爭議外，與其他國家均保持友好關係。[6]

第二節　歷史沿革（History）[7]

阿根廷海域防衛署（西語：Prefectura Naval Argentina, PNA；英語：Argentine Coast Guard）是阿根廷依據國家法令組織的海域執法單位，起源可回溯到 18 世紀。PNA 擁有悠久且傑出的歷史，長期扮演管轄並維護水域與港口航行安全的多功能角色。18 世紀，西班牙殖民政府在當地設立港警與港口指揮官，負責處理執照核發與證件檢驗，監管船隻、裝備與機具，確保海事意外的處理程序，抵制侵略，檢驗船隻出港，管理乘客與船員，禁止傾倒污水及廢物，監控衛生等任務。PNA 雛型是依據西班牙查理二世，1680 年為統治印地安人而制定的法規（Compendium of Laws Governing the Indias）[8]。1756 年，西班牙當局為因應布宜諾艾利斯港區日益繁盛的海上交通與貿易，因此設立了港口指揮部（Port Captainship Office）作為航海與港口安全的警察局（police authority），承擔以前由海洋遠征隊、政府官員、法官與其他相關單位負責的工作。Mr. Juan Antonio Guerreros 並被指定為首任指揮官，1793 年，查理四世頒布皇家法規，規範港口主管、船長、船舶檢查及其他海洋法規。1806 年，Martín Jacobo Thompson 成為第一位本地出生擔任此職位者。

---

[4] 五類指標詳情請見本書導論，頁 11-13。

[5] 發生於 1982 年 4 月到 6 月間，英國和阿根廷為爭奪福克蘭群島（阿根廷稱為馬爾維納斯群島）的主權而爆發的一場戰爭。奇摩新聞，2007/03/30，（http://tw.news.yahoo.com/article/url/d/a/070330/19/c8o3.html）（2010/12/02）

[6] 中華民國外交部，外交資訊網頁（2010/11/29）

[7] 拉丁美洲國家武力網站 2005.07.15http://www.lamilitary.com/AR_PNA.html

[8] Clayton Evans ,Rescue at Sea, An International History of lifesaving, Coastal Rescue Craft and Organizations, Naval Institute Press Annapolis, Maryland 2003, p. 193

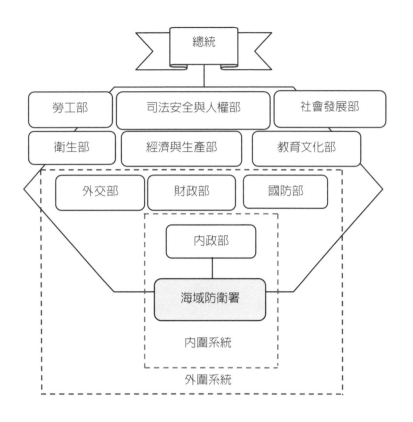

圖 91-1　阿根廷海域執法相關部門互動圖

資料來源：作者自繪

　　1810 年，成為首任阿根廷執政者的 Primera Junta 自行發布命令，宣布將海域防衛署納入阿根廷國家政府組織。[9] 1896 年 10 月 29 日，PNA 現名經議會通過並正式成立。[10] 1982 年，仍隸屬海軍的海域防衛署參與福克蘭戰役，戰役期間喪失二艘巡邏船、二架運輸機和一架直升機，戰敗後，阿根廷回歸民主政治。1984 年 10 月，PNA 規劃改隸內政部，比隸屬海軍時更有政策規劃的主導權，其執勤力量明顯增強。身為國家重要的準軍事力量，主要功能在於保護廣大的國家海域，執行包含海域巡邏、港口安全維護、船舶交通控制、漁業保護、海難搜救、航行目標維持、海岸防衛、查緝走私等任務。

---

[9]　Prefecture Naval Argentina, (http://www.prefecturanaval.gov.ar/institucional/en/index.htm) (2010/12/02)

[10]　*Jane's Fighting Ships.2004-2005*, Edited by Commodore Stephen Saunders RN, Virginia U.S.A, p.20.

第三節　組織、職掌與編裝
（Organization, Duties and Equipment）

阿根廷海域防衛署（Argentine Coast Guard）

一、組織與職掌

阿根廷海域防衛署（西班牙語：Prefectura Naval Argentina, PNA；英語：Argentine Coast Guard）是一個具有多功能且可執行多重任務的機關 PNA 與邊境警察（Border Police）同樣是隸屬於內政部的準軍事武力，可以很容易的與整個國家軍事體系結合與軍事機關並肩合作。PNA 為一特殊水上警察武力，維持河道航行安全、行政監督、平時防備、公共秩序與司法事件。司法範圍包括河湖、港口與領海乃至於 200 浬專屬經濟海域，任務為保護人身安全、污染控管，運用科技與法令值勤，監管與紀錄船隻安全。其亦保護海洋環境和偵查非法捕撈案件，PNA 可以輔助執行關稅、移民、衛生等警察職權。並與國際相近組織交流，與美國海域防衛司令部之間便存在合作關係。PNA 組織法於 1969 年 10 月 10 日公佈實施至今，共有九十九項條文，內容如下：

（一）職掌範圍（第四條）

　　1. PNA 職權行使範圍：
　　　a. 可航行之國有海、河、湖、運河及港口。
　　　b. 南極洲屬地、馬維納群島及南大西洋群島。
　　　c. 高潮線起 50 公尺之海灘、35 公尺之河、湖、運河沿岸。
　　　d. 專屬經濟海域內之所有船隻、公海上懸掛本國旗幟之船隻。
　　　e. 外國港口內懸掛本國旗幟之船隻。
　　　f. 與外國鄰接水域依法規定之本國部分。
　　　g. 依聯邦法規定之其他部分。

（二）功能（第五條）

1. 航行安全警察：關於船舶檢查、登記、海空難海上搜救及部分航行司法管轄權。
2. 司法管轄。
3. 治安警察。
4. 司法警察：巡邏專屬經濟海域取締非法。
5. 依法有關漁業事項。
6. 依法有關海事事項。
7. 依法有關公共秩序事項。
8. 其他：如防止污染事項。

（三）依法和其他機關共同執行事項（第六條）

1. 關稅及衛生輔助。
2. 關稅、移民及衛生。

（四）經內政部核准

1. 與國家警政總署及各省警政廳締約合作。
2. 與外國警察單位協調合作共同防範非法活動。
3. 與外國有關當局合作維護航行安全。

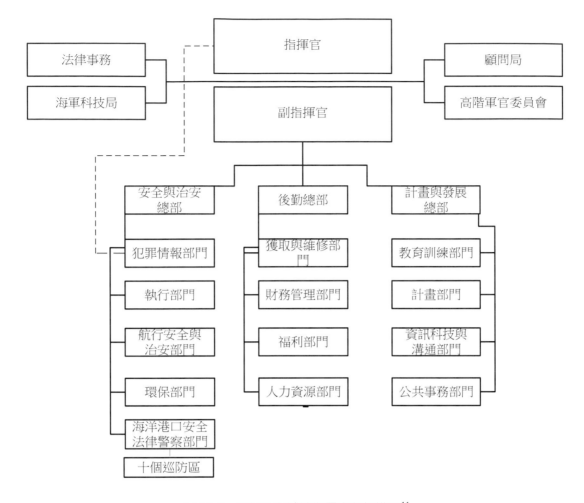

圖 91-2　阿根廷海域防衛署內部組織圖[11]

資料來源：作者自繪

　　PNA 組織架構包含一個由海域防衛署首席官員擔任的總指揮官、副指揮官、幕僚人員、執行的區域領導者（處理航行安全、環境保護和法律事件三個重要事項）；一個支援區（處理裝備、訓練、行政和人事業務）和一個巡防處控制十個巡防分區（見圖 91-2、91-3）和不同的單位控制所有海岸線的實際行動。

　　PNA 須執行與他國簽署的各種協約，並配合國際海事組織（International Maritime Organization, IMO）政策，如海洋、河川與湖泊航行（Maritime, River and Lake Navigation Regulations）等多項法令，確保海洋生命安全、污染防範、貨櫃安全、海事衛星通訊、漁船安全、航海訓練與認證、海域搜救等業務內容。1983 年，與南美各國及墨西哥、巴拿馬

---

[11] Prefecture Naval Argentina, institutions/organization,
(http://www.prefecturanaval.gov.ar/institucional/en/index.htm) (2010/12/02)

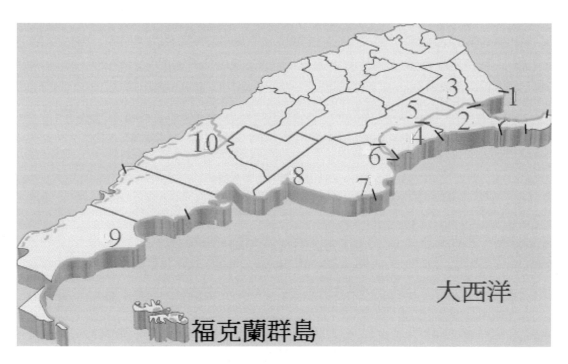

簽訂網絡計畫（the Operative Network of Regional Cooperation among Maritime Authorities of South America, Mexico and Panama），內容包括海事管理、資料自動化、偶發性計畫執行、控制區域船運交通、促進海事規則、對抗運輸毒品及其他犯罪行為，其間不少項目已透過港區安全控管協定（Viña del Mar Agreement for Port State Controll，見第四節末）頗有進展。[12]

為維護水域安全與公共秩序，以便活動者能有一個平安的空間，PNA 架構下有警察分支部門執行相關任務，包含了航海安全警察（Safety of Navigation Police）、公共安全警察（Public Security Police）、司法警察（Judicial Police）、海洋環境與自然資源警察（Marine Environment and Natural Resources Police）、海關警察（Customs Police）、移民與健康輔助警察（Migration and Health Auxiliary Police）與航海管理警察（Administrative Navigation Police）等。[13]

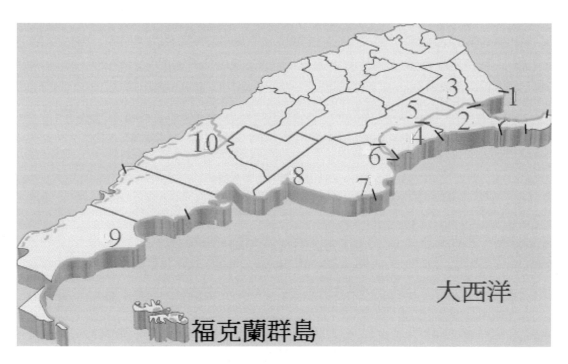

圖 91-3 阿根廷海域防衛署 10 大區域劃分圖[14]

---

[12] Prefectura Naval Argentina, Institution-Regulation , (http://www.prefecturanaval.gov.ar/institucional/en/index.htm) (2010/12/02)

[13] Prefectura Naval Argentina, Institution - Function - Security and Public Order, (http://www.prefecturanaval.gov.ar/institucional/en/index.htm) (2010/12/02)

[14] (http://www.prefecturanaval.gov.ar/institucional/en/index.htm) (2010/12/02)

上圖中，東北邊以烏拉圭河（Uruguay River）、巴拉那河（Parana River）分別和烏拉圭、巴西交界，其中巴拉那河為大草原區的主要運輸河道，該河道共設有五個巡防分區（1、2、3、4、5）負責航運安全、港口海關、移民檢查與防治走私等任務。兩大河口出口的三角洲為首都精華地區，設有兩個巡防分區（6、7）。大西洋海岸線及南大西洋島嶼設有南、北兩個巡防分區（8、9），阿根廷西部與智利交界之安地斯山脈（Andes Mts.）湖泊群設有一巡防分區（10）。（換言之十區共包括 High Parana River, Upper Parana and Paraguay River, Lower Parana River, Upper Uruguay River, Lower Uruguay）[15]（見圖 91-3）

二、裝備

PNA 人員配置 11,900 人，共有艦艇 116 艘及陸基飛機與直升機共 9 架。[16]其中至少包含 10 艘巡邏艦艇，包括 1 艘千噸級、5 艘艦載 Dauphin2 直升機的 1,084 噸、2 艘 117 噸、1 艘 270 噸、1 艘 153 噸的河川巡邏艇。63 艘海岸巡邏艇，包含 18 艘 81 噸的 Mar Del Plata 級、1 艘 43 噸，35 艘 15 噸、1 艘為 14.5 噸、4 艘 7 噸、10 艘 9 噸。6 艘服務船（Service Craft），1 艘大型導航艇（Pilot stations，10,070 噸），22 艘大小不一的導航艇（Pilot and Craft），4 艘實習船。[17]以及陸基直升機（2/3 Casa C-212 68/A 68 Aviocar）。（見表 91-1）並配有 AIS 自動定位系統（The Automatic Identification System）以支援船隻航行。[18]

表 91-1　阿根廷海域防衛署編裝表

型號	最高速（浬）	排水量（噸）	尺寸（m）	主要裝備（mm）	數量（艘）
Patrol Ship（WPSO）	15	700	59*9.1*4.2	1 Oerlikon 20 ;2-12.7 Browning MGs.	1
Lynch Class	22	100	30*6.4*2.1	1 Oerlikon 20 ;1-7.62MG	2
Hallon class（type B119）	20	910	67*10.5*4.2	Breda40;2-12.7MGs.	5
Large Partol Craft（WAX）	14	270	33.2*6.3*1.9	2-12.7 Browning MGs.	1
River Partol Ship（WARS）	10	103	25.5*6.5*3.3	1 Oerlikon 20	1
Mar Del Plata Class（WPB）	22	81	28*5.3*1.6	1 Oerlikon 20 ;2-12.7 Browning MGs.	18
Coastal Patrol Craft（WPB）	12	43	21.2*4.3*1.5		1
Small Partol Craft（WPB）	20	15	12.5*3.6*1.1	12.7 Browning MG	35

[15] *Jane's Fighting Ships.2004-2005*, Edited by Commodore Stephen Saunders RN, Virginia U.S.A, p.20.
[16] 木津徹著、張雲清譯，《世界海軍圖鑑》，台北：人人，民國 96 年 11 月，頁 12。
[17] *Jane's Fighting Ships* 2006-2007, Edited by Commodore Stephen Saunders RN, Virginia U.S.A. p.20-22.
[18] Prefectura Naval Argentina, (http://www.prefecturanaval.gov.ar/institucional/en/index.htm) (2010/12/02)

Bazantype （WPBF）	38	14.5	11.9*3.8*0.7	1-12.7 Browning MGs.	1
Alucat 1050Class （WPB）	18	9	11.5*3.8*0.6		10
Alucat 1050 Class （WPB）	26	7	9.2*3.3*0.6		4
Training Ships （WAXL/WAXS）	6	33.5	19*4.3*2.7		4
Service Craft （YTL/YTR）	10	53			6
Pilot Station （WAGH/AHH）	13	10,070		147*20*8.5	1
Pilot Craft （PB）		16.5~51			22
Maritime Aircraft	190（kt）				1

（本表中僅列出 Jane's Fighting Ship2006-2007 中有記載者）

第四節　權限與管轄（Authority and Jurisdiction）[19]

　　1992 年，PNA 限制於 12 浬內執法，但隨後被撤銷，仍維持先前 200 浬專屬經濟海域執法之規定，阿根廷海軍於 12 浬內並不參與執法工作。但針對專屬經濟海域的監視，PNA與海軍的分工並不十分明確，實際上兩單位皆在此區域執行任務。從海岸線至 12 浬由 PNA負責，海軍一般巡邏更遠之海域，但是 PNA 輕武裝巡邏船值勤範圍經常超過 12 浬海域。目前海軍在預算緊縮的狀況下，仍向中央爭取預算建造四艘稱為 "Patrulleros de Alta Mar"的高速巡邏船，參與專屬經濟海域巡邏。[20]PNA 職掌涵蓋甚廣，首先是維護海域的生命安全（主要根據 1974 年的 International Convention for the Safety of Life at Sea），如預防衝突[21]；依據拉丁美洲海事當局（Latin American Maritime Authorities）的協定 the Viña del Mar Agreement，對船艙、穩固性、推進器與充電等部份進行船隻監測；預防火災、偵測危險物品、審核與檢驗高速船安全與操作標準以促進海事安全；採取必須的組織步驟加強操作與管理流程的效能；頒發安全認證（safety certificates）及進行訓練課程等。[22]在國家船隻註冊部分，除審核船隻申請核可掛旗（掛國旗除外），也須維護其權益，此外尚須對私人貿易船隻提供航海訓練，維護水域暢通，協助擱淺或故障船隻修護及人員救援，並預防可能

---

[19] Diretoria De Portos E Costas, Diretoria Missão, 2009, (https://www.dpc.mar.mil.br/info_dpc/missao.htm) (2009/8/16)

[20] lamilitary.com, (http://www.lamilitary.com/AR_PNA.html) (2010/12/02)

[21] Prefectura Naval Argentina, Institution - Function - Safety of Life at Sea, (http://www.prefecturanaval.gov.ar/institucional/en/index.htm) (2010/12/02)

[22] Prefectura Naval Argentina, Institution - Function - Ship Inspection, (http://www.prefecturanaval.gov.ar/institucional/en/index.htm) (2010/12/02)。

的爆炸危險等。另外，也須負責管理及核可各水域的娛樂性質船隻，包含機動帆船及遊艇等。[23]

海難調查亦為 PNA 的重要職掌，海難發生時，除仔細清理事發現場，還需蒐集相關資料，並依特性、事發地點、引發方式與其他因素作研究。不只判定責任歸屬與個別責任，亦評估航海安全規定的效能及其潛在的改進可能，後將海難報告將提交國際海事組織。有時管轄職權與相關司法單位重疊，但 PNA 仍將管轄範圍限定在處理海事安全的部分。[24]

在污染防治方面，最早依據 1954 年的 OILPOL/54 預防油類污染海洋國際協定（the International Convention for the Prevention of Pollution of the Sea by Oil），1973 年後，又增加國際海事組織的預防船隻污染國際協定（the International Convention for the Prevention of Pollution from Ships）等。除污染預防，也包括一旦污染事件發生事後的清理規定，並設立河、湖與海等水域的石油、化學物質及其他危險物品等污染的法律，由 PNA 擔任執行單位。1995 年 12 月，PNA 為監管與預防船隻污染，創設環保指揮部，除了海難搜救、防火等事宜，當局也負擔污染後的清理工作。[25]

PNA 亦預防犯罪和侵害，必要時可以偵查犯罪並送往當地法院判決，包含海上非法行動或是犯罪者逃逸。但某些案例中，如果證據蒐集齊或犯人遭到逮捕，仍會盡速交付相關權責當局，當前 PNA 執勤仍以維護公共秩序與安全並預防犯罪為主。PNA 亦在司法管轄範圍內援助執法，預防遭當局扣押與拘留的船隻離港，這些船隻通常涉及民事、商業或勞工法庭的訴訟。[26]PNA 亦須維護港口安全，需防止與排除危險、阻礙或擾亂，保護港區航行及相關活動的安全，針對一般非聯邦（non-federal）層級的犯罪，情況緊急時會先進行蒐證並逮捕嫌犯，事後再通知相關當局處理。[27]。

PNA 根據組織法 18,398 號法令及國內安全法（Homeland Security Act）24,059 號及 23,968 號法令，透過下轄分隊對河、海、湖、海峽與港口及其他航道的船艇與飛機進行監控。至於對 12 浬至 200 浬的專屬經濟海域，因水中資源的重要性，依據「聯邦漁業規定」（Federal Fishing Regulations）（Act No. 24,922）作漁業控管，防止非法漁船捕撈。PNA

---

[23] Prefectura Naval Argentina, Institution-Function-National Register of Ships、Registry and Authorization of Merchant Marine Personnel、Prefectura and the Recreational Boating, (http://www.prefecturanaval.gov.ar/institucional/en/index.htm) (2010/12/02)

[24] Prefectura Naval Argentina, Institution - Function-Marine Casualty Investigations, (http://www.prefecturanaval.gov.ar/institucional/en/index.htm) (2010/12/02)

[25] Prefectura Naval Argentina, Institution - Function-Prevention of Water Pollution, (http://www.prefecturanaval.gov.ar/institucional/en/index.htm) (2010/12/02)

[26] Prefectura Naval Argentina, Institution - Function - Port Safety、Assistance to the Judiciary, (http://www.prefecturanaval.gov.ar/institucional/en/index.htm) (2010/12/02)

[27] Prefectura Naval Argentina, Institution - Function - Offences and Infringements、Drug Interdiction, (http://www.prefecturanaval.gov.ar/institucional/en/index.htm) (2010/12/02)

依法有權拘留入侵領海的船隻並施以懲罰，並透過中央及地方政府的協議，對海、河進行監控防止水域污染。[28]

　　PNA 亦援助管轄沿岸地區，阿國部份沿海常有不定期的洪水災害，因此對這些緊急狀況作出回應，救援人命及資產也是 PNA 的工作。進行居民撤離、提供庇護場所與醫療援助，必要時除了協調中央與地方政府，有時也會徵調私人資產，採取必要的安全與管制措施，以避免劫掠情事的發生。為確保航行安全，PNA 也管理托吊設備，以便移除航道障礙。即時提醒沿岸人民，掌握港口安全措施，當水位到達一定高度，人力資源與裝備依緊急狀況部署。[29]

　　1992 年，拉丁美洲各國簽訂港口國管制協議（The Latin American Agreement on Port State Control），其後陸續通過多項相關法令，各國將監控進入區的外國船隻，並協助海事安全、成員的訓練與核可，海域污染的預防等。這對近來老舊船隻的意外頻傳、人員裝備的嚴重短缺或常為不同國籍的船員及船隻懸掛國旗的混亂情況有所助益。

第五節　教育與訓練（Education and Training）

　　PNA 人員主要來自位於布宜諾斯艾利斯的海域防衛學院（Prefectura's Academies）。亦有來自 General Matías de Irigoyen 軍官學院，畢業後成為海事安全專家（Maritime Safety Technicians）或會計師（Accountancy Technicians）。如欲成為高階士官（Petty Officers），則在 Coronel Martín Jacobo Thompson 學院，於航海、管理、軍械、通訊科目中擇一主修。

　　坐落在布宜諾艾利斯的 Olivos 軍官高等學校（Officer's higher school），提供高等研究（post-graduate）課程，包含海岸安全、航海、海軍機械、通訊、航空與管理等，完成畢業論文者，可取得海事「分析師」或碩士學位。

　　海難救援與潛水學校（The School of Salvage and Diving）畢業者可取得國家軍事認可的官方文憑，PNA 本身亦有航空專業中心（Aeronautical Professional Center）。PNA 的訓練組織也會針對所轄學校的教官施與訓練以令其學養符合最新技術。由於有海事安全的大學組織，軍官也可獲得海事安全、企管與公共方面等海事管理相關領域的大學文憑，士官長也可能畢業自各種職校，部分海事安全、港口安全與環保課程也對一般社區開放。

---

[28] Prefectura Naval Argentina, Institution-Function-Surveillance of Jurisdictional Waters and the Continental Shelf, (http://www.prefecturanaval.gov.ar/institucional/en/index.htm) (2010/12/02)

[29] Prefectura Naval Argentina, Institution-Function-Assistance to Shore Communities, (http://www.prefecturanaval.gov.ar/institucional/en/index.htm) (2010/12/02)

近年 PNA 致力於現代化，訓練主要分為維安武力的編組、紀律與角色，扮演執行防衛等專業行為所需的科技與法律素養，保護、支持與援助社區、資產及航行等三方面。PNA 負責人員招募、編組、與訓練，成員隨時參與受訓，以吸收最新的技術以利任務執行。PNA 訓練多樣化，並著重於達到業務內容及相關領域的專業要求，如防止污染、運輸與處理危險物品、對船隻的監控等。PNA 與其他機構簽訂協議交換訓練，並與專業學術組織的教師合作，訓練內容包括法律、企管與會計等。他們招募海軍工程師、律師、醫師、建築師、化工專家、建船工人等各領域的人才以滿足需求 。

第六節　　與我國制度之比較
（A Comparison with Taiwan Coast Guard）

PNA 過去為隸屬國防部海軍之四級機關，後改隸內政部成為三級機關。與我國海巡署洋、岸總局過去分別隸屬警政署及海巡司令部之三級機關，合併後成為三級機關相同。PNA 歷經演變，現行體制為內政部管轄之文職機關，以海域執法及海事服務為任務內容。其轉型後角色與我國海巡署相近，差別在於 PNA 過去隸屬於海軍，而我國海岸巡防總局的軍職人員，過去隸屬於陸軍以岸際執法為主。

管轄範圍部分，PNA 對於所轄業務如查緝走私偷渡等，與我國海巡署一樣有直接管轄權，而非如部份接近英國系統的海域執法單位僅配合司法警察執法。我國海巡署基本上以岸、海為主，並不涉及內陸水域航道；而 PNA 的執法範圍則增加涵蓋內陸的河、湖、港口、運河等，範圍較我國為廣。

PNA 職掌較我國更為廣泛，且阿國人口約為我國二倍，海岸線長約我國三倍，其人員配置 11,900 員，少於我國海巡署總人數，裝備配置型巡洋艦六艘、大型巡邏艇 4 艘、近岸巡邏艇 63 艘、訓練船 4 艘領航暨巡邏艇 5 艘、15 架飛機，艦隊數量亦較我國少，巡邏飛機較我國多。

第七節　　結語（Conclusion）——特徵（Characteristics）

阿根廷西臨太平洋，東濱大西洋，為二面濱海國家，將長 4,989 公里的海岸線分為十大區域，以下為其海域執法制度特徵。

壹、集中制

阿根廷設有 PNA 做為海域執法的專責單位。

貳、警察型海域執法機制

PNA 擁有海域執法的警察職權。

參、岸海合一

從海岸線至領海 12 浬由海域防衛署負責巡護。

肆、與海軍相互配合

阿國 PNA 雖隸屬於內政部,但因海軍的裝備較為精良,不只艦艇噸數大,續航力也高。所以海軍仍然參與 12 浬外之海域執法,尤其是專屬經濟海域之執法。

伍、專屬航空器

PNA 除配備各級艦艇外,另於一個定翼機基地、一個旋翼機基地及三個航空站,配備有各類旋翼機及定翼機共十五架,負擔各類型任務。

陸、重視海難搜救

PNA 其對於歷次海難事件不只會進行搜救與司法調查,也會將相關資料彙整紀錄送交整理,以作為檢討航海安全相關法令是否周全有需要檢討的參考依據。

柒、重視人員航海實習

設有 4 艘實習船。

捌、專業教育搖籃

設有海域防衛學院、General Matías de Irigoyen 軍官學院、Coronel Martín Jacobo Thompson 學院、軍官高等學校、海難救援與潛水學校,另設有一航空專業中心。

玖、依地區特性執勤

阿根廷的廣大面積與各種不同的地理特性,角色及責任因地而異,靠巴拉圭、烏拉圭和巴西邊境,海關和移民業務為主,拉普拉塔河(Rio de la Plata)則是管制河面的船舶交通為重點。臨大西洋海域,則是以專屬經濟海域的巡邏為主,沿著布宜諾斯艾利斯及阿根廷與智利的湖泊區,因有許多娛樂船舶,在夏季因水上活動盛行時,服務需求達到最高峰。[30]

拾、內陸河湖亦為巡邏範圍

境內主要河流、河口與湖泊區設有基地,並有專屬河流巡邏艇。

---

[30] Clayton Evans ,Rescue at Sea, An International History of lifesaving, Coastal Rescue Craft and Organizations, Naval Institute Press Annapolis, Maryland 2003, p.195.

第 92 章　巴西海域執法制度

第一節　國情概況（Country Overview）

巴西聯邦共和國（Federative Republic of Brazil）位於南美洲，南美除厄瓜多（Ecuador）與智利（Chile），其餘國家皆與巴西接壤，東臨大西洋（Atlantic Ocean）。全國面積 8,514,877 平方公里，為台灣 236.6 倍大。海岸線長 7,491 公里，領海 12 浬，專屬經濟海域 200 浬。[1]

首都巴西利亞（Brasilia），全國人口 203,429,773 人（2011）[2]。國體聯邦共和制，政體總統制，國會分為參、眾兩議院。總統由人民直接選舉產生，為最高行政首長。（見圖 92-2）主要輸出鐵礦、咖啡、黃豆，輸入小客車、原油、醫療品。[3]巴西國內生產總值（GDP）2,024,000（百萬）美元，在 190 個國家排名第 8 名；每人國民所得（GNP）10,471 美元（2010），在

---

[1]　CIA, The World Factbook.(https://www.cia.gov/index.html) (2010/11/30)

[2]　CIA, The World Factbook.(https://www.cia.gov/index.html) (2011/06/02)

[3]　《世界各國簡介暨各國首長名冊》，中華民國外交部，2001 年，頁 328。

182 個國家排名第 55 名。巴西在自由之家（Freedomhouse）的政治權利與公民自由兩種自由程度在 2010 年的分數皆為 2，歸類為自由國家；透明國際（Transparency International）中的 2010 年的貪污調查分數為 3.7，在 180 個國家中排名第 69 名；聯合國（2010）最適合居住國家的人類發展指數為 7.6，在 169 個國家中排名第 73 名。[4]

1500 年 4 月 22 日，葡萄牙遠征隊抵達，葡王室於 1808 年避難巴西，1821 年，Don Joao 攝政王子返葡就位。1822 年 9 月 7 日，留在巴西的 Pedro 王子，宣布脫離王室獨立，並宣布自己為巴西帝國皇帝。1889 年革命推翻帝制，同年 11 月成立巴西聯邦共和國。今日巴西社會貧富不均嚴重，教育水平亦為國人所詬病。[5]2011 年 1 月，巴西首位女總統宣示就職，她矢言在 2014 年的世足賽與 2016 年的夏季奧運前，會全力整頓治安與打擊犯罪，並延續和深化前總統魯拉（Luiz Lula Da Silva）的政策，控制通貨膨脹、保持經濟成長和改善國民教育。[6]

第二節　歷史沿革（History）

1808 年 1 月 28 日，隨著巴西港口開放，國王約翰六世（King John VI）公告控管船運。1810 年 2 月 3 日，成立海洋秩序局（Bureau of Maritime Order），規範船舶離港規定。1833 年，將船噸數登記納入管轄範圍。1845 年 8 月 14 日，依據 358 號法令，帝國政府決定設立指揮官（Captainship）統籌海上政策、港口管理、燈塔檢測管理、水道照明、船員訓練機構的註冊登記、導航等，最初指揮官隸屬於海軍，但後二十年沿海省份陸續建立制度。1908 年，此單位成為擁有管理港口及沿岸（Inspectorship of Ports and Coasts）功能的獨立運作機構。1911 年，受英國海軍制度影響，巴西海軍調整組織，設立港口及沿岸監督（Superintendent of Ports and Coasts）。1923 年 12 月 5 日，依據 16237 法令，改為港口與沿海指揮署（The Directorate of Ports and Coasts, DPC）。1931 年，又遭臨時政府設立的貿易及海軍部（Direction of Merchant Navy）取代。1934 年，又回歸海軍，地位正式確立。1952 年，隨著海軍再次改組，又改回港口與沿海指揮署（The Directorate of Ports and Coasts）。後其基礎結構重組，除原有職權外，因為與水文及航行署（Direction of Hydrography and Navigation）共同作業，共稱為航海署（General Direction of Navigation）。1968 年，62680 號法令（Article 48 of Decree No. 62860）重新界定職權，港口與沿海指揮署主要規劃，管

---

[4]　五類指標詳情請見本書導論，頁 11-13。
[5]　中華民國外交部，外交資訊網頁（2010/11/29）
[6]　陳文和，《中國時報-國際新聞》〈美「夢」成真 巴西首位女總統就職〉，2011/01/03。

理，協調和監測與海運有關的技術和管理活動，在船舶和港口設施安全，培訓，認證海員資格和造船工業等。

1968 年 6 月 25 日，依據 5461 號法令，核定 DPC 歸屬，並由 62860 號法令提供執行管理全國海洋職業教育（Maritime Professional Ensino）的政策。1969 年 10 月 23 日，又有 65611 號法令進一步認可 DPC。1986 年，93438 號法令與 0029 號明令其組織結構和活動。1997 年，又改依 0013 號法令，設有船運指揮官（the Director General of Shipping）。2002 年 11 月，又有 0019 號法令做最新改組。[7]根據報導，巴西近年成立海上警察國家系統（Marine Police Unit），已採購 11 艘巡邏船隻，配有鋼板的巡邏艇讓巴西聯邦警察擁有具高度保護性的輕型交通工具，2006 年至 2008 年間公佈新的擴充計畫。[8]港口與沿海指揮署標誌為一個橢圓形皇冠，周圍以金黃色的繩索圍繞，中央以藍色為底色，上有舵輪、金銀等色及象徵貿易的頭盔，指出單位的特性——港口和沿海的交通控制與監督。[9]（見圖 92-1）

圖 92-1　巴西海軍徽章[10]

7　Diretoria Portos E Sostas, A Diretoria Histórico, 2009, (https://www.dpc.mar.mil.br/info_dpc/historico.htm) (2010/12/01)

8　High beam Research, Article: Brazilian police choose Dyneema, Safety and protection, 2005/11/01, (http://www.highbeam.com/doc/1G1-138276057.html) (2010/12/01)

9　Diretoria Portos E Sostas, A Diretoria Heráldica, 2009, (https://www.dpc.mar.mil.br/info_dpc/heraldica.htm) (2010/12/01)

10　Diretoria Portos E Sostas, A Diretoria Heráldica, 2009, (https://www.dpc.mar.mil.br/info_dpc/heraldica.htm) (2010/12/01)

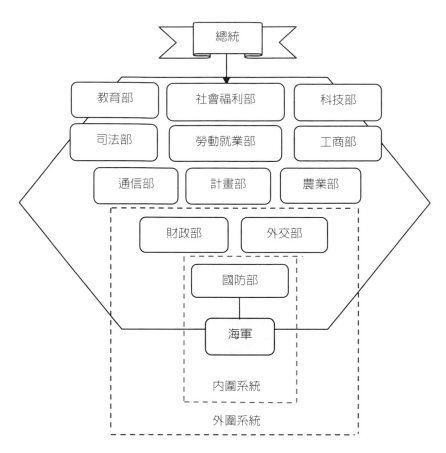

圖 92-2　巴西海域執法相關部門互動圖

資料來源：作者自繪

第三節　組織、職掌與編裝
（Organization, Duties and Equipment）

巴西海軍（Brazil Navy）

一、組織與職掌

　　海軍主要任務有維護國家安全、國際海洋協定、國內外商船活動、管理港口，監測領海和毗連區之國內外國商船通行、停泊、航行與離境等狀況。有效增進領海的公私活動，以裨益國家利益和安全等。[11]海軍總部與造船廠位於里約熱內盧，為最重要海軍基地。另於卡斯特羅席爾瓦（Almirante Castro e Silva）設有潛艇基地、造船廠，於聖彼得村（São Pedro da Aldeia）設有海軍航空基地。總督島（Ilha do Governador）、Meriti 河與 Flores 島各設有一個海軍陸戰隊基地。於巴伊亞（Bahia）設海軍基地，北里奧格蘭德州（Rio Grande do Norte）設海軍基地與維修船廠，帕拉（Pará）設海軍基地與維修廠。於南馬托格羅索區（Mato Grosso do Sul）設河流海軍航空基地，於亞馬遜州（Amazonas）內格羅河（Rio Negro）、南里奧格蘭德州（Rio Grande do Sul）設海軍基地。[12]

　　根據海軍蒂森克魯伯海事系統（ThyssenKrupp Marine Systems, TKMS）執行者表示，巴西政府以 NAPA 500 計劃準則（NAPA 500 program marks）為基礎，向國際招標 4 艘 500噸的海域防衛艦，增加沿海防衛功能、保護海上油田與專屬經濟海域。[13]海軍尋求快艇意味開展「第一階段的巴西海軍重振計劃（the first stages of the Brazilian Navy's renewal program）」，當局更計畫購入可艦載直升機具 21 節航速的 1,800 噸級沿海巡邏艦，滿足攜帶武器和電子設備等條件，以達到真正的海域防衛功能，增加巡邏效率。整體計畫預計長達15 至 20 年，以漸進方式更新海軍。[14]

---

[11] Diretoria Portos E Sostas, A Diretoria Histórico, https://www.dpc.mar.mil.br/info_dpc/historico.htm) (2010/12/01)

[12] *Jane's Fighting Ships.2004-2005*, Edited by Commodore Stephen Saunders RN, Virginia U.S.A, p.59.

[13] Brazil Seeks Coast Guard Patrol Boats, 2009/04/17, (http://www.defensenews.com/story.php?i=4044569)（2010/12/01）

[14] Defense News, Brazil Seeks Coast Guard Patrol Boats, 2009/04/17, (http://www.defensenews.com/

二、裝備[15]

海軍有 60,000 人員，總計 102 艘艦艇，包含 5 艘潛水艇，2 艘航空母艦，10 艘驅逐艦，5 艘輕武裝護衛艦。5 艘兩棲艦艇、6 艘獵雷艦艇、27 艘巡邏艇、4 艘河流巡邏艇、2 運輸艦、3 艘郵輪船、6 艘快艇、6 艘海洋調查船、7 艘海難搜救船、1 艘潛艇救援船、2 艘破冰船、5 艘輔助船、1 艘河流監視船、1 艘 1,038 噸帆船式實習船、4 艘醫療船。另外，海軍擁有 89 架航空器，航空器分別有 23 架戰鬥機、58 架直升機、8 架運輸機。並且，在 2014 年至 2020 年間，將陸續增加 5 艘潛水艇，5 至 6 艘 500 噸巡邏船、3 艘驅逐艦、1 艘輔助船。

第四節　權限與管轄（Authority and Jurisdiction）[16]

海軍第二條法令明定，其職掌有指揮和控制船運活動、增進國防利益，確保水域交通安全，並預防船舶、碼頭與輔助台的污染，協助制定並執行國家政策，執行海上和內陸水域的法律規章，管理海事人員及活動認證登記。第三條法令為實現目的，主要任務為制定船員和業餘愛好者船隻操作認證的資格和登記標準，可分為水域活動人員的管理與登記，港口出入等船隻交通管轄，進行海洋調查與監測，船隻容量、等級劃定。管理船隻與財產登記，登記和認證經主管機關核可的艦載直升機場與平台。在政府管轄範圍、邊緣及水面下執行工程，疏浚，勘探和開採海底礦源，並在不影響其他主管機構負責的水域空間和航行安全下進行。管理遊艇與水上運動俱樂部的註冊和運作，維護海上航行和內河航道的人命安全。登記船運公司、相關社團與專家的分類，管理港口區域地籍圖，並執行違法之刑罰。

海軍制定標準執行監測業務、管制人員、檢測船上和平台裝備是否合格，並建立內河航行規定。注意船舶、石油平台或其它輔助設施的安全性並防止污染。設立海洋和內陸地區臨時避難所，提供船舶下錨和維修。直接或委託專門機構調查，並支援海事法院與海軍特別檢察官處理事故及航行訴訟。管理專業航海教育的發展基金，組織和維持海事職業教

---

story.php?i=4044569) (2010/12/01)

[15] Brazil Navy, (http://www.mar.mil.br/) (2011/09/02)

[16] Diretoria De Portos E Costas, Diretoria Missão, 2009, (https://www.dpc.mar.mil.br/info_dpc/missao.htm) (2009/8/16)

育系統，行使港務局的監督職能，管理河川與授權機構。還需要保持公共或私人實體有關的連結，包含對外代表海軍從事相關的會議事宜。第四條法令是為了衝突、危機、戒嚴狀態、國家防衛、聯邦干預和特別計劃設定的，船隻指揮官的海事動員和復員則依法令準則行動。

第五節　教育與訓練（Education and Training）

　　911 事件後，作為國際海事組織的新安全措施，美國海域防衛司令部代表團以國際法令在巴西檢查港口和船舶安全，以尋求保安措施的增強。[17]2007 年，美國海軍、海軍陸戰隊和海域防衛司令部成員與巴西海軍會晤討論合作。2008 年，雙方舉辦海軍作戰委員會會議（U.S. Navy and Brazilian Navy Operational Naval Committee conference）。美國海軍南方司令部的海軍作戰委員會為年度計劃會議，目的是討論演習和戰區安全合作事件。美國和巴西計畫討論雙方在拉丁美洲海上安全的共同目標，通過海上安全演習建立強有力的夥伴關係，合作和培訓活動還包括大西洋演習，最近並有反潛訓練。[18]

第六節　與我國制度之比較
　　　　（A Comparison with Taiwan Coast Guard）

　　巴西海軍不僅負責國防安全，還肩負內陸河湖、港口安全維護、犯罪偵查、環境維護、船舶登記等任務，其下轄之 DPC 亦為專責的海事安全單位，其任務大致與我國海巡署功能與職責接近，但因其為軍事單位，因此並不具有執法權限。

---

[17] Brazil Dating, US Coast Guard to Check Brazil's Ports for Security, 2005/09/16, (http://www.brazzilmag.com/content/view/3987/) (2010/12/01)

[18] Global Security.org, A Diretoria Missão, 2007/11/19, (http://www.globalsecurity.org/military/library/news/2007/11/mil-071109-nns08.htm) (2010/12/01)

第七節　結語（Conclusion）——特徵（Characteristics）

巴西東臨大西洋，為一面濱海國家，在總長 7,491 公里的海岸線與內陸河流，設有一個海軍總部、一個潛艇基地、二個航空基地及五個海軍基地，以下為其海域執法制度特徵。

壹、海軍型海域執法機制

巴西雖預計未來設立專責海域執法機構，但目前海事防衛任務仍由海軍負責。

貳、重視人員航海實習

設有 1 艘 1,038 噸帆船式實習船。

參、重視海洋科學研究

設有 6 艘海洋調查船。

肆、內陸河湖亦為巡邏範圍

海軍在重要河岸邊設有基地及航空站，並擁有 4 艘河流巡邏艇與 1 艘河流監視船。

伍、專屬航空器

總計擁有 89 架航空器，包含 23 架戰鬥機、58 架直升機、8 架運輸機。

第 93 章　巴拿馬海域執法制度

第一節　國情概況（Country Overview）

　　巴拿馬共和國（Republic of Panama）西接哥斯大黎加（Costa Rica），東界哥倫比亞（Colombia），南濱太平洋（Pacific Ocean），北臨加勒比海（Caribbean Sea）。全國面積 75,420 平方公里，為台灣 2.1 倍大。海岸線長 2,490 公里，領海 12 浬，專屬經濟海域 200 浬。[1]

　　首都巴拿馬市（Panama City），全國人口 3,460,462 人（2011）[2]。國體共和制，政體總統制，國會採一院制。（見圖 93-1）主要輸出香蕉、魚蝦、咖啡，輸入石油、汽車、醫療品。[3]巴國國內生產總值（GDP）27,200（百萬）美元，在 190 個國家排名第 91 名；每人國民所得（GNP）7,712 美元（2010），在 182 個國家排名第 66 名。巴國在自由之家（Freedomhouse）的政治權利與公民自由兩種自由程度在 2010 年的分數前者為 1，後者為

---

[1]　CIA, The World Factbook.(https://www.cia.gov/index.html) (2010/11/30)

[2]　CIA, The World Factbook.(https://www.cia.gov/index.html) (2011/06/02)

[3]　《世界各國簡介暨各國首長名冊》，中華民國外交部，2001 年，頁 362。

2，歸類為自由國家；透明國際（Transparency International）中的 2010 年的貪污調查分數為 3.6，在 180 個國家中排名第 73 名；聯合國（2010）最適合居住國家的人類發展指數為 7.8，在 169 個國家中排名第 54 名。[4]

1513 年，西班牙開始殖民。1821 年 11 月 10 日，巴國宣佈脫離西國，歸併為哥倫比亞一省。之後國內屢發生革命，企圖脫離哥國統治。1903 年 11 月 3 日，宣布獨立。巴、美兩國於 1903 年 11 月 18 日簽約開鑿運河，1914 年 8 月 15 日運河竣工通航。1977 年 9 月 7 日，與美國簽訂「巴拿馬運河永久中立及營運條約」，約定美國在 1999 年底將運河交還巴國，並撤出巴國領土的駐軍。由於運河管理、擴建與安全問題，及美軍駐防時期之靶場污染，讓巴內政主權議題極為敏感，運河部分亦被美保守派指為與中美洲利益衝突有關。[5]

第二節　歷史沿革（History）

1904 年 2 月 9 日，巴拿馬最高行政機關授權設立海事局及警備總隊，隸屬於國務暨外交部之下，第一任部長由聖地牙哥將軍擔任，但當時巴國擁有的船隻因財政困難被全數拍賣而結束運作。1925 年，國務院購得名為"MANFRESNO"之艦艇並更名為"PANQUIACO"，指定作為海域巡邏與防衛用，於此遂成立真正之海上警察，但此項勤務亦非常短暫。直到 1968 年，Brigada Omar Torrijos Herrera 將軍改革期間組成執行海上勤務之海上警察。1982 年，海上警察向 Switshshipping 造船公司購得兩艘巡邏艇編號「P-201 TORRIJOS 司令號」及「P-202 PORRAS 總統號」，後者於 1989 年 12 月 20 日在美國入侵巴拿馬期間沉沒。隨後美國以正當軍事行動理由撤除巴國防組織並重組警備隊，但是此項行動直到 1990 年 2 月 10 日，才在巴拿馬總統 Guillermo Endara Galomany 主持之國務會議發布，正式重組警備隊（The Public Force），人力從 16,000 員減為 13,000 員，組織法第四條明文規定：「警備隊將由國家警察（The National Police）、國家海勤局（The National Maritime Service, NMS）以及國家空勤局（The National Air Service）組成，各自擁有獨立的指揮權及人員，並隸屬於法務部管轄」。[6]

---

[4]　五類指標詳情請見本書導論，頁 11-13。
[5]　中華民國外交部，外交資訊網頁（2010/12/21）
[6]　Panama General Comment, (http://www.icrc.org/ihl-nat.nsf/162d151af444ded44125673e00508141/040aed59a6eb5242c1256cee005827e7!OpenDocument) (2010/12/23)

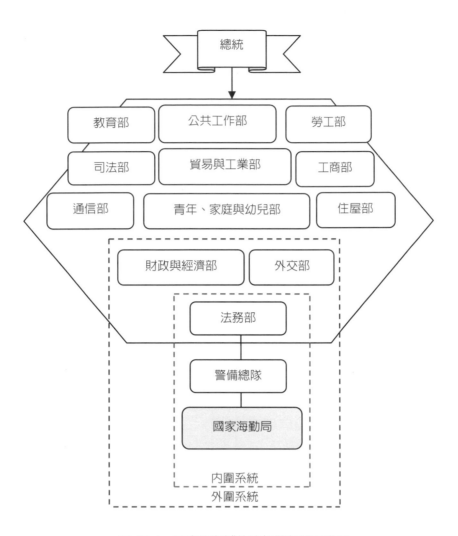

圖 93-1 巴拿馬海域執法相關部門互動圖

資料來源：作者自繪

　　由於巴拿馬過去缺乏水域監控，故海上搶劫、非法捕魚、非法移民及其他犯罪行為增加，引起國內及國際海上共同體的恐慌。因此 NMS 首先向民間租用捕蝦船監控國家領海，逐漸建立自身的巡邏艦隊。NMS 是公共安全及國家防衛重要的一環，故納入政府結構中當作整體或體制的一部份，其重要性在於維護公共秩序，保護人民的生命、尊嚴及財產並防止犯罪行為，以便控制政治、經濟及社會的安定。其戰略意義在於面對外來威脅時，在海洋邊界保護國家權益。

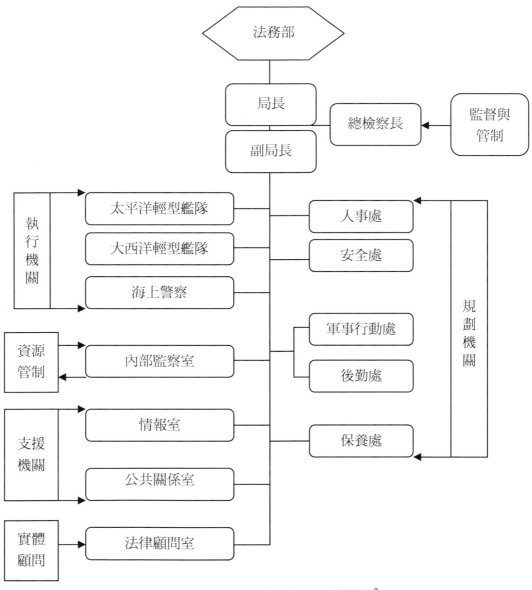

圖 93-2　巴拿馬國家海勤局內部組織圖[7]

資料來源：作者自繪

---

[7]　Ministry of Justice , (http://www.gobiernoyjusticia.gob.pa/) (2011/02/08)

第三節　組織、職掌與編裝
（Organization, Duties and Equipment）

巴拿馬國家海勤局（The National Maritime Service, NMS）

一、組織與職掌

　　巴拿馬國家海勤局隸屬法務部，局內包含局長、副局長各一人，另編制一位總檢察長負責監督與管制，規劃機關有人事處、安全處、軍事行動處、後勤處、保養處，執行機關有太平洋輕型艦隊、大西洋輕型艦隊、水上警察；另設有情報室、公共關係室、法律顧問室作為支援單位，內部監察室負責資源管制。（見圖 93-2）NMS 主要任務是保護巴拿馬海洋空間的主權及領海完整，遵守海事法規巡邏各水域，並依照國際海上協定及條約密切注意海域。NMS 身為海上安全防衛實體，在法務部之指揮監督下與國家海事局（Panama Maritime Authority）合作執行國家法律。NMS 之功能有：

（一）海上交通：支援政府海上經濟發展方案。

（二）海上警察：引用各項海事法令，勸阻及預防不法活動（毒品交易、 海上搶劫、非法
　　　　捕魚、非法移民等）。

（三）海上防衛：遵照成立之協定及條約，保護在該國水域的國內外之生命、財產及尊嚴。

（四）民間保衛：因應航空、海上或天然災害，提供搜尋、救助及撤離活動。

　　　NMS 必須了解國家海上防衛之優先順序，其各項分析指標如下：

（一）巴拿馬之領海面積是其陸地的四倍，其海洋資源所賺取的外匯，是國家第二要項。

（二）世界第一級的商船船籍登記。

（三）防止毒品交易、海上搶劫、非法捕魚以及危害到該國主權及法律的所有犯罪行為。

（四）遵守現行海事協定及條約。

（五）目前哥倫比亞與巴拿馬邊境之情勢氣氛。

（六）新的國家海上策略。

（七）1999 年 12 月 31 日中午起，巴拿馬運河區之管轄權全歸政府管轄。

NMS 未來組織目標：

（一）增加海上警察人力。

（二）建造新式巡邏船，以便汰換實際狀況及服勤年資不合安全措施者，或是無法提供舒適條件給予全體船員者。

（三）爭取足額之獎學金以便在美洲大陸各個不同航海學校培養軍官，提昇所有成員能力。

（四）建造專屬船塢，俾能修理、改裝及保養巡邏船隊。

（五）執行持續性巡邏，俾能更加妥善掌控領海、鄰接區及島嶼領土，以鞏固法律及遵守國際條約與協定。

（六）具體實現在 Kuna-Yala、La Comarca De San Blas 和 Bocas Del Toro 等地建造專屬且永久之航海基地。

（七）利用沿海雷達站，加強監視與偵測領海及鄰接區。

（八）促進充足的載運工具數量（陸地運輸），以適時應付所有需要。

（九）貫徹通訊發展以便使資訊全面自動化；並提供最佳服務品質，使國家花費減至最低。

（十）釐清組織法及增捕條例的制定及評估，以清楚界定國家海勤局的行動範圍。

　　國家海勤局的主要目的是使行政作業體系達到標準，俾能完美執行國家要求，成為具備防衛國家主權並提供海岸及海域必要監控能力的海上組織。

　　巴拿馬海事局（Panama Maritime Authority）成立於 1998 年，掌理商船、港口系統、海上及海岸資源、人力資源以及沿海附屬工業之一切活動。[8]海事局職責有提案、協調並執行國家海事策略，建議各項政策與活動，執行行政活動，並加強海事方面所指的法律與條例，延伸各項措施，保衛管轄範圍內的國家權益。管理、保留、恢復並開採海上及海岸資源。協調農業發展部，就本局負責的領域，在國內開發時，確保嚴格遵守巴拿馬在國際上應盡的義務。嚴格遵守 1982 年聯合國海洋法公約，以及巴拿馬批准的其他海事國際條約、公約與法律文件。協同外交部代表國家出席海事國際組織會議。為執行沿海地區及內水之法律，協調相關海事服務單位。

　　根據憲法及法律規定，基於船隻通行巴海域及內水的安全，需更新訊號系統、航行輔助、航海圖及其他水道測量資料。為控制石油與化學物質溢出，協調國家其他權責機關指示作業程序，避免管轄的沿海及內水地區發生其他災害。協調並運用國家研究院及其他同等機構可續用之資源。

　　海事局組織架構分為（一）高級管理階層：理事會、局長、副局長。（二）行政服務及方案執行單位：商船處、港口及海上輔助工業處、海上及海岸資源處、海員處、理事會之主管、副主管或行政單位。（三）顧問委員會。（四）巴拿馬海事研究院。

8　Panama Maritime Authority, (http://www.amp.gob.pa/newsite/english/home.html) (2010/12/23)

海事局並未有執法權限，與國家海勤局之關係，幾乎等同於我國海巡署與交通部之關係，一為協助執行機關，另一為政策制定機關，惟其差異在於海巡署與交通部皆為部會級機關，海事局局長由總統任命屬三級政策制定機關，海勤局隸屬法務部屬四級執行機關。

二、裝備

國家海勤局共 42 艘艦艇（含十艘輔助艇）分別部署於三個港口，所有艦艇中滿載排水噸位超過一千噸者僅一艘，是 2002 年 2 月 15 日自美國海域防衛司令部接收之 Balsam 級巡邏艦。另超過百噸者六艘，其餘 35 艘皆為百噸級以下之小型巡邏艇。[9]為彌補艦艇不足，NMS 另配有四架水上飛機，協助海岸線至專屬經濟海域的巡邏任務，除防衛海域外亦有嚇阻走私毒品之作用。打擊毒品走私上是巴、美二國首要任務，因此 NMS 經常接受美國資助裝備。2005 年 9 月 4 日美國捐贈六艘 Eduarnodo 型高速巡邏艇，經改裝後正式服勤，藉此改善 NMS 打擊毒品走私及海岸防衛之能力，這些巡邏艇配備 200 匹雙引擎（最高航速 35 節）、可搜尋 12 浬航海雷達、全球定位系統（GPS）等。[10]

第四節　教育與訓練（Education and Training）

由於巴拿馬財政困難政府而長期接受外援，其未來目標在於爭取獎學金以便在各國航海學校培養軍官，並提昇能力。巴拿馬海勤局以打擊國際恐怖主義、打擊毒品走私及偷渡之名義，經常與拉丁美洲國家一同派員接受美國海軍小艇教學暨技術訓練學校（Navy Small Craft Instruction and Technical Training School, NAVSCIATTS）所提供之課程，授課地點為美國密西西比海灣港（Gulfport）的斯坦尼斯太空中心（Stennis Space Center）。[11]

[9] *Jane's Fighting Ships.2004-2005*, Edited by Commodore Stephen Saunders RN, Virginia U.S.A, pp.534-537.
[10] U.S. Department of State, (http://usembassy.state.gov/panama/smn0904.html) (2010/12/23)
[11] Navy Small Craft Instruction and Technical Training School, (http://www.ciponline.org/facts/sci.htm)(2010/12/23)

第五節　與我國制度之比較
（A Comparison with Taiwan Coast Guard）

　　1903 年後，巴拿馬即無軍事機關，目前其海、陸、空防衛武力分別由國家海勤局、國家警察、國家空勤局負責。海勤局職掌有（一）海上交通；（二）海上警察；（三）海上防衛；（四）民間保衛。另接受商船籍登記，此部分我國屬於交通部業務。國家海勤局是海域防衛暨執法實體，必須與各機關協調合作各項海事服務暨海洋科技事宜，兼具海軍及海域防衛隊之功能，成為國家防衛及海域執法兼顧之機關。為隸屬法務部屬四級政策執行機關與海巡署相似，但海巡署職掌涵蓋岸海執法為隸屬行政院之二級機關。

　　海勤局除因政治因素外亦因國家財政困窘，遂將國家公器統一運用，為專責海域執法機關及海上防衛機關。與我國軍文分治防衛機關與執法機關分別由海軍及海巡署負責不同。

　　巴拿馬必須監控東西方海岸，海岸線總長約為台灣二倍長，另需監視 1,518 個島嶼、大礁石和沙洲，但配置人力僅 620 員，艦艇四十二艘，為彌補海上艦艇之不足，另配有四架水上飛機協助巡邏任務。海勤局除配備艦艇及水上飛機聯合巡邏外，於沿海設有雷達站，可監視與偵測領海及鄰接區，達成岸海聯合監控之目標。與我國海巡署之岸海聯合執法相似，惟並未配置安檢及岸際巡邏人力。但由於必須負擔防衛及治安雙重任務，其人力及裝備遠不及我國，執行任務顯得捉襟見肘，必須仰賴美國合作支援。

第六節　結語（Conclusion）──特徵（Characteristics）

　　巴拿馬南濱太平洋，北臨加勒比海，為二面濱海國家，在長 2,490 公里的海岸線，設有三個基地，以下為巴國海域執法制度特徵。

壹、警察型海域執法機制

　　隸屬於警備總隊並擁有海域執法權限。

貳、岸海合一

NMS 設立之主要目的開宗明義即闡明其在達成具備防衛國家主權並提供國家海岸及海域必要監控能力的海上組織。

參、四級制──隸屬於法務部警備總隊

巴拿馬海勤局為隸屬於法務部警備總隊的四級機關。

肆、集中制

警備隊組織法第四條明文規定：「警備隊將由國家警察、國家海勤局以及國家空勤局，擁有獨立的指揮權及人員，並隸屬於法務部管轄。」組織目標在釐清組織法及增捕條例的制定及評估，以清楚界定國家海勤局的行動範圍。由以上內容觀之，該局依據法令係警備隊組織法，與海巡署訂定之巡防法及組織法類似。

伍、兼俱執法與防衛角色

因巴拿馬憲法規定不得設立軍隊，因此 NMS 即兼具海上防衛及海域執法、海事服務等多重任務。

陸、海空立體執法

NMS 除配備各級艦艇部署於三個港口外，另於二個航空基地，配有四架水上飛機，協助執行海岸線至專屬經濟海域之執法與防衛任務。

柒、長期接受外援

　　NMS 因政治、經濟與治安因素（特別是走私毒品與偷渡方面）長期接受外援，尤其以美國為主，除各項裝備長期接受援助外，人力亦接受美國訓練。

第 94 章　古巴海域執法制度

第一節　國情概況（Country Overview）

　　古巴共和國（Republic of Cuba）是大西洋（Atlantic Ocean）上的島國，南臨加勒比海（Caribbean Sea）。全國面積 110,860 平方公里，為台灣的 3 倍大。海岸線長 3,735 公里，領海 12 浬，專屬經濟海域 200 浬。[1]

　　首都哈瓦那（Havana），全國人口 11,087,330 人（2011）[2]。國體共和制，共產黨一黨專政，勞爾・卡斯楚（Raúl Modesto Castro Ruz）為國家元首兼政府首腦，國會為全國人民權力大會。（見圖 94-1）主要輸出蔗糖、菸草、雪茄，輸入機械、石油、棉紗。[3]古巴國內生產總值（GDP）57,490（百萬）美元，在 190 個國家排名第 68 名。古巴在自由之家（Freedomhouse）的政治權利與公民自由兩種自由程度在 2010 年的分數前者為 7，後者為

---

[1]　CIA, The World Factbook.(https://www.cia.gov/index.html) (2010/02/04)

[2]　CIA, The World Factbook.(https://www.cia.gov/index.html) (2011/06/02)

[3]　《世界各國簡介暨各國首長名冊》，中華民國外交部，2001 年，頁 336。

6，歸類為不自由國家；透明國際（Transparency International）中的 2010 年的貪污調查分數為 3.7，在 178 個國家中排名第 69 名。[4]

1511 年，西班牙派駐總督，1868 年，爆發獨立戰爭，歷經十年未果。1898 年，美國向西宣戰，西戰敗放棄殖民地。1902 年，古巴選出首任總統後美國撤軍。1952 年至 1959 年，實行專制統治。1959 年，卡斯楚（Fidel Castro Ruz）革命成功，奪取政權後行使社會主義共產制度。1961 年，宣佈為社會主義國家，美國與之斷交，並採取經濟制裁。1976 年 12 月 2 日前，古巴仍有總統一職，後卡斯楚將國家領導人一職名稱改為國務委員會主席兼部長會議主席，但國際普遍仍稱呼卡斯楚為總統。（見圖 94-1）近年為解決經濟困境，採取有限度市場開放政策，已對經濟產生正面影響。古巴雖與美國歐巴馬總統關係亦見改善，但對古巴貿易禁令仍未解除。[5]

第二節　組織、職掌與編裝
（Organization, Duties and Equipment）

古巴邊境防衛隊（Cuba Border Guard）

一、組織與職掌

古巴邊境防衛隊隸屬於內政部，任務為控制古巴邊界，攔截反卡斯楚政府的叛軍滲透，並防止人民偷渡至美國，同時也防範毒品走私和進行搜救行動，聯同古巴陸軍和海軍經營沿岸炮兵陣地。[6]古巴政府近年努力增加包括雷達監視、海軍用直升機等裝備。以邊境防衛隊巡邏艇在海上巡邏，搭配岸上巡邏、雷達觀察站和民間漁船輔助隊偵查可疑的接觸和違禁品。[7]古巴強力預防人民偷渡離開，但事實上非常困難，因為邊境防衛隊並未授權使用武力制止海上的走私與偷渡，因此逮捕重點仍是在岸上的人。

---

[4]　三類指標詳情請見本書導論，頁 11-13。
[5]　中華民國外交部，外交資訊網頁（2010/12/04）
[6]　Global Security.com, Border Guard, Tropas Guarda Fronteras - TGF, 2005/04/27, (http://www.globalsecurity. org/military/world/cuba/tgf.htm) (2010/12/04)
[7]　Eaton Documents, Cuba-Drug-Report, (http://sites.google.com/site/eatondocuments/cuba-drug-report) (2010/12/04)

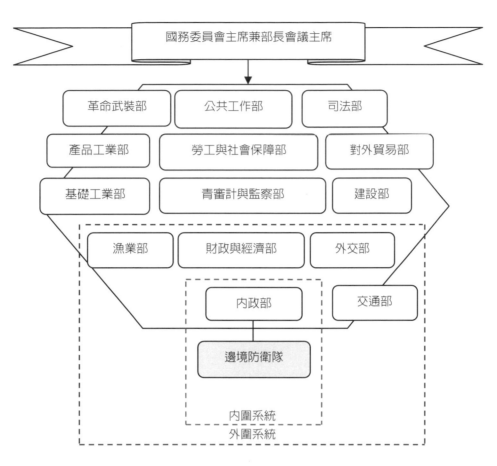

圖 94-1　古巴海域執法相關部門互動圖

資料來源：作者自繪

　　古巴與美國海域防衛司令部合作進行海上禁毒，儘管古巴並非運送古柯鹼到美國的主要過境國，但來自牙買加等地的毒販卻常運用古巴海、空管道逃避美國阻截。毒販主要乘坐由哥倫比亞瓜希拉半島（the Guajira Peninsula in Colombia）秘密機場出發的小型飛機，通過古巴領空運送古柯鹼，並以丟包手法送到古巴海域或附近的金喬斯島／凱洛博斯（Guinchos Cay/ Cay Lobos），再用快艇經巴哈馬轉運到美國。古巴調查毒品的主要執法機構是內政部的國家禁毒局（National Anti-Drug Directorate），是個由不同的執法、情報、青年事務和教育機構組合而成的組織，其與美國、古巴邊境防衛隊逐案交換資料，逮捕若干參與販毒的船隻和人員。古巴因為基礎設施衰退，行動預算減低，偶爾的燃料短缺阻礙了海域執法工作，使長達 3,735 公里的海岸線和 4,000 多個人口稀少的小島、珊瑚礁成為空中

和海上走私活動的絕佳環境。過去 3 年，古巴政府決定將注意力集中在非商業船隻和小型飛機，以增加緝獲走私和非法行動的機會。[8]

二、裝備

邊境防衛隊共 5,000 名人員，計有 2 艘 211 噸前蘇聯生產的斯堅卡級的（Stenka-class）快速攻擊巡邏艦，18 艘 39 噸前蘇聯生產的甲蟲級（Soviet-built Zhuk-class）近岸巡邏艇。[9]

第三節　教育與訓練（Education and Training）

古巴邊境防衛隊的海上訓練主要至位於 Punta Santa Ana 的海軍學院，[10]針對毒品販運防範，古巴設有專業查緝運毒的相關訓練課程。[11]

第四節　與我國制度之比較
　　　　（A Comparison with Taiwan Coast Guard）

古巴邊境防衛隊最主要任務即為查緝走私販毒、偷渡等，其隸屬於內政部，而礙於法令限制，逮捕非法人員的權限僅限於陸地。我國海巡署並非隸屬於海軍，亦不隸屬於內政部之下，而為一專責海域執法的獨立機構，各項任務功能與古巴略為相近。

[8] Global Security.com, Border Guard, Tropas Guarda Fronteras - TGF, 2005/04/27, (http://www.globalsecurity.org/military/world/cuba/tgf.htm) (2010/12/04)

[9] *Jane's Fighting Ships.2006-2007*, Edited by Commodore Stephen Saunders RN, Virginia U.S.A, p.172.

[10] *Jane's Fighting Ships.2006-2007*, Edited by Commodore Stephen Saunders RN, Virginia U.S.A,.p172.

[11] Cuba Business Culture Politics Travel Information, The war on drugs in Cuba, 2005/02/24, (http://havanajournal.com/politics/entry/the-war-on-drugs-in-cuba/) (2010/12/04)

第五節　結語（Conclusion）──特徵（Characteristics）

古巴為位於大西洋的加勒比海島國，海岸線長 3,735 公里，以下為其海域執法制度特徵。

壹、陸海空合一

邊境防衛隊為一準軍事機關，其以國境概念（border concept）作陸海合一的組織設計，維護國家邊防、領海、大陸礁層、專屬經濟海域。

貳、三級制──隸屬於內政部

邊境防衛隊為隸屬於內政部的三級單位。

參、重視毒品販運與偷渡

當前古巴邊境防衛隊的主要責任以防範毒品走私及偷渡為主，並結合相關單位全力防堵。

肆、編裝貧乏

古巴因國家政策致使邊境防衛隊基礎設施衰退、預算減低和燃料短缺，讓國家整體的邊界防衛力量不足。

伍、與美國交換資訊

由於地理位置接近美國，加上近年和美國的緊張關係趨緩，為了有效打擊毒品販運與偷渡，雙方建立資訊交換關係，期盼藉此有效打擊非法活動，讓古巴不再成為販毒轉運站。

第 95 章　秘魯海域執法制度

第一節　國情概況（Country Overview）

秘魯共和國（Republic of Peru）位於南美洲西北部，西濱太平洋（Pacific Ocean），北接厄瓜多（Ecuador），東南靠玻利維亞（Bolivia），南鄰智利（Chile），東與哥倫比亞（Colombia）、巴西（Brazil）為界全國面積 1,285,216 平方公里，為台灣 36 倍大。海岸線長 2,414 公里，領海 200 浬。[1]

首都利馬（Lima），全國人口 29,248,943 人（2011）。[2]國體共和制，政體總統制，國會一院制。總統任命之內閣總理及各部部長，經國會投票組成，行使行政權。（見圖 95-1）主要輸出魚粉、銅、棉花，輸入機器、車輛、化學藥品。[3]秘魯國內生產總值（GDP）153,500

---

[1]　CIA, The World Factbook.(https://www.cia.gov/index.html) (2010/02/03)

[2]　CIA, The World Factbook.(https://www.cia.gov/index.html) (2011/06/03)

[3]　《世界各國簡介暨各國首長名冊》，中華民國外交部，2001 年，頁 366。

（百萬）美元，在 190 個國家排名第 50 名；每人國民所得（GNP）5,196 美元（2010），在 182 個國家排名第 83 名。秘魯在自由之家（Freedomhouse）的政治權利與公民自由兩種自由程度在 2010 年的分數前者為 2，後者為 3，歸類為自由國家；透明國際（Transparency International）中的 2010 年的貪污調查分數為 3.5，在 178 個國家中排名第 78 名；聯合國（2010）最適合居住國家的人類發展指數為 5.9，在 169 個國家中排名第 63 名。[4]

秘魯為南美古國，即昔之印加帝國（Inca）。當時版圖包括今之秘魯、玻利維亞、厄瓜多、智利北部及阿根廷西北部，甚至伸展至今日之巴西。帝國延續四百年，後因內鬨致國力衰退，被西班牙士兵擊潰亡國。十九世紀初，聖馬丁將軍（Jose de San Martin）率領革命軍，自阿根廷倡導獨立運動，初征服智利，再北上秘魯。秘魯為聖馬丁攻佔後，於 1821 年 7 月 28 日在利馬宣告獨立。[5]秘魯華僑人數眾多，更早在滿清時代便與中國建立關係。政府為顯示對華僑的信任，自獨立以來，就有兩位華人做過內閣總理。[6]

第二節　歷史沿革（History）

秘魯的海事運作可上溯至十七世紀初，由海軍負責海上安全。十七世紀末與共和國時期，為防止船艦、人員、貨艙損失，並維持港口安全秩序，陸續設立港口指揮官（port captaincies）。第一個港口指揮官是在於 1791 年依皇家命令設立的。至十九世紀中葉為止，依序設立港口指揮官的監察系統，最後則是主管指揮部（Directorate of Captaincies）的設立。1919 年 8 月 5 日，依據憲法，海域防衛隊指揮部（Directorate General of Captaincies and Coast Guard）成立。1969 年，海域防衛隊軍團（Corps of Captaincies and Coast Guard）成立。[7]

---

[4] 五類指標詳情請見本書導論，頁 11-13。
[5] 中華民國外交部，外交資訊網頁（2010/12/03）
[6] 陸以正專欄，《中國時報-時論廣場》〈秘魯有個華裔總理〉，2011/02/21。
[7] *Jane's Fighting Ships.2004-2005*, Edited by Commodore Stephen Saunders RN, Virginia U.S.A, p.541.

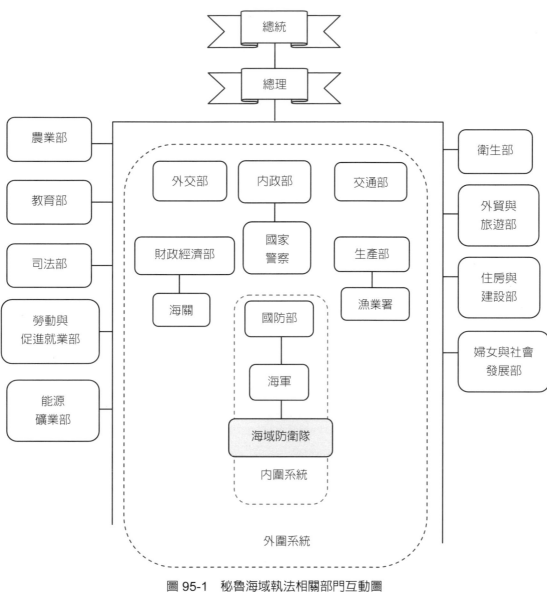

圖 95-1　秘魯海域執法相關部門互動圖

資料來源：作者自繪

第三節　組織、職掌與編裝
（Organization, Duties and Equipment）

秘魯海域防衛隊（Peruvian Coast Guard）

一、組織與職掌

　　根據祕魯 26620 號法令，海域防衛隊管理水域活動與維護水域環境，執行國際協約及相關法令規定，範圍包含領海、烏卡亞利河（Río Ucayali）、馬拉尼翁河（Río Marañón）、蒂蒂喀喀湖（Lake Titicaca）等地，維護水上事物與活動安全。其亦管理水域環境、個人或團體的活動，包含貿易、漁業與觀光娛樂的航行等。為快速搜救罹難船隻，其設有國家船位回報系統，當任何船隻通過國境海域時，衛星操作的 GMDSS 系統（the Global Maritime Distress and Safety System）將收到警報訊號，並送出警告訊息給予海域防衛隊作業指揮部（command of Coast Guard Operations）的控制站。

　　祕魯與美國 NASA 衛星有網路資訊連結，可迅速標出漁船所在並掌握海域狀況。祕魯為全球海事災難與維安網路（Global Maritime Distress and Safety Network）的一部分，負責維持 NAVAREA 十六區（NAVAREA XVI）的通訊協調，範圍至西經 120 度止，收到緊急災難警報時，將提供航行資訊援助並協助取得公共通訊服務。為圓滿達成使命，他們建立一個海、河、湖沿岸的網絡，功用為在最短時間內，找出信號來源、標出災難位置、是由何種運輸工具發出，以將搜救任務的遲延降到最低。而為了航行安全，天氣警報的準確發布也不可或缺。[8]

8　　Peruvian Navy, (http://www.marina.mil.pe/default.htm) (2011/09/02)

二、裝備

秘魯海域防衛隊共計 53 艘艦艇，分別為 6 艘近岸巡邏艇、16 艘 2 噸制 15 噸港口巡邏艇、13 艘海港巡邏艇，12 艘 5 噸至 55 噸河流巡邏艇、4 艘 5 噸湖泊巡邏艇、1 艘湖泊醫療船。另設有 3 架巡邏航空器。[9]

第四節　權限與管轄（Authority and Jurisdiction）

依據 1982 年聯合國海洋法公約，秘魯海域防衛隊有責任防止海洋環境污染，並協以空中、陸面觀察船隻航行航道之狀況。[10]當有漏油或其他汙染物流出，海域防衛隊指揮部是專責處理這類國家急難計畫的單位，採取最迅速的反應防止污染的擴大。

祕魯海域防衛隊其他要務包括查緝非法捕撈海豚等魚類。以海豚為例，非法捕撈漁夫經常在夜裡於海灘附近的港口上岸，以避開管制港口官員。海豚肉早已切成小塊裝箱，而頭、尾巴、骨骼和內臟等，在進入港口前就被扔掉。但海域防衛隊或國家警察因缺乏足夠經濟資源和基礎設施，無法持續監視海岸線。因此，國家警察和海域防衛隊聯手合作，徵募民間人力觀察並提供非法捕撈海豚線報，以聯絡警方或海域防衛隊逮捕非法人員。[11]

依據秘魯法令，在外國船隻在海域 10 浬內進行生產活動，必需領有許可證，才可進行為期三個月的捕撈活動。展另外，外國船隻進行捕魚作業，船上需有 IATTC（Inter-American Tropical Tuna Commission）組織的觀察員隨行並安裝核可之衛星監視系統。漁業公司還須提交報告詳述漁獲物種，並在生產統計資料中標明數量。如果漁船在捕撈許可時期，出現尚待查清的問題，海域防衛隊指揮中心將阻止漁船離開秘魯。未經許可的漁業行為不只危害到海洋漁獲量，最主要的問題是，通常非法漁船和走私業都有所勾結。[12]

事實上，海域防衛隊最艱鉅的任務就是查緝水域（尤其是河川水道）的運毒行為。秘魯的禁毒行動，原本主要由內政部國家警察負責，但因秘魯的古柯鹼是美國毒品的第二大

---

[9] Peruvian Navy, (http://www.marina.mil.pe/default.htm) (2011/09/02)

[10] Ms Miriam Sara-Repetto(Peru), 2005 United Nations - The Nippon Foundation of Japan Fellow, (http://www.un.org/Depts/los/nippon/unnff_programme_home/fellows_pages/sara_repetto/sara-repetto_page.pdf) (2010/12/04)

[11] Undercover investigation and enforcement, (http://www.mundoazul.org/deutsch/dolphins_undercover.htm) (2010/12/04)

[12] Missing Fishermen Found Alive Off Peru Coast, (http://www.laht.com/article.asp?CategoryId=14095&ArticleId=329025) (2010/12/04)

來源，日益增長的古柯鹼貿易早已引起美國關注。1989 年起，美國進行安地斯計畫[13]，以軍事、執法、經濟援助等方面，深入協助哥倫比亞和秘魯三個南美安地斯地區的毒品供應大國進行毒品查緝工作。[14]近年藉由常駐叢林內的雷達站，使毒販以小型飛機建立的空中運毒管道受到明顯的妨礙，導致包含人口販子等非法走私者企圖將非法貨物透過船隻運輸。美國因此開始致力於訓練海域防衛隊在河川查緝販毒船隻的能力，包括支援小型河流巡邏艇在秘魯水道沿岸進行緝毒。海域防衛隊的查緝能力經訓練後獲得顯著提升，僅靠著7 艘快艇，就能在一年內查獲 7 噸毒品。[15]

第五節　教育與訓練（Education and Training）

　　秘魯海域防衛隊的教育來源除了秘魯海軍學校（秘魯海軍學院），還包含 1999 年成立的海域防衛隊學校（艦長和海域防衛隊的資格學校）。且近年美國也投入大量資金協助秘魯培訓課程，美國軍事顧問協助小組在亞馬遜河一個偏遠的哨所培訓秘魯海軍執法者，培訓內容包含如何以河川巡邏艇截獲販毒船隻，叢林戰的戰鬥技巧，以及靠著吃水果和某些儲存在植物的水分進行野外求生。這些學員未來將成為種子教官，培訓海軍，海域防衛隊和警務專家。目前國內學校數目有限，也尚未有充分培訓的代表與資源，但未來上軌道並充分運作時，預估每六週新增 60 名訓練完成者。此外海域防衛隊也會利用安地斯計畫的演習機會，向美國海域防衛司令部學習徒手格鬥等技巧。

---

[13] 目前美國消費的可卡因、4/5 的大麻和 2/5 的海洛因皆來自於拉丁美洲。當中以哥倫比亞、秘魯、玻利維亞和墨西哥為最重要的毒品生產國和毒品走私國。安地斯計畫為一種美國與拉美國家的共同掃毒計畫，以減少毒品供應方產量為主，而非減少需求量，2007/04/29。（http://www.wyzxsx.com/Article/Class10/200704/18125.html）（2010/12/04）

[14] The drug war: US programs in Peru face serious obstacles, 1991/10/21, (http://www.druglibrary.org/schaffer/GOVPUBS/gao/gao30.htm) (2010/12/04)

[15] Douglas J. Gillert ,U.S. Department of Defense News, Southern Command Aids Search for Narcotraffickers, (http://www.defenselink.mil/news/newsarticle.aspx?id=41234) (2010/12/04)

第六節　與我國制度之比較
（A Comparison with Taiwan Coast Guard）

　　祕魯由於鄰近亞馬遜河，身為四級單位海域防衛隊除了管制海岸及港口外，尚需負擔境內河川、湖泊等水域的安全工作，尤其是近年為了查緝毒販運用河川運毒，河川巡邏工作日益重要；此與我國海巡署單純負責海域部分而不涉及內陸河湖的制度不同。祕魯針對各水域環境的維護，國內並無專責環保單位，因此由海域防衛隊肩負所有權責；此亦與我國主要由環保署主管環境維護業務的情況有所不同。

第七節　結語（Conclusion）──特徵（Characteristics）

　　秘魯西濱太平洋，為一面濱海國家，海岸線長 2,414 公里，以下為其海域執法制度特徵。

壹、海軍型海域執法機制

　　秘魯雖設有海域防衛隊，但其實屬於海軍分支，船隻與制度來自於海軍。

貳、專屬航空器

　　擁有 3 架巡邏航空器。

參、內陸河湖亦為巡邏範圍

　　海域防衛隊巡護範圍包括烏卡亞利河、馬拉尼翁河、蒂蒂喀喀湖 。

肆、專業教育搖籃

設有海域防衛學校，並有美國海域防衛司令部人員協助培訓。

伍、重視非法捕撈問題

海域防衛隊與國家警察長期合作，徵募人手監視並提供非法捕撈海豚線報，以便警方或海域防衛隊逮捕非法人員。

陸、重視毒品販運問題

重視各水域，尤其是河流水道的運毒行為，美國也協助訓練海域防衛隊在河川上查緝販毒船隻的能力。

第 96 章　哥倫比亞海域執法制度

第一節　國情概況（Country Overview）

　　哥倫比亞共和國（Republic of Colombia）西濱太平洋（Pacific Ocean），北臨加勒比海（Caribbean Sea）。西北接巴拿馬（Panama），東鄰委內瑞拉（Venezuela）及巴西（Brazil），南界厄瓜多（Ecuador）及秘魯（Peru）。全國面積 1,138,914 平方公里，為台灣 31.7 倍大。海岸線長 3,208 公里，領海 12 浬，專屬經濟海域 200 浬。[1]

　　首都波哥大（Bogota），全國人口 44,725,543 人（2011）[2]。國體共和制，政體總統制，國會分為參、眾兩議院。（見圖 96-1）主要輸出咖啡、香蕉、棉花，輸入機器、化學品、消費品。[3] 哥國國內生產總值（GDP）283,100（百萬）美元，在 190 個國家排名第 34 名；每

---

[1]　CIA, The World Factbook.(https://www.cia.gov/index.html) (2010/11/30)

[2]　CIA, The World Factbook.(https://www.cia.gov/index.html) (2011/06/03)

[3]　《世界各國簡介暨各國首長名冊》，中華民國外交部，2001 年，頁 332。

人國民所得（GNP）6,220 美元（2010），在 182 個國家排名第 74 名。哥國在自由之家（Freedomhouse）的政治權利與公民自由兩種自由程度在 2010 年的分數前者為 3，後者為 4，歸類為部份自由國家；透明國際（Transparency International）中的 2010 年的貪污調查分數為 3.5，在 180 個國家中排名第 91 名；聯合國（2010）最適合居住國家的人類發展指數為 7.3，在 169 個國家中排名第 79 名。[4]

1810 年 7 月 20 日，脫離西班牙獨立，成立大哥倫比亞共和國，除哥國領土外，還包括委內瑞拉、厄瓜多、玻利維亞、秘魯及巴拿馬。後各國相繼獨立，巴拿馬在 1903 年 11 月 3 日獨立後，現有版圖始告確定。現今社會問題分別是貧富懸殊，社會動亂致使偷搶、綁架勒索、街頭槍戰事件頻傳，游擊隊及毒梟據地自重，政府公權力及政策無法落實。政府積極發展教育及經濟，結合國際力量，推動「哥倫比亞計畫」（Plan Colombia）期待穩定社會。[5]

第二節　歷史沿革（History）[6]

哥倫比亞海軍誕生於 1810 年 7 月 20 日，在 1988 年約有 10,600 員，包含約 5,000 員陸戰隊士兵，1,500 員海域防衛隊士兵和 500 員徵召士兵。兵力佔國家總兵力之 20%，員額被限制在 15,000 員以下。海軍總指揮部位於波哥大，指揮官有軍事行動處、一個海軍上級委員會和海軍幕僚長協助。主要由四個指揮部組成，分別是位於喀他基那（Cartagena）的加勒比海指揮部（The Caribbean Command），設於 Buenaventura 的太平洋指揮部（The Pacific Command），設於 Río Putumayo 的河西武力指揮部（The Western River Forces Command），設於 Río Meta 的河東武力指揮部（The Eastern River Forces Command）。海軍另於 Barranquilla 設置一小型基地作為船舶保養場，1988 年一個新的海軍基地於 Bahía de Málaga 設立。（見圖 96-2）

---

[4]　五類指標詳情請見本書導論，頁 11-13。
[5]　中華民國外交部，外交資訊網頁（2010/11/30）
[6]　Colombia Navy, (http://www.globalsecurity.org/military/world/colombia/colombia_navy.htm) (2010/11/30)

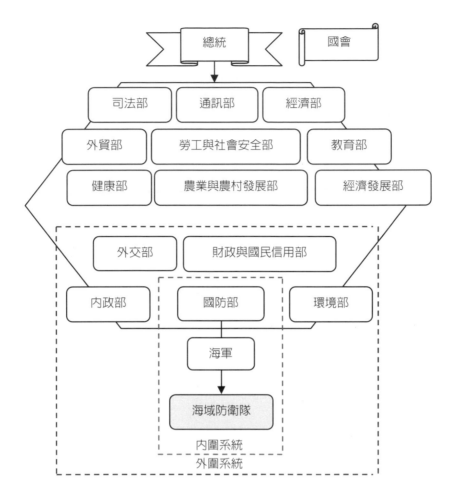

圖 96-1　哥倫比亞海域執法相關部門互動圖

資料來源：作者自繪

　　1978 年至 1988 年，海軍陸戰隊步兵營（The Navy's Corps of Marine Infantry）兵力增加並組織成五個營，兩個營編成大西洋及太平洋海軍陸戰旅，相當於加勒比海和太平洋指揮部。1978 年，河西武力指揮部成立一個叢林旅，河東武力指揮部成立幾個獨立步槍連。1980 年後期，在軍團的指揮下，海軍施行海上武力效率協調演練。1988 年，EE-9 Cascavel 裝甲車和 EE-11 Urutu 人員運輸裝甲車成為海軍機械化的基本裝備。1979 年，海軍組織海域防衛指揮部（Coast Guard Command）操作艦艇和飛機執行海域巡邏任務，但隨後又將業務交給海關。直到 1992 年 1 月，其重新建立，海關船舶被併入海域防衛指揮部。1995 年，海關轉隸屬於關務賦稅署（National Tariffs and Taxes Directorate）。

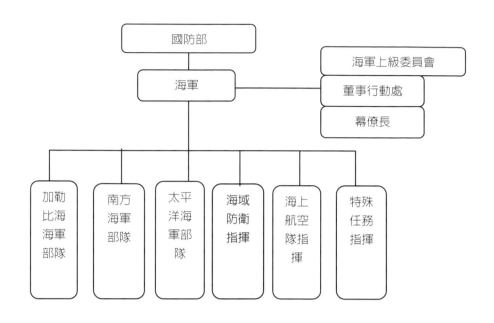

圖 96-2　哥倫比亞海軍內部組織圖

資料來源：作者自繪

第三節　組織、職掌與編裝
（Organization, Duties and Equipment）

哥倫比亞海軍（Colombia Navy）

一、組織與職掌

　　哥倫比亞維護海上秩序及環境保護等任務，是由隸屬於海軍的海域防衛指揮部負責，但維護海域秩序任務時，海軍下轄之各軍種皆不會置身事外。海軍及其下轄各附屬機構，共同以持續性的方式在管轄範圍內進行陸、海、河行動，以維護國家主權，保障國內秩序、領土的完整、海權發展及國家權益。例如，面臨毒品買賣行為，海軍陸戰隊隨時待命打擊。

可知海軍兼具國防與治安雙重任務。為盡力維護國家秩序、領土完整及發展，政府借助軍事單位管轄海上安全，根據 1979 年制定之第 1874 號法令，海域防衛指揮部職責為（一）保衛國家主權；（二）管制漁撈；（三）配合海關遏止走私；（四）執行海難搜救工作；（五）保護海洋環境；（六）根據國際法令保護船隻及船員；（七）管制及防止非法移民出入境；（八）維護海域秩序；（九）保護自然資源；（十）配合政府機關在海上所有活動；（十一）管制海上交通。[7]

二、裝備

海軍約有 7,501 名海員，11,051 名海軍陸戰隊員，200 名海域防衛隊員，100 名航空人員。艦艇共計 375 艘，分別是 4 艘 70 到 1,285 噸排水量的潛水艇，4 艘 2,100 噸驅逐艦，58 艘 5.4 噸至 1,129 噸的海域巡邏艇，32 艘 7 噸至 275 噸的河流巡邏艇。158 艘水陸兩用艇，4 艘 574 噸至 1,157 噸調查船，38 艘後備船，16 艘拖船以及 1 艘 1,250 噸帆船式練習艇。航空器計有 31 架。[8]

第四節　權限與管轄（Authority and Jurisdiction）

海軍特殊任務指揮部（The Specific Command）負責防衛各小島，裝備由海域防衛指揮部船隻、航空隊 C-90 型飛機和空中交通管制雷達組成，由加勒比海指揮部人員負責崗哨勤務，艦隊人員由陸戰步兵營負責。國際軍事觀察家認為哥海軍有能力巡邏並防衛太平洋與加勒比海水域，卻無法明確顯示維護海權的魄力。1980 年，政府從西德購買巡邏艇編成艦隊，開始重視與委內瑞拉及尼加拉瓜的領海衝突，以顯示強化海軍的決心。目前組織架構為海軍陸戰步兵指揮部（Marine Infantry Command）；加勒比海海軍部隊（Caribbean Naval Force）；太平洋海軍部隊（Pacific Naval Force）；海域防衛指揮部（Coast Guard Command）；海軍航空指揮部（Naval Aviation Command）；特殊任務指揮部（Specific Command for San Andrés and Providencia）。[9]（見圖 96-2）

---

[7]　Colombia Navy, (http://www.armada.mil.co/index.php?idcategoria=275032) (2011/09/02)

[8]　Colombia Navy, (http://www.armada.mil.co/index.php?idcategoria=275032) (2011/09/02)

[9]　Colombia Navy, (http://www.armada.mil.co/index.php?idcategoria=275032) (2011/09/02)
　南方海軍部隊（Southern Naval Forces）詹氏年鑑名為河搜旅（Riverine Brigade），為哥國海軍內河防衛部隊。

第五節　教育與訓練（Education and Training）

　　1822 年 6 月 28 日，桑坦德將軍建立航海學校，之後因海軍空窗期，航海學校宣布關閉。1907 年 7 月 6 日，Rafael Reyes Prieto 將軍依 783 號法令創立海軍學校，又於 1909 年 12 月 28 日關閉。1932 年，與秘魯發生衝突，為籌獲艦艇，海軍學院再次成立。1934 年，創辦水兵學校，隨即於隔年建立海軍官校。目前海軍教育體系分別有海軍軍官學校（Naval Cadet School）、海軍軍官視訊學校（Naval Cadet Video School）、ARC 船舶訓練學校（Training Ship ARC）、海軍士官學校（Sub Officers Naval School ARC）、海軍士官視訊學校（Sub Officers Video Naval School ARC）、海軍陸戰隊訓練學校（Marine Infantry Training School）、海軍陸戰隊視訊訓練學校（Marine Infantry Video Training School）。實務訓練方面，海軍與維修廠商合作改裝直升機，除提供維修外亦協助培訓技術人員。例如，熟悉飛行的美國契約廠商提供直升機教練協助系統操作技術，讓哥國海軍快速的運用飛機，更可操作不同產品的 FLIR 系統，快速適應新式系統和軟體。

第六節　與我國制度之比較
（A Comparison with Taiwan Coast Guard）

　　哥國海軍屬三級機關，約有 7,501 名海員，11,051 名海軍陸戰隊員，200 名海域防衛隊員，100 名航空人員。目前哥國海軍最新武力有各式水面艦艇 375 艘。航空器共有 10 架。管轄海岸線至專屬經濟海域及內陸河、湖及各小島，肩負防衛、治安與為民服務任務。我國海巡署隸屬行政院屬二級機關，海岸總局管轄海岸線高潮線以內五百公尺之區域。海洋總局負責海岸線至專屬經濟海域之海域執法，其編制員額分別為 18,013 員及 3,000 員，配置各式艦艇 179 艘。

　　哥國海域防衛指揮部任務與我國海巡署任務大致相同，雖然員額較少，並且較傾向於國家防衛任務，但是由於海軍兼有維護治安任務，因此海域執法及為民服務任務仍可彈性執行。哥國治安任務以走私、毒品及偷渡為主，以輸入美國為大宗，故常與美政府合作並接受支援。

哥國管轄海岸線較我國長約 2 倍,但我國屬於專責岸、海執法機關,員額配置大於哥國海軍並遠多於海域防衛指揮部。在武力配置上,哥海軍軍事防衛型艦艇較我國海巡署多,但噸位屬小型輕武裝巡邏艇,雖然 193 艘的河搜艇佔總艦艇數的三分之二,但海域巡邏艦艇仍較我國少。海域防衛指揮部除艦艇負責海域執法外,亦有飛機協助海域監控,而我國海上空中巡邏則由空勤總隊統一調度,海巡署並無專屬航空器。

第七節　結語(Conclusion)——特徵(Characteristics)

哥倫比亞西濱太平洋,北臨加勒比海,為二面濱海國家,在長 3,208 公里的海岸線上,除海軍總部外,分別設有 2 個海指揮部及 2 個河流指揮部,以下為其海域執法制度特徵。

壹、海軍型海域執法機制

雖然哥國設有海域防衛指揮部負責海域執法及海事服務等,但其實屬於海軍分支,其他附屬單位亦可支援海域防衛相關任務,海域防衛指揮部亦支援國家防衛任務,。

貳、岸海分立

海域防衛指揮部隸屬海軍,根據其 1979 年第 1874 號法令,其職責為管制漁撈、配合海關總署遏止走私、執行海上救難工作、保護海洋環境免於污染、管制及防止非法移民入出境、維護海域秩序、配合政府機關在海上進行之所有活動、管制海上交通等等,由此可知海域防衛指揮部是專責海域執法機關並不負責岸際執法。

參、四級制——隸屬國防部海軍

海域防衛指揮部於 1979 年成立,為隸屬於國防部海軍的四級單位。

肆、重視海洋科學研究

設有 4 艘 574 噸至 1,157 噸海洋調查船。

伍、海空立體執法

海軍配有 8 架艦載直升機，2 架海域巡邏機，協助執行內河至專屬經濟海域之執法與防衛任務。

陸、重視人員航海實習

設有 1 艘 1,250 噸帆船式練習船。

第 97 章　聖露西亞海域執法制度

第一節　國情概況（Country Overview）

　　聖露西亞（Saint Lucia）位於加勒比海（Caribbean Sea）東部的小安地列斯群島（Lesser Antilles）[1]中向風群島之中部。全國面積 616 平方公里，是總面積 127 平方公里的澎湖的 5 倍大。海岸線長 158 公里，領海 12 浬，毗鄰區 24 浬，專屬經濟海域 200 浬。[2]

　　首都卡斯翠（Castries），全國人口 161,557（2011）[3]。國體君主立憲制，政體內閣制，國會分參、眾兩議院。為大英國協會員國，以英王為元首。（見圖 97-1）主要輸出香蕉、蔬菜水果、紙箱，輸入肉類、汽車、汽油。[4]露國國內生產總值（GDP）1,000（百萬）美元，在 190 個國家排名第 171 名。露國在自由之家（Freedomhouse）的政治權利與公民自由兩

---

[1]　位於加勒比海西印度群島中安地列斯群島東部和南部的島群，群島呈圓弧狀，由於位於加勒比海，又稱加勒比群島。（http://zh.wikipedia.org/zh-hk/%E5%B0%8F%E5%AE%89%E7%9A%84%E5%88%97%E6%96%AF%E7%BE%A4%E5%B2%9B）（2010/07/30）

[2]　*Jane's Fighting Ships.2008-2009*, Edited by Commodore Stephen Saunders RN, Virginia U.S.A, p.639.

[3]　CIA, The World Factbook.(https://www.cia.gov/index.html) (2011/06/03)

[4]　《世界各國簡介暨各國首長名冊》，中華民國外交部，2001 年，頁 370。

種自由程度在 2010 年的分數皆為 1，歸類為自由國家。[5]聖露西亞於 1979 年 2 月 22 日脫離英國獨立，社會治安尚稱良好，但兇殺偷竊等刑事案件仍時有所聞，失業率高達 20%，眾多失業人口亦造成社會問題。[6]

第二節 歷史沿革（History）[7]

　　1831 年，聖露西亞仍為英國殖民地，當地人民已有成立專屬司法部門、法院、警察等法律機構的意願，在成立執法機構前，軍隊是唯一執法單位。1834 年，終於成立第一支警隊，起初警隊僅由 1 名督察、3 名警官及 24 名隊員組成。工作勤務是在法庭上，提供證據給法官作為裁判依據。1891 年，警隊歷經第一次改組，警隊編制逐年增加，二戰結束後，警隊升為高級執法單位。1946 年，警隊重新制定招聘標準，期望吸引合適的青年加入。警隊當時最大的問題為缺乏警用交通工具，且交通建設不全也造成執法困難，而獄政、出入境、消防等職責亦於此時納入警隊。1947 年，為期 6 個月的警隊訓練正式開辦，教師多為軍方人員。1948 年，警察總局從軍事基地撤出，另建獨立的辦公大樓。1956 年，警隊訓練學校正式成立。

　　1956 年，因警隊人員的資格限制，減少當地居民參與的權利，人民深感遭受政府忽略，殖民母國亦無妥善處理這牽涉政治的資格限制問題，居民反抗情緒高漲。1961 年初，警察總局的牆壁及各地標語遭到破壞，政府與人民局勢日趨緊張。1962 年初，多數相關官員遭強制革職或退休以平復人民怒氣，到了 1963 年，總局僅剩一位白人警官。1963 年末，警方擁有 2 輛大型巴士、3 輛運輸車及越野車、85 輛單車（不包含消防用具）。1965 年至 1990 年，警察條例逐年重新制定。1967 年，警民互助組織成立，1983 年，美軍指導警察總局的特殊單位。1984 年，警察總局的海事組（Marine Unit or Coast Guard）收到來自美國海域防衛司令部贈與的 65 英呎船舶，初由美國提供訓練，海關人員則由皇家海軍訓練海上操作。1981 年，加拿大贈與 1 艘船舶，1986 年，成立警隊樂團，增加 38 輛警車。

---

[5]　二類指標詳情請見本書導論，頁 11-13。
[6]　中華民國外交部，外交資訊網頁（2010/07/30）
[7]　Royal St. Lucia Police Force, History, (http://www.rslpf.com/) (2010/0802)

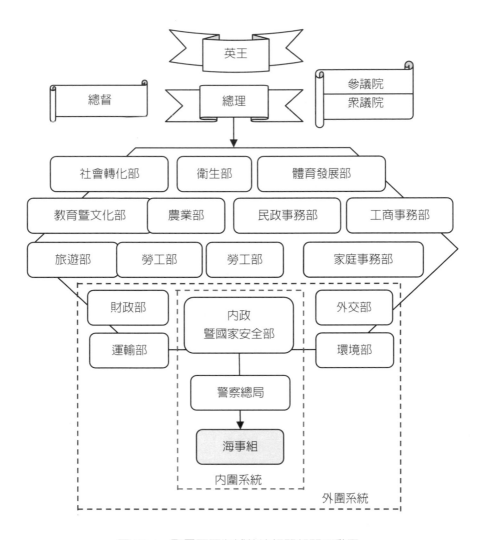

圖 97-1　聖露西亞海域執法相關部門互動圖

資料來源：作者自繪

第三節　組織、職掌與裝備
（Organization, Duties and Equipment）

皇家聖露西亞警察總局（Royal St. Lucia Police Force）
——海事組（Marine Unit）

一、組織與職掌

　　聖露西亞警察總局隸屬於內政暨國家安全部（Ministry of Home Affairs & National Security），總局長下設兩位副總局長，分別負責行政管理及行動管理。警察編制包含正規警務人員及約聘警員，而約聘警員與正規警務人員執行相同任務。警察總局下轄海事組（露國也稱 coast guard）、樂隊及移民事務組。（見圖 97-1、97-2）業務分配是將聖露西亞分為南北兩分區，北部有 8 個派出所，南部則有 5 個派出所。海事組亦分為南北兩區，北區位於卡斯翠，南區位於 Vieux Fort。（見圖 97-3），職責為巡邏沿海，搜查毒品走私、販賣人口或偷渡等非法活動。因海事組具警察身份，只要發現非法情事可直接帶回局內偵訊。[8]

---

[8]　Royal St. Lucia Police Force, (http://www.rslpf.com/) (2011/09/02)

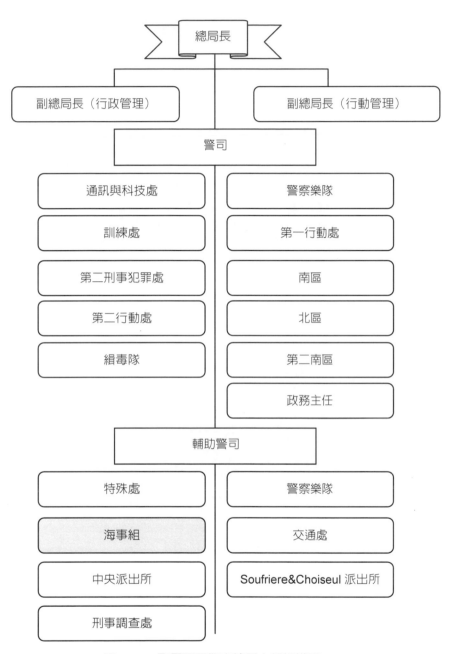

圖 97-2　聖露西亞警察總局內部組織圖

資料來源：作者自繪

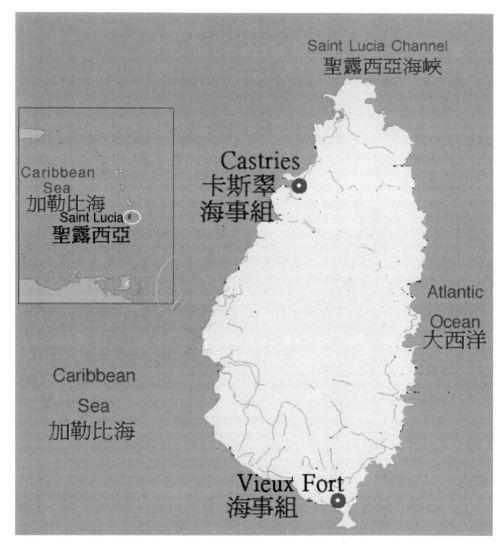

圖 97-3　聖露西亞海事組分佈圖[9]

二、裝備

　　警察總局約有 947 人，包含海事組 40 人，總計有 6 艘艦艇，包括 1 艘 66 噸 Point 級巡邏艇、1 艘 42 噸 Swift 65ft 級巡邏艇、1 艘 11 噸 Dauntless 級巡邏艇、3 艘小型巡邏艇。[10]

---

[9]　(http://picsdigger.com/image/2a4cad65/) (2010/08/06)
[10]　Royal St. Lucia Police Force, (http://www.rslpf.com/) (2011/09/02)

第四節　教育與訓練（Education and Training）[11]

　　聖露西亞警察多來自於警察學校，海事警察人員修完基礎課程後，才得以接受進階課程接受完整海警專業教育。警察的進階課程分為六大類，海警主要課程為第一類，以減少海域犯罪與混亂、預防犯罪發生為課程宗旨。

　　海事警察須完成初階課程 12 種科目訓練，包括領導與管理、計畫管理、海關業務、射擊教練、槍支訓練、潛水課程、水面下潛水犯罪、情報蒐集、審問技巧、電腦保養、電腦操作。完成以上課程後，才可以進入下一階段。進階課程中的第一分類分為 18 種專業科目，分別是小型罪犯調查課程、高階罪犯調查、財政調查、情報採集暨分析、毒品調查、預防毒品、財政調查入門、性別犯罪課程、犯罪管理、槍枝訓練、網路認證管理、法庭紀錄課程、安全檢定、基礎潛水、水下領域犯罪、海關業務（清點海關處扣留的非法物品）。

第五節　與我國制度之比較
（A Comparison with Taiwan Coast Guard）

　　聖露西亞海域執法任務由國內的警察總局負責，由局內下轄之海事組進行海域巡邏並偵查海上非法行為。與我國專責海域執法的海巡署不同的是，聖露西亞海域執法單位層級不高，雖是露國唯一海域執法單位，卻只是警察總局內的輔助警司。露國警察注重警察教育，身為輔助警司的海警人員須接受完警察學校的初階課程，才得以進入進階課程，完成專業訓練便能正式服勤。

---

[11] Royal St. Lucia Police Force, Training Plan, (http://www.rslpf.com/) (2010/0802)

第六節　結語（Conclusion）——特徵（Characteristics）

聖露西亞為加勒比海東部島國，在長 158 公里的海岸線，海事組分為南北兩區，以下為其海域執法制度特徵。

壹、警察型海域執法機制

聖露西亞專職海域執法的海事組警察，隸屬於內政暨國家安全部下轄之警察總局。

貳、集中制

聖露西亞設有海事警察做為海域執法的專責單位。

參、層級低、裝備薄弱

海事組為警察總局內的輔助警司，總人數與裝備僅有 40 人及 6 艘艦艇。

肆、專業教育搖籃

露國海事警察人員正式服勤之前，皆需進入警察學校接受初階 12 種課程教育，如數完成後，才可進入進階課程，接受 18 項專業科目的訓練。

第 98 章　厄瓜多海域執法制度

第一節　國情概況（Country Overview）

　　厄瓜多共和國（Republic of Ecuador）位於南美洲西北部，西臨太平洋（Pacific Ocean），西南濱瓜亞基爾灣（Gulf of Guayaquil），北鄰哥倫比亞（Colombia），東部與南部環接秘魯（Peru）。全國面積 283,561 平方公里，為台灣 8 倍大。海岸線長 2,237 公里，領海 200 浬。[1]

　　首都基多（Quito），全國人口 15,007,343 人（2011）[2]。國體共和制，政體總統制，國會一院制。（見圖 98-1）主要輸出石油原油、香蕉、咖啡，輸入工業用品、建材、石油產品。[3]厄國國內生產總值（GDP）61,490（百萬）美元，在 190 個國家排名第 65 名；每人國民所得（GNP）4,295 美元（2010），在 182 個國家排名第 94 名。厄國在自由之家（Freedomhouse）的政治權利與公民自由兩種自由程度在 2010 年的分數皆為 3，歸類為部份自由國家；透明國際（Transparency International）中的 2010 年的貪污調查分數為 2.5，

---

[1]　CIA, The World Factbook.(https://www.cia.gov/index.html) (2011/02/24)

[2]　CIA, The World Factbook.(https://www.cia.gov/index.html) (2011/06/03)

[3]　《世界各國簡介暨各國首長名冊》，中華民國外交部，2001 年，頁 342。

在 178 個國家中排名第 127 名；聯合國（2010）最適合居住國家的人類發展指數為 6.4，在 169 個國家中排名第 77 名。[4]

　　十五世紀中，遭印加帝國佔領，1530 年國王去世，適逢西班牙南下，三年後淪為殖民地。1809 年 8 月 10 日，展開獨立革命。1822 年 5 月，玻利瓦（Simón Bolívar）領導革命軍擊潰西國，同年 6 月與南美洲另一革命領袖聖馬丁（San Martín）會談，組成大哥倫比亞共和國，成員包括今之哥倫比亞、巴拿馬、委內瑞拉與厄瓜多。1829 年，委國退出，厄於 1830 年 5 月 13 日獨立，各自組成共和國。[5]

第二節　組織、職掌與編裝
（Organization, Duties and Equipment）

厄瓜多海域防衛隊（Ecuador Coast Guard）

一、組織與職掌

　　厄瓜多海域防衛隊隸屬於海軍（Ecuador Navy），海軍起源於 1923 大哥倫比亞國防軍分支。1832 年，厄國成立海事處（The Ecuadorian Maritime Department），1941 年與秘魯之戰爭中，未受到秘魯海軍擊潰，成功地保護國家領土。1980 年，海軍正式成立海域防衛隊，其任務為監控海洋與境內各流域，以保護人民、海上航道安全並預防環境污染。[6]

---

[4] 五類指標詳情請見本書導論，頁 11-13。
[5] 中華民國外交部，外交資訊網頁（2011/02/24）
[6] Ecuador Navy, (http://www.armada.mil.ec/) (2011/02/24)

二、裝備

　　海域防衛隊擁有 250 名人員，總計有 40 艘規模小但現代化之巡邏艇，為了與海軍艦艇區別，其船身繪有一寬斜角條紋與一條細條紋並列，顏色皆為紅色。另與陸軍共同擁有 40 艘以上的河流巡邏艇。[7]

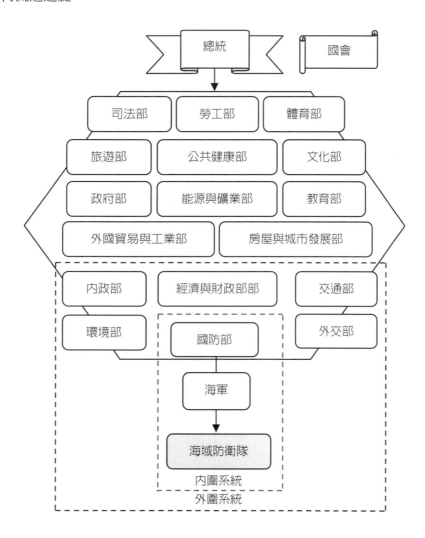

圖 98-1　厄瓜多海域執法相關部門互動圖

資料來源：作者自繪

---

[7]　Ecuador Navy, (http://www.armada.mil.ec/) (2011/02/24)
　　Jane's Fighting Ships.2004-2005, Edited by Commodore Stephen Saunders RN, Virginia U.S.A, p.190.

第三節　教育與訓練（Education and Training）

海軍主要在海軍學院（The Naval Academy），位於薩利納斯（Salinas）的海軍商船學院（Merchant Navy Academy），位於瓜亞基爾（Guayaquil）的海軍作戰學院（Naval War College）等校培訓。[8]

第四節　與我國制度之比較
（A Comparison with Taiwan Coast Guard）

厄瓜多雖然設有海域防衛隊（Coast Guard），但其僅為隸屬海軍的分支，是為四級單位，並非同我國海巡署是具有部會層級的專責海域執法單位。厄瓜多內陸河湖亦為海域防衛隊巡邏範圍，其與陸軍共同擁有超過四十艘的河流專用巡邏艇。我國河流因流短水急，無法用來運輸貨物或人員，海巡署因此並沒有配置專屬巡邏艇或人員巡邏內陸河湖。

第五節　結語（Conclusion）——特徵（Characteristics）

厄瓜多西臨太平洋，西南濱瓜亞基爾灣，為一面濱海國家，海岸線長 2,237 公里，以下為其海域執法制度特徵。

壹、海軍型海域執法機制

厄瓜多並無專責海域執法單位，海域與河湖治安由海軍及下轄之海域防衛隊共同承擔。

---

[8]　*Jane's Fighting Ships.2004-2005*, Edited by Commodore Stephen Saunders RN, Virginia U.S.A, p.185.

貳、內陸河湖亦為巡邏範圍

與陸軍共同擁有 40 艘以上之河流巡邏艇。

參、與陸軍密切合作

與陸軍共同擁有河流巡邏艇，雙方合作內陸河湖之安全巡邏。

第 99 章　蘇里南海域執法制度

第一節　國情概況（Country Overview）

蘇里南共和國（Republic of Suriname）位於南美東北部，北濱大西洋（Atlantic Ocean），東鄰法屬圭亞那（France Guiana），西接圭亞那（Guyana），南界巴西（Brazil）。全國面積 163,820 平方公里，為台灣 4.6 倍大。海岸線長 386 公里，領海 12 浬，專屬經濟海域 200 浬。[1]

首都巴拉馬利波（Paramaribo），全國人口 491,989 人（2011）[2]。國體共和制，政體總統制，國會一院制。總統掌握實權，任命內閣，副總統兼任總理，內閣向國會負責。（見圖 99-1）主要輸出鐵、鋁、礬土，輸入石油、機器、民生消費品。[3] 蘇國國內生產總值（GDP）3,297（百萬）美元，在 190 個國家排名第 152 名；每人國民所得（GNP）6,245 美元（2010），在 182 個國家排名第 73 名。蘇國在自由之家（Freedomhouse）的政治權利與公民自由兩種自由程度在 2010 年的分數皆為 2，歸類為自由國家；聯合國（2010）最適合居住國家的人類發展指數為 6.3，在 169 個國家中排名第 94 名。[4]

---

[1] CIA, The World Factbook.(https://www.cia.gov/index.html) (2011/02/25)
[2] CIA, The World Factbook.(https://www.cia.gov/index.html) (2011/06/03)
[3] 《世界各國簡介暨各國首長名冊》，中華民國外交部，2001 年，頁 374。
[4] 四類指標詳情請見本書導論，頁 11-13。

蘇里南自 1975 年獨立以來政爭頻繁，1980 年與 1990 年兩度由軍方接管政府。1991 年後政局較為穩定，但因種族複雜造成政黨林立，成為政治發展隱憂。1999 年上半年，經濟持續惡化，通貨膨脹超過百分之百，造成社會動盪不安，國會與政府對立情形益形嚴重。[5]

第二節　組織、職掌與編裝
（Organization, Duties and Equipment）

蘇里南海軍（Suriname Navy）

一、組織與職掌

隸屬於國防部的蘇里南國民軍（National Army）包含空軍、海軍與警察部隊等武裝力量。警察部隊編裝層級小，是根據司法與警察部法令成立的治安單位，與國防部共同指揮。國民軍總計有 2,500 名人員，大多以輕型安全部隊佈署各地。荷蘭自蘇 1991 年初次大選後，開始提供軍事援助。近年美國軍事人員與政府高層努力促進蘇國保持文人政府，讓蘇國軍隊有更好的運用，尤其是可以避免因軍人專政造成社會動盪。美國亦提供軍事、災難援助、緩解措施與人到援助之培訓，加以改善高級官員的專業能力。自 1990 年代中期開始，中國大陸便提供少量軍事裝備與後勤資源給蘇國軍隊，荷蘭、法國、委內瑞拉與巴西亦跟蘇國有軍事合作關係。[6]

蘇國東、西與南部邊界大多無人居住亦無人力看守，造成邊界治安漏洞百出，而守護境內雨林、河流與大西洋海岸的海軍裝備與人力也同樣有限。因為缺乏防衛力量，無照開採金礦的事件層出不窮，也因無力保護雨林資源，國家損失重大，邊界的維安漏洞讓蘇國成為非法藥物的主要轉運站。[7]

蘇國海軍基地位於 Kuktu Tere，其任務包含監測領海、保護雨林資源、維護漁業資源、執行海道測量與海難搜救。海軍裝備有限，加上艦艇維修狀況不良，一直無法提高巡邏效

---

[5]　中華民國外交部，外交資訊網頁（2011/02/25）

[6]　U.S. Department of State, Republic of Suriname, (http://www.state.gov/r/pa/ei/bgn/1893.htm) (2011/03/02)

[7]　U.S. Department of State, Republic of Suriname, (http://www.state.gov/r/pa/ei/bgn/1893.htm) (2011/03/02)

率，2002 年購入的幾艘新型艦艇因缺乏技術人員檢測維修，運作狀況開始走下坡。根據 2010年蘇里南國防部報告，為積極偵查與日俱增的走私案件，近期打算成立獨立的海域防衛隊（Coast Guard）負責近海安全。[8]

二、裝備

蘇里南海軍首先在 1977 年購入 2 艘荷蘭製近海巡邏艇，後來分別購入 8 艘西班牙製近海巡邏艇，一套印度製電子通訊系統。

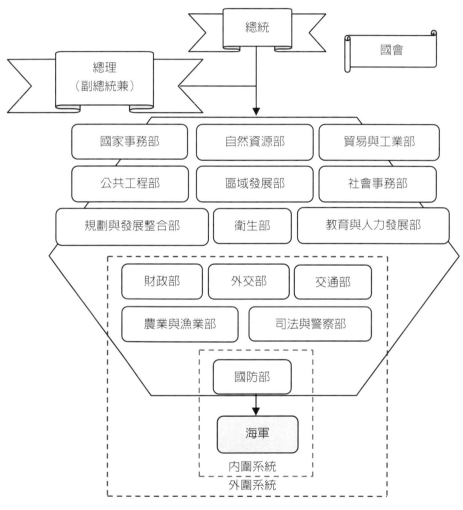

圖 99-1　蘇里南海域執法相關部門互動圖

資料來源：作者自繪

---

[8]　Jan's Navy, Suriname Navy, 2010/11/24, (http://www.janes.com/) (2011/03/02)

第三節　與我國制度之比較
（A Comparison with Taiwan Coast Guard）

　　蘇里南海軍目前是國內唯一的海上安全單位，其隸屬於國防部，巡護範圍含國家海域、內陸河湖與雨林等地區。蘇國防部為因應日益嚴重的走私問題，研擬未來成立獨立的海域防衛隊，不僅可以將海軍職責單純化，還可以提高維護海域安全的效率。我國專責海域法的海巡署，隸屬於行政院，其巡護範圍主要是國家海域，內陸河湖則因水短流急不利航行，少有非法情事發生，因此海巡署並未將河湖列入巡邏範圍。

第四節　結語（Conclusion）──特徵（Characteristics）

　　蘇里南北濱大西洋，為一面濱海國家，海岸線長 386 公里，設有一基地，以下為其海域執法制度特徵。

壹、海軍型海域執法機制

　　蘇里南目前並未成立專責海域執法單位，因此各水域的安全巡護僅由海軍負責。

貳、內陸河湖亦為巡邏範圍

　　海軍巡邏範圍包含內陸河湖與雨林地區，保護雨林與金礦資源。

參、裝備有限、維修不佳

　　海軍缺乏裝備又不善維修，致使無法提高巡邏效率，讓走私問題日益嚴重。

第 100 章　圭亞那海域執法制度

第一節　國情概況（Country Overview）

　　圭亞那合作共和國（Cooperative Republic of Guyana）北濱大西洋（Atlantic Ocean），東鄰蘇里南（Suriname），南接巴西（Brazil），西界委內瑞拉（Venezuela）。全國面積 214,969 平方公里，其為台灣 6 倍。海岸線長 459 公里，領海 12 浬，專屬經濟海域 200 浬。[1]

　　首都喬治城（George Town），全國人口 744,768 人（2011）[2]。國體共和制，政體責任內閣制，國會一院制。（見圖 100-1）主要輸出糖、鉛、米、鐵，輸入機械、紡織、化學產品。[3] 圭國國內生產總值（GDP）2,197（百萬）美元，在 190 個國家排名第 159 名；每人國民所得（GNP）2,844 美元（2010），在 182 個國家排名第 114 名。圭國在自由之家（Freedomhouse）的政治權利與公民自由兩種自由程度在 2010 年的分數前者為 2，後者為 3，歸類為自由國

---

[1]　CIA, The World Factbook.(https://www.cia.gov/index.html) (2011/02/25)

[2]　CIA, The World Factbook.(https://www.cia.gov/index.html) (2011/06/03)

[3]　《世界各國簡介暨各國首長名冊》，中華民國外交部，2001 年，頁 350。

家；透明國際（Transparency International）中的 2010 年的貪污調查分數為 2.7，在 178 個國家中排名第 116 名；聯合國（2010）最適合居住國家的人類發展指數為 6.5，在 169 個國家中排名第 104 名。[4]

圭亞那曾盛產黃金，西班牙及荷蘭相繼來此，荷人建立"GEORGETOWN"（今之首都）為據點，後因連遭西國侵擾，遂轉向蘇里南。十七世紀，英國及法國來此建立殖民地，法國大革命期間，英國與荷蘭瓜分全國，法國後來奪回部份地區。1814 年與 1817 年，荷、英、法分訂界約後各據一方。英屬圭亞那於 1961 年 8 月改為英屬自治領地，後於 1966 年 5 月 26 日獨立，1970 年 2 月 23 日改制共和，國號改為現名，現為大英國協會員。[5]

第二節　歷史沿革（History）

圭亞那海域防衛署（Guyana Coast Guard）為圭亞那國防部隊（Guyana Defence Force, GDF）的海上防衛力量，GDF 成立於 1965 年 11 月 1 日，人員來自英屬圭亞那志願服務隊（British Guiana Volunteer Force）、特別服務單位（Special Service Unit）、英屬圭亞那警察部隊（British Guiana Police Force）與自願文職人員（Civilian Volunteers），並由一群英國教官培訓。海域防衛署成立於 1967 年 1 月 9 日，初期基地設立於 Ayanganna，由一位指揮官與二十二名士兵組成。1969 年，政府請其他專業單位培訓海域防衛署人員的圍捕能力，並正式在海上展開海防任務，同年從英國接收三艘巡邏艇，但是現已退役。1970 年，將海域防衛署遷到划船俱樂部（Rowing Club）擔任水上警察的角色，GDF 並將其改名。起初，海域防衛署人員與員警共用宿舍與辦公室。1974 年，開始建設新的海港，他們在運輸出入口負責安全監督。1975 年，收購一艘快速巡邏艇，用於巡邏非法的拖網漁船。1976 年，從英國獲得一艘近海巡邏船，已於 1991 年退役。1978 年至 1990 年，海域防衛署重新改制基層能量，其內部工程師接受東德培訓使用導航器，英國則提供消防、戰鬥與救難等技能。1979 年，自北韓接收二艘快速攻擊艇，自東德接收六艘近海巡邏艇與三艘河流巡邏艇，並另外將扣押之拖網漁船改造為漁業偵查船。今日，圭亞那海域防衛署時常委託英國培訓人員及建造船隻，另因政府嚴格政策，不接受美國直接入境支援，而是將人員送往亞特蘭大受訓。[6]

---

[4] 　五類指標詳情請見本書導論，頁 11-13。
[5] 　中華民國外交部，外交資訊網頁（2011/02/25）
[6] 　Guyana Defence Force, History of Coast Guard, (http://www.gdf-gy.org/) (2011/02/25)

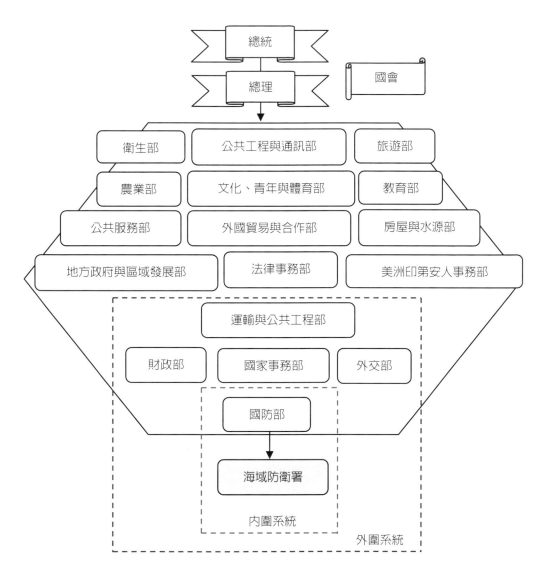

圖 100-1　圭亞那海域執法相關部門互動圖

資料來源：作者自繪

第三節　組織、職掌與編裝
（Organization, Duties and Equipment）

圭亞那海域防衛署（Guyana Coast Guard）[7]

一、組織與職掌

　　圭亞那海域防衛署隸屬於國防部，為國家軍事力量之一，基地分別設於喬治城與Benab，後者為科蘭太因河（Courantyne River）基地。目前圭國海上遭遇的威脅主要有非法捕魚、販運毒品和武器、走私、海上武裝搶劫、海洋污染、恐怖主義活動與海難。海域防衛署任務範圍為領海、專屬經濟海域，根據國際海洋法維護監測公海治安，支援陸地部隊行動。在上述範圍內進行維護漁業巡邏、監測沿海、巡邏港口、防走私、反毒品、執行海難搜救、維護各式船舶安全、保障港口工程安全、監測海洋污染，維護專屬經濟海域完整、民防工作、軍資運輸、海上交通管理，並提供海洋事務建議給予國防部隊總部。

二、裝備

　　海域防衛署有 100 名人員，艦艇 2 艘。

第四節　教育與訓練（Education and Training）

　　海域防衛署早期培訓是 1969 年由運輸與港口處（Transport and Harbors Department）所紀錄，當時與千里達與多巴哥海域防衛署一同在千里達受訓六個月。1974 年後，便轉往新

---

[7] Guyana Defence Force, About Coast Guard, (http://www.gdf-gy.org/) (2011/02/25)

建的划船俱樂部，與 Ruimveldt 警察署（Ruimveldt Police Station）人員共同受訓。1975 年後，海域防衛署設立訓練組（Training Division）與技術組（Technical Division），訓練組主要集中於海員船舶之導航通訊，技術組則培訓裝備維修技術。圭亞那至今仍未設立培訓海域防衛署的專業院校，因此其人員多由英國派駐之顧問與軍官培訓，或將人員送往不列顛皇家海軍學院（Britannia Royal Naval College）受專業海上防衛訓練。[8]

第五節　與我國制度之比較（A Comparison with Taiwan Coast Guard）

　　圭亞那海域防衛署雖是隸屬國防部的軍事單位，但卻如同警察擁有取締、偵查非法案件權限，尤其早期更與警察署人員共事，被政府視為海上警察力量，可視為專責海域執法單位，可惜裝備、人力與陸軍、空軍相較之下太過微弱，遏阻罪犯的效果有限。我國專責海域執法的海巡署為一部會層級單位，隸屬於行政院，其執法人員身份是警、文並立，雖不具有軍事身份，但遇國家危難時需支援海軍。

第六節　結語（Conclusion）──特徵（Characteristics）

　　圭亞那北濱大西洋，為一面濱海國家，在長 459 公里的海岸線設有兩個基地，以下為其海域執法制度特徵。

壹、海軍型海域執法機制

　　圭亞那海域防衛署為國內唯一海域執法專責單位，雖是國防部隊之一，政府卻賦予其海上警察的職責。

---

[8]　Guyana Defence Force, About Coast Guard, (http://www.gdf-gy.org/) (2011/02/25)

貳、三級制——隸屬於國防部

海域防衛署為隸屬於國防部的三級單位。

參、裝備與人力薄弱

僅有 100 名人員與 2 艘艦艇。

第 101 章　格瑞那達海域執法制度

第一節　國情概況（Country Overview）

格瑞那達（Grenada）為東加勒比海（Caribbean Sea）小安地列斯群島（Lesser Antilles）[1]南端之島國，國土包含格瑞那達島、卡里亞固島（Carriacou）與小馬丁尼克島（Petit Martinique）等三大島及數十座小島。全國面積 344 平方公里，為面積 150 平方公里的金門的 2.3 倍大。海岸線長 121 公里，領海 12 浬，專屬經濟海域 200 浬。[2]

首都聖喬治市（ST. George's），全國人口 108,419 人（2011）[3]。國體君主立憲制，政體責任內閣制，國會分參、眾兩議院。（見圖 101-1）主要輸出可可、香蕉、豆蔻，輸入機器、汽車與燃料、民生用品。[4]格國國內生產總值（GDP）645（百萬）美元，在 190 個國家排名第 177 名；每人國民所得（GNP）6,264 美元（2010），在 182 個國家排名第 72 名。格國

---

[1] 位於加勒比海西印度群島中安地列斯群島東部和南部的島群，群島呈圓弧狀，由於位於加勒比海，又稱加勒比群島。（http://zh.wikipedia.org/zh-hk/%E5%B0%8F%E5%AE%89%E7%9A%84%E5%88%97%E6%96%AF%E7%BE%A4%E5%B2%9B）（2010/09/03）

[2] CIA, The World Factbook.(https://www.cia.gov/index.html) (2011/03/02)

[3] CIA, The World Factbook.(https://www.cia.gov/index.html) (2011/06/03)

[4] 《世界各國簡介暨各國首長名冊》，中華民國外交部，2001 年，頁 346。

在自由之家（Freedomhouse）的政治權利與公民自由兩種自由程度在 2010 年的分數前者為 1，後者為 2，歸類為自由國家。[5]

　　1609 年，遭英國佔領，1650 年後落入法國手中，1762 年又被英國奪回。1779 年，法國再度占領，至 1783 年法國簽訂凡爾賽條約後，再次回到英國手裡。1958 年起，格國逐漸獲得自治權利，最終於 1974 年 2 月 7 日正式獨立，成為大英國協會員國。[6]

第二節　組織、職掌與編裝
（Organization, Duties and Equipment）

格瑞那達海域防衛隊（Grenada Coast Guard）[7]

一、組織與職掌

　　格瑞那達並沒有設立正規軍隊，國家陸域與海域安全單位分別是皇家格瑞那達警察署（Royal Grenada Police Force, RGPF）與其下轄之海域防衛隊。海域防衛隊總部位於普里克里灣（Prickly Bay），是進行海域執法、海難搜救、環境保護、支援海關與漁業、航行安全、遏止毒品走私等任務的海上治安單位。可惜，現今海域防衛隊因政府經費不足與政策考量，各方面的狀態已逐漸下降。

二、裝備

　　海域防衛隊擁有 30 名人員，總計有 4 艘美製艦艇，分別是 1 艘 90 噸 Guardian 級、1 艘 11 噸 Dauntless 級與 2 艘捕鯨系列巡邏船。

---

[5]　三類指標詳情請見本書導論，頁 11-13。
[6]　中華民國外交部，外交資訊網頁（2011/03/02）
[7]　Grenada Coast Guard Sinking, (http://www.spiceislandertalkshop.com/talkshop/messages/726867.html) (2011/03/02)

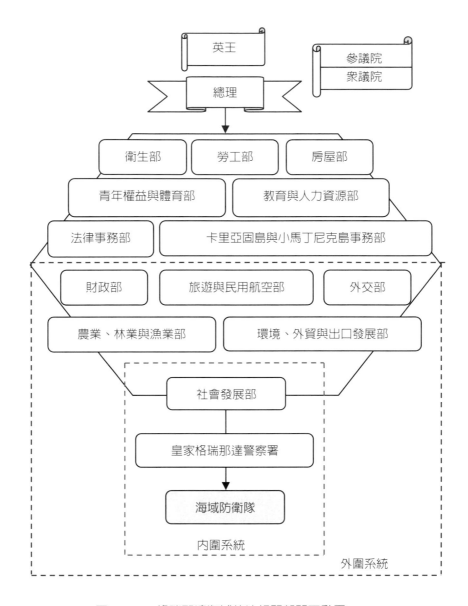

圖 101-1 格瑞那達海域執法相關部門互動圖

資料來源：作者自繪

第三節　與我國制度之比較
（A Comparison with Taiwan Coast Guard）

　　格瑞那達雖然設立海域防衛隊作為專責海域執法任務，卻只是隸屬於警察署的四級單位，他們身為警察因此擁有執法權責，其看似任務範圍廣泛，卻很少實際發揮作用，目前海域防衛隊的各方面狀態早已隨著政府政策走下坡。我國同樣設有海巡署負責海域執法任務，亦為軍、警、文並用之制度，而海巡署的存在對四面環海的我國來說，是維護海域安全的要角，政府亦致力於制度改革。

第四節　結語（Conclusion）──特徵（Characteristics）

　　格瑞那達為東加勒比海的群島國，國土包含格瑞那達島、卡里亞固島與小馬丁尼克島等三大島及數十座小島，在長 121 公里的海岸線上設有一基地，以下為其海域執法制度特徵。

壹、警察型海域執法機制

　　格瑞那達設有海域防衛隊專責海域防衛任務，是具有警察身份的執法單位。

貳、集中制

　　海域防衛隊為格瑞那達專責的海域執法單位。

參、四級制──隸屬於警察署

　　海域防衛隊隸屬於社會發展部下轄之皇家格瑞那達警察署。

肆、政府政策導致狀態不佳

　　即使設有專責海域執法單位，卻因政府經費不足與政策發展，造成海域防衛隊各方面的狀態逐年下降。

第 102 章 多米尼克海域執法制度

第一節 國情概況（Country Overview）

多米尼克（Commonwealth of Dominica）位於東加勒比海（Caribbean Sea）小安地列斯群島（Lesser Antilles）[1]東北部，東臨大西洋（Atlantic Ocean）。全國面積 751 平方公里，為面積 150 平方公里的金門的 5 倍大。海岸線長 148 公里，領海 12 浬，專屬經濟海域 200 浬。[2]

首都羅梭市（Roseau），全國人口 72,969 人（2011）[3]。國體君主立憲制，政體責任內閣制，國會一院制。（見圖 102-1）主要輸出香蕉、肥皂、水果，輸入機械設備、汽車、食品。[4]多國國內生產總值（GDP）375（百萬）美元，在 190 個國家排名第 183 名；每人國民所得（GNP）5,148 美元（2010），在 182 個國家排名第 85 名。多國在自由之家（Freedomhouse）的政治權

---

[1] 位於加勒比海西印度群島中安地列斯群島東部和南部的島群，群島呈圓弧狀，由於位於加勒比海，又稱加勒比群島。（http://zh.wikipedia.org/zh-hk/%E5%B0%8F%E5%AE%89%E7%9A%84%E5%88%97%E6%96%AF%E7%BE%A4%E5%B2%9B）（2011/03/04）

[2] CIA, The World Factbook.(https://www.cia.gov/index.html) (2011/03/04)

[3] CIA, The World Factbook.(https://www.cia.gov/index.html) (2011/06/03)

[4] 《世界各國簡介暨各國首長名冊》，中華民國外交部，2001 年，頁 338。

利與公民自由兩種自由程度在 2010 年的分數皆為 1,歸類為自由國家;透明國際(Transparency International)中的 2010 年的貪污調查分數為 5.2,在 178 個國家中排名第 44 名。[5]

1763 年,劃歸英國管轄,後於 1778 年遭法國攻佔,1783 年歸還英國。1805 年,法國再度入侵,英國支付鉅款後,法軍始告撤退。1958 年 1 月,加入西印度聯邦(Federation of the West Indies),直到該聯邦 1962 年 5 月 23 日解體後才脫離。1967 年 3 月 1 日,多國成為大英國協成員,外交與國防由英國代理。1978 年 11 月 3 日,正式獨立。[6]

第二節　組織、職掌與編裝
(Organization, Duties and Equipment)

多米尼克海域防衛隊(Dominica Coast Guard)

一、組織與職掌

多米尼克並沒有國防部亦無正規軍隊,警察總署是國內唯一治安維護單位,下轄特殊單位與海域防衛隊。海域防衛隊總部位於羅梭市,主要任務是確保多國人民的海上安全、維持海域治安,執行海難搜救、偵查走私與攔截毒品。多國治安單位編裝小,多依賴他國提供設備,2009 年 3 月,美國贈與一艘四十英呎多用途巡邏艇,未來可提供漁業資源與海洋環境巡邏。[7]雖然海域防衛隊的編裝微小,但並沒有因此怠惰值勤。2010 年 12 月 8 日,海域防衛隊在國家海域解救四位因船艇爆炸而遇險的美國公民,這幾名遊客曾試圖維修船艇,卻仍在美屬維京群島(US Virgin Islands)以南的 130 浬處沉沒。他們在沉沒前發出求救訊號給美國海域防衛司令部,但因無線電受損無法通報確切位置,讓美方難以搜尋。多國海域防衛隊接到通報後,開始在各島嶼增加巡邏,三天後終於陸續救起漂流在大西洋上的四位美國公民。[8]

---

[5] 四類指標詳情請見本書導論,頁 11-13。
[6] 中華民國外交部,外交資訊網頁(2011/03/04)
[7] New coast guard vessel for Dominica, (http://www.gis.dominica.gov.dm/news/mar2009/ncgvfd.php) (2011/03/04)
[8] Dominica Coast Guard rescues four men involved in boating accident, (http://www.thedominican.net/2010/12/coast-guard-rescues-four.html) (2011/03/04)

二、裝備

多米尼克海域防衛隊總計 32 人，計有 6 艘 2.4 噸至 33 噸巡邏艇。

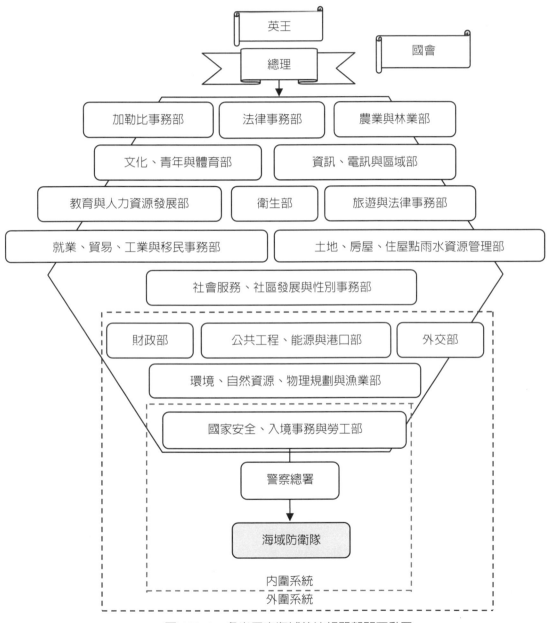

圖 102-1　多米尼克海域執法相關部門互動圖

資料來源：作者自繪

第三節　與我國制度之比較
（A Comparison with Taiwan Coast Guard）

　　多米尼克設有海域防衛隊專責海域防衛任務，是為四級單位，因其具有警察身份，所以擁有執法職權。我國專責海域執法的海巡署，是為二級單位，與多米尼克海域防衛隊同樣是警、文並立的執法單位。

第四節　結語（Conclusion）──特徵（Characteristics）

　　多米尼克是東加勒比海東北部的島國，東臨大西洋，海岸線長 148 公里，設有一總部，以下為其海域執法制度特徵。

壹、警察型海域執法機制

　　多米尼克海域防衛隊具有警察身份，有直接執法職權。

貳、集中制

　　多國設海域防衛隊做為海域執法的專責單位。

參、四級制──隸屬於警察總署

　　多米尼克海域防衛隊為隸屬於警察總署的四級單位。

第 103 章　安地卡與巴布達海域執法制度

第一節　國情概況（Country Overview）

安地卡與巴布達（Antigua and Barbuda）位於東加勒比海（Caribbean Sea），由安地卡島（Antigua）、巴布達島（Barbuda）與另一無人居住的里東達島（Redonda）組成全國面積 442.6 平方公里，為面積 150 平方公里的金門的 3 倍大。海岸線長 153 公里，領海 12 浬，專屬經濟海域 200 浬。[1]

首都聖約翰（St. John's），全國人口 87,884 人（2011）[2]。國體君主立憲制，政體責任內閣制，國會分參、眾兩議院。（見圖 103-1）經濟 70% 依賴觀光，輸入機械、燃料、食品。[3]安國國內生產總值（GDP）1,099（百萬）美元，在 190 個國家排名第 168 名；每人國民所得（GNP）12,785 美元（2010），在 182 個國家排名第 46 名。安國在自由之家（Freedomhouse）的政治權利與公民自由兩種自由程度在 2010 年的分數前者為 3，後者為 2，歸類為自由國家。[4]

---

[1]　CIA, The World Factbook.(https://www.cia.gov/index.html) (2011/03/03)
[2]　CIA, The World Factbook.(https://www.cia.gov/index.html) (2011/06/03)
[3]　《世界各國簡介暨各國首長名冊》，中華民國外交部，2001 年，頁 346。
[4]　三類類指標詳情請見本書導論，頁 11-13。

1632 年起，英國在此殖民，1666 年，法國曾短暫佔領該島，其餘絕大部份時間皆為英國殖民地。歷經三百年的殖民時代，1938 年英國皇家委員會成立，調查英屬加勒比海地區的社會經濟，鼓勵成立工會。1943 年，柏德（V. C. Bird）出任工會領袖，為工人爭取權益，並主導安地卡邁向獨立。1951 年，安地卡人民獲得普選權，1956 年成立部會型政府，1967 年成為自治邦，1981 年 11 月 1 日正式獨立。[5]

第二節　組織、職掌與編裝
（Organization, Duties and Equipment）

安地卡與巴布達海域防衛署（Antigua and Barbuda Coast Guard）

一、組織與職掌

皇家安地卡與巴布達國防軍（Royal Antigua and Barbuda Defence Force, RABDF）由步兵團、服務與支援單位、海域防衛署與青年團組成。海域防衛署分為指揮官辦公室、工程組、管理組與艦隊等四大單位。RABDF 負擔的責任包含內部治安、防治毒品走私、保護並支援捕魚權利、防止海洋污染、搜索與救援，在災害期間協助政府提供救濟，在必要時協助警方維持秩序與法律。RABDF 可說是世界最小的軍隊之一，全員僅有 245 人，並無力反抗潛在的侵略或國家戰爭，僅能履行保護公民的義務。[6]

創立於 1995 年 5 月 1 日的海域防衛署的角色等同於其他國家的海軍，是國防軍中的海上防禦單位，總部設於聖約翰港，艦艇維修廠位於 Camp Blizzard。它曾經由警方指揮，後來 24 人當中有 21 人被借調至國防軍中。1995 年 3 月 30 日，其指揮官委託牙買加國防部隊海域防衛署（Jamaica Defence Force Coast Guard）提供顧問，協助建立專責的海域防衛單位。安國政府重視海難搜救，其設有一非營利的自願搜救組織（Antigua and Barbuda Volunteer Rescue Service, ABVRS），在國內各主要港口提供搜救、醫療，並聯絡海域防衛署、

---

[5] 中華民國外交部，外交資訊網頁（2011/03/03）

[6] Dion E. Phillips, Antigua and Barbuda Defense Force: A Preliminary Look(http://www.cavehill.uwi.edu/bnccde/antigua/conference/papers/phillips.html) (2011/03/03)

加勒比海航空單位或其他地區的搜救單位，盡可能提供周全的救難服務。ABVRS 經費主要來自於私營部門捐款，或各種籌款活動募得。[7]

二、裝備

海域防衛署現有 46 人，總計有 4 艘 11 噸至 36 噸巡邏艇。[8]

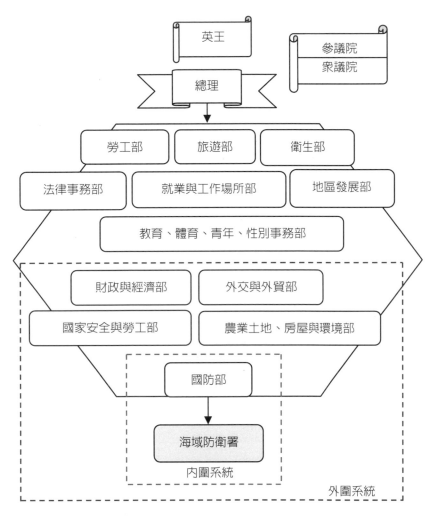

圖 103-1　安地卡與巴布達海域執法相關部門互動圖

資料來源：作者自繪

[7] Antigua and Barbuda Volunteer Rescue Service, (http://www.antiguanice.com/v2/client.php?id=393) (2011/03/03)

[8] Dion E. Phillips , Antigua and Barbuda Defense Force: A Preliminary Look(http://www.cavehill.uwi.edu/bnccde/antigua/conference/papers/phillips.html) (2011/03/03)

第三節　與我國制度之比較
（A Comparison with Taiwan Coast Guard）

　　安地卡與巴布達海域防衛署是專責海域執法的三級單位，其雖身為國防軍的海上分支，事實上卻無力面對海上侵略，僅能夠提供民事服務，例如海難搜救、漁業巡護、防止走私等。我國設立海巡署負責海域執法，是隸屬於行政院的部會層級單位，海巡署是軍、警、文並立的執法單位，平時並不提供海上軍事防禦。

第四節　結語（Conclusion）──特徵（Characteristics）

　　安地卡與巴布達是東加勒比海島國，由安地卡島、巴布達島與另一無人居住的里東達島組成，海岸線長 153 公里，設有一總部與艦艇維修廠，以下為其海域執法制度特徵。

壹、海軍型海域執法機制

　　安地卡與巴布達海域防衛署為國防軍的海上分支，兼負軍事防禦與海上執法任務。

貳、三級制──隸屬於國防部

　　安地卡與巴布達海域防衛署為隸屬於國防部的三級單位。

參、重視海難搜救

　　海域防衛署與民間設立的自願搜救組織合作海難搜救。

第 104 章　聖文森海域執法制度

第一節　國情概況（Country Overview）

　　聖文森與格瑞那丁（Saint Vincent and the Grenadines）為東加勒比海（Caribbean Sea）小安地列斯群島（Lesser Antilles）[1]之向風群島中部，由聖文森（St. Vincent）及格瑞納丁群島（The Grenadines）等共三十二個小島與礁岩組成。全國面積 389 平方公里，是面積 150 平方公里的金門的 2.6 倍大。海岸線長 84 公里，領海 12 浬，專屬經濟海域 200 浬。[2]

　　首都金石城（Kingstown），全國人口 103,869 人（2011）[3]。國體君主立憲制，政體責任內閣制，國會一院制。（見圖 104-1）主要輸出香蕉、椰子成品、甘藷，輸入機械設備、

---

[1] 位於加勒比海西印度群島中安地列斯群島東部和南部的島群，群島呈圓弧狀，由於位於加勒比海，又稱加勒比群島。（http://zh.wikipedia.org/zh-hk/%E5%B0%8F%E5%AE%89%E7%9A%84%E5%88%97%E6%96%AF%E7%BE%A4%E5%B2%9B）（2011/03/02）

[2] CIA, The World Factbook.(https://www.cia.gov/index.html) (2011/03/02)

[3] CIA, The World Factbook.(https://www.cia.gov/index.html) (2011/06/03)

化學品、食品。[4]聖文森國內生產總值（GDP）583（百萬）美元，在 190 個國家排名第 179 名；每人國民所得（GNP）5,434 美元（2010），在 182 個國家排名第 81 名。聖文森在自由之家（Freedomhouse）的政治權利與公民自由兩種自由程度在 2010 年的分數前者為 2，後者為 1，歸類為自由國家。[5]

1498 年 1 月 22 日開始先後由西班牙、法國、英國佔領，於 1783 年，劃歸英國。1969 年 10 月 20 日，成為大英國協會員，1979 年 10 月 27 日，脫離英國獨立。聖文森民眾大致友善，治安情形尚稱良好，無重大暴力事件。國內大部分民生用品皆賴進口，價格昂貴。因為醫療水準不夠成熟，首都僅有一家中央醫院，重要醫療設備不足，一般簡易之開刀手術尚可應付，遇棘手病症，便必須赴巴貝多或美國求診。[6]

第二節　歷史沿革（History）[7]

聖文森與格瑞那丁海域防衛署的形成始於 1980 年 12 月 2 日，起初由八名招募來的年輕男性與自警察署轉任的行政人員組成。1981 年 1 月，此八名人員被送到英國接受海洋工程訓練，在皇家海軍工程學院（Royal Navy Engineering School）進行機械工程與電子工程培訓，同年 10 月他們成功的完成各自課程。1981 年 3 月 6 日，首艘海域防衛署專屬艦艇在英國的浦茲茅斯（Portsmouth）驗收，建造資金由聖文森與格瑞那丁政府提供。1981 年 11 月初，該艦艇從英國出發經巴貝多（Barbados）歷經二十天終於送達聖文森的金石城，並在 1982 年 4 月 19 日成功的進行第一次的海難搜救行動。

---

[4] 《世界各國簡介暨各國首長名冊》，中華民國外交部，2001 年，頁 372。
[5] 三類類指標詳情請見本書導論，頁 11-13。
[6] 中華民國外交部，外交資訊網頁（2011/03/02）
[7] Coast Guard Service, History,（http://www.security.gov.vc/index.php?option=com_content&view=article&id=42&Itemid=51）(2011/09/05)

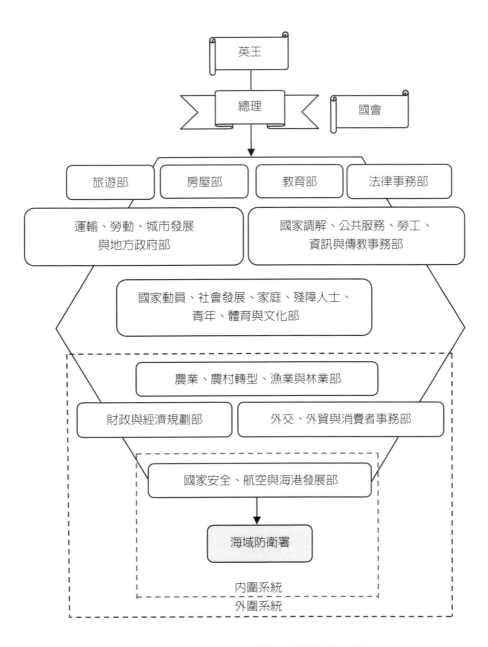

圖 104-1　聖文森海域執法相關部門互動圖

資料來源：作者自繪

　　1982 年 10 月，加拿大政府資助聖文森建造 2 艘 27 英呎的巡邏艇，由當地遊艇公司建造。另外，1987 年 6 月，美國政府聖文森建造 120 英呎巡邏艇，由美國海域防衛司令部船員親自送往聖文森並進行首航儀式。美製巡邏艇於隔月，即進行了首次的海難搜救任務。1990 年 10 月 26 日，海域防衛署位於 Calliaqua 的基地正式啟用，該基地提供海域防衛署人

員駐紮巡邏艇。該基地最初由英國資助建造，後來便由聖文森政府自行擴展，又先後在聯盟島（Union Island）與貝基亞（Bequia）建立基地。過去海域防衛署指揮官皆由英國皇家海軍軍官擔任，直到 1994 年 8 月，首位聖文森當地人正式任職指揮官。目前海域防衛署致力於組織更可靠、更有效率的服務單位，並積極培訓人員海洋電力、海洋工程、航海技術與導航能力。

第三節　組織、職掌與編裝
（Organization, Duties and Equipment）

聖文森與格瑞那丁海域防衛署（Saint Vincent Coast Guard Service）[8]

一、組織與職掌

聖文森與格瑞那丁並沒有國防部亦沒有國防軍，因此隸屬於國家安全、航空與海港發展部的警察總署與海域防衛署便成為國家主要的安全單位。海域防衛署與警察同樣擁有警察執法身份，其基地分別位於 Calliaqua、聯盟島、與貝基亞。根據國際海洋法其通航水域分為內部水域／領海、專屬經濟海域與毗連區。

（一）內部水域／領海

內部水域包括各海岸線、領海、河流與港口。領海為由陸地基準線向外延伸 12 浬。

（二）毗連區

包含領海與內水向外延伸 24 浬，在此區域可強制執行海關法規、環境法規、出入境管制與漁業法令。

8　Coast Guard Service, (http://www.gov.vc/security/index.php?option=com_content&view=article&id=44&Itemid=165) (2011/03/03)

（三）專屬經濟海域

聖文森專屬經濟海域 200 浬，此領域主要進行國家漁業開發。外國漁船如果進入此區域進行非法活動，將依案件輕重懲處。

海域防衛署的主要工作除了偵查走私、維護環境、管理出入境與保護漁業資源外。海難搜救也是他們的重要任務，如遇重大災害，海域防衛署將與當地的民間搜救單位協調，並互相通報搜救情況。

另外，聖文森國內並沒有設立專屬的教育機構，因此培訓多依賴巴貝多、安地瓜（Antigua）、英國與美國海域防衛司令部。

二、裝備

海域防衛署現有 55 名人員，裝備計有 7 艘噸位介於 11 噸至 101 噸的巡邏艇。

第四節　與我國制度之比較
（A Comparison with Taiwan Coast Guard）

聖文森設有海域防衛署做為專責海域執法的三級單位，因其具有警察身份，所以擁有執法職權。聖文森並沒有培訓海域執法人員的專業院校，因此政府多依賴美國與英國等海域防衛制度較發達之國家提供培訓。我國專責海域執法的海巡署，與聖文森海域防衛署同樣是警、文並立的執法單位，但在培訓執法能力方面，我國則有警大水警系提供專業教育。

第五節　結語（Conclusion）——特徵（Characteristics）

聖文森與格瑞那丁是東加勒比海群島國，由聖文森及格瑞納丁群島等共三十二個小島與礁岩組成，海岸線長 84 公里，共設有三個基地，以下為其海域執法制度特徵。

壹、警察型海域執法機制

聖文森海域防衛署具有警察身份，有直接執法之職權。

貳、集中制

聖文森設海域防衛署做為海域執法的專責單位。

參、三級制——隸屬於國家安全、航空與海港發展部

聖文森海域防衛署為隸屬於國家安全、航空與海港發展部的三級單位。

肆、依賴他國培訓

國內並沒有設立專業教育機構，因此將海域防衛署人員送往巴貝多、安地瓜、英國與美國等國家受訓。

第 105 章　烏拉圭海域執法制度

第一節　國情概況（Country Overview）

　　烏拉圭共和國（Republic of Uruguay）西南與阿根廷（Argentina）以烏拉圭河（Uruguay River）及銀河（Río de la Plata）為界，東北鄰巴西（Brazil），東南濱大西洋（Atlantic Ocean）。全國面積 176,215 平方公里，為台灣 5 倍大。海岸線長 660 公里，領海 12 浬，專屬經濟海域 200 浬。[1]

　　首都蒙特維多市（Montevideo），全國人口 3,308,535 人（2011）[2]。國體共和制，政體屬總統制，國會分參、眾兩議院。（見圖 105-1）主要輸出羊毛、皮革、木材，輸入石油、礦產品、機電器材。[3]烏國國內生產總值（GDP）40,710（百萬）美元，在 190 個國家排名第 79 名；每人國民所得（GNP）12,129 美元（2010），在 182 個國家排名第 47 名。烏國在

---

[1]　CIA, The World Factbook.(https://www.cia.gov/index.html) (2010/11/30)

[2]　CIA, The World Factbook.(https://www.cia.gov/index.html) (2011/06/03)

[3]　《世界各國簡介暨各國首長名冊》，中華民國外交部，2001 年，頁 378。

自由之家（Freedomhouse）的政治權利與公民自由兩種自由程度在 2010 年的分數皆為 1，歸類為自由國家；透明國際（Transparency International）中的 2010 年的貪污調查分數為 6.9，在 178 個國家中排名第 24 名；聯合國（2010）最適合居住國家的人類發展指數為 6.8，在 169 個國家中排名第 52 名。[4]

1776 年，遭西班牙吞併。1811 年，烏國父阿爾提格斯（José J. Artigas）領導革命，後因葡萄牙南侵，被迫逃亡。後由拉法耶哈（Juan Antonio Lavalleja）率領革命，終於 1825 年 8 月 25 日宣佈獨立。烏政府先後批准西班牙及芬蘭在與阿根廷邊境投資設立兩紙廠，引起阿根廷環保人士抗議，阻斷通往兩地交通，兩國衝突甚至上訴至海牙國際法庭。2010 年 4 月 20 日，判決指出烏國未履行兩國間銀河協議（Tratado del Río de la Plata），未及時將設廠計畫知會阿國，但阿國則因無法提出銀河受該紙廠污染證據，目前雙方仍協調衝突中。[5]

第二節　歷史沿革（History）

烏拉圭國家海軍（National Navy of Uruguay）於 1817 年 11 月 15 日創立，1832 年海軍主要以打擊走私及海盜為主，在早期共和國發生內戰，海軍力量微小無法發揮多大作用。1817 年、1863 年、1874 年，烏拉圭海軍進行大規模現代化，首間海軍學院（Naval Academy）於 1907 年 12 月成立。1884 年 4 月，購入新式艦艇，同年 12 月，購入法國炮艦，1889 年至 1910 年，先後購入數艘艦艇。1916 年 6 月，海軍首次嘗試以拖船救援沉船。1925 年，創建航空隊並開始值勤。1934 年，三艘老舊艦艇相繼退役。烏拉圭在二次大戰初期保持中立，1940 年，海軍基地設在拉帕洛馬（La Paloma），同年開始實行徵兵制，隔年創立海軍戰爭學院（Naval War School）培訓人員。1945 年 2 月 15 日，烏國加入盟軍行列，援救受到義大利沒收的丹麥貨船。[6]

---

[4]　五類指標詳情請見本書導論，頁 11-13。
[5]　中華民國外交部，外交資訊網頁（2011/06/03）
[6]　National Navy of Uruguay, (http://www.armada.mil.uy/) (2011/09/05)

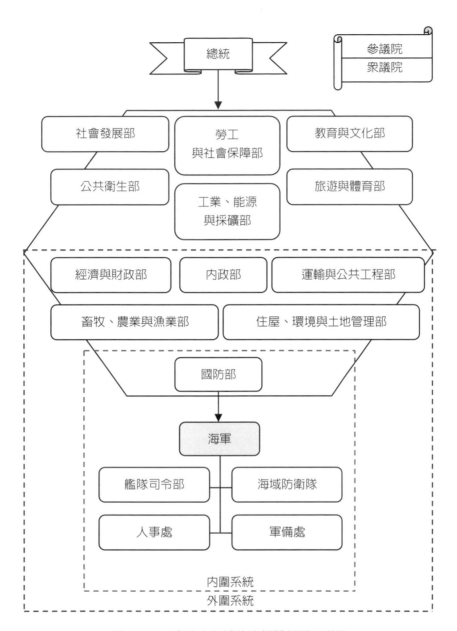

圖 105-1 烏拉圭海域執法相關部門互動圖

資料來源：作者自繪

　　二戰結束後，烏國於里約熱內盧簽訂美洲互助條約，要求締約國協助改善海軍。1949年至 1952 年，海軍先後收到他國捐贈的轟炸機、戰鬥機，及協助海軍教育的培訓員。1953年，收到驅逐艦與護衛艦。1955 年，海軍下轄的海域防衛隊收到三艘巡邏艇。1959 年，海域防衛隊開始參與海難搜救。1957 年，拉丁美洲海軍進行首次聯合演習，以護送海洋貿易船舶及保護通訊路線為練習重點，目的是提高海軍值勤能力。海軍分別於 1965 年及 1970年購入一艘掃雷艦，1973 年購入一艘驅逐艦。1972 年，烏拉圭海軍陸戰隊正式成立，1988

年，為提高巡邏河流效率，購入一艘新船。1989 年至 1991 年，從法國購入船舶，後因缺乏維修與保養，兩艘艦艇隨之退役，進入蒙特為多（Montevideo）船廠進行翻新工程。1998 年，為學習測量大陸架方法，重新定義烏國專屬經濟海域，向德國購買研究船。1999 年，海域防衛隊接收美國海域防衛司令部 9 艘小船。2000 年 8 月 5 日，一艘掃雷船於外海與他船相撞沉沒。

第三節　組織、職掌與編裝
（Organization, Duties and Equipment）

烏拉圭國家海軍（National Navy of Uruguay）

一、組織與職掌

烏拉圭國家海軍主要分為艦隊司令部（Fleet Command）、海域防衛隊（Coast Guard）、軍備處（Materiel Directorate）、人事處（Personnel Directorate）等四大單位。（見圖 105-1）艦隊司令部是統整海軍陸戰隊、航空基地以及各式船艦的主管單位；海域防衛隊管理烏拉圭商船航運與海軍註冊事項；海軍軍備處管理艦隊船舶、裝備的維修並且指導水文和氣象研究；人事處則管理海軍人力資源及海軍學院。海軍四大單位的人員制服各有其代表顏色，艦隊司令部的指揮組顏色為黑色，海域防衛隊沿海組為灰色，軍備處的機械電子組為藍色，人事處的供應與管理組顏色為白色、輔助組為紫色、特殊組與海軍學院為綠色。[7]海軍設專屬航空隊，其有專屬航空器與航空培訓課程。海軍航空基地位於蒙特維多市與 Laguna del Sauce，河流巡邏駐點位於 Paysandu，海軍基地位於蒙特維多市與拉帕洛馬。[8]

---

[7]　National Navy of Uruguay, (http://www.armada.mil.uy/) (2011/09/05)

[8]　*Jane's Fighting Ships.2004-2005*, Edited by Commodore Stephen Saunders RN, Virginia U.S.A, p.895.

二、裝備

海軍現有 5,700 人，設有 39 艘艦艇，分別為 3 艘 1,750 噸護衛艦、1 艘補油船、6 艘巡邏艇、2 艘實習船、1 艘輔助船、1 艘調查船、2 艘救援拖吊船、1 艘近岸拖吊船、3 艘掃雷艇、2 艘水陸兩用船、4 艘 5 噸至 6 噸河流巡邏艇。航空器有 2 架直升機、2 架巡邏定翼機、1 架訓練機。[9]

第四節　教育與訓練（Education and Training）

烏拉圭海軍設有海軍學院、海軍作戰學院，海軍航空隊則有專屬的海軍航空學院（Naval Aviation Academy）培訓人員。

第五節　與我國制度之比較
　　　　　（A Comparison with Taiwan Coast Guard）

烏拉圭海域防衛主要依賴身為三級單位的海軍值勤，即使海軍下轄海域防衛隊，也僅是一小單位，實難與台灣專職海域執法的海巡署相提並論。烏拉圭海軍不僅要負責 660 公里海岸線安全、國家領海權益，內陸河流亦是其負責範圍，另外為提高海軍巡邏效率，更設有一專屬航空隊。然我國海巡署則因台灣河短流急並不需執行安全巡邏，海巡署至今仍未有專屬航空隊協助執勤。

---

[9]　National Navy of Uruguay, (http://www.armada.mil.uy/) (2011/09/05)

第六節　結語（Conclusion）──特徵（Characteristics）

　　烏拉圭境內有烏拉圭河及銀河，東南濱大西洋，是一面濱海國家，在長 660 公里的海岸線上設有兩個海軍基地，二個航空基地，一個河流基地，以下為其海域執法制度特徵。

壹、海軍型海域執法機制

　　烏拉圭並無專職海域執法機構，國內水域安全防護僅由海軍負責。

貳、專屬航空隊

　　於蒙特維多市與 Laguna del Sauce 設有航空基地，共有 17 架航空器。

參、重視人員航海實習

　　設有 2 艘實習船。

肆、專業教育搖籃

　　設有海軍學院、海軍作戰學院與海軍航空學院。

伍、內陸河流亦為巡邏範圍

　　烏拉圭河與銀河亦為巡邏範圍。

第 106 章　波多黎各海域執法制度

第一節　波多黎各概況（Puerto Rico Overview）

　　波多黎各自治邦（The Commonwealth of Puerto Rico）是美國在加勒比海（Caribbean Sea）地區的自治領地，位於多明尼加（Dominica）東面。由一個主島和一些小島構成，除主島外，僅有維埃克斯（Vieques）和庫萊布拉島（Culebra）有居民。全邦面積 13,790 平方公里，台灣為其 3 倍大。海岸線長 501 公里，領海 12 浬，專屬經濟海域 200 浬。[1]

　　首府聖胡安（San Juan），全邦人口 3,989,133 人（2011）[2]。邦體共和制，為行政部門、立法部門、與司法部門三權分立。行政部門由總督領導，亦為波最高行政長官，分參議院和眾議院。（見圖 106-1）波邦國內生產總值（GDP）93.52（百萬）美元。在透明國際（Transparency International）中的 2010 年的貪污調查分數為 5.8，在 178 個國家中排名第 33 名。[3]

---

[1]　CIA, The World Factbook.(https://www.cia.gov/index.html) (2011/06/17)
[2]　CIA, The World Factbook.(https://www.cia.gov/index.html) (2011/06/17)
[3]　二類指標詳情請見本書導論，頁 12-13。

　　波邦 1493 年命名為聖胡安島,後西班牙在此建立殖民地。1521 年,改為現名,1809 年成為西班牙海外省。1898 年美西戰爭後,波割讓給美國,自此波總督由美國總統指派。1917 年,美國給波居民美國公民的地位。1951 年前,波發生多次政變,皆遭美鎮壓。1952 年,波頒佈憲法,確立在美國自治邦的地位。1950 年後,波迅速實現工業化,現今波不僅為旅遊勝地,亦為醫藥業和製造業中心。[4]

第二節　組織、職掌與編裝
（Organization, Duties and Equipment）

美國海域防衛司令部（駐波多黎各）

　　由於波多黎各與美國於 1898 年簽訂條約,從此防禦成為美國的責任。過去波邦海域防衛與執法分別由美國海軍與海域防衛司令部負責,但海軍已於 2004 年撤出,目前只有少數空軍人員與設備仍留在當地,而稱為波多黎各空中防衛部隊（Puerto Rico Air National Guard）的便是美國空軍的分支。因此,美國海域防衛司令部的存在對波邦的海域安全極為重要。其基地位於 Ramey,他們擁有幾艘巡邏艇定期在波邦沿海周圍巡邏,而位於博林肯（Borinquen）的海域防衛司令部的航空隊,則可以大範圍地執行海難搜救、海域執法任務。[5]

---

[4]　中華民國外交部,外交資訊網頁（2011/06/17）
[5]　Military of Puerto Rico, Wikipedia, (http://en.wikipedia.org/wiki/Military_of_Puerto_Rico)（2011/06/30）

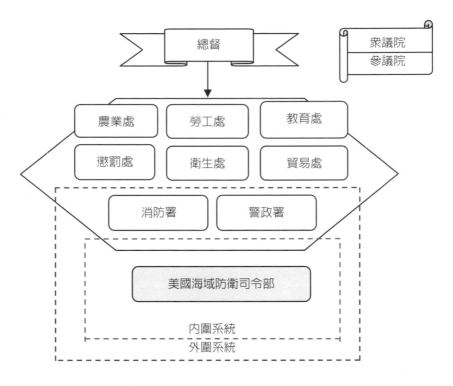

圖 106-1　波多黎各海域執法相關部門互動圖

資料來源：作者自繪

第三節　與我國制度之比較
（A Comparison with Taiwan Coast Guard）

　　波多黎各是美國自治邦，雖然海軍已經在 2004 年撤出波邦，但他們的空軍仍被視為美國空軍分支，海域防衛與執法更是大量仰賴美國海域防衛司令部。我國為一獨立國家，設有專責海域執法的海巡署，負責犯罪偵查、海難搜救等任務，並非由他國執行海域執法任務。

第四節　結語（Conclusion）──特徵（Characteristics）

　　波多黎各是加勒比海上的島國，海岸線長 501 公里，以下為其海域執法制度特徵。

壹、海域執法由美國負責

波邦並無專職海域執法單位或海軍，其海域執法任務由美國海域防衛司令部負責。

貳、無國防有警察

波邦僅有一實為美國空軍分支的空軍部隊。

第 107 章　美屬維京群島海域執法制度

第一節　美屬維京群島概況（Virgin Islands Overview）

美屬維京群島（United States Virgin Islands）是美國在加勒比海（Caribbean Sea）的一個屬地，位於波多黎各（Puerto Rico）以東，英屬維京群島（British Virgin Islands）以西，小安地列斯群島（Lesser Antilles）[1] 背風群島最北端。由 50 多個大小島和珊瑚礁組成，大型島嶼有聖克羅伊島（Saint Croix）、聖約翰島（Saint John's Island）和聖托馬斯島（Saint Thomas）。全境面積 1,910 平方公里，是面積 150 平方公里的金門的 13 倍大。海岸線長 188 公里，領海 12 浬，專屬經濟海域 200 浬。[2]

首府夏洛特阿馬利（Charlotte Amalie），全境人口 109,666 人（2011）[3]。最高行政首長為民選總督，其居民雖是美國公民，但是無權參加美國總統選舉。（見圖 107-1）1672 年與 1694 年，丹麥分別在聖托馬斯島與聖約翰島上設立據點，1733 年從法國購買聖克羅

---

[1] 位於加勒比海西印度群島中安地列斯群島東部和南部的島群，群島呈圓弧狀，由於位於加勒比海，又稱加勒比群島。（http://zh.wikipedia.org/zh-hk/%E5%B0%8F%E5%AE%89%E7%9A%84%E5%88%97%E6%96%AF%E7%BE%A4%E5%B2%9B）（2011/07/07）

[2] CIA, The World Factbook.(https://www.cia.gov/index.html) (2011/07/07)

[3] CIA, The World Factbook.(https://www.cia.gov/index.html) (2011/07/07)

伊島，1754 年成為丹麥王室殖民地。一大戰爆發，美國怕德國佔據維京群島作為其潛艇戰基地，因此向丹麥提出購買建議。1917 年 1 月 17 日，美國和丹麥交換簽署條約，同年 3 月 31 日美國開始控制美屬維京群島。1927 年，群島居民被授予美國公民權。旅遊業是美屬維京重要的經濟來源，本地亦為美國唯一道路靠左行駛的地區。[4]

第二節　組織、職掌與編裝
（Organization, Duties and Equipment）

駐聖胡安美國海域防衛總隊

　　駐聖胡安[5]美國海域防衛司令部的巡邏範圍包含波多黎各與美屬維京群島，任務包含海難搜救、海域執法、海上傷亡處理、油或化學品洩漏處理、港口安全與其他海洋緊急通報處理。[6]2011 年 7 月 5 日，駐聖胡安 USCG 在美屬維京群島近岸拯救因遊艇擱淺而受困的 98 名乘客與 4 名船員，之後 USCG 人員與海洋污染調查員於海域檢查是否有漏油污染情形，並將受傷的五名乘客送往聖約翰島醫院處理傷勢。[7]

---

[4]　美屬維京群島，維基，（http://zh.wikipedia.org/wiki/%E7%BE%8E%E5%B1%AC%E7%B6%AD%E7%88%BE%E4%BA%AC%E7%BE%A4%E5%B3%B6）（2011/07/07）

[5]　聖胡安為波多黎各首府。

[6]　U.S. Coast Guard, Sector San Juan, (http://www.uscg.mil/sectorsanjuan/) (2011/07/07)

[7]　News Release, Coast Guard, U.S. Virgin Islands, Good Samaritan boat crews rescue 102 people from Royal Miss Belmar passenger ferry grounding in the U.S. Virgin Islands, 2011/07/05, (https://www.piersystem.com/go/doc/586/1129571/) (2011/07/07)

第三節　與我國制度之比較
（A Comparison with Taiwan Coast Guard）

　　美屬維京群島為美國領地，境內無軍隊亦無專職海域執法單位，因此其海域執法與安全維護全權由駐聖胡安美國海域防衛司令部負責。相反地，我國設有海巡署做為海域執法專責單位，並無依賴其他國家維護海域安全或執行海域執法任務。

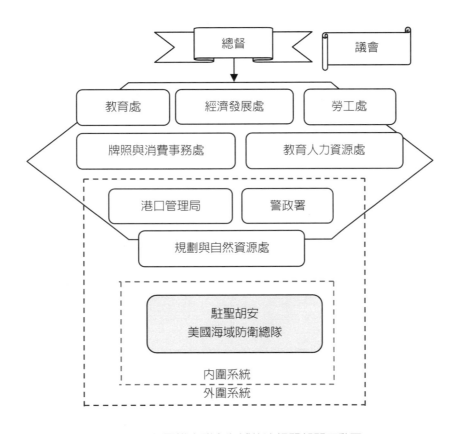

圖 107-1　美屬維京群島海域執法相關部門互動圖

資料來源：作者自繪

第四節　結語（Conclusion）——特徵（Characteristics）

美屬維京群島為美國位於加勒比海的領地，海岸線長 188 公里，以下為其海域執法制度特徵。

壹、海域執法由美國負責

美屬維京群島並無專屬海域執法單位，但因身為美國海外領地，因此其海域執法由駐聖胡安海域防衛總隊負責。

貳、無國防有警察

因為身為美國領地因此並無軍事單位，但有專屬警察維護治安。

第 108 章　阿魯巴海域執法制度

第一節　阿魯巴概況（Aruba Overview）

阿魯巴（Aruba）是加勒比海（Caribbean Sea）上的島嶼，位於委內瑞拉（Venezuela）北方外海。全國面積 180 平方公里，台灣為其 6.2 倍大。海岸線長 68.5 公里，領海 12 浬。[1]

首都奧拉涅斯塔德（Oranjestad），全國人口 106,113（2011）[2]。政體議會制，為自治國體（Autonomous country），國會一院制，民選首相領導內閣，總督由荷蘭君王派任。（見圖 108-1）旅遊業為主要經濟來源，煉油業為代表性工業產業。阿國國內生產總值（GDP）2,258（百萬）美元，在 190 個國家排名第 156 名。[3]

原為荷屬聖安地列斯（Netherlands Antilles）[4]的一部分，在 1983 年的國家會議中，決議升格為自治國家。1986 年 1 月 1 日，正式脫離荷屬聖安地列斯，成為荷蘭的自治國，與

---

[1]　CIA, The World Factbook.(https://www.cia.gov/index.html) (2011/07/01)
[2]　CIA, The World Factbook.(https://www.cia.gov/index.html) (2011/07/01)
[3]　本類指標詳情請見本書導論，頁 12。
[4]　荷屬安地列斯原為荷蘭海外屬地，已於 2010 年 10 月 10 日正式解體。維基，（http://zh.wikipedia.org/wiki/%E8%8D%B7%E5%B1%AC%E5%AE%89%E5%9C%B0%E5%88%97%E6%96%AF）（2011/07/01）

荷關係類似聯邦體制（Commonwealth）。阿國擁有完整的內部事務自治權，但國防、外交與最高司法權由荷蘭政府負責。

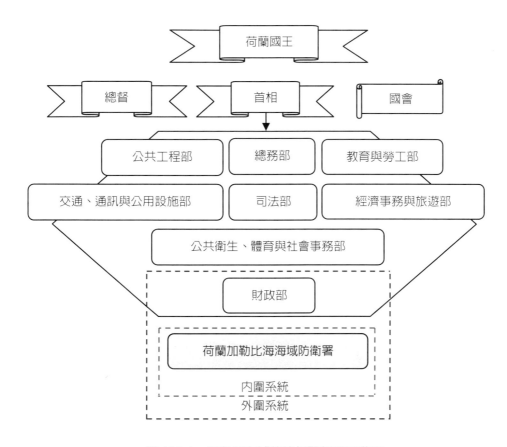

圖 108-1　阿魯巴海域執法相關部門互動圖

資料來源：作者自繪

第二節　組織、職掌與編裝
（Organization, Duties and Equipment）

荷蘭加勒比海海域防衛署（Dutch Caribbean Coastguard, DCCG）[5]

一、組織與職掌

　　荷蘭加勒比海海域防衛署在荷屬安地列斯未解體之前，被稱為荷蘭安地列斯與阿魯巴海域防衛署（Netherlands Antilles and Aruba Coastguard）。DCCG 在阿魯巴、聖馬丁（Sint Maarten）、庫拉索島（Curaçao）與荷蘭之間，是屬於一種合作型態的海域執法單位，本單位人員由上述國家共同組成，指揮官則由荷蘭皇家海軍（Royal Netherlands Navy）駐加勒比海地區司令官統籌。DCCG 主要任務有非法藥物檢測、海關、漁業與環境監測、海上運輸監測，並由救援協調中心提供救助服務，包含處理海上遇險、安全無線電通訊、救難、海上緊急支援等服務。

　　DCCG 專屬航空組基地與救援協調中心皆設於庫拉索島，並分別在阿魯巴、聖馬丁、庫拉索島設有支援中心，巡邏艇定期在各島周圍進行安全巡邏。他們擁有專屬分隊與國防資源，並設有幾艘專屬巡邏艇、小型汽艇與航空器。美國海域防衛司令部駐佛羅里達（Florida）特殊航空隊，與荷蘭及三自治國簽有合作條約，授權可在各島領海上空提供偵測服務。

二、裝備

　　DCCG 現共有 160 名人員，當中 140 名來自於阿魯巴、聖馬丁、庫拉索島，其餘 20 名來自荷蘭皇家海軍。共計擁有 19 艘艦艇與 5 架航空器，分別是 3 艘小型汽艇、4 艘近岸巡邏艇、12 艘充氣艇、1 架救援直升機、2 架救援與漁業巡邏飛機、2 架夜航機。另有 1 艘皇家海軍護衛艦提供定期巡邏。

---

[5]　Dutch Caribbean Coastguard, Wikipedia, (http://en.wikipedia.org/wiki/Netherlands_Antilles_%26_Aruba_Coast_ Guard) (2011/07/01)

第三節　與我國制度之比較
（A Comparison with Taiwan Coast Guard）

　　阿魯巴的海域執法任務是由荷蘭加勒比海海域防衛署負責，其工作人員分別由阿魯巴、聖馬丁、庫拉索島三自治國與荷蘭共同組成，並由荷蘭皇家海軍指揮，本單位是屬於一種聯合協調的執法單位。我國專職海域執法之海巡署，擁有獨立運作與行動能力，組成人員皆以我國人民為主，與海軍裝備、人力與指揮人員皆有明確區分。

第四節　結語（Conclusion）──特徵（Characteristics）

　　阿魯巴是加勒比海上的島嶼，海岸線長 68.5 公里，以下為其海域執法制度特徵。

壹、聯合型海域執法制度

　　阿魯巴海域執法由阿魯巴、聖馬丁、庫拉索島三自治國與荷蘭組成的荷蘭加勒比海海域防衛署承擔。

貳、協調與合作性質強

　　由於 DCCG 由四個不同國家組成，各自治國亦設有支援中心，指揮官雖由荷蘭海軍司令官擔任，但 160 名人員當中的 140 名分別由三自治國民擔任。另外，本單位亦與美國海域防衛司令部簽訂合作條約，可在其領海上空巡邏。

美洲篇結論：分布、發現與詮釋

　　美洲國家（地區）有 33 國與 3 地區。首先，各國（地區）的海域執法特徵分為集中制、警察型、海軍型、聯合型、軍文合一、無國防。制度設計及執法範圍包含陸海空合一、岸海合一、內陸河湖。海域執法單位的層級分二級制、三級制、四級制。海域執法單位的裝備、教育、任務特色有教育搖籃、重視海難搜救、重視海洋研究、民力搜救強、重視環保、重視航海實習、保護漁業資源、專屬航空器等。（見表 c-1（1）、c-1（2））

表 c-1（1）　　美洲各國（地區）海域執法制度特徵統計表

分區	國家	集中制	警察型	海軍型	聯合型	陸海空合一	岸海合一	軍文合一	二級制	三級制	四級制	教育搖籃	重視航海實習	專屬航空器	保護漁業資源	重視海難搜救	重視海洋研究	民力搜救強	重視環保	含內陸河湖	無國防
北美洲	美國	★					★	★		★		★			★	★	★		★	★	
	加拿大	★								★					★	★	★	★	★	★	
	墨西哥			★					★			★	★	★	★		★				
中美洲	貝里斯	★					★			★											
	瓜地馬拉			★						★		★				★	★			★	
	宏都拉斯			★			★			★		★								★	
	尼加拉瓜			★						★										★	
	薩爾瓦多			★			★			★							★			★	
	海地	★	★				★				★										
	巴哈馬			★			★			★		★			★						
	牙買加			★				★		★		★				★	★	★	★		
	聖露西亞	★	★									★	★								
	古巴				★					★		★									
	多明尼加			★						★		★				★					
	巴貝多	★						★		★											
	千里達	★						★				★	★		★						
	聖基茨			★						★											
	安地卡			★						★							★				
	多米尼克	★	★								★										
	聖文森	★	★							★											

表 c-1（2）美洲各國（地區）海域執法制度特徵統計表

分區	國家	集中制	警察型	海軍型	聯合型	陸海空合一	岸海合一	軍文合一	二級制	三級制	四級制	教育搖籃	重視航海實習	專屬航空器	保護漁業資源	重視海難搜救	重視海洋研究	民力搜救強	重視環保	含內陸河湖	無國防
中美洲	格瑞那達	★	★								★										
	哥斯大黎加	★	★							★											
	巴拿馬	★	★				★				★			★							
	波多黎各																				★
	美屬維京																				★
	阿魯巴				★																★
南美洲	委內瑞拉			★			★		★	★					★					★	
	哥倫比亞			★							★	★	★	★			★			★	
	祕魯			★							★	★		★	★				★	★	
	巴西			★						★			★	★			★		★	★	
	智利			★							★	★				★	★				
	阿根廷	★	★				★			★		★	★	★	★				★	★	
	烏拉圭			★						★		★	★							★	
	圭亞那			★						★											
	蘇里南			★						★										★	
	厄瓜多			★							★									★	

說明：中美洲表內標示星號「*」的波多黎各、美屬維京群島、阿魯巴分別為美國與荷蘭屬地。

其次，針對 36 國（地區）海域執法制度各種特徵的總數做出統計，以顯示各項特徵在美洲各國的百分比。（見表 c-2）

表 c-2　美洲海域執法特徵數量百分比

	國家數	百分比
集中制	13	36%
警察型	8	22%
海軍型	19	53%
聯合型	1	3%
陸海空合一	1	3%
岸海合一	8	22%
軍（警）文合一	5	14%
二級制	2	6%
三級制	21	58%
四級制	11	31%
教育搖籃	16	44%
重視航海實習	5	14%
專屬航空器	11	31%
保護漁業資源	10	28%
重視海難搜救	7	19%
重視海洋研究	6	17%
民力搜救強	2	6%
重視環保	6	17%
含內陸河湖	14	39%
無國防	3	3%

　　以組織型態觀，在 36 個國家（地區）中，集中制有 13 個，警察型有 8 個，海軍型 19 個，聯合型 1 個，軍文合一 5 個。以海域執法單位的層級觀，三級制佔了多數，佔 21 國，其次是四級制 11 國，二級制 2 國。另外，在 36 個國家（地區）中強化訓練的重要性及專業教育搖籃佔了 16 國，重視航海實習的國家佔了 5 國，而有 11 個國家（地區）擁有專屬航空器。在美洲地區，漁業是多數國家的重要經濟來源，有 10 個國家（地區）特別重視漁業資源。由於中南美洲內陸河流分支眾多，巡邏內陸河流的國家便佔了 14 國（地區）。

　　再來，以〈自由之家〉[1]的 2010 年自由程度，觀察 33 個獨立國家海域執法特徵，當中高度自由國家有 25 國，中度自由國家僅有 7 國，低度自由國家 1 國。另外，由於波多黎各、美屬維京群島、阿魯巴皆非獨立國家，因此並未列入本統計表中。（見表 c-3、c-4、c-5）

---

[1]　〈自由之家〉詳情請見導論，頁 11。

表 c-3　美洲各國民主與自由程度暨海域執法制度關係分佈表──自由（高）

程度	政治權利	公民自由	國家	海域執法制度特徵
自由 （高） （25）	1	1	美國	集中制
	1	1	加拿大	集中制
	1	2	貝里斯	集中制
	1	1	巴貝多	集中制
	2	2	千里達	集中制
	1	1	哥斯大黎加	集中制、警察型
	2	2	阿根廷	集中制、警察型
	1	2	巴拿馬	集中制、警察型
	1	1	聖露西亞	集中制、警察型
	1	2	格瑞那達	集中制、警察型
	2	1	聖文森	集中制、警察型
	1	1	多米尼克	集中制、警察型
	2	3	墨西哥	海軍型
	2	3	薩爾瓦多	海軍型
	2	2	巴西	海軍型
	1	1	多明尼加	海軍型
	2	3	祕魯	海軍型
	2	3	牙買加	海軍型
	2	2	蘇里南	海軍型
	2	3	圭亞那	海軍型
	1	1	巴哈馬	海軍型
	1	1	聖基茨	海軍型
	1	1	烏拉圭	海軍型
	3	2	安地卡	海軍型
	1	1	智利	海軍型

　　25 個高度自由國家中，集中制國家有 12 國，海軍型有 13 國，警察型有 7 國，可見集中制與海軍型國家的比例不分上下。

表 c-4　美洲各國民主與自由程度暨海域執法制度關係分佈表——部份自由（中）

程度	政治權利	公民自由	國家	海域執法制度特徵
部分自由（中）（7）	4	5	海地	集中制、警察型
	3	4	哥倫比亞	海軍型
	3	3	厄瓜多	海軍型
	5	4	委內瑞拉	海軍型
	4	4	瓜地馬拉	海軍型
	4	4	宏都拉斯	海軍型
	4	4	尼加拉瓜	海軍型

在 7 個中度自由的國家中，集中制與警察型的家僅有 1 國，其餘 6 國皆為海軍型。

表 c-5　美洲各國民主與自由程度暨海域執法制度關係分佈表——不自由（低）

程度	政治權利	公民自由	國家	海域執法制度特徵
不自由（低）（1）	7	6	古巴	陸海空合一

美洲 33 個國家中，僅有古巴是唯一的低度自由國家，其海域執法特徵為海陸空合一的國境概念制度。

最後，為了觀察美洲各國自由程度與其組織型態是否有直接關係，將美洲各國民主、自由程度與海域執法制度的關係做一百分比。（見表 c-6（1）、c-6（2））

表 c-6（1）　美洲各國自由與民主程度暨海域執法制度百分比表

	集中制	百分比	警察型	百分比
自由（25）	12	48%	7	28%
部分自由（7）	1	14%	1	14%
不自由（1）	0	0%	0	0%

表 c-6（2）　美洲各國自由與民主程度暨海域執法制度百分比表

	海軍型	百分比	陸海空合一	百分比
自由（25）	13	52%	0	0%
部分自由（7）	6	86%	0	0%
不自由（1）	0	0%	1	100%

　　美洲共 35 個國家，其內陸國僅 2 國，加上 3 個屬地，本書共有 36 個美洲國家（地區）。北美洲雖然僅有美國、加拿大、墨西哥 3 個國家，但其面積、國力、資源等，幾乎是領袖美洲，尤其是美國與加拿大的集中且專職的海域執法制度可算是獨步全球。然而，中南美洲普遍為海軍型海域執法機制，由於國家裝備、人力不足、制度不完整、政府缺乏發展政策，造成難以完整發展專責的海域執法單位，其海域執法制度多落後異常。

表 c-7　美洲各沿海國（地區）濱海面數與海域執法制度分布

	集中制	警察型	海軍型	聯合型	陸海空合一	軍文合一	無國防
一面濱海（11）	阿根廷* 貝里斯◎ （2）	阿根廷* （1）	薩爾瓦多 委內瑞拉 圭亞那 蘇里南 哥倫比亞 厄瓜多 祕魯 智利 烏拉圭 （9）			貝里斯◎ （1）	
二面濱海（9）	哥斯大黎加* 巴拿馬* 美國◎ 加拿大 （4）	哥斯大黎加* 巴拿馬* （2）	瓜地馬拉 宏都拉斯 尼加拉瓜 墨西哥 （4）			美國◎ （1）	
群島（11）	海地* 聖露西亞* 聖文森* 格瑞那達* 巴貝多◎ 千里達◎ （6）	海地* 聖露西亞* 聖文森* 格瑞那達* （4）	巴哈馬 多明尼加 牙買加◎ 安地卡 （4）		古巴 （1）	牙買加◎ 巴貝多◎ 千里達◎ （3）	美屬維京 （1）
島嶼（4）	多米尼克* （1）	多米尼克* （1）	聖基茨 （1）	阿魯巴 （1）			波多黎各 （1）

說明：

1. 表內波多黎各、美屬維京群島、阿魯巴分別為美國與荷蘭屬地。

2. 由於警察型亦歸類於集中制，因此警察型特徵之國家，便加上星號「*」凸顯。另，軍文合一制國家分別與集中制國家、海軍型國家亦有重疊，故以雙圈「◎」凸顯。

表 c-8　美洲各沿海國（地區）濱海數與海域執法制度特徵百分比

	一面	二面	群島	島嶼
集中制	18%	44%	55%	25%
警察型	9%	22%	36%	25%
海軍型	82%	44%	36%	25%
聯合型				25%
陸海空合一			9%	
軍文合一	9%	11%	27%	
無國防			9%	25%

由上表百分比可知，海域執法制度集中制的國家以群島國（地區）比例最高，其次是二面濱海國。警察型亦以群島國比例最高，以島嶼國次之。海軍型以一面濱海國最多，其次為二面濱海。軍文合一亦以群島國最多，其次是二面濱海國。無國防以島嶼百分比最高。聯合型與陸空合一分別在群島與島嶼各一國。可以判斷，美洲各群島國（地區）特別注重海域執法制度，而一面濱海國家主要以海軍分擔海域執法任務。

發現：

1. 濱海數越多者，集中制亦多。（正相關）

2. 濱海數越多者，警察型亦多。（正相關）

3. 海軍型以一面濱海者居多。

最後做一小結列舉如下：

壹、海軍型居多，集中型次之，警察型殿後

海軍型及警察型大部分均集中在中南美洲，而北美洲三國中，美國及加拿大均為集中制。

貳、內陸河湖屬於海域執法範圍的國家不在少數

共十四國，顯示這些國家地理環境多大江大湖。

參、重視專屬的教育搖籃

共十六國，佔 44%，顯示重視教育的程度高。

肆、自由民主之高低與組織型態無關

美洲高自由度國家共二十五國，而集中制與海軍型分庭抗禮，其中警察型亦是集中制為主要關鍵。

非洲篇

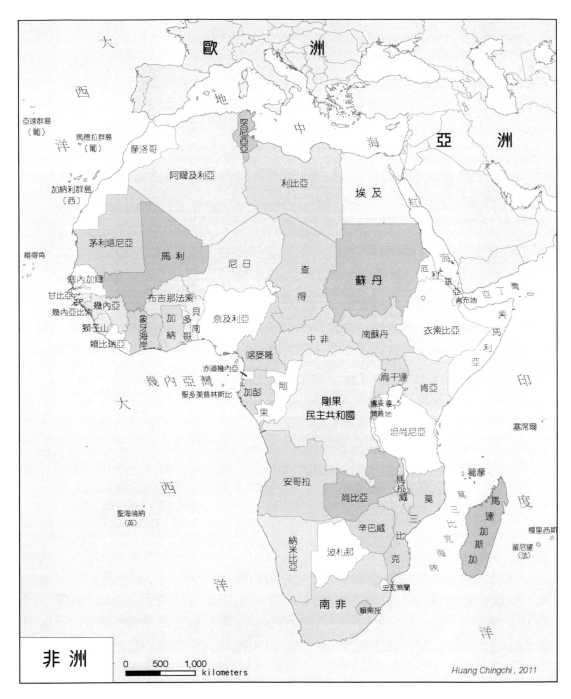

非 洲

0　500　1,000
kilometers

Huang Chingchi, 2011

資料來源：黃清琦繪製

非洲各國海域執法制度

導言

壹、非洲概況（Africa Overview）

　　非洲大陸地域遼闊，自然資源豐富，擁有面積 3020 萬平方公里，約占世界陸地總面積的 20.2%。東臨印度洋，西瀕大西洋，南隔厄加勒斯海（Agulhas Sea）與南極洲遙遙相對，北隔地中海和直布羅陀海峽與歐洲翹首相望，東北以蘇伊士運河和紅海為界與亞洲大陸為鄰。相當於歐洲總面積的三倍，是僅次於亞洲的世界第二大洲。非洲 53 個國家約占世界不結盟國家[1]總數的一半，占聯合國會員國的三分之一，是國際舞台上的一股重要力量，非洲的礦產資源十分豐富，世界上已知的 150 多種地下資源非洲都有蘊藏，[2]豐沛的鈾、鐵、石油和木材等自然資源幾百年來一直都是西方霸權強奪爭食的禁臠。歐洲列強於十七世紀開始進入非洲，但並未進入內陸，初期僅在沿海從事包括奴隸買賣在內的商業活動，其後於 1884 年柏林西非會議[3]後，歐洲強權才大舉展開非洲殖民活動。二次大戰

---

[1] 不結盟運動是一個擁有 118 個成員國的鬆散的國際組織，它成立於冷戰時期，其成員國奉行獨立自主、不與美蘇兩個超級大國中的任何一個結盟的外交政策。聯合國中三分之二的會員是該組織的成員國，全球人口的 55%也生活在不結盟運動國家。不結盟運動定期舉行首腦會議，到目前為止已經在前南斯拉夫、埃及、贊比亞、阿爾及利亞、斯里蘭卡、古巴、印度、津巴布韋、印尼、哥倫比亞、南非和馬來西亞舉行了 15 次會議。Wikipedia, (http://zh.wikipedia.org/zh-hk/%E4%B8%8D%E7%BB%93%E7%9B%9F%E8%BF%90%E5%8A%A8)（2010/03/02）

[2] 李輝民，〈不容忽視的新興市場——非洲〉。(http://www.sa-cnet.com/home/news/news2005/20050607_11t.htm)（2009/11/24）

[3] 柏林西非會議（Berlin Conference）由歐洲列強於 1884 年至 1885 年在德國柏林舉行會議，準備在非洲建立殖民地及發展貿易。與會國最後達成了柏林會議總議定書，正式開始瓜分非洲。會議過後，歐洲列強加速瓜分非洲的行動。在幾年之內，名義上撒哈拉沙漠以南的非洲領土全被瓜分。1895 年時，只有賴比瑞亞、奧蘭治自由邦與德蘭士瓦仍為獨立國家。阿比西尼亞（今衣索比亞）於 1889 年至 1896 年成功抵抗義大利自厄利垂亞而來的侵略，史稱第一次意阿戰爭，是非洲唯一的獨立原居民國家。1902 年前，非洲九成以上的領土都被歐陸國家控制。撒哈拉沙漠之土地，大多為法國所有。英國在鎮壓了

後受亞洲各國獨立運動影響，非洲各國展開建國運動，於 1950 年至 1960 年間非洲有四分之三地區獨立建國，以西非最多，最晚獨立的則是南部地區。不過非洲國家政治上獨立，其在經濟或文化方面則仍受殖民母國許多跨國公司，所掌控之經濟作物及礦場海外市場開發與經營權，殖民母國在原殖民地仍駐有軍隊，部分殖民地事實上仍需靠母國扶持，始能維繫其政權利益。

　　1945 年第二次世界大戰後在美蘇兩強對峙冷戰時代，非洲國家於兩大陣營中，獲得戰略利益，冷戰結束後非洲一度受到遺忘，現在因能源危機，非洲豐富的能源和資源受到國際社會之重視，不但成為進口能源國家積極爭取對象，也再次獲得國際強權之重視。美國在柯林頓政府時代通過「非洲成長暨機會法案」（Africa Growth and Opportunity Act, AGOA）。日本則每五年舉行一次「東京非洲發展國際會議」（Tokyo International Conference on African Development）進行對非洲援助。1955 年舉辦萬隆會議[4]，是部分亞洲和非洲的第三世界國家在印尼萬隆（Bandung）進行的國際會議，主要討論與亞非各國有關重大問題，又稱第一次亞非會議。萬隆會議主要目的是促進亞非國家之間的經濟文化交流，並共同抵制美國與蘇聯的殖民主義或新殖民主義活動。歐盟於 2000 年成立「歐洲—非洲高峰會議」（EU-African Summit），2003 年八大工業國（G-8）開始舉行「非洲夥伴論壇」（African Partnership Forum），定期與阿爾及利亞、奈及利亞以及南非等國領袖對話，英國於 2004 年成立「非洲委員會」（African Commission），2006 年韓國舉行「韓國--非洲論壇」（Korea-Africa Forum）[5]，2006 年 11 月中國於北京召開第二屆「中非合作論壇」並提升為元首高峰會，共有 48 個國家代表與會，受到全世界關注。[6]事實上 2008 年中國與非洲國家雙邊貿易已超過一千億美金，為 1995 年 50 億美金之 20 倍。[7]由於中國大陸近年來積極在非洲大陸收購

穆罕默德·阿赫默德和與法國解決法紹達事件後，與埃及共同統治蘇丹。（http://zh.wikipedia.org/zh-tw/%E6%9F%8F%E6%9E%97%E8%A5%BF%E9%9D%9E%E4%BC%9A%E8%AE%AE）（2010/02/01）

4　萬隆會議於 1955 年由印尼、緬甸、錫蘭（今斯里蘭卡）、印度和巴基斯坦五國發起，共有 29 個國家派出代表與會，他們代表超過全球一半的人口。這是亞非國家首次在沒有殖民國家參與下，討論亞非人民切身利益的大型國際會議。與會的代表們批評美蘇兩國在涉及亞非國家的政策時沒有聽取這些國家本身的意見，與會國家還表達了反對法國在北非和阿爾及利亞的殖民活動。會議的議程共 5 項：經濟合作、文化合作、人權和自決權、附屬國問題、世界和平和合作的促進。會議中的一個主要爭論點是會議最後是否應該將蘇聯在東歐與中歐的政策與美國等國的殖民主義政策相提並論。最後達成的共識是譴責「一切形式的殖民主義」。萬隆會議最終導致了 1961 年不結盟運動的興起。（http://zh.wikipedia.org/zh-hk/%E8%90%AC%E9%9A%86%E6%9C%83%E8%AD%B0）（2010/03/02）

5　陳虹君譯，《黑暗大布局　中國的非洲經濟版圖》（LA CHINAFRIQUE）。台北：早安財經文化有限公司，2009 年 6 月，頁 4-10。

6　《中國時報》〈中共大手筆　非洲邦交國債務全免〉，2006/11/05。2006 年 11 月於北京召開之中非高峰論壇，中共國家主席胡錦濤宣佈，將成立總額達 50 億美元中非發展基金，提供優惠信貸，免除非洲國家到期債務，係中共最大對外援助作法。總理溫家寶於第二屆中非企業家大會開幕式上，表示力爭 2010 年中非雙方貿易達 1000 億美元，將給予非洲國家所有商品零關稅進口，並鼓勵中國企業到非洲投資等措施。

7　蔡明彥，〈中非高峰會議〉。（http://www.mac.gov.tw/big5/mlpolicy/mwreport/98/9802.pdf），2009 年 11 月 17 日。

包括原油在內的各種天然資源及礦產，份量與日俱增。根據美國國家情報委員會資料顯示，至 2010 年全球石油總產量非洲將達 20%以上，美國今後十年所需石油將有 25%來自非洲撒哈拉以南地區，超過來自波斯灣進口之石油，致使美國調整其非洲政策。2009 年 7 月美國總統歐巴馬訪問迦納，8 月美國國務卿希拉蕊‧柯林頓訪問肯亞、南非、安哥拉、剛果民主共和國、奈及利亞、賴比瑞亞、維德角等 7 個非洲國家（奈及利亞與安哥拉是非洲的兩大原油生產及出口國）。並於肯亞首都奈洛比主持「非洲成長暨機會法案」論壇的揭幕儀式。主要任務是，重申美國協助非洲國家解決多項棘手難題的承諾，同時推動非洲國家與美國之間的自由貿易，美國對非洲大陸的重視由此可見一斑。[8]2009 年 11 月「中非合作論壇」第 4 屆部長會議在埃及開羅舉行，總理溫家寶於會中表示，中國是最大的發展中國家，非洲是發展中國家最集中的大陸，中非人口佔世界人口總數的三分之一，發展互利共贏的中非經貿關係有利於促進世界和平和共同發展。[9]

貳、次區域沿海國及濱海數分布

非洲國家共計五十三國，內陸國有 16 國，沿海國有 38 國，本篇討論的非洲國家共計 37 國。（見非洲地圖、表 D-1）

一、東非國家（15 國）：厄利陲亞、吉布地、衣索比亞（內陸國）、索馬利亞、肯亞、烏干達（內陸國）、盧安達（內陸國）、浦隆地（內陸國）、坦尚尼亞、馬拉威（內陸國）、莫三比克、馬達加斯加島、科摩洛、塞舌爾、模里西斯。

二、西非國家（17 國）：塞內加爾、甘比亞、幾內亞比索、幾內亞、獅子山、賴比瑞亞、象牙海岸、迦納、多哥、貝南、奈及利亞、毛利塔尼亞、維德角島、馬利（內陸國）、布基納法索（內陸國）、尼日（內陸國）、查德（內陸國）。

三、中非國家（7 國）：喀麥隆、聖多美和普林西比、赤道幾內亞、加彭、剛果民主共和國、剛果共和國、中非共和國（內陸國）。

四、南非國家（8 國）：安哥拉、納米比亞、南非、波札那（內陸國）、辛巴威（內陸國）、尚比亞（內陸國）、史瓦濟蘭（內陸國）、賴索托（內陸國）。

五、北非國家（7 國）：摩洛哥、阿爾及利亞、突尼西亞、利比亞、埃及、蘇丹、南蘇丹（內陸國）。

非洲大陸不同的區域具有不同的優勢，以西北濱地中海沿岸共有埃及（Eygpt）、利比亞（The Great Socialist People's Libyan Arab Jamahiriya）、突尼西亞（Republic of Tunisia）、

8　　陳世欽編譯，《聯合報》〈希拉蕊訪非洲 推自貿筆美勢力〉，2009/08/05。
9　　《星島日報》〈溫家寶提四建議推動中非經貿合作〉，2009/11/08。

阿爾及利亞（Democratic and Popular Republic of Algeria）、摩洛哥（Kingdom of Morocco）等國，由於歐盟南下政策而獲得了不少經濟發展機遇，而且位居印度洋、地中海和大西洋之聯絡要道；西非則賴比瑞亞（Republic of Liberia）、奈及利亞（Federal Republic of Nigeria）得到了石油美元的有力支援；而南非（South Africa）則因係南部非洲的經濟中心且受益於大國的重點投資與貿易優惠待遇而取得了明顯的發展；非洲大陸因此形成多個經濟群位置。而東南非則以索馬利亞（Somali Democratic Republic）、及模里西斯（Mauritius）等二國為探討重點國家。地理位置皆位於地中海、非洲之角[10]與亞丁灣間之水域，同時掌控阿拉伯國家石油海上運輸路線，皆具重要戰略地位。故以上國家，本編先列為海域執法重點探討國家。

非洲之角位於非洲東部面積約 2,000,000 平方公里，人口約 9020 萬，主要國家為衣索比亞及索馬利亞等國，由於兩國政府間之衝突不斷，加上索馬利亞國內政爭及戰火影響，非洲之角烽火連天。亞丁灣是位於葉門和索馬利亞之間的海域，為往來印度洋和地中海的重要水道，連同索馬利亞附近海域，由於陸上索國政府不穩定造成該處是海盜猖獗的海域。至 2009 年該海域已有包括美國、歐盟、日本、韓國及中國等，共二十多國 40 餘船艦由美國主導多國海軍在亞丁灣和索馬利亞海域護航。

表 D-1　非洲次區域內陸國與沿海國分布數量

	東非（15 國）	西非（17 國）	中非（7 國）	南非（8 國）	北非（7 國）
沿海國 97% （38）	厄利陲亞 吉布地 索馬利亞 肯亞 坦尚尼亞 莫三比克 馬達加斯加 葛摩 塞舌爾 模里西斯	塞內加爾 甘比亞 幾內亞比索 幾內亞 獅子山 賴比瑞亞 象牙海岸 迦納 多哥 貝南 奈及利亞 毛利塔尼亞 維德角島	喀麥隆 聖多美和普林西比 赤道幾內亞 加彭 剛果民主共和國 剛果共和國	安哥拉 納米比亞 南非	摩洛哥 阿爾及利亞 突尼西亞 利比亞 埃及 蘇丹
	（10） 100%	（13） 100%	（6） 86%	（3） 100%	（6） 100%

---

[10] 非洲之角（The Horn of Africa）：於非洲東北部，是東非的一個半島，在亞丁灣南岸，向東伸入阿拉伯海數百公里。它是非洲大陸最東的地區。作為一個更大的地區概念，非洲之角包括了吉布地、衣索比亞、厄利垂亞和索馬利亞等國家，面積約 2,000,000 平方公里。

| 內陸國（16） | 烏干達
盧安達
浦隆地
馬拉威
衣索比亞
（5） | 馬利
尼日
查德
布基納法索
（4） | 中非共和國

（1） | 尚比亞
波札那
辛巴威
史瓦濟蘭
賴索托
（5） | 南蘇丹

（1） |

說明：

表內沿海國顯示之百分比為完成海域執法制度探究之國家數。

依表 D-2 顯示，三面濱海僅一國，二面濱海二國，四面環海六國，其餘二十九國均為一面濱海，堪稱奇特分布。

表 D-2　非洲次區域沿海國及濱海面數

	東非（10）	西非（13）	中非（6）	南非（3）	北非（6）
一面 濱海 （29）	厄利陲亞 吉布地 肯亞 坦尚尼亞 莫三比克 （5）	塞內加爾 甘比亞 幾內亞比索 幾內亞 獅子山 象牙海岸 迦納 多哥 貝南 奈及利亞 毛利塔尼亞 賴比瑞亞 （12）	喀麥隆 赤道幾內亞 加彭 剛果共和國 剛果民主共和國 （5）	安哥拉 納米比亞 （2）	摩洛哥 阿爾及利亞 突尼西亞 利比亞 蘇丹 （5）
二面 濱海 （2）				南非 （1）	埃及 （1）
三面 濱海 （1）	索馬利亞 （1）				
島國 （6）	馬達加斯加 科摩洛 塞舌爾 模里西斯 （4）	維德角島 （1）	聖多美和普林西比 （1）		

第 109 章　摩洛哥海域執法制度

第一節　國情概況（Country Overview）

　　摩洛哥王國（Kingdom of Morocco）地處西北非，西北濱大西洋（Atlantic Ocean），逾半國土為西薩哈拉沙漠（West Sahara）的一部分。北濱地中海（Mediterranean Sea），隔直布羅陀海峽（Strait of Gibraltar）與西班牙（Span）相對，南鄰西撒哈拉（Western Sahara），東南接阿爾及利亞（Algeria）。全國面積 446,550 平方公里，為台灣的 12 倍大。海岸線長 1,835 公里，領海 12 浬，專屬經濟海域 200 浬。[1]

　　首都拉巴特（Rabat），全國人口 31,968,361 人（2011）[2]。國體君主立憲制，國會分為參眾兩議院，依據憲法，國王可以解散國會與任命總理。（見圖 109-1）主主要輸出磷礦、紡織品、皮革，輸入機械、石油、鋼鐵。[3]摩國國內生產總值（GDP）91,700（百萬）美元，

---

[1]　*Jane's Fighting Ships.2004-2005*, Edited by Commodore Stephen Saunders RN, Virginia U.S.A, p.481.

[2]　CIA, The World Factbook.(https://www.cia.gov/index.html)（2011/05/26）

[3]　《世界各國簡介暨各國首長名冊》，中華民國外交部，2001 年，頁 194。

在 190 個國家排名第 59 名；每人國民所得（GNP）2,868 美元（2010），在 182 個國家排名第 113 名。摩國在自由之家（Freedomhouse）的政治權利與公民自由兩種自由程度在 2010 年的分數前者為 5，後者為 4，歸類為部份自由國家；透明國際（Transparency International）中的 2010 年的貪污調查分數為 3.4，在 178 個國家中排名第 85 名；聯合國（2010）最適合居住國家的人類發展指數為 5.8，在 169 個國家中排名第 114 名。[4]

摩洛哥政治大抵穩定，但偶發性的恐怖攻擊、激進伊斯蘭活動及居高不下的失業率造成社會不穩定。[5]2011 年 2 月，突尼西亞發生茉莉花革命，雖然對中東或北非國家造成不少衝擊，但摩國並未受到多少影響，是由於國王穆罕默德六世不等群眾示威，便主動向全國發表演說，做出允許民眾自由信教崇拜；改革司法，使程序更透明，判決更公正；今後首相改由國會最大黨直接在議會提名，再由首相提名各部部長，等三項承諾穩定民心。[6]

第二節　歷史沿革（History）

1923 年，在法國殖民下由"Societe des Hospitaliers Sauveteurs Bretons"（HSB）組織在摩洛哥發起救生服務，首先在 Casablanca、Rabat 及 Mazagan 等地設置主要救生站，先有拋繩設施及法亨氏的拖曳救生船，資金來自捐獻及港口稅收。另亦規劃其他地區設置 7 個以上的救生站。1940 年，HSB 組織已在摩國設置 13 個救生站，其中 3 個有拖曳功能，1 個在卡薩布蘭加有 MLB，HSB 的卓越表現獲得國際水道測量局（International Hydrographic Bureau）肯定。[7]摩洛哥海域防衛隊為輔助武裝力量，[8]創立於 1997 年 9 月，海難搜救亦為主要任務。於 1997 年 9 月 9 日發布的皇家命令，規範由海事漁業部負責搜救業務，該部全為文職人員。為了執行任務，該部擁有 12 艘 18-20 公尺及 8 艘 6 公尺的搜救船，這些船是專為救生目的而造，並分別置放在各地海岸救生站。這些資源結合摩洛哥皇家海軍及空軍之能量，讓救生功能得以發揮。

---

[4]　五類指標詳情請見本書導論，頁 11-13。
[5]　中華民國外交部，外交資訊網頁（2010/01/22）
[6]　陸以正專欄，《中國時報-時論廣場》〈摩洛哥遠離茉莉風暴〉，2011/04/04。
[7]　Clayton Evans ,Rescue at Sea, An International History of lifesaving, Coastal Rescue Craft and Organizations, Naval Institute Press Annapolis, Maryland 2003 , p.236.
[8]　MOROCCO FACT FILE(2008/02/23), Security Information.(http://www.iss.co.za/AF/profiles/Morocco/morocco_menu.html) (2009/07/04)。

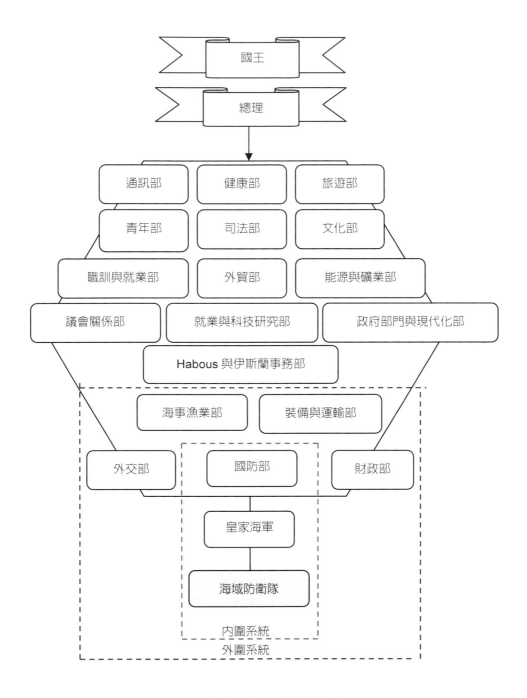

圖 109-1　摩洛哥海域執法相關部門互動圖

資料來源：作者自繪

第三節 組織、職掌與編裝
（Organization, Duties and Equipment）

摩洛哥海域防衛隊（Morocco Coast Guard）

一、組織與職掌

摩洛哥海域防衛隊隸屬於皇家海軍，海軍為國家高效率之海域防衛力量，為有效執行任務，亦與他國安全單位合作。海域防衛隊為海軍海域執法分支，優先保護西薩哈拉沙漠的海域治安。巡邏艦艇託付法國建造，2 艘軍艦於 2002 年正式執行任務。摩國海軍的現代化仍不斷擴展與增添新穎軍艦設備，目前最新裝備訂單已延續至 2013 年。因地理位置重要，與他國合作頻繁，並積極參與國際海洋安全演習。摩國海軍於 2008 年起，於國家沿岸佈署可觀的近海與港口巡邏艇，以應付大量非法捕魚及走私活動。海域防衛隊提供海難搜救服務，巡邏範圍以地中海海岸和容易發生走私毒品或偷渡至西班牙的直布羅陀海峽為主，另與北非沿岸國家及南歐各國定期交換信息，以便與各國合作處理非法活動。[9]

二、裝備[10]

海域防衛隊共有 49 艘艦艇，包含 4 艘 PCI-32 級、18 艘 Arcor46 級與 15 艘 Arcor 53 級等海域巡邏艇及多種功能船。（見表 109-1）。近年摩洛哥海軍訂購一批 200 噸的 Kebir-Class 海上巡邏艦，配有 76 厘米口徑艦炮、25 厘米口徑與 14.5 厘米口徑的機槍，報告指出其中六艘已移交給海域防衛隊。海域防衛隊總人數約有 500 人，受海軍管轄協助搜救任務等，另其至少還有 29 艘小型船隻，包括 7 艘配備有 14.5 厘米口徑的機槍的 El

---

[9] Jane's Navy, Morocco Navy, (http://www.janes.com/articles/Janes-Sentinel-Security-Assessment-North-Africa/ Navy-Morocco.html) (2010/02/23)

[10] *Jane's Fighting Ships.2004-2005*, Edited by Commodore Stephen Saunders RN, Virginia U.S.A, pp.481-485.

Mouderrib-class 388ton 巡邏艇，5 艘 44 噸 Baglietto 級配備有 20 厘米口徑機槍，及 4 艘用於搜救的 Mouderrib-class 巡邏艇。[11]

表 109-1　摩洛哥海域防衛隊裝備表[12]

型號	最高速（浬）	排水量（噸）	尺寸（M）	主要裝備	數量（艘）
SAR CRAFT	34	68	15.75*4.48*1.05	2 Volvo D12;1300hp	2
SAR CRAFT	20	40	19.4*4.8*1.3	2 diesels; 1400hp（m）	3
SAR CRAFT	20	70	20.7*5.8*1.8	2 MAN D2842 LE401dissels	2
Erraid P-32 級	28	89	32*5.4*1.4	2 SCAM MGO 12V BZSHR dissels	4
Arcor46-class	32	15	14.5*4.2*1.3	2 SCAM UD18V8 M5D dissels	18
Arcor 53-class	35	17	16*4*1.2	2 Seab DSI-14 dissels	15
合計					44

第四節　權限與管轄（Authority and Jurisdiction）

摩洛哥領海 12 浬，鄰接區 24 浬，專屬經濟海域 200 浬，[13]曾有西班牙漁船因進入沿岸三英里內作業遭到扣留的紀錄（fishing closer than three miles of their coast），經斡旋後以罰款了事。[14]摩洛哥與西班牙間的直布羅陀海峽僅有 10 英里，西班牙官員估計每年至少有千人以摩國作為過境點試圖進入歐洲。1998 年 2 月 16 日，摩洛哥和意大利簽署協定，合作打擊毒品走私和非法移民。[15]2009 年，又針對防範犯罪與恐怖行動重新和西班牙簽定從 1997 持續至今的新協定。[16]近年美國選定摩國作為其北非反恐基地，美海軍協助摩國海域防衛隊在直布羅陀海峽進行堵截偷渡行動。

---

[11] A tragedy of arms(2002), Anthony H. Cordesman, Greenwood Publishing Group, pp157-158.

[12] *Jane's Fighting Ships.2004-2005*, Edited by Commodore Stephen Saunders RN, Virginia U.S.A, pp.507-509.

[13] 行政院農委會漁業署，《重大政策－漁業資訊－遠洋漁業－各沿海國海域主張》。(http://www.fa.gov.tw/chnn/policy/policy_info/pelagic_fishing/pelagic_fishing_04_b.php)（2009/07/10）。

[14] barcelonareporter.com(2009/06/06)，Canary Island fishing boat captured seized in Moroccan waters. (http://www.barcelonareporter.com/index.php?/news/comments/canary_island_fishing_boat_captured_seized_in_moroccan_waters/)（2009/07/04）。

[15] Migration News（1998/03），Illegal Immigration: Spain/Morocco. (http://migration.ucdavis.edu/mn/more.php?id=1478_0_4_0)(2009/07/04)。

[16] Typically Spanish(2009/06/25)，Spain and Morocco sign new agreement on organised crime and terrorism. (http://www.typicallyspanish.com/news/publish/article_22013.shtml)(2009/07/04)

第五節　與我國制度之比較
（A Comparison with Taiwan Coast Guard）

　　摩國海域防衛隊僅作為輔助性的武裝力量，其艦艇與海關共有，性質不完全等同於軍人，但仍隸屬於海軍，仍與我國海巡署已逐漸轉型為文職單位有別。1997 年 9 月 9 日發布的皇家命令，規範由海事漁業部（法文：Ministère des Pêches Maritimes，英文：Ministry of Marine Fisheries）負責摩洛哥搜救業務。該部有約一百位受精良訓練的救生人員，其中 77 位派駐在各種不同的救生艇上。其餘人員則負責行政及海事漁業部與國家救難中心之間的協調。國家救難中心提供資訊給予全國四個分中心及各種海岸廣播站及船舶運輸中心。近年海洋部集中精神在各大港口發展醫療設備並舉辦全國船隻安全比賽，這些努力導致每年的海上致命案件持續下降。[17]我國海難搜救仍大量仰賴政府資源，由行政院國家搜救指揮中心協調搜救能量；海上搜救主要由海巡署的艦艇執行；空中搜救方面，基於一元化的原則，由內政部空中勤務總隊派遣空勤機負責執行；民力運用方面，雖然各地區大都設有救難或救生協會，但僅止於近岸搜救或救生的輔助性質，搜救能量仍有待加強。

第六節　結語（Conclusion）──特徵（Characteristics）

　　摩洛哥西北濱大西洋，北濱地中海，隔直布羅陀海峽與西班牙相望，海岸線長 1,835 公里，以下為其海域執法制度特徵。

壹、海軍型海域執法機制

　　摩洛哥海域防衛隊為海軍分支。

---

[17] Clayton Evans ,Rescue at Sea, An International History of lifesaving, Coastal Rescue Craft and Organizations, Naval Institute Press Annapolis, Maryland 2003 , p. 237.

貳、四級制──隸屬於國防部下轄之海軍

海域防衛隊為隸屬於海軍的四級單位。

參、協助海難搜救任務

海事漁業部集中精神在各大港口發展醫療設備並舉辦全國船隻安全比賽，這些努力導致每年的海上致命案件持續下降。海域防衛隊及海軍協助海事漁業部之搜救任務。

肆、取締偷渡為主要工作

摩洛哥鄰近歐洲大陸的地理位置，成為非洲偷渡至西班牙或其他歐洲國家的主要路徑之一。

伍、與他國密切合作

因境內嚴重的毒品販運及恐怖攻擊威脅，近年積極與義大利、西班牙及美國增加合作機會。

第 110 章　埃及海域執法制度

第一節　國情概況（Country Overview）

埃及阿拉伯共和國（Arab Republic of Egypt）位處北非，北濱地中海（Mediterranean Sea），東鄰紅海（Red Sea），西與利比亞（Libya）、南與蘇丹（Sudan）為鄰。全國面積 1,001,450 平方公里，為台灣的 28 倍大。海岸線長 2,450 公里，領海 12 浬，專屬經濟海域 200 浬。[1]

首都位於開羅（Cairo），全國人口 82,079,636 人（2011）[2]。國體共和制，政體總統制，總統為國家元首及最高行政首腦，可以任命副總統、總理、副總理、各部部長等。（見圖 110-1）主要輸出棉花、石油、紡織品，輸入穀物、機械、木材。[3]埃及國內生產總值（GDP）216,800（百萬）美元，在 190 個國家排名第 40 名；每人國民所得（GNP）2,771 美元（2010），

---

[1]　*Jane's Fighting Ships.2004-2005*, Edited by Commodore Stephen Saunders RN, Virginia U.S.A, p.192.

[2]　CIA, The World Factbook.(https://www.cia.gov/index.html)（2011/05/26）

[3]　《世界各國簡介暨各國首長名冊》，中華民國外交部，2001 年，頁 158。

在 182 個國家排名第 116 名。埃及在自由之家（Freedomhouse）的政治權利與公民自由兩種自由程度在 2010 年的分數前者為 6，後者為 5，歸類為不自由國家；透明國際（Transparency International）中的 2010 年的貪污調查分數為 3.1，在 178 個國家中排名第 98 名；聯合國（2010）最適合居住國家的人類發展指數為 5.8，在 169 個國家中排名第 101 名。[4]

1989 年 2 月，埃及、伊拉克、約旦及葉門在巴格達成立「阿拉伯合作委員會」。1990 年，波斯灣危機爆發後，埃及從中斡旋維護阿拉伯世界團結和統一。1991 年，與敘利亞和波斯灣合作委員會六國簽署《大馬士革宣言》，組成以埃敘為核心的阿拉伯軍隊，維護波斯灣地區的安全。[5]埃及總統穆巴拉克在位 30 年，實行鐵腕政治多年，人民受到突尼西亞茉莉花革命鼓舞，爆發數十年最大規模反政府示威，要求總統下台，警民爆發流血衝突。[6]2011 年 2 月，埃及百萬群眾走上街頭，穆氏最終於同月 11 日被迫下台，影響至巨。[7]

第二節　歷史沿革（History）

埃及海域防衛隊隸屬於海軍，海軍致力於培訓優秀的海軍士官兵，先是取代英國在埃及成立的海域防衛處（the Coast Guard Department），首位海軍指揮官同時也是港口與燈塔處（Harbors and Lighthouses Department）的指揮官，而那些曾服務於海域防衛處的人員後來也成為海軍的中堅力量。[8]

---

[4] 三類指標詳情請見本書導論，頁 11-14。
[5] 張倩紅著，《埃及史：神祕驚奇的古國》，台北：三民書局，2006，頁 157-158。
[6] 尹德瀚，《中國時報－焦點新聞》〈穆巴拉克在位 30 年 累積財產上兆〉，2011/02/13。
[7] 陸以正專欄，《中國時報－時論廣場》〈埃及革命尚未成功〉，2011/02/14。
[8] *The Establishment Of The Naval Academy* ,Histprical Background, (http://www.mmc.gov.eg/branches/Navy/t3.htm) (2009/07/06)

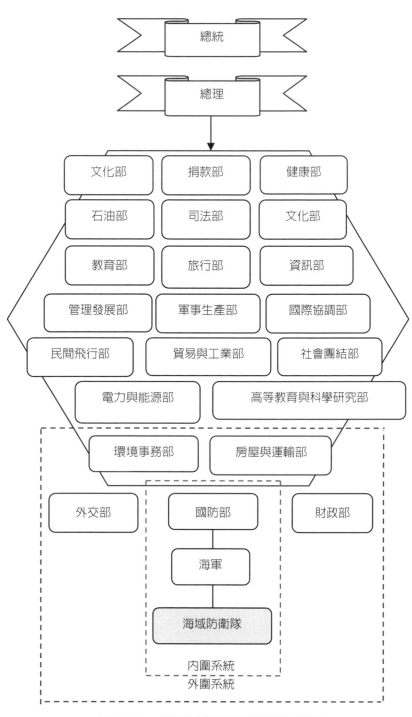

圖 110-1　埃及海域執法相關部門互動圖

資料來源：作者自繪

第三節　組織、職掌與編裝
（Organization, Duties and Equipment）

埃及海域防衛隊（Egyptian Coast Guard）

一、組織與職掌

　　埃及海域防衛隊是一支小型的準軍事性輔助武裝力量，隸屬海軍之下，與海軍合作負責沿海安全，除了巡邏海岸亦負責回應未達戰爭規模的偶發狀況。海軍則提供海域防衛隊軍官、工程師等遭遇走私活動時的必要協助，並依據海域防衛隊的需要與預算採購所需。[9]

二、裝備[10]

　　埃及海域巡防武力人員約 2,000 人，[11]裝備總計 97 艘艦艇。（見表 110-1）[12]

表 110-1　埃及海軍裝備一覽表

型號	最高速 （n mile）	排水量 （ton）	尺寸 （M）	機槍彈 （MM）	數量 （艘）
TYPE 83 CLASS Large Patrol Craft	24	85	25.5*6.5*1.7	4-23（2twin） 1 Oerlikon 20	9
SWIFT SHIP93 CLASS Large Patrol Craft	27	102	28.4*5.7*1.5	4-23（2twin）	9
TIMSAH CLASS Large Patrol Craft	25	106	30.5*5.2*1.5	2 Oerlikon 30	21
NISR CLASS Large Patrol Craft	24	110	31*5.2*1.5	4-23（2twin）	5

---

[9]　A military history of modern Egypt, Andrew James McGregor, Greenwood Publishing Group, 2006, p. 216.

[10]　*Jane's Fighting Ships.2004-2005*, Edited by Commodore Stephen Saunders RN, Virginia U.S.A, pp.201-203.

[11]　EGYPT FACT FILE, Navy.(http://www.iss.co.za/Af/profiles/Egypt/egypt1.html) (2009/7/7)

[12]　Egypt, (http://www.amiinter.com/samples/egypt/general.html), (www.inss.org.il/upload/(FILE)1232450403.pdf) (2009/07/05)

Spectre class	29	37	19.8*5.5*1.8	2-12.7	12
Petersen class	34	18	13.9*4.*0.5	2-12.7	12
DC35 TYPE（YEL）	25	4	10.7*3.5*0.8	nil	29
合計					97

第四節　權限與管轄（Authority and Jurisdiction）

各港口和船隻停泊處通常設有海域防衛隊，他們訪查各式船隻、清查船員及各項證明。在各入境口岸，報關（clearance）須包含與海關、衛生與移民及從港務局（Port Authority）取得的「航海證」。另外航經尼羅河（River Nile）必須獲得海域防衛隊發出的安全許可證。

除了反恐怖議題，由於埃及西奈半島地區（the Sinai region）種植罌粟，包括開羅國際機場和蘇伊士運河都成為毒品運往西歐的主要管道之一，毒品的查禁成為僅次於反恐怖的重要問題。1991 年，埃及簽署 1988 年的聯合國公約（the 1988 UN Convention），並加入聯合國。又於 1961 年簽訂麻醉品單一公約（the 1961 UN Single Convention on Narcotic Drug）、1972 年議定書（1972 Protocol）及 1971 年精神藥物公約（the 1971 Convention on Psychotropic Substances.）。

海域防衛隊與海軍、國家警察部隊共同支援農業部的（Ministry of Agriculture）魚類資源開發單位（The General Authority for Fish Resources Development, GAFRD）在各地辦事處的漁業執法工作。而蘇伊士海灣、Qarun 和 Al Raiyan 湖 5 月至 9 月為禁止捕撈期，因此不發給非本國船隻牌照，內陸全面禁止漂流刺網漁業（drifting gill net fisheries），由四個單位共同監測非法情事。至於水域環境維護則由環境事務部的巡邏隊執行 。

由於紅海的重要性，埃及近年與加拿大、德國、巴基斯坦、英國和美國組成的聯合特遣部隊（Combined Task Force, CTF）下轄之海上安全行動組織（Maritime Security Operations, MSO）尋求合作，除了期望遏制海洋被恐怖份子用來運輸或埋伏，MSO 的服務還提供包括協助遇險船員、訪查、搜查等行動。

第五節　教育與訓練（Education and Training）

埃及海軍學院（The Naval Academy）成立於 1946 年，1948 年，該校畢業生參與巴勒斯坦戰爭，表現出高水準的素質。另有航海學校「法魯克國王學校」（King Farouk School）負責培養船員。1988 年，與美國安納波利斯學院（the American Academy Annapolis）合作，開始發展教育實驗室與教育援助，改進為具有世界水準的海軍學院。軍校招收高中畢業生，學生在四年內學習一般軍事科目、人文科目和管理學與海軍專業科學。[13]

第六節　與我國制度之比較（A Comparison with Taiwan Coast Guard）

就艦艇內容分析，我國巡防艇分級較多，可執行較多元的海巡任務，分工也較細。埃及海域防衛隊主要負責海岸線的保護及偵查沿岸走私、偷渡。我國海岸巡防的艦艇較新且朝向專業形式發展而埃及的編制裝備較老舊，執行任務較單純。不過埃及海域防衛隊由於隸屬海軍，其職掌尚包括回應未達戰爭規模的偶發狀況，屬於海軍型，如環境汙染部分另有專責單位負責，對於魚類資源維護也僅擔負支援角色；而我國海巡署的編裝組織則趨向於集中型。另外，不同於我國海巡署，在埃及包括尼羅河等內陸河湖仍為海域防衛隊管轄。

第七節　結語（Conclusion）──特徵（Characteristics）

埃及北濱地中海，東鄰紅海，為二面環海國家，海岸線長 2,450 公里，以下為其海域執法制度特徵。

---

[13] EGYPTIAN NAVAL COLLEGE, The Developing of the College、Conditions of joining. (http://www.mmc.gov.eg/Academies/naval%20academy/Enavy.htm) (2009/07/07)

壹、海軍型海域執法機制

埃及負責維護海域安全的單位為隸屬於海軍的海域防衛隊。

貳、四級制──隸屬於國防部下轄之海軍

埃及海域防衛隊為隸屬於國防部的海軍分支。

參、專業教育搖籃

埃及海軍人員皆需至海學院受專業教育才可正式服役。

肆、內陸河湖亦為巡邏範圍

埃及境內尼羅河、Qarun 和 Al Raiyan 湖皆為巡邏範圍。

第 111 章　象牙海岸海域執法制度

第一節　國情概況（Country Overview）

象牙海岸共和國（Republic of Cote d'Ivoire）位於西非，東鄰迦納（Ghana），北連布吉納法索（Burkina Faso）及馬利（Mali），西接幾內亞（Guinea）及賴比瑞亞（Liberia），南濱幾內亞灣（Gulf of Guinea）。全國面積 322,463 平方公里，為台灣 9 倍大。海岸線長 515 公里，領海 12 浬，專屬經濟海域 200 浬。[1]

首都雅穆索戈（Yamoussoukro），全國人口 21,504,162 人（2011）[2]。國體共和制，政體總統制，總統為國家元首，總理為政府首腦，設全國人民議會。（見圖 111-1）主要輸出咖啡、可可、原木，輸入石油產品、食米與醫藥。[3]象國內生產總值（GDP）10.21（百萬）美元，在 190 個國家排名第 96 名；每人國民所得（GNP）1,016 美元（2010），在 182 個國家排名第 144 名。象國在自由之家（Freedomhouse）的政治權利與公民自由兩種自由程度在 2010 年的分數前者為 6，後者為 5，歸類為不自由國家；透明國際（Transparency

---

[1]　CIA, The World Factbook.(https://www.cia.gov/index.html) (2011/03/24)

[2]　CIA, The World Factbook.(https://www.cia.gov/index.html) (2011/03/24)

[3]　《世界各國簡介暨各國首長名冊》，中華民國外交部，2001 年，頁 154。

International）中的 2010 年的貪污調查分數為 2.2，在 178 個國家中排名第 146 名；聯合國（2010）最適合居住國家的人類發展指數為 4.5，在 169 個國家中排名第 149 名。[4]

　　於 1960 年 8 月 7 日自法國獨立。2002 年 9 月 19 日，政府軍與叛軍對峙，在法國及「西非國家經濟共同體」（Economic Community of West African States）斡旋下，於 2003 年 1 月 24 日談和。2010 年 10 月 31 日總統大選，聯合國承認前總理 Ouattara 當選，引起現任總統 Gbagbo 不滿，兩陣營出現暴力衝突，聯合國遂派維和軍隊，至 2011 年 1 月部隊人數達 11,500 人。[5]

第二節　組織、職掌與編裝
（Organization, Duties and Equipment）

象牙海岸海軍（Cote d'Ivoire Navy）[6]

一、組織與職掌

　　象牙海岸海軍為象國國家武裝部隊（National Armed Forces of Côte d'Ivoire）分支，分別在阿比讓（Abidjan）、薩桑德拉（Sassandra）的聖佩卓港（San Pedro）設有基地。海軍不僅負責海上軍事任務，亦積極協助各機關之海域執法任務，主要任務包含防止他國入侵國家海域，打擊偷渡、走私、毒品運輸等海上犯罪，處理海上油污與執行海難搜救。海軍艦艇主要來自於他國捐贈，多屬於舊型輔助船與近岸巡邏艇。由於象國得益於美國-非洲沿海安全計畫（United States African Coastal Security），很少發生海上衝突，因此政府長期擱置海軍裝備採購案，極難獲得政府資金補助。海軍因長期未有現代化計畫，自 1978 年購入的大型巡防艦已不再適航，更無法攜帶導彈。1976 年的運輸船狀況更差，兩艘法國與比利時提供的巡邏船因無法維修，已分別在 1998 年與 2000 年除役。

---

[4]　五類指標詳情請見本書導論，頁 11-14。
[5]　中華民國外交部，外交資訊網頁（2011/03/24）
[6]　Jane's Navy, Cote d'Ivoire Navy,2010/02/16, (http://www.janes.com/) (2010/03/21)

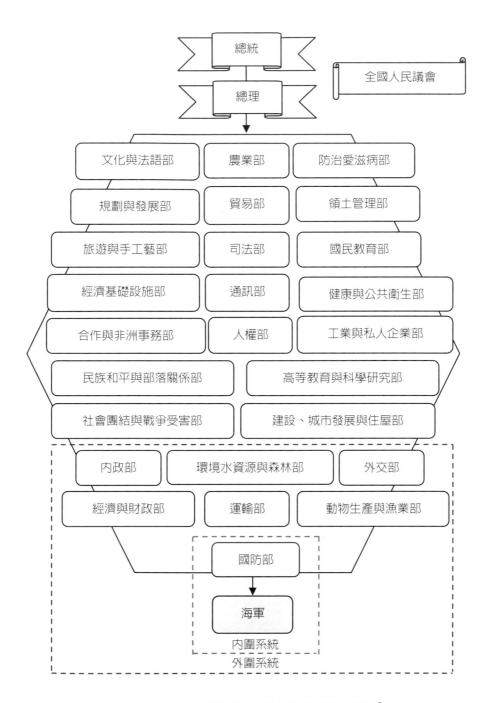

圖 111-1　象牙海岸海域執法相關部門互動圖[7]

資料來源：作者自繪

7　Government of National Reconciliation Cote d'Ivoire, (http://www.afdevinfo.com/htmlreports/org/org_14444.
html) (2011/03/24)

二、裝備

　　象國海軍擁有 950 名人員，總計有 5 艘艦艇，分別是 1 艘 147 噸巡邏艇、2 艘 150 噸巡邏艇、2 艘漁業保護船。

第三節　　與我國制度之比較
　　　　　（A Comparison with Taiwan Coast Guard）

　　象牙海岸海域執法主要由三級單位的海軍負責，不僅負責維護國家海域安全，亦執行偵查偷渡、走私、毒品運輸、清理海上油污與海難搜救等任務。另由於美非沿海安全計畫，象國海域鮮少發生犯罪，加上政府資金有限，海軍已經多年未更新。我國專責海域執法的海巡署為軍警文並立單位，海域執法主要由其下轄之海洋巡防總局負責，其裝備與人力都較象國海軍完備。

第四節　　結語（Conclusion）──特徵（Characteristics）

　　象牙海岸南濱幾內亞灣，為一面環海國家，在總長 515 公里的海岸線，設有二個基地，以下為其海域執法制度特徵。

壹、海軍型海域執法機制

　　象牙海岸並無專職海域執法單位，主要由海軍負責海域軍事與執法任務。

貳、裝備貧乏

象國海岸線長 515 公里，但海軍目前能夠適航之艦艇僅剩 5 艘，平均一艘船需負擔 103 公里的海岸線。

參、重視漁業資源

象國海軍擁有的 5 艘艦艇中，漁業保護船便有 2 艘，佔全部的 40%。

第 112 章　莫三比克海域執法制度

第一節　國情概況（Country Overview）

　　莫三比克共和國（Republic of Mozambique）位於東南非，東臨莫三比克海峽（Mozambique Channel）與印度洋（Indian Ocean），北接坦尚尼亞（Tanzania），西南鄰南非（South Africa）與史瓦濟蘭（Swaziland），西界馬拉威（Malawi）、尚比亞（Zambia）、辛巴威（Zimbabwe）。全國面積 799,380 平方公里，其為台灣 22 倍大。海岸線長 2,470 公里，領海 12 浬，專屬經濟海域 200 浬。[1]

　　首都馬布多（Maputo），全國人口 22,948,858 人（2011）[2]。國體共和制，政體總統制，總統為國家元首，總理為政府首腦，設國會一院制。（見圖 112-1）主要輸出糖、棉花與木材，輸入工業零件、紡織品、紙與糧食。[3]莫國內生產總值（GDP）10,210（百萬）美元，在 190 個國家排名第 124 名；每人國民所得（GNP）473 美元（2010），在 182 個國家

---

[1] CIA, The World Factbook.(https://www.cia.gov/index.html) (2011/03/24)

[2] CIA, The World Factbook.(https://www.cia.gov/index.html) (2011/03/24)

[3] 《世界各國簡介暨各國首長名冊》，中華民國外交部，2001 年，頁 196。

排名第 170 名。莫國在自由之家（Freedomhouse）的政治權利與公民自由兩種自由程度在
2010 年的分數前者為 4，後者為 3，歸類為部份自由國家；透明國際（Transparency
International）中的 2010 年的貪污調查分數為 2.7，在 178 個國家中排名第 116 名；聯合國
（2010）最適合居住國家的人類發展指數為 3.8，在 169 個國家中排名第 165 名。[4]

　　莫三比克於 1975 年 6 月 25 日脫離葡萄牙宣布獨立，獨立後一度施行激進馬克斯主義
政策，廢除私人企業、實施國有政策，卻使經濟發展低迷，民間開始出現反政府主張。[5]

第二節　組織、職掌與編裝
（Organization, Duties and Equipment）

莫三比克海軍（Mozambican Navy）

一、組織與職掌[6]

　　莫三比克海軍隸屬於國防部，海軍巡邏範圍不僅包含領海與專屬經濟海域，亦包括內
陸河湖，即尼亞撒湖（Lake Niassa）與贊比西河（Zambezi River）。海軍總部位於馬布多，
主要海岸基地有貝拉港（Beira）、納卡拉港（Nacala）、彭巴港（Pemba）與伊尼揚巴內
（Inhambane），河湖基地有泰特（Tete）及梅坦古拉（Metangula）。雖然，海軍有不少基
地，但艦艇甚少，目前僅能夠在馬布多港周圍有限地執行安全巡邏與海難搜救動，或進行
小型的漁業巡護任務。雖然海軍在海域的裝備與操作能力不足，但他們在河流範圍的執法，
發揮了關鍵作用。2008 年 1 月，莫國發生嚴重水患，海軍便協助撤離了五萬多名國人。自
1992 年以來，海軍的艦艇因缺少維護，值勤範圍多僅限海港內，政府長久未針對海軍的培
訓、演習與裝備增加國防預算。政府未用心發展後果便是其沿海巡邏服務長期由國際援助，
海軍根本沒有作戰能力。

---

[4]　　五類指標詳情請見本書導論，頁 11-14。
[5]　　中華民國外交部，外交資訊網頁（2011/03/24）
[6]　　Jane's Navy, Mozambique Navy,2011/06/09, (http://www.janes.com/) (2010/09/06)

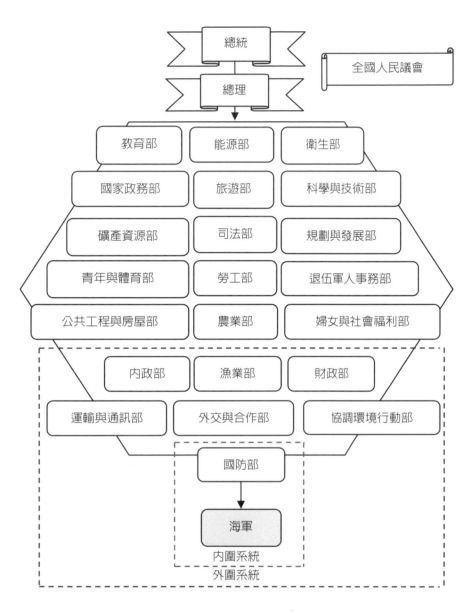

圖 112-1　莫三比克海域執法相關部門互動圖[7]

資料來源：作者自繪

　　莫國海軍多次接受他國援助，2004 年南非海軍捐贈二艘海港巡邏艇，同年法國捐贈馬達與導航系統，協助改裝莫海軍基地。由於外國非法漁船橫行莫國海域，美國於 2007 年捐贈三艘巡邏艇，給予海軍打擊非法獵捕魚類資源。[8]2008 年 9 月，美國捐贈自動監測識別系

7　Mozambique Government, (http://www.commonwealth-of-nations.org/Mozambique/Government) (2011/03/24)

8　US beefs up Mozambique Navy with patrol boats, 2007/01/16, (http://ports.co.za/navalnews/article_2007_

統，分佈於海岸五個主要駐點，協助海軍偵查沿海船舶與非法捕魚活動。美國更進一步承諾捐贈多架監督與通訊設備，有助於延展沿海地區的監測範圍。因為與美國關係密切，2010年 2 月，美軍艦至馬布多港進行為期五天的訪問，期間他們將就海域安全非法捕魚、海盜與培訓莫國海軍等問題交換意見。另外，美軍將對莫國海軍培訓駕駛小艇與救護技術。[9]

二、裝備

莫三比克海軍現有 200 名人員，總計有 5 艘巡邏艇。

第三節　與我國制度之比較
（A Comparison with Taiwan Coast Guard）

莫三比克海軍負責海域執法與軍事維護，責任範圍包含國家海域及內陸河湖，任務有軍事任務、監視盜捕漁船與海難搜救等。即使身為莫國唯一的海上執法單位，卻因裝備與人力不足，僅能在馬布多港執行小型任務。我國專責海域執法的海巡署為軍警文並立單位，海域執法由其下轄之海洋巡防總局負責，在制度、裝備與發展上，皆較身為國家軍事單位的莫國海軍完善甚多。

第四節　結語（Conclusion）——特徵（Characteristics）

莫三比克東臨印度洋，為一環海國家，海岸線長 2,470 公里，設有六個基地，以下為其海域執法制度特徵。

03_13_2719.html) (2011/03/24)

[9]　〈美國軍艦訪問莫桑比克〉，2010/02/09。(http://www.laodafang.net/shtmlnewsfiles/ecomnews/260/2010/201021 01455272203.shtml) (2011/09/06)

壹、海軍型海域執法機制

莫三比克海軍是國內唯一的海域軍事與執法單位。

貳、內陸河湖亦為巡邏範圍

尼亞撒湖與贊比西河亦為海軍巡邏範圍，分別在泰特及 Metangula 設有基地。

參、依賴他國協助

美國為莫海軍最大援助國，法國與南非亦提供各式裝備。

肆、裝備與人力貧乏

面對總長 2,470 公里的海岸線以及內陸河湖，海軍僅有 200 名人員與 5 艘艦艇值勤。

第 113 章　貝南海域執法制度

第一節　國情概況（Country Overview）

　　貝南共和國（Republic of Benin）位於西非，南濱幾內亞灣（Gulf of Guinea），東接奈及利亞（Nigeria），西鄰多哥（Togo），北界尼日（Niger）與布吉納法索（Burkina Faso）。全國面積 112,622 平方公里，為台灣 3 倍大。海岸線長 121 公里，領海 200 浬。[1]

　　首都新港（Porto-Novo），全國人口 9,325,032 人（2011）。[2]國體共和制，政體總統制，總統為國家元首與行政首長，國會一院制。（見圖 113-1）主要輸出棉花、原油、椰子，輸入食品、石化產品、消費品。[3]貝南國內生產總值（GDP）6,494（百萬）美元，在 190 個國家排名第 136 名；每人國民所得（GNP）673 美元（2010），在 182 個國家排名第 155 名。貝南在自由之家（Freedomhouse）的政治權利與公民自由兩種自由程度在 2010 年的分數皆為 2，歸類為自由國家；透明國際（Transparency International）中的 2010 年的貪污調查分

---

[1]　CIA, The World Factbook.(https://www.cia.gov/index.html) (2011/03/24)
[2]　CIA, The World Factbook.(https://www.cia.gov/index.html) (2011/04/21)
[3]　《世界各國簡介暨各國首長名冊》，中華民國外交部，2001 年，頁 132。

數為 2.8，在 178 個國家中排名第 110 名；聯合國（2010）最適合居住國家的人類發展指數為 3.0，在 169 個國家中排名第 134 名。[4]貝南奉行不排他外交政策，外交重點放在歐洲國家，突顯與前殖民母國法國的特殊關係，重視區域合作，支持西非一體化政策。

第二節　組織、職掌與編裝
（Organization, Duties and Equipment）

貝南海軍（Benin Naval Forces）

一、組織與職掌

貝南海軍成立於 1978 年，唯一的基地位於科托努（Cotonou），初期裝備來自於蘇聯提供的四艘甲蟲級巡邏艇，但至今都已經報廢。1988 年，由法國建造的 70 噸巡邏艇可提供的效能不足，至 2000 年後早已不能操作。後來中國大陸捐贈兩艘巡邏艇，繼續提供了海軍近岸巡邏的能量。所幸貝南海岸線不長，巡邏艇尚足以執行二個小時一次的巡邏。可是海軍仍沒有足夠能量進行離岸巡邏，例如打擊非法捕魚，保護海洋資源與經濟安全等工作。2005 年後，海軍開始積極與國際合作，例如美國海域防衛司令部（US Coast Guard）便派遣特派小組前往貝南，訓練海軍處理非法捕撈等問題。2010 年 3 月 22 日，貝南海軍與多哥海軍共同接受比利時海軍（Belgian navy）司令部與後勤支援提供的培訓，荷蘭與美國則扮演支援角色。[5]各種國際訪問顯示貝南重視海軍發展，努力促進區域穩定並防止國家潛在敵人的產生。與西非國家共同軍演，可以在未來聯手對付西非海岸發生的海盜、偷渡、走私與港口危機。可惜，貝南海軍至今仍沒有足夠的離岸作戰能力，因此面對可能的海上軍事危機，仍存有潛在的危機。[6]

---

[4]　五類指標詳情請見本書導論，頁 11-14。

[5]　Togo and Benin navy sailors receive training on the Belgian navy command and logistical support, 2010/03/22, (http://www.flickr.com/photos/africom/4454346552/) (2011/04/21)

[6]　Jane's Navy, Benin Navy, 2011/08/23, (http://www.janes.com/products/janes/index.aspx) (2011/09/06)

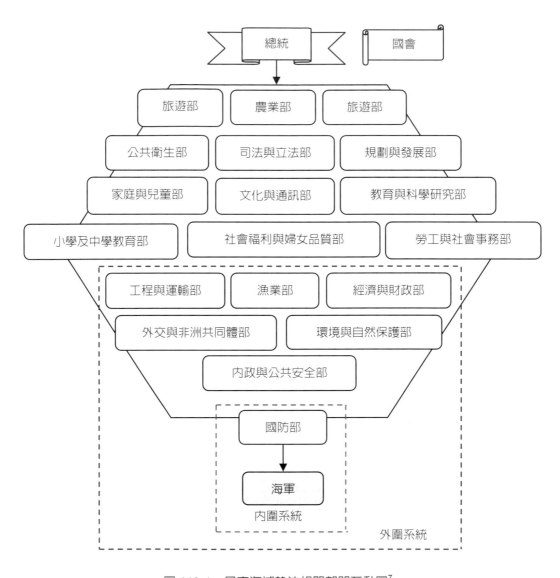

圖 113-1　貝南海域執法相關部門互動圖[7]

資料來源：作者自繪

二、裝備

　　貝南海軍目前擁有 220 名人員，裝備總計有 2 艘，皆為中國大陸於 2003 年提供的 55 噸巡邏艇。[8]

---

[7]　Benin Government, (http://www.guide2womenleaders.com/Benin.htm) (2011/03/24)

[8]　Jane's Navy, Benin Navy, 2011/08/23, (http://www.janes.com/products/janes/index.aspx) (2011/09/06)

第三節　與我國制度之比較
（A Comparison with Taiwan Coast Guard）

　　貝南海軍負責國家海域的執法與軍事維護，雖然任務包含軍事維護、監視盜捕漁船、偷渡與走私等非法活動，但是身為貝南唯一的海上安全單位，卻因裝備與人力不足，也只能在近岸執行較簡單的任務，根本無力進行離岸作戰。我國專責海域執法的海巡署為軍警文並立單位，海域執法由其下轄之海洋巡防總局負責，其在制度、裝備與發展上，都比身為國家軍事單位的貝南海軍完善。

第四節　結語（Conclusion）──特徵（Characteristics）

　　貝南南濱幾內亞灣，是一面環海的國家，在長 121 公里的海岸線上，僅設有一基地，以下為其海域執法制度特徵。

壹、海軍型海域執法機制

　　貝南並無設立專職海域執法單位，海軍是國內唯一的海域軍事與安全維護單位。

貳、裝備貧乏

　　貝南海軍僅有 2 艘 55 噸巡邏艇。

參、積極與他國合作

　　政府積極發展海軍，分別與多哥、比利時、美國、荷蘭合作培訓。

第 114 章　茅利塔尼亞海域執法制度

第一節　國情概況（Country Overview）

茅利塔尼亞伊斯蘭共和國（Islamic Republic of Mauritania）位於西非，西濱大西洋（Atlantic Ocean），北接西撒哈拉（Western Sahara）及阿爾及利亞（Algeria），東界馬利（Mali），南鄰塞內加爾（Senegal）。全國面積 1,030,700 平方公里，為台灣 29 倍大。海岸線長 754 公里，領海 12 浬，專屬經濟海域 200 浬。[1]

首都諾克少（Nouakchott），全國人口 3,281,634 人（2011）[2]。國體共和制，政體總統制，總統為國家元首，總理為政府首腦，設有國民議會與參議院。（見圖 114-1）主要輸出礦產、漁產，輸入機械、糧食。[3]茅國國內生產總值（GDP）3,486（百萬）美元，在 190 個國家排名第 151 名；每人國民所得（GNP）1,096 美元（2010），在 182 個國家排名第 140

---

[1]　CIA, The World Factbook.(https://www.cia.gov/index.html) (2011/04/21)

[2]　CIA, The World Factbook.(https://www.cia.gov/index.html) (2011/04/21)

[3]　《世界各國簡介暨各國首長名冊》，中華民國外交部，2001 年，頁 190。

名。茅國在自由之家（Freedomhouse）的政治權利與公民自由兩種自由程度在 2010 年的分數前者為 6，後者為 5，歸類為不自由國家；透明國際（Transparency International）中的 2010 年的貪污調查分數為 2.3，在 178 個國家中排名第 143 名；聯合國（2010）最適合居住國家的人類發展指數為 5.0，在 169 個國家中排名第 136 名。[4]

茅國目前外海的石油及天然氣蘊藏預計可生產數百萬桶的石油，政府期望以此帶來豐厚的外匯收入。政府的新外交政策著重於加強與阿拉伯以及撒哈拉以南國家（如塞內加爾及馬利）的關係，並與摩洛哥及阿爾及利亞建立密切的反恐合作關係。[5]

第二節　歷史沿革（History）

茅利塔尼亞海軍成立於 1965 年 1 月 25 日，1972 年後，海軍擁有一艘小型巡邏艦與二艘巡邏船，用於執行港口巡邏與查緝走私。到了 1987 年，海軍艦艇增加到十三艘，但卻只有八艘適航，可以作戰的也只有二艘。面對 200 浬的專屬經濟海域，海軍僅能執行簡易的沿海監測，卻無法完全控制國家水域。海軍的主要基地位於努瓦迪布（Nouadhibou），諾克少設一輔助基地。1986 年，在海軍成立的二十週年慶典，三軍參謀長宣佈重組海軍以提高任務效率。1987 年，茅國海軍重組後，將提昇聯合作戰指揮的功能並結合各種服務，與空軍、漁農處、海關聯手合作。[6]

---

[4] 五類指標詳情請見本書導論，頁 11-14。
[5] 中華民國外交部，外交資訊網頁（2011/04/21）
[6] Mauritania Navy, (http://www.country-data.com/cgi-bin/query/r-8591.html) (2011/04/21)

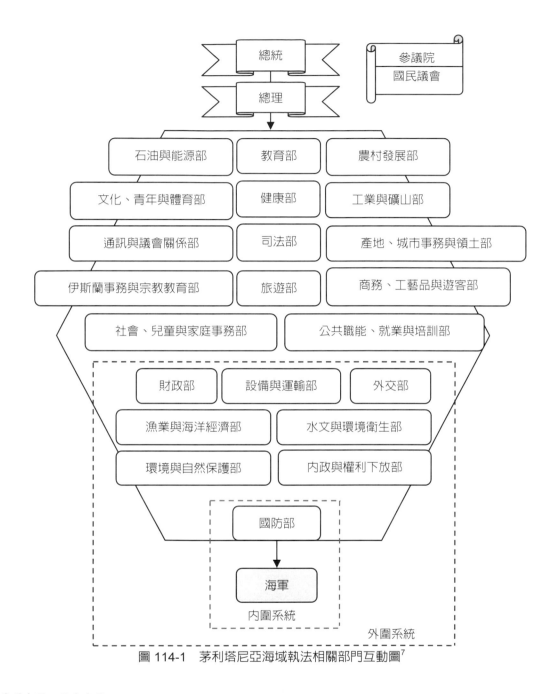

圖 114-1　茅利塔尼亞海域執法相關部門互動圖[7]

資料來源：作者自繪

---

[7]　Mauritania Government, (http://www.afribiz.info/content/mauritania-government-leaders-and-key-ministries)
(2011/04/24)

第三節　組織、職掌與編裝
（Organization, Duties and Equipment）

茅利塔尼亞海軍（Mauritania Navy）

一、組織與職掌

　　茅利塔尼亞海軍隸屬於國防部，是國防部隊中小而有效率的單位，在 2010 年，海軍成立新的巡邏中隊，以保護國家領海、漁業資源與專屬經濟海域。海軍基地分別位於努瓦迪布的艾蒂安港（Port Etienne）與諾克少的友誼港（Port Friendship）。由於海軍的裝備與人力有限，造成茅國海域出現安全漏洞，加上無導彈或魚雷能量，使得國家安全暴露在危險中。2008 年發生政變前，美國提供軍事培訓與教育資源。而近年在中國大陸的支援下，陸續在巡邏艇上安裝新式裝備與雷達。2010 年 4 月，中國大陸捐贈 1.5 百萬美元給茅海軍，並捐贈一艘目前茅海軍所擁有的最大型軍艦，協助提高其防禦能力。[8]德國則密切支援茅政府，提供設備、培訓與人力資源的改善，而西班牙則提供了幾艘翻新的船艦，歐盟與中國大陸亦給予茅海軍艦隊諸多協助。現今茅海軍面對大量的非法移民、走私毒品等挑戰，位於努瓦迪布的海軍基地積極與西班牙及歐盟艦隊合作，共同巡邏海域。由於海軍目前並無任何嚴重的海事糾紛，所以政府仍沒有實際操作艦隊作戰的機會。[9]

二、裝備

　　茅國海軍擁有 620 名人員，總計有 10 艘大型船艦與近岸巡邏艇，噸位介於 15 噸至 1,500 噸之間。[10]

---

[8]　China Donates $1.5 Million to Boost Mauritania's Defense, 2010/04/20, (http://china-defense.blogspot.com/2010/04/china-donates-15-million-to-boost.html) (2011/04/24)

[9]　Jane's Navy, Mauritania Navy, 2010/10/07, (http://www.janes.com/products/janes/index.aspx) (2011/04/24)

[10]　Mauritania Navy, Wikipedia, (http://www.janes.com/products/janes/index.aspx) (2011/04/24)

第四節　與我國制度之比較
　　（A Comparison with Taiwan Coast Guard）

　　由於茅利塔尼亞並無專責的海域執法單位，僅由海軍承擔所有海上相關任務。海軍是國防部隊中裝備與人力最小的軍事單位，即使近年政府增設海防中隊，但是國家目前仍未遭遇重大海上威脅，仍沒有實戰經驗。現今茅海軍的任務雖然只需偵查盜捕魚類、走私毒品與偷渡等問題，但由於裝備與人力有限，至今仍要依靠西班牙、歐盟與中國大陸等國際資助裝備、培訓與資金。相反地，我國則設有海巡署做為專責海域執法單位，海域國防交由海軍負責，兩個海上力量各有專屬的裝備、人力與負責職權。

第五節　結語（Conclusion）──特徵（Characteristics）

　　茅利塔尼亞西濱大西洋，是一面環海的國家，在總長 754 公里的海岸線上，設有二個基地，以下為其海域執法制度。

壹、海軍型海域執法機制

　　茅利塔尼亞並無設立專責海域執法單位，僅由國防部下轄之海軍負責海域執法與海域安全。

貳、裝備貧乏

　　海軍是茅利塔尼亞唯一海上安全單位，在長 754 公里的海岸線上只有 10 艘巡邏艇與62 名人員。

參、大量依賴國際支援

　　茅利塔尼亞因為財政窘迫,因此海軍發展與海上安全巡邏大量依賴中國大陸、西班牙、德國等資助。

第 115 章　塞席爾海域執法制度

第一節　國情概況（Country Overview）

　　塞席爾共和國（Republic of Seychelles）各群島散布在東南非，由馬埃島（Mahé Island）、普拉蘭島（Praslin Island）與拉迪格島（La Digue Island）三大島嶼及近九十個花崗岩島與珊瑚礁島組成。位於馬達加斯加（Madagascar）以北 1,000 多公里處的印度洋（Indian Ocean）上。全國面積 455 平方公里，為面積 150 平方公里的金門的 3 倍大。海岸線長 491 公里，領海 12 浬，專屬經濟海域 200 浬。[1]

　　首都維多利亞港（Victoria），全國人口 89,188 人（2011）。[2]國體共和制，政體總統制，國會一院制。（見圖 115-1）主要輸出椰子產品、肉桂，輸入機器、交通器材、食品與石化產業。[3]塞國國內生產總值（GDP）919（百萬）美元，在 190 個國家排名第 173 名；每人國民所得（GNP）10,714 美元（2010），在 182 個國家排名第 53 名。自由之家（Freedomhouse）的政治權利與公民自由兩種自由程度在 2010 年的分數皆為 3，歸類為部份自由國家；透明國

---

[1]　CIA, The World Factbook.(https://www.cia.gov/index.html) (2011/04/24)

[2]　CIA, The World Factbook.(https://www.cia.gov/index.html) (2011/04/24)

[3]　《世界各國簡介暨各國首長名冊》，中華民國外交部，2001 年，頁 210。

際（Transparency International）中的 2010 年的貪污調查分數為 4.8，在 178 個國家中排名第 49 名。[4]

　　法國於 1756 年宣稱占有塞島，並將它劃歸「法國之島」（Ile de France）（即今模里西斯）管轄。1814 年，法國拿破崙戰敗後將模里西斯連同塞席爾一併割讓給英國，並在該地設立議會。1975 年 10 月 1 日，成立聯合自治政府。1976 年 6 月 29 日，塞宣布獨立，現為大英國協會員國。[5]

第二節　組織、職掌與編裝
（Organization, Duties and Equipment）

塞席爾海域防衛署（Seychelles Coast Guard, SCG）

一、組織與職掌

　　塞席爾海域防衛署創建於 1992 年，為國家正規防衛武力之一，基地位於馬埃島的維多利亞港。SCG 擁有一專屬航空隊，是集結海事、軍事的多功能服務單位，角色類似於美國海域防衛司令部（US Coast Guard）。SCG 主要任務有海難搜救、維護港口與海洋安全、反海盜、維護專屬經濟海域與保護環境。[6]2010 年 3 月 30 日，SCG 與兩組索馬利亞海盜在海上發生激烈交戰，最終在 SCG 的努力下將 27 名人質救出，並將海盜送往國際法庭受審。隔月的 30 日，索國海盜再次挾持塞國與伊朗船隻，且不聽 SCG 的警告持續航返索國，塞當局遂下令開火，進而迫使海盜跳船。後 SCG 於海上救回人質，並將海盜與其船艇帶回塞國拘留，返塞途中再次遭遇其他海盜同黨攻擊，所幸 SCG 全力反擊，並擊沈海盜船艇，最終返回維多利亞港。塞政府這一波稱為「2010 年 3 月 30 日行動」（Action of 30 March 2010）的反海盜行動，讓國際見識到他們對打擊海盜的堅定決心，並逐漸朝向穩定發展。[7]

---

[4]　四類指標詳情請見本書導論，頁 11-14。
[5]　中華民國外交部，外交資訊網頁（2011/04/24）
[6]　U.S. Department of State, Seychelles, (http://www.state.gov/r/pa/ei/bgn/6268.htm) (2011/04/24)
[7]　Seychelles Coast Guard, Wikipedia, (http://en.wikipedia.org/wiki/Action_of_30_March_2010) (2011/04/24)

二、裝備

SCG 擁有 300 名人員，包含 80 名航空隊成員與 100 名海軍陸戰隊，總計有 7 艘巡邏艇，當中 3 艘分別由印度、義大利、西班牙建造，其餘則由美國海域防衛司令部提供，噸位介於 17.7 噸至 268 噸之間，另擁有一架航空器用於海難搜救。[8]

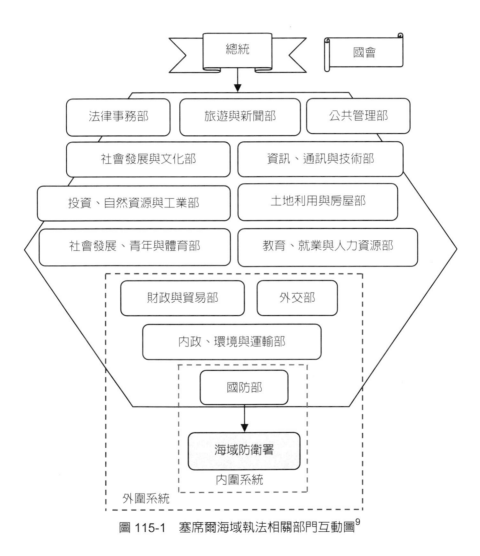

圖 115-1 塞席爾海域執法相關部門互動圖[9]

資料來源：作者自繪

---

[8] U.S. Department of State, Seychelles, (http://www.state.gov/r/pa/ei/bgn/6268.htm) (2011/04/24)

[9] Seychelles Government, (http://www.virtualseychelles.sc/) (2011/04/24)

第三節　與我國制度之比較
（A Comparison with Taiwan Coast Guard）

塞席爾設有海域防衛署做為專職的海域執法單位，其實為一準軍事機構，結合了海事與國防職責，亦負責反海盜、查緝走私與偷渡等任務。雖然只有七艘巡邏艇，人員也不過三百人，但在 2010 年的反海盜實戰行動中，救出人質而得到了勝利，可見政府對海上安全的維護與訓練的重視程度。我國則與塞國海域防衛署不同，針對海域執法設有海巡署，海上軍事安全則有海軍負責，不管是職權、裝備與人員的利用都各有專屬。

第四節　結語（Conclusion）──特徵（Characteristics）

塞席爾位於印度洋上，是四面環海的群島國，在總長 491 公里的海岸線上，設有一個基地，以下為其海域執法制度特徵。

壹、海軍型海域執法機制

SCG 身為專職海域執法單位，卻是結合軍事與海事的安全機構。

貳、缺乏裝備

SCG 面對嚴重的海盜問題，可惜僅擁有 7 艘巡邏艇與 1 架航空器。

第 116 章　聖多美普林西比海域執法制度

第一節　國情概況（Country Overview）

聖多美普林西比民主共和國（Democratic Republic of Sao Tome and Principe）位處西非，為大西洋（Atlantic Ocean）上之島國。全國面積 964 平方公里，為面積 150 平方公里的金門的 6.4 倍大。海岸線長 209 公里，領海 12 浬，專屬經濟海域 200 浬。[1]

首都聖多美（São Tomé），全國人口 179,506 人（2011）[2]。國體共和制，政體半總統制，總統為國家元首，由總統任命之總理行使行政權，國會單一制。（見圖 116-1）主要輸出可可、咖啡、椰仁，輸入機械、食品、能源。[3]聖國國內生產總值（GDP）187（百萬）美元，在 190 個國家排名第 186 名；每人國民所得（GNP）1,132 美元，在 182 個國家排名第 139 名。聖國在自由之家（Freedomhouse）的政治權利與公民自由兩種自由程度在 2010 年的分數皆為 2，歸類為自由國家；透明國際（Transparency International）中的 2010 年的貪污調查分數為 3.0，在 178 個國家中排名第 101 名；聯合國（2010）最適合居住國家的人類發展指數為 3.6，在 169 個國家中排名第 127 名。[4]

---

[1]　CIA, The World Factbook.(https://www.cia.gov/index.html) (2011/04/27)

[2]　CIA, The World Factbook.(https://www.cia.gov/index.html) (2011/04/27)

[3]　《世界各國簡介暨各國首長名冊》，中華民國外交部，2001 年，頁 206。

[4]　五類指標詳情請見本書導論，頁 11-14。

葡萄牙人於十五世紀開始殖民，直到 1975 年 7 月 12 日方告獨立。聖國自 1990 年 8 月採多黨並存之政治民主體制，對外則加強與西方國家關係，並與歐盟各國維持政經聯繫。聖國人民較為貧窮，教育資源缺乏，所幸社會治安尚稱良好，人民善良純樸。[5]

第二節　組織、職掌與編裝
（Organization, Duties and Equipment）

聖多美普林西比海域防衛署（Sao Tome and Principe Coast Guard）

一、組織與職掌

聖多美普林西比的海域防衛署隸屬於國防與內政秩序部，屬於軍事與治安合一的海上安全單位。由於聖多美為一島嶼國家，因此其海事能量是極為重要的。然而，自 2001 年起，海域防衛署早已奄奄一息，多數船艇早已無法運作，目前只剩下四艘充氣船與二艘巡邏艇。極受各國重視的專屬經濟區，聖國卻完全無法提高安全性，因此他國開始在此區域進行非法探勘石油、捕撈、走私等活動。2005 年，美國有鑑於此區非法捕撈猖獗，捐贈一艘 27 英呎的巡邏艇，以維護聖國沿海地區權益。2006 年 10 月，聖政府請求美派員進行沿海安全評估，美海軍在聖國沿岸裝設雷達、紅外線與高倍數望遠鏡，加強監測各種非法活動，包含恐怖主義、走私與非法捕魚。2007 年，美國海軍翻新一艘巡邏艇贈與聖國，現已開始充分執行任務。2008 年 1 月，聖多美成為非洲第一個裝設海上安全與防禦資訊系統（Maritime Safety and Security Information System），以便追蹤全球船隻往來的國家，此系統由四名海域防衛署人員負責監測，次要任務包含維修與安裝。[6]

2008 年 7 月 2 日，美國為提高聖國海域安全，派遣達拉斯（Dallas）的海域防衛司令部人員至聖國進行為期五天的參訪交流。美方的培訓課程，包含練習團體戰術、小船操作、登艦檢查、搜索與扣押等活動。[7]

---

[5] 中華民國外交部，外交資訊網頁（2011/04/27）

[6] Jane's Navy, Sao Tome and Principe Navy, 2010/06/07, (http://www.janes.com/products/janes/index.aspx) (2011/09/06)

[7] Coast Guard Cutter Dallas Advances Maritime Partnership with Sao Tome and Principe, 2008/07/02, (http://

二、裝備

海域防衛署總計有 2 艘美國贈予之巡邏艇與 2 艘充氣船。[8]

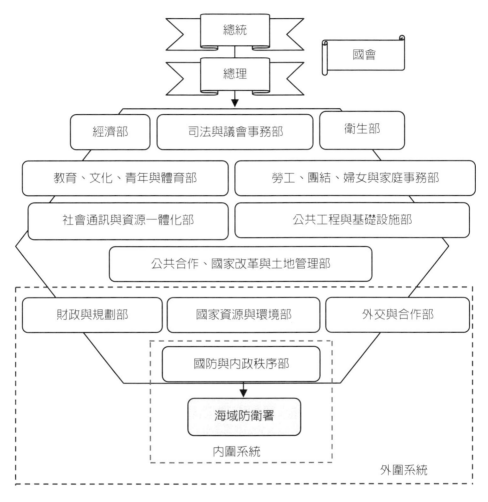

圖 116-1　聖多美普林西比海域執法相關部門互動圖[9]

資料來源：作者自繪

---

www.africom.mil/getArticle.asp?art=1874&lang=0) (2011/04/27)

[8]　Jane's Navy, Sao Tome and Principe Navy, 2010/06/07, (http://www.janes.com/products/janes/index.aspx) (2011/09/06)

[9]　Government of Sao Tome and Principe, (http://www.afdevinfo.com/htmlreports/org/org_24017.html) (2011/04/27)

第三節　與我國制度之比較
（A Comparison with Taiwan Coast Guard）

聖多美普林西比設有海域防衛署做為專職的海域執法單位，聖國並無海軍保衛海洋，所以海域防衛署便扮演了維護海域軍事安全與治安的單位。但是，由於海域防衛署自 2001 年後停滯發展，裝備也已經無法使用，雖然近年政府積極發展，美國亦大力提供協助，但是制度與裝備要發展到完備，仍舊要努力不少時日。我國設有海巡署為做為海域執法單位，海上軍事安全則另有海軍負責，海巡署雖然發展已久，但近年為了提高海洋政策的成效，計畫在 2012 年元月，設立海洋委員會促進與海洋事務相關的部會統合與協調。

第四節　結語（Conclusion）──特徵（Characteristics）

聖多美普林西比位於大西洋上，是四面環海的島嶼國，海岸線總長 209 公里，以下為其海域執法制度特徵。

壹、集中制

聖多美普林西比設有海域防衛署做為專責的海域執法單位。

貳、三級制──隸屬於國防與內政秩序部

聖多美普林西比海域防衛署為隸屬於國防與內政秩序部之三級單位。

參、兼負軍事與治安維護角色

聖多美普林西比並沒有海軍維護海域軍事安全，僅有海域防衛署兼負海洋軍事與治安維護任務。

第 117 章　加彭海域執法制度

第一節　國情概況（Country Overview）

　　加彭共和國（Gabonese Republic）位處中西非，西北鄰與赤道幾內亞（Equatorial Guinea），北接喀麥隆（Cameroon），東界剛果（Congo），西濱大西洋（Atlantic Ocean）。全國面積 267,667 平方公里，為台灣 7 倍大。海岸線長 885 公里，領海 12 浬，專屬經濟海域 200 浬。[1]

　　首都自由市（Libreville），全國人口 1,576,665 人（2011）[2]。國體共和制，政體總統制，總統為國家元首與政府首腦，設國會與參議院。（見圖 117-1）主要輸出石油、木材，輸入機器、油料、糧食。[3]加彭國內生產總值（GDP）12,560（百萬）美元，在 190 個國家排名第 116 名；每人國民所得（GNP）8,395 美元，在 182 個國家排名第 63 名。加彭在自

---

[1]　CIA, The World Factbook.(https://www.cia.gov/index.html) (2011/04/21)

[2]　CIA, The World Factbook.(https://www.cia.gov/index.html) (2011/04/21)

[3]　《世界各國簡介暨各國首長名冊》，中華民國外交部，2001 年，頁 166。

由之家（Freedomhouse）的政治權利與公民自由兩種自由程度在 2010 年的分數前者為 6，後者為 5，歸類為不自由國家；透明國際（Transparency International）中的 2010 年的貪污調查分數為 2.8，在 178 個國家中排名第 110 名；聯合國（2010）最適合居住國家的人類發展指數為 6.3，在 169 個國家中排名第 93 名。[4]

加彭於 1960 年 8 月 17 日脫離法國獨立，前總統彭高（Omar Bongo）自 1967 年起執政超過 40 年，留下嚴重貪污問題。由於國家石油蘊藏量減少，政府致力於推動生態旅遊產業，其國家公園佔國土的十分之一，境內雨林及野生動物豐富多樣。加彭與法國是親密合作的國家，法商於加彭投資亦多。[5]

第二節　組織、職掌與編裝
（Organization, Duties and Equipment）

加彭海軍（Gabon Navy）

一、組織與職掌

隸屬於國防部的加彭海軍，基地位於蒂爾港（Port Gentil）與馬永巴（Mayumba），巡邏範圍主要在自由市以南及沿岸地區。海軍主要任務為巡邏並保護沿海石油設施，其他任務包含監測專屬經濟海域，打擊非法捕魚與偷渡，監控海洋污染來源，保護海洋環境。由於近年國家的石油發展興盛，因此與周圍國家的海軍相比，積極發展現代化部隊。但是廣大的漁業保護區與專屬經濟海域的監測範圍，遠大於海軍設備所及。並且，如果石油收益下降，將可能一步影響海軍發展。2009 年，在領海上長期與赤道幾內亞因亞姆巴涅島的所有權有所衝突，雖然交由國際法庭審理，但雙方爭論仍僵持不下。由於加彭領海過去曾遭界定為 3 浬，雖然已改為 12 浬，但今日仍有中非各國的非法捕撈漁船湧入。此種現象讓絕大多數依靠漁業維生的加彭人民，損失重要的天然資源。因此，海軍的支援主要位於沿海一帶，以維護國家漁業捕撈權益。[6]

---

[4]　五類指標詳情請見本書導論，頁 11-14。
[5]　中華民國外交部，外交資訊網頁（2011/04/24）
[6]　Jane's Navy, Gabon Navy, 2009/12/24, (http://www.janes.com/products/janes/index.aspx) (2011/04/27)

另外，加彭警察設有總計 12 艘小型巡邏艇，協助海軍執法，在近海偷渡與走私等刑事案件，海軍則將逮捕之犯法民眾，交予警察偵訊。

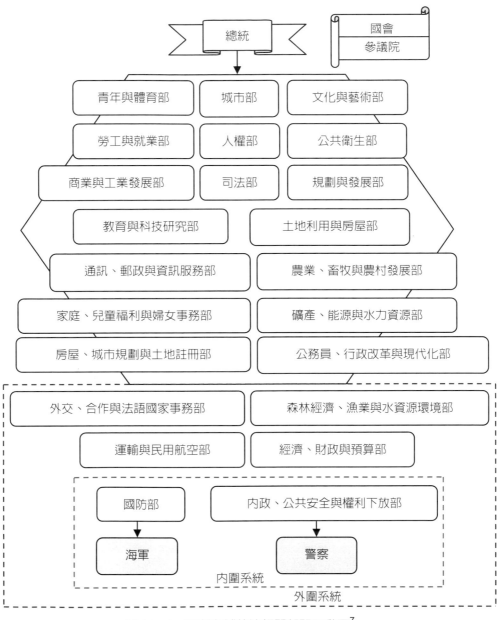

圖 117-1　加彭海域執法相關部門互動圖[7]

資料來源：作者自繪

---

[7]　Gabon Government, (http://www.historycentral.com/nationbynation/Gabon/Gov.html) (2011/04/24)

二、裝備

　　加彭海軍計有 600 名人員，總計有 9 艦艇，分別為 2 艘 446 噸巡邏艦、4 艘小型巡邏艇、1 艘 1,336 噸登陸艦、1 艘登陸艦、1 艘 425 噸快速攻擊艦，另設有 1 架航空器負責搜救與專屬經濟海域巡邏任務。[8]

第三節　與我國制度之比較
（A Comparison with Taiwan Coast Guard）

　　加彭海域安全與執法主要由海軍負責，雖然警察亦設有巡邏艇維護近海安全，但由於其裝備簡陋且噸位小，較無法執行離岸任務。雖然海軍扮演主要海域維安角色，但犯罪偵查工作仍是交由警察執行。由於海軍裝備與人力充分，結合海域執法與國防職責，負責包含監測盜捕魚類、走私、偷渡，保護石油設備等非軍事任務。我國則與加彭海域執法制度不同，針對海域執法設有海巡署，海上軍事安全則有海軍負責，不管是職權、裝備與人員的利用都各有專屬。

第四節　結語（Conclusion）──特徵（Characteristics）

　　加彭西濱大西洋，為一面環海的國家，海岸線長 885 公里，以下為其海域執法制度特徵。

壹、軍警混合型海域執法機制

　　雖然海軍為加彭海域安全維護的主要角色，但警察亦設有巡邏艇進行近岸巡邏與犯罪偵查任務。

---

[8]　Gabon Navy, Wikipedia, (http://en.wikipedia.org/wiki/Military_of_Gabon) (2011/04/27)

貳、三級制──隸屬於國防部與內政、公共安全與權利下放部

海軍與警察分別隸屬於國防部與內政、公共安全與權利下放部的三級單位。

參、資金不穩、裝備缺乏

海軍發展依靠國家石油收益，假使收益降低勢必影響海軍。面對 885 公里的海岸線，警察與海軍艦艇總計只有 21 艘巡邏艇。

肆、專屬航空器

海軍設有 1 架航空器執行搜救與巡邏任務。

第 118 章　葛摩海域執法制度

第一節　國情概況（Country Overview）

　　葛摩聯邦（Union of the Comoros）是位於東南非的印度洋（Indian Ocean）群島國，位於莫三比克（Mozambique）東北外海及馬達加斯加（Madagascar）西北方，西臨莫三比克海峽（Mozambique Channel）。主要由大葛摩（Grande Comore）、安樹昂（Anjouan）、莫愛利（Mohéli）及馬約特（Mayotte）四座火山島組成。全國面積 2,235 平方公里，台灣為其 16 倍大。海岸線長 340 公里，領海 12 浬，專屬經濟海域 200 浬。[1]

　　首都莫洛尼（Moroni），全國人口 794,683 人（2011）[2]。國體聯邦共和制，政體總統制，國會一院制。（見圖 118-1）主要輸出香草、丁香、夷蘭，輸入稻米、石油品、棉織品。[3]葛摩國內生產總值（GDP）557（百萬）美元，在 190 個國家排名第 181 名；每人國民所得（GNP）819 美元（2010），在 182 個國家排名第 148 名。葛摩在自由之家（Freedomhouse）的政治權利與公民自由兩種自由程度在 2010 年的分數前者為 3，後者為 4，歸類為部份自由國家；

---

[1]　CIA, The World Factbook.(https://www.cia.gov/index.html) (2011/03/21)

[2]　CIA, The World Factbook.(https://www.cia.gov/index.html) (2011/04/21)

[3]　《世界各國簡介暨各國首長名冊》，中華民國外交部，2001 年，頁 10。

透明國際（Transparency International）中的 2010 年的貪污調查分數為 2.1，在 178 個國家中排名第 154 名；聯合國（2010）最適合居住國家的人類發展指數為 2.6，在 169 個國家中排名第 140 名。[4]

　　葛摩於 1958 年成為法國海外領土，1974 年 12 月 22 日舉行獨立公投，95%選民贊成獨立，惟馬約特島 64%居民反對，堅持該島仍歸屬法國。1975 年 7 月 6 日，葛摩地方議會贊成獨立，而馬約特主權歸屬問題仍待解決。獨立後，安樹昂島對大葛摩島的中央政府不滿，於 1997 年 8 月片面宣布獨立。後經非洲統一組織調解，三島代表於 2001 年 2 月簽署和解協議，同年 8 月制訂新憲法，成立葛摩聯邦。葛摩 80%的人口從事與農業活動，但糧食生產不足，濫墾導致森林面積減少，農村人口外流嚴重，城市環境愈趨惡劣。[5]

第二節　組織、職掌與編裝
（Organization, Duties and Equipment）

葛摩海軍（Comoros Navy）

一、組織與職掌

　　葛摩武裝部隊由一小型常規部隊、五百名警員與國防部隊組成，葛摩與法國簽有防禦協定，由法國提供海軍資源，定期巡邏葛摩海域，並協助其他軍事人員培訓與空中防禦。法軍於馬約特島設有一海軍基地與駐外國軍隊。

　　葛摩並沒有完備的海軍力量，能夠運行的巡邏艇只有二艘小型巡邏艇，雖然船上設有機槍，卻沒有實際作戰能力。位於莫洛尼的海軍總部亦是唯一的海軍基地。1997 年至 2001 年，由於葛摩海軍無法平息安樹昂島的分裂勢力，在 1997 年 7 月，法軍的印度洋分遣艦隊分別佈署在吉布地（Djibouti）與馬約特島進行維和，從此定期在領海海域巡邏。另外，由

---

[4] 三類指標詳情請見本書導論，頁 11-14。
[5] 中華民國外交部，外交資訊網頁（2011/03/21）

於莫三比克、坦尚尼亞（Tanzania）、馬達加斯加與葛摩缺乏有力的海軍，南非（South Africa）為維護海洋和平，偶爾會巡邏到此區域。[6]

二、裝備

海軍僅擁有 2 艘 41 噸 Yamayuri 級巡邏艇。

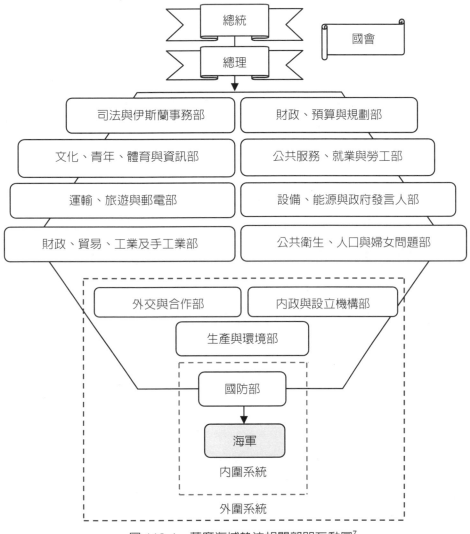

圖 118-1　葛摩海域執法相關部門互動圖[7]

資料來源：作者自繪

[6]　Jane's Navy, Comoros Navy, 2009/10/02, (http://www.janes.com/) (2011/09/06)
[7]　Comoros Government, (http://www.historycentral.com/nationbynation/Comoros/Gov.html) (2011/03/21)

第三節　與我國制度之比較（A Comparison with Taiwan Coast Guard）

　　葛摩並無專職海域執法單位，海軍身為國內唯一的海上防衛單位，卻只有二艘巡邏艇，且因無實際作戰能力，葛摩海防幾乎是完全依賴法國海軍執行。我國設有海巡署做為專責海域執法單位，海上國防則由海軍負責，兩個海上力量各有專屬的裝備、人力與負責職權，我國亦不需要依賴他國協助國防或是海域執法。

第四節　結語（Conclusion）──特徵（Characteristics）

　　葛摩為印度洋上的群島國，海岸線長 340 公里，僅設有一基地，以下為其海域執法制度特徵。

壹、海軍型海域執法機制

　　葛摩並無設立專責海域執法單位，而是由國防部下轄之海軍負責海域執法。

貳、裝備貧乏

　　海軍是葛摩唯一海上力量，面對四座大島總長 340 公里的海岸線，僅有 2 艘巡邏艇。

參、強烈依賴法國

　　葛摩海軍並無作戰能力，政府與法國簽訂防禦協定，因此海防與空防幾乎是依賴法國執行。

第 119 章　馬達加斯加海域執法制度

第一節　國情概況（Country Overview）

　　馬達加斯加共和國（Republic of Madagascar）為東南非外海的印度洋（Indian Ocean）島國，西臨莫三比克海峽（Mozambique Channel），為非洲第一、世界第四大島嶼[1]。西北方有島國科摩洛（Comoros），東北方有塞舌爾（Seychelles），東方則是模里西斯（Mauritius）。全國面積 587,041 平方公里，為台灣 16 倍大。海岸線長 4,828 公里，海域面積 226,658 平方公里，領海 12 浬，專屬經濟海域 200 浬。[2]

---

[1]　世界十大島嶼分別為：第一名格陵蘭島（217.5 萬平方公里），第二名新幾內亞島（78.5 萬平方公里），第三名印尼的加里曼丹島（73.4 萬平方公里），第四名馬達加斯加島（59 萬平方公里），第五名加拿大的巴芬島（51.2 萬平方公里），第六名印尼的蘇門答臘島（43.4 萬平方公里），第七名日本的本州島（22.7 萬平方公里），第八名英國的大不列顛島（21.9 萬平方公里），第九名加拿大的維多利亞島（21.2 萬平方公里），第十名加拿大的埃爾斯米爾島（20 萬平方公里）。（http://tw.knowledge.yahoo.com/question/question?qid=1105053100304）（2010/03/02）

[2]　*Jane's Fighting Ships.2004-2005*, Edited by Commodore Stephen Saunders RN, Virginia U.S.A, p.450.

首都安塔納納利佛（Antananarivo），全國人口 21,926,221 人（2011）[3]。國體共和制，政體半總統制，國會分為國民議會及參議院。總統由國民選出，掌握全國最高行政權力，國會選出的總理為輔助性質。半總統制的總統有權解散議會、提議公投，甚至可在國家出現緊急狀態時行使非常權力，其權力比總統制總統的權力大。（見圖 119-1）主要輸出咖啡、香精、可可，輸入原油、民生用品。[4]馬國國內生產總值（GDP）8,330（百萬）美元，在 190 個國家排名第 130 名；每人國民所得（GNP）391 美元（2010），在 182 個國家排名第 175 名。馬國在自由之家（Freedomhouse）的政治權利與公民自由兩種自由程度在 2010 年的分數前者為 6，後者為 4，歸類為部份自由國家；透明國際（Transparency International）中的 2010 年的貪污調查分數為 2.6，在 178 個國家中排名第 123 名；聯合國（2010）最適合居住國家的人類發展指數為 3.7，在 169 個國家中排名第 135 名。[5]

馬達加斯加得天獨厚的地理位置及地形，境內多特殊物種、鳥類資源豐富，但氣候常有季節性熱帶颶風，豪雨與水災常導致人民無家可歸。與法國、西非國家在經貿及文化關係極密切，政治採民主開放政策。[6]

第二節　歷史沿革（History）[7]

馬達加斯加軍隊歷史悠久，國王在十九世紀便擴大軍隊掌控國家，當時的皇家軍隊屬強制性兵役。十九世紀 20 年代，軍人大增，英國為減少法國對馬國的影響，主動提供各種新式武器、裝備及技術協助。但在 1883 年至 1885 年間，法國發動多次攻擊，馬國王為結束戰爭，於是認可法國控制並同意賠償馬境內法國居民的損失。1895 年，馬國開始嘗試推翻法國殖民政府，法當局為安撫民眾，廢除包含奴隸制等多項不平等政策。第一次與第二次世界大戰，馬國上千位軍人參與法軍在北非的作戰行動。1945 年後，馬人開始鼓吹獨立，1947 年後，國王與軍人正式起義，但隨後受到鎮壓。1956 年，馬成為法蘭西共同體（Communauté française）的自治共和國，直到 1960 年獨立。即使脫離法國統治，但其軍人教育及武器製造仍委託法國，法籍軍事顧問仍留在境內。

---

[3]　CIA, The World Factbook.(https://www.cia.gov/index.html)(2011/05/26)

[4]　《世界各國簡介暨各國首長名冊》，中華民國外交部，2001 年，頁 10。

[5]　五類指標詳情請見本書導論，頁 11-14。

[6]　中華民國外交部，外交資訊網頁（2010/02/26）

[7]　Madagascar Foreign Military Assistance, (http://www.country-data.com/cgi-bin/query/r-8363.html) (2010/02/26)

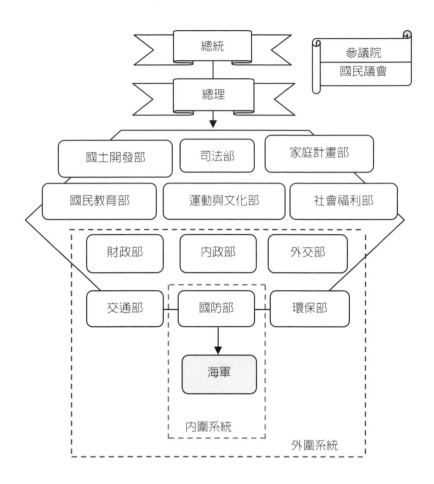

圖 119-1 馬達加斯加海域執法相關部門互動圖

資料來源：作者自繪

　　馬國接續法國軍事裝備，法國更於其獨立的頭五年，年年提供軍事援助。法國將領仍負責馬在印度洋的海軍操作，裝備包含三艘驅逐艦、一艘補給艇、一艘後勤支援艇及護航艦。二十世紀 80 年代，在馬國政府的要求下，法軍正式撤離。1990 年，法國捐贈八輛吉普車、海軍與空軍制服、各式軍事裝備。另外，前西德亦直接援助軍備，1964 年，提供三十輛吉普車及五艘巡邏艇，並有五十五名馬國海軍到西德軍校訓練。1975 年後，馬國放棄法國供給的訓練及裝備，開始接受共產國家提供的軍事協助，包含中共、北韓、羅馬尼亞及蘇聯等國家，後又因與美國友好關係而逐漸疏離。1984 年，美國協助馬國改進防禦能量和訓練，隔年馬官員參觀美海軍參謀學院及其他軍校課程。1989 年，美國協助加強海軍艦隊及空軍裝備，提供管理及武力技術訓練。

第三節　組織、職掌與編裝（Organization, Duties and Equipment）

馬達加斯加海軍（Madagascar Navy）

一、組織與職掌[8]

　　馬達加斯加海軍隸屬於國防部，因國家位處重要戰略位置，因此獨立前的殖民母國便已積極發展海軍，馬獨立後仍延續海軍制度。因政府經費有限，一直無法更新艦艇，僅剩幾艘舊型巡邏艇執行輔助或運輸任務，無法大範圍巡邏。2001 年，終向南韓訂購近海巡邏艇。2003 年初，美國供應 7 艘巡邏艇，馬海軍開始重振，新式艦艇多用於巡邏近岸海域，執行軍事防衛或執法任務。海軍艦艇噸位數不大，無法執行遠航任務，也難以在 4,828 公里長的海岸線與專屬經濟海域提供防護。雖然海軍宣稱將支援國際反恐怖行動，卻實在無法承擔。

　　海軍艦艇數少，如何分配巡邏艇數量是一大問題，較有危機的區域絕對是莫三比克海峽。馬海域擁有豐富貝類與蝦群，保護生物資源的永續發展也是海軍職責。海軍基地佈署於安齊拉納納（Antsiranana）、圖阿馬西納（Toamasina）、馬哈贊加（Mahajanga）及北海岸的貝島（Nosy Bé），設置北海岸基地是為了防止科摩洛及馬約特（Mayotte）的非法捕撈活動。馬海軍沒有兩棲陸戰隊員，裝備與教育也是延續法國制度，招標艦艇也屬小型，明顯毫無先發制人或反擊的兩棲作戰能力。艦艇也沒有佈雷或掃雷能力，在莫三比克海峽的巡邏能力遠不及莫三比克及科摩洛，因此法國與南非的海軍是此海域的巡邏主力。另外，馬國於 2008 年 11 月派遣 4 名海軍至美國海軍政戰學院受訓，以協助其完成海上戰略發展的計畫。

---

[8] Jane's Navy, Madagascar Navy, (http://www.janes.com/articles/Janes-Sentinel-Security-Assessment-Southern-Africa/Navy-Madagascar.html) (2010/02/26)

二、裝備

海軍約有 430 人，裝備總計 13 艘，包含有 12 艘巡邏艇與 1 艘 670 噸兩棲艦艇，馬國目前仍持續向法國、美國及南韓訂購艦艇加強能量。[9]

第四節　教育與訓練（Education and Training）

馬達加斯加獨立前，法海軍負責一切軍事訓練，至 1996 年馬政府終在法國協助下，在 Antsirabe 建立專屬軍校。獨立前，法設立之軍校訓練軍官、憲兵及文職人員，某些在馬國的法官員也到軍校學習，政府也會篩選優秀人員到法軍校受訓，這樣的軍事交流至 1970 年後逐漸停止。冷戰時期，上百位軍人曾至蘇聯、東德、古巴及北韓接受訓練。1980 年後，法國開始有限度的恢復對馬軍事訓練，美國開始計畫馬國的國際軍事教育和訓練，以提高專業技能並減少成為東歐國家附庸的機會。90 年代初，美國擴展軍事計畫，範圍包括行政管理、技術訓練、基礎建設及醫療設備。歷史上，常有國家因經濟不振或其它因素致國防武力下降，但馬國制度及人員並不缺乏，卻一直對軍事操作無法有效掌控，他國援助也無法抬高其海軍意識，軟弱的軍隊士氣與國家政策對其國防是一大問題。

第五節　與我國制度之比較
（A Comparison with Taiwan Coast Guard）

首先，馬達加斯加海域執法由海軍執行，不僅要負責海域安全，還需保衛漁場資源並逮捕非法漁船；我國海域軍事安全交由海軍負責，但海域執法、海難搜救及巡邏非法活動都交由海巡署負責。其次，馬國獨立前後都持續依賴他國支援，不管是職前教育或裝備，他國都深深影響馬國制度；我國海巡人員教育由國內專家授課，政府也努力精進海巡制度，並沒有他國直接涉入我國組織。最後，馬國國防意識因他國長久協助致使過度依賴而顯得

---

[9] *Jane's Fighting Ships.2004-2005*, Edited by Commodore Stephen Saunders RN, Virginia U.S.A, pp.450-451.

低落，成為未來安全發展的一大問題；我國海軍與海巡署權責區分清楚，近年積極改制海域執法部門，加強國家海域防衛。

第六節　結語（Conclusion）──特徵（Characteristics）

馬達加斯加為印度洋上的島嶼國，西臨莫三比克海峽，海岸線長 4,828 公里，設有四個基地，以下為其海域執法制度特徵。

壹、海軍型海域執法機制

馬達加斯加的海域執法是由隸屬國防部的海軍負責，任務包含軍事安全及非法活動檢舉。

貳、缺乏艦艇

國家地理位置重要，現有艦艇不到 20 艘，實難以維護廣大海岸線及國家海域安全。

參、長期依賴他國協助

馬獨立前受法國殖民，軍事訓練由法設置的軍校及軍官負責。獨立後仍接受法、美等國裝備及教育支援，國防意識低落，莫三比克海峽的安全巡邏非馬國可以直接承擔的責任。

第 120 章　奈及利亞海域執法制度

第一節　國情概況（Country Overview）

　　奈及利亞聯邦共和國（Federal Republic of Nigeria）位於西非，南濱幾內亞灣（Gulf of Guinea），與貝南（Benin）、尼日（Niger）、查德（Chad）及喀麥隆（Cameroon）為鄰。全國面積 923,768 平方公里，為台灣的 26 倍大。海岸線長 853 公里，領海 12 浬，專屬經濟海域 200 浬。[1]

　　首都阿布加（Abuja），全國人口 155,215,573 人（2011）[2]。國體共和制，政體總統制，國會分為參眾兩議院。（見圖 120-1）主要輸出咖啡、茶、毛皮，輸入石油、機械、糧食。[3]

---

[1]　*Jane's Fighting Ships.2004-2005*, Edited by Commodore Stephen Saunders RN, Virginia U.S.A, p.509.

[2]　CIA, The World Factbook.(https://www.cia.gov/index.html)(2011/05/26)

[3]　《世界各國簡介暨各國首長名冊》，中華民國外交部，2001 年，頁 204。

奈國國內生產總值（GDP）206,700（百萬）美元，在 190 個國家排名第 41 名；每人國民所得(GNP)1,324 美元(2010)，在 182 個國家排名第 133 名。奈國在自由之家(Freedomhouse)的政治權利與公民自由兩種自由程度在 2010 年的分數前者為 5，後者為 4，歸類為部份自由國家；透明國際（Transparency International）中的 2010 年的貪污調查分數為 2.4，在 178個國家中排名第 134 名；聯合國（2010）最適合居住國家的人類發展指數為 3.8，在 169 個國家中奈國排名第 142 名。[4]

奈國於 1960 年 10 月 1 日脫離英國獨立，現為非洲人口最稠密的國家，宗教種族對立嚴重。為世界主要石油生產國之一，南部石油產地的尼日爾州（Niger）及三角洲（Delta）因經濟利益分配不均時常爆發衝突。政府積極尋求外人直接投資，但境內安全疑慮及偶發性斷電常使外國投資人卻步。近年奈及利亞受到「尼日河三角洲解放運動」叛軍襲擾三角洲地區，導致石油產量銳減。[5]

第二節　歷史沿革（History）

1887 年，英國於奈及利亞設立一個海事部隊，維護港務、內河和海上治安，其相當於海軍職責。1914 年，北奈與南奈統一，雙方海軍亦合併。1956 年，英國接收解散的奈及利亞商船隊（Nigerian Merchant Navy）11 艘船和大約 200 名人員，培訓成為獨立的海軍防衛部隊。1958 年，英國改組奈國小型海軍國防軍（colony Small Naval Defence）成為奈及利亞皇家海軍（Royal Nigeria Navy）。[6]獨立後的奈及利亞海軍（Nigerian Naval Force）延續皇家海軍制度與裝備，正式成立。[7]

---

[4] 五類指標詳情請見本書導論，頁 11-14。
[5] 中華民國外交部，外交資訊網頁。（2010/01/26）
[6] Nigerian Navy & Nigerian Merchant Navy., 2009/06/25,（http://www.nairaland.com/nigeria/topic-273171.0.html）（2009/7/20）
[7] Military of Nigeria, (http://en.wikipedia.org/wiki/Military_of_Nigeria)（2009/07/16）

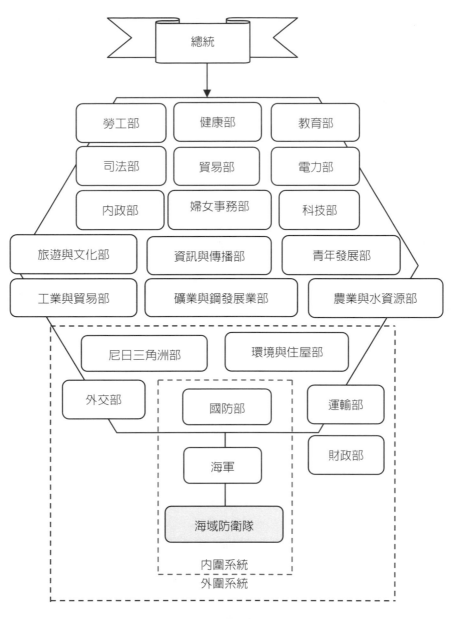

圖 120-1　奈及利亞海域執法相關部門互動圖[8]

資料來源：作者自繪

---

[8]　因應三角洲石油基地遭侵襲事件，奈及利亞總統於 2008 年 10 月新設「尼日三角州部」，同時能源部一分為二，各自獨立為石油部及電力部。（http://tw.myblog.yahoo.com/catworld-meow/article?mid=7327& prev=-1&next=7320）（200/10/01/26）

第三節　組織、職掌與編裝
（Organization, Duties and Equipment）

奈及利亞海軍（Nigeria Navy）──海域防衛隊（Coast Guard）

一、組織與職掌[9]

　　奈及利亞海域防衛隊為海軍下轄之小型服務單位，由於海軍長期缺乏資金導致軍力不足，無法有效巡邏。海域防衛隊亦缺乏資金，多數船隻缺乏資金、維修和培訓而無法有效巡邏，功能不彰。這說明了國際海事局（International Maritime Board）為何批評奈及利亞海軍，2008 年 1 月時，無法防止在拉各斯和尼日爾河三角洲地區（Lagos and the Niger Delta region）發生的海盜襲擊事件。2007 年，全球 263 起攻擊中共有 42 起是奈及利亞沿海的相關報告，較前一年增加三倍半。

　　奈國沿海建有 10 個海軍雷達站、兩個航空指揮和控制中心，西部的海軍司令部為阿帕帕（Apapa）與拉各斯（Lagos），東區指揮部則在卡拉巴爾（Calabar）。航空指揮和控制中心設在位於奧霍（Ojo）的海軍總部。[10]

　　海軍實際應採取的手段包括協助奈及利亞三角洲地區恢復和平，配合地區導航任務的執行，清理水路；解決奈及利亞三角洲地區的衝突；提供石油終端的安全；監測港口與施工，制止領海水域的污染；避免海域遭毒物、化學品汙染；打擊港口、船隻、碼頭、海域與溪流等水域犯罪和災害；按照國際搜救公約的規則執行海難搜救任務；監測和檢查船隻導航設備是否有損壞跡象，通知故障或遺失的商船主管部門；協助安全部隊防範可能的恐怖活動；打擊海盜與非法漁撈等。若能提供三角洲地區 24 小時的保安措施，不只能減少每年上下游的修復經費，也可大幅提升國家形象，以穩定的經濟和環境帶來海運和石油的外國投資者。

---

[9] Jane's, Nigeria Navy, The Christian Science Monitor, (http://www.janes.com/articles/Janes-Sentinel-Security-Assessment-West-Africa/Navy-Nigeria.html)(2009/07/16)

[10] Aeronautics (2006/04/12) , (http://www.aeronautics-sys.com/?CategoryID=264&ArticleID=201) , (http://www.aeronautics-sys.com/?CategoryID=264&ArticleID=201)(2009/07/16)。

二、裝備

近來奈及利亞三角洲的石油鑽塔常遭遇游擊隊襲擊，海軍試圖在有限的預算下重組艦艇隊面對威脅。除調整監視系統，海軍在三角洲地區設立三個前線作戰基地，並從國際船隻安全（SAFE Boats International）獲得 6 艘快速反應艇。

海軍正在開發無人駕駛平台（unmanned platforms）的全國海域防衛系統。根據簽署的 260 萬美元合同，以色列航空防務系統公司建造海軍設備，包含可載人和無人的海上與空中系統，以及雷達和指揮控制中心。此系統覆蓋整個海岸線，保護領海和海上石油平台。2006 年，政府設立一個特別辦事處，將海軍、海域防衛隊和交通部聯結以執行計劃。執行團隊由無人航空器（Aeronautics' Aerostar tactical unmanned aerial vehicle）和海星無人駕駛車輛（Seastar unmanned surface vehicle）組成。通過航空無人終端和應用系統軟件（Aeronautics' Unmanned Multi-Application System terminal and software）的控制，加上不同傳感器，能提供空中載具的控制。

針對奈國的巡邏沿岸航道以打擊盜竊運輸原油，美國安全援助計劃（US Security Assistance Program）安排轉讓退役的 55 米 Balsam 級航海遠洋浮標。[11]目前海軍約有 18 艘巡邏艇，[12]包括 6 艘 22 噸的巡邏艇 Type SM-500 與 6 艘 16 噸的 Stan Pat 1500 巡邏艇。[13]

第四節　權限與管轄（Authority and Jurisdiction）

奈國海域執法由國防部下轄之海軍負責，可分為 3 個範圍。第一範圍，以保護海域安全及海關貿易之走私和偷渡監控為優先執行；保護離岸加油補給裝置；執行 100 浬外的海難搜救與治安維護。第二範圍，海軍監控專屬經濟海域以維持海上治安及海洋污染；防止危險或有毒物質的傾倒，實行地區科學研究。第三範圍，實施監視、情報蒐集、船艦獨立訓練和聯合行動。[14]

---

[11] THE MINERAL INDUSTRY OF NIGERIA (2003), THE MINERAL INDUSTRY OF NIGERIA, (http://www.aeronautics-sys.com/?CategoryID=264&ArticleID=201)(2009/07/17)

[12] Country Listing, Nigeria Navy, (http://www.country-data.com/cgi-bin/query/r-9462.html)(2009/07/16)

[13] Naval Institute Guide to Combat Fleets of the World: Their Ships, Aircraft, and Systems
NAVAL INSTITUTE GUIDE TO COMBAT FLEETS OF THE WORLD, Eric Wertheim, Naval Institute Press, 2007, pp. 510-511.

[14] Nigerian Navy & Nigerian Merchant Navy, (http://www.nairaland.com/nigeria/topic-273171.0.html) (2009/7/20)

第五節　教育與訓練（Education and Training）

　　奈及利亞海域執法的訓練學校有位於卡諾州（KANO STATE）的巴耶羅大學、聯邦教育學院、技術培訓學院。另有奈及利亞空軍下轄的飛行員培訓學校，與奈及利亞員警學院、海關培訓學校、移民培訓學校等院校。位於卡杜納州（Kaduna State）著名的紮裏亞陸軍學院、賈吉指揮參謀學院、紮裏亞航空技術學院等學校。[15] 2005 年底，叛軍襲擊奈及利亞三角洲地區，導致石油設施受到威脅，美國軍方派遣部隊駐紮在幾內亞灣（Gulf of Guinea），以培訓西非國家打擊恐怖主義、販毒、盜竊石油等威脅。[16]

第六節　與我國制度之比較
　　　　（A Comparison with Taiwan Coast Guard）

　　奈及利亞海域防衛隊隸屬於海軍，由於自身裝備薄弱，常依賴海軍執行任務。我國海巡署為一專職海域執法單位，雖戰時支援海軍，但並不依靠海軍執法。此外奈國海域防衛隊執行業務須深入河口，但我國海巡署只負責海域安全，並不涉及內陸水域的業務。

第七節　結語（Conclusion）──特徵（Characteristics）

　　奈及利亞南濱幾內亞灣，為一面環海國家，海岸線長 853 公里，分為三個指揮部，以下為其海域執法制度特徵。

---

[15] 中華人民共和國商務部，（http://nigeria.mofcom.gov.cn/ddgk/ddgk.html）（2010/01/26）

[16] The Christian Science Monitor (2005/07/26), Oil inflames Nigeria's ethnic tensions. (http://www.csmonitor.com/2005/0726/p07s01-woaf.html)(2009/07/17)

壹、海軍型海域執法機制

奈及利亞雖設有海域防衛隊，但其實由海軍指揮。

貳、四級制──隸屬於海軍

奈及利亞國防實力有限，並無設立專責海域執法單位，僅由隸屬於海軍的海域防衛隊負責。

參、海上產油基地需加強維安

奈及利亞為產油國，但其三角洲地區常遭受叛軍襲擊，急需加強海域防衛實力。

肆、強化海域巡防能量

為保護石油設施不遭受武裝分子破壞，海軍開始重視巡邏及經營，並向大陸或其他軍備供應國尋求巡邏艇，確保領海及尼日三角洲之油田經濟利益。

第 121 章　甘比亞海域執法制度

第一節　國情概況（Country Overview）

　　甘比亞共和國（Republic of The Gambia）位於西非，三面為塞內加爾（Senegal）包圍，甘比亞河（Gambia River）貫通國家中央，流往位於西面的大西洋（Atlantic Ocean）。全國面積 11,300 平方公里，約台灣的三分之一。海岸線長 80 公里，領海 12 浬，已被界定的漁場及專屬經濟海域 200 浬。[1]

　　首都位於班竹市（Banjul），全國人口 1,797,860 人（2011）[2]。國體為共和制，政體屬總統制，單一國會制，內閣由總統任命。（見圖 121-1）主要輸出花生、漁產與毛皮，輸入紡織品、民生用品。[3]甘國國內生產總值（GDP）1,040（百萬）美元，在 190 個國家排名第 170 名；每人國民所得（GNP）605 美元（2010），在 182 個國家排名第 159 名。甘國在自

---

[1]　*Jane's Fighting Ships.2004-2005*, Edited by Commodore Stephen Saunders RN, Virginia U.S.A, p.253.

[2]　CIA, The World Factbook.(https://www.cia.gov/index.html) (2011/05/27)

[3]　《世界各國簡介暨各國首長名冊》，中華民國外交部，2001 年，頁 168。

由之家（Freedomhouse）的政治權利與公民自由兩種自由程度在 2010 年的分數皆為 5，歸類為部份自由國家；透明國際（Transparency International）中的 2010 年的貪污調查分數為 3.2，在 178 個國家中排名第 91 名；聯合國（2010）最適合居住國家的人類發展指數為 4.3，在 169 個國家中排名第 151 名。[4]

1965 年，甘比亞脫離英國獨立，其產業活動大部分與花生製品相關，另有豐富漁業資源待開發。甘國雖有多樣化族群，各持語言和習俗，但彼此很少衝突。因國土遭塞內加爾包圍，與塞國有邊界衝突。另與歐美等先進國家為援贈者與受援者之關係。[5]

第二節　組織、職掌與編裝
（Organization, Duties and Equipment）

甘比亞海軍（Gambia Navy）

一、組織與職掌

1996 年，海軍未成立前，巡邏艇皆置於陸軍的三個海事聯隊下。海軍為隸屬於國防部的準軍事部隊，總指揮部位於班竹市。由於海軍成立以來長期缺乏資金，導致海軍作戰能力持續惡化。僅憑目前擁有的 6 艘巡邏艇，能夠承擔的責任只限於沿海巡邏。1999 年，台灣贈與的艦艇雖增加其海軍能量，但仍缺乏有效維護專屬經濟海域能力，貧乏的海軍能量讓國家漁場時常遭受盜捕者入侵。海軍主要負責國家漁業資源、防範非法運送武器及毒品、偵查偷渡，但 2004 年發現石油後，他們急需擴大發展以保護資源。[6]

---

[4] 五類指標詳情請見本書導論，頁 11-13。

[5] 中華民國外交部，外交資訊網頁（2010/04/05）

[6] Jane's Navy, Gambia Navy, (http://www.janes.com/articles/Janes-Sentinel-Security-Assessment-West-Africa/Navy-Gambia.html)(2010/04/05)

二、裝備

現有海軍 150 名，裝備共計 10 艘，分別為 1 艘 24 噸 PETERSON Mk 4 級巡邏艇、2 艘 25 噸巡邏艇、1 艘可用來訓練與運輸的 17 噸近岸巡邏艇。[7]另外，台灣先於 2007 年贈與 2 艘名為 Sulaman Junkung 與 Fatima 的巡邏艦艇，後於 2009 年贈與 4 艘巡邏艇。[8]

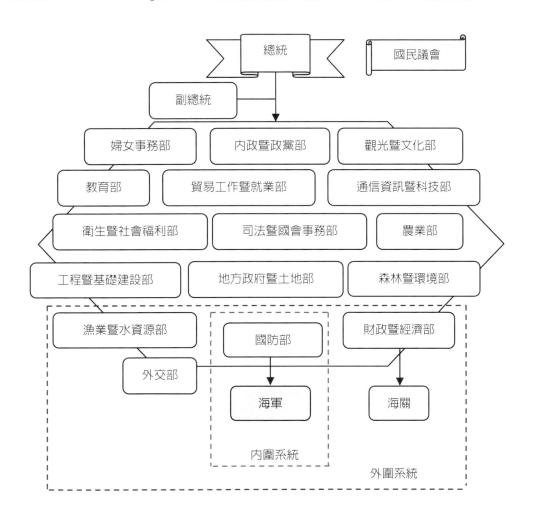

圖 121-1　甘比亞海域執法相關部門互動圖

資料來源：作者自繪

---

[7] *Jane's Fighting Ships.2004-2005*, Edited by Commodore Stephen Saunders RN, Virginia U.S.A, pp.253-254.

[8] Gambia News, Taiwan Donates Four Patrol Boats to Navy, 2009/07/02, (http://www.gambianow.com/news/News/Taiwan-Donates-Four-Patrol-Boats-to-Navy.html)(2010/04/06)

第三節　與我國制度之比較
（A Comparison with Taiwan Coast Guard）

　　甘比亞海軍身為國內唯一海事單位，必須執行國家領海維權及偵查行動，但政府因為資金缺乏，多年無法強化裝備能量，使海軍值勤吃力。相反地，台灣對於海域安全的資源相對較多，更設有專責海域執法單位，在制度方面則隨著現實需求而有所革新。

第四節　結語（Conclusion）──特徵（Characteristics）

　　甘比亞西臨大西洋，為一面環海國家，海岸線長 80 公里，設有 1 基地，以下為其海域執法制度特徵。

壹、海軍型海域執法機制

　　甘比亞並無專職海域執法機構，唯一的海事單位是成立於 1996 年的海軍。

貳、資金缺乏、艦艇數量少

　　海軍長期資金匱乏，艦艇也多仰賴他國捐贈，目前僅有 10 艘艦艇，難以有效執行多樣海事任務。

參、重視漁業資源

　　因近大西洋洋流與寒流交會處，故漁場資源豐富，常有非法捕撈活動，保護漁場成為海軍主要任務。

第 122 章　阿爾及利亞海域執法制度

第一節　國情概況（Country Overview）

　　阿爾及利亞人民民主共和國（Democratic and Popular Republic of Algeria）位於北非，北濱地中海（Mediterranean Sea），東鄰突尼西亞（Tunisia）與利比亞（Libya），南接尼日（Niger），西南界茅利塔尼亞（Mauritania）及馬利（Mali），西北連摩洛哥（Morocco）。全國面積 2,381,741 平方公里，為台灣 66 倍大。海岸線長 998 公里，領海 12 浬。[1]

　　首都阿爾及爾（Algiers），全國人口 34,994,937 人（2011）[2]。國體共和制，政體總統制，總理由總統任命，國會分為國民大會與參議院。（見圖 122-1）主要輸出原油、天然瓦斯、水果，輸入食品、機械、紡織品。[3]阿國國內生產總值（GDP）159,000（百萬）美元，在 190 個國家排名第 48 名；每人國民所得（GNP）4,477 美元（2010），在 182 個國家排名

---

[1]　*Jane's Fighting Ships.2004-2005*, Edited by Commodore Stephen Saunders RN, Virginia U.S.A, p.8.

[2]　CIA, The World Factbook.(https://www.cia.gov/index.html) (2011/05/27)

[3]　《世界各國簡介暨各國首長名冊》，中華民國外交部，2001 年，頁 128。

第 92 名。阿國在自由之家（Freedomhouse）的政治權利與公民自由兩種自由程度在 2010
年的分數前者為 6，後者為 5，歸類為不自由國家；透明國際（Transparency International）
中的 2010 年的貪污調查分數為 2.9，在 178 個國家中排名第 105 名；聯合國（2010）最適
合居住國家的人類發展指數為 5.6，在 169 個國家中排名第 84 名。[4]

　　阿爾及利亞於 1962 年自法國獨立。1991 年起，軍方為防止回教基本教義派取得政權，
迫使國會停止選舉，與該教派展開流血鬥爭，雖先後於 1994 年及 1999 年辦理總統選舉，
社會仍動盪不安。與政府長期抗爭的薩拉菲斯特呼聲及戰鬥組織（The Salafist Group for
Preaching and Combat）與蓋達組織（Al-Qaeda）於 2006 年在阿境內策動連續恐怖攻擊，至
今自殺炸彈攻擊依舊頻傳。2009 年 7 月，傳出蓋達組織誓言為中國新疆地區因種族動亂喪
生的穆斯林復仇，揚言殺害西北非地區的漢人。[5]

第二節　歷史沿革（History）

　　阿爾及利亞在八〇年代得到蘇聯（Union of Soviet Socialist Republics）幫助，海軍經歷
相當的成長與現代化。自 1993 年起，海軍為巡邏其專屬經濟海域，積極爭取自西歐海軍購
入艦艇，後來卻限於財政困難並未能實現。阿國海軍從 1983 年起，陸續從蘇聯得到數艘潛
水艇及護衛艦，亦自稱擁有兩棲登陸艇等。另外還擁有小型巡邏艇，包括 11 艘前蘇聯奧薩
一 OSA I 和 OSA II 級導彈快艇，皆裝載 4 具冥河空對空飛彈。還有 12 艘凱比爾級快速攻
擊艇（Kebir-class fast-attack craft），安裝 76 毫米機槍，其中 6 艘暫由海域防衛署操作。海
域防衛署除擁有 16 艘義大利製輕型巡邏艇外，另擁有 1990 年至 1993 年交付的中國製巡邏
艇。[6]近年阿國恐怖組織開始攻擊海域防衛署，部分基地遭到炸彈攻擊。[7]

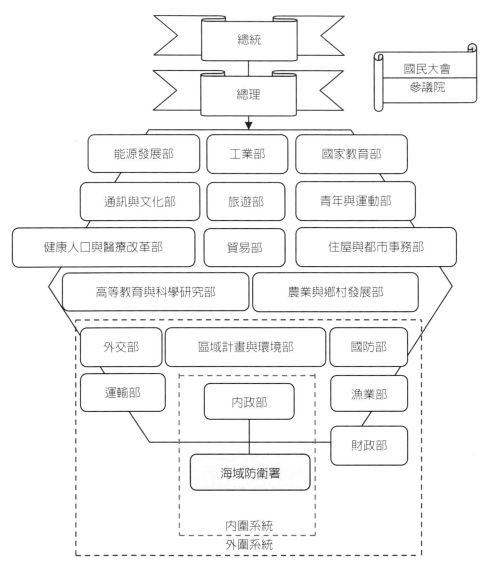

圖 122-1　阿爾及利亞海域執法相關部門互動圖

資料來源：作者自繪

第三節　組織、職掌與編裝
（Organization, Duties and Equipment）

阿爾及利亞海域防衛署（Algeria Coast Guard）

一、組織與職掌

　　阿爾及利亞海域防衛署擁有約 16 艘艦艇，[8]人員 580 人，[9]其雖隸屬於內政部，卻由海軍指揮執行任務（under the navy's operational control）。海軍主要基地位於阿爾及爾、米爾斯港（Mers el Kebir）、安納巴（Annaba）、吉杰利港（Jijel）和瓦赫蘭（Oran）。[10] 2008 年，海域防衛署人員自海上攔截並逮捕 40 名欲從阿國偷渡至歐洲的非法移民。[11]

二、裝備

表 122-1　阿爾及利亞海域防衛署編裝[12]

型號	最高速（浬）	排水量（噸）	尺寸（M）	主要裝備（mm）	數量（艘）
Support ship	14	600	59*8.4*2.1	2-12.7 mm MGs	1
EL Mouderrib（Chui-E）級（AXL）	24	388	58.8*7.2*2.2	4 China14.5 mm（2 twin）	7
Baglietto 20（PBF）	36	44	20.4*5.2*1.7	1 Oerlikon 20mm	4
EL Mounkid 級（SAR）				不詳	4

　　另外，為了因應大量非法移民，阿國海關亦有數艘配備有 MGs 的小型巡邏艇。

8　木津徹著、張雲清譯，《世界海軍圖鑑》，台北：人人出版社，民國 96 年 11 月出版，頁 12。

9　《世界各國知識叢書 4-2（非洲卷：北非諸國（二）》，北京：軍事誼文出版社，民國 83 年出版，頁 118。

10　Navy, (http://countrystudies.us/algeria/167.htm) (2009/07/22)。

11　Algerian coast guard pulls nearly 40 boat people from waterm, 2008/06/09, (http://www.topix.com/forum/dz/annaba/TNG0UVD77TCTT76AS)(2011/09/07)

12　*Jane's Fighting Ships.2004-2005*, Edited by Commodore Stephen Saunders RN, Virginia U.S.A, p.7.

第四節　權限與管轄（Authority and Jurisdiction）

阿爾及利亞在 1963 年宣告領海 12 浬，並在 2006 年 11 月 4 日宣布鄰接區法、[13]漁區（fishery zones）32/52 浬。[14]政府會監控任何進入到國家海域之船隻，外國軍艦未經允許不得擅入上述之海域範圍。另外，除非外國漁民取得捕魚許可，否則捕魚權應優先保留給阿國人民。為實現海域巡防事務，海軍和內政部協調海域執法的工作，工作包括海關、移民服務和國家警察（national police），目標是防止走私、偷渡及其他犯罪行為，以確保海域安全，[15]另由於阿國被當成人口販運的轉運點，防堵此非法行為亦為重點任務。[16]

第五節　教育與訓練（Education and Training）

阿爾及利亞海軍學院（Algeria's Naval Academy）位於阿爾及爾的 Tamentfoust，主要提供海軍高階訓練。海軍在 Tamentfoust 另擁有技術訓練學校（Technical Training School）培訓技術人員。高階海軍擁有到法國、俄羅斯和美國的進修機會。[17]近年由於反恐需求，2004 年 6 月 7 日，阿國與美國海域防衛司令部艦艇進行聯合海軍演習，提高與發展中國家的合作以確保地中海西部安全。演習中之海上巡邏任務，可測試其聯合監測、攔截可疑船隻與非法移民的能力。美國將阿國視為戰略夥伴，期望在打擊恐怖主義的戰爭中阿國可發揮重大作用，成為穩定北非和反蓋達組織威脅的伙伴。[18]近年法國也與阿國在海關、海防方面有合作訓練計畫。[19]

---

[13] Algeria: Presidential Decree No. 04-344 of 23 Ramadan 1425(6 November2004) Establishing a Zone Contiguous to the Territorial Sea.

[14] *Jane's Fighting Ships.2004-2005*, Edited by Commodore Stephen Saunders RN, Virginia U.S.A, p.3.

[15] Navy, (http://countrystudies.us/algeria/167.htm)(2009/7/22)

[16] ALGERIA (TIER 2 Watch List)(http://www.gvnet.com/humantrafficking/Algeria-2.htm) (2009/07/22)

[17] (http://www.milnet.com/pentagon/mideast/algeria/algmil.htm#navy)(2010/01/21)

[18] ForumGarden.com, Algeria and the U.S. Coast Guard Meet Again, 2004 年 7 月(http://www.forumgarden.com/forums/warfare-military/6491-algeria-u-s-coast-guard-meet-again.html8)(2009/7/22)

[19] Encyclopedia.com, ALGERIA: FRENCH - ALGERIANS TO PARTNER IN CUSTOMS AFFAIRS.(2009/04/27) (Brief Article) (Statistical Data Included) (http://www.encyclopedia.com/doc/1G1-61778945.html)(2009/7/22)

第六節　與我國制度之比較
（A Comparison with Taiwan Coast Guard）

阿爾及利亞海域防衛署雖由內政部管轄，其員額編制並不列入海軍員額，但執行任務是由海軍指揮。就納入海軍管轄這一點而言，我國海巡署戰爭時始納入國防部與阿國之規定不同。在管轄範圍的部分，其對於所轄業務如查緝走私、偷渡等，與我國海巡署一樣有直接管轄權，而非部份接近英國系統的海域執法單位，僅配合司法警察等。阿國海域防衛署的執掌範圍較我國為廣，但其艦艇與員額編制與我國相較仍甚有限，因此其應與許多非洲國家一般，雖有專責海域執法機制，但實際執行任務仍與海軍配合。

第七節　結語（Conclusion）——特徵（Characteristics）

阿爾及利亞北濱地中海，為一面環海國家，海岸線長 998 公里，設有五個基地，以下為其海域執法制度特徵。

壹、三級制——隸屬於內政部

阿爾及利亞海域防衛署隸屬於內政部，但卻是在隸屬國防部的海軍下執行任務。

貳、集中制

設海域防衛署為專責海域執法單位。

參、與海軍配合密切

　　阿國海域防衛署雖隸屬於內政部，但執行任務仍與海軍共同負責，且海域防衛署裝備頗有限，故與海軍保持密切關係。

肆、與美方合作密切

　　阿爾及利亞之前本為蘇聯盟友，早期該國艦艇及武器多來至蘇聯，近期的艦艇則多來自中國。近年因美看重其地理位置，開始將其當成反恐伙伴，不僅共同舉辦演習，與海域防衛署亦有所交流。美國計畫幫阿國海域防衛署訓練人員。從該國陸續公佈和宣告的法令可看出該國相當重視海域，從不斷的軍備擴充和更新亦可得知，海域防衛署勢必持續成長，且可能受到美國模式影響。

第 123 章　肯亞海域執法制度

第一節　國情概況（Country Overview）

　　肯亞共和國（Republic of Kenya）位於東非，北接伊索匹亞（Ethiopia）、東鄰索馬利亞（Somalia），東南濱印度洋（Indian Ocean），南接坦尚尼亞（Tanzania）、西界烏干達（Uganda），西北鄰蘇丹（Sudan）。全國面積 580,367 平方公里，為台灣 16 倍大。海岸線長 536 公里，領海 12 浬，專屬經濟海域 200 浬，但僅有部分被界定。[1]

　　首都奈洛比（Nairobi），全國人口 40,070,934 人（2011）[2]。國體共和制，政體總統制，總統身兼國家元首與最高行政首長，國會一院制。（見圖 123-1）主要輸出咖啡、茶、瓊麻，輸入原油、鋼鐵、藥品。[3]肯亞國內生產總值（GDP）32,420（百萬）美元，在 190 個國家

---

[1]　*Jane's Fighting Ships. 2004-2005*, Edited by Commodore Stephen Saunders RN, Virginia U.S.A, p.417.

[2]　CIA, The World Factbook.(https://www.cia.gov/index.html)(2011/05/27)

[3]　《世界各國簡介暨各國首長名冊》，中華民國外交部，2001 年，頁 176。

排名第 86 名；每人國民所得（GNP）888 美元（2010），在 182 個國家排名第 147 名。肯亞在自由之家（Freedomhouse）的政治權利與公民自由兩種自由程度在 2010 年的分數皆為 4，歸類為部份自由國家；透明國際（Transparency International）中的 2010 年的貪污調查分數為 2.1，在 178 個國家中排名第 154 名；聯合國（2010）最適合居住國家的人類發展指數為 3.7，在 169 個國家中排名第 128 名。[4]

　　肯亞先後遭德國與英國統治，1963 年 12 月 12 日獨立。肯亞觀光資源豐富，是非洲旅遊勝地之一，為東非最穩定國家。但索馬利亞、蘇丹周邊國家內戰，連帶影響肯亞安全，小型恐怖攻擊及治安事件層出不窮。[5]因索國長年動亂貧窮，造成人民組織海盜搶劫，而肯亞海域緊鄰索國，從境內運出的糧食與貨物常遭到掠奪，卻無有力的海域執法單位可以遏止。海盜多將賺得的黑心錢拿至肯亞的索國社區洗錢，並進行多項投資，使奈洛比房價飆漲。[6]

第二節　歷史沿革（History）

　　肯亞海軍的歷史可追溯至 1952 年成立的東非皇家海軍（Royal East African Navy, REAN），REAN 是由肯亞、坦尚尼亞、烏干達及桑吉巴（Zanzibar）四個國家組成的共同防禦力量，由指揮官統合聯合海軍。但 1962 年後，隨著非洲各國逐一獨立，REAN 宣告解散，也代表殖民時代的結束。肯亞於 1963 年獨立，REAN 的海軍裝備在肯亞政府的請求下，由英國軍隊轉交給肯亞。肯亞依據英國軍隊制度成立，開始規劃獨立單位負責海上安全事務，經國防部協議後，成立一支小型海軍，並接收 REAN 設施。1964 年，肯亞海軍正式成立，當時總統肯定新成立的海軍，其成為對國家忠誠的楷模，期望未來能夠面對更多挑戰。1969 年後，海軍已有專屬教育學院，由海軍司令部長官培訓年輕海員。海軍司令部的第一指揮官負責印度洋海域的 24 小時監視，而第二指揮官則負責管理海軍裝備，共同期望海軍可在印度洋成為首屈一指的軍隊。[7]

---

[4] 五類指標詳情請見本書導論，頁 11-14。
[5] 中華民國外交部，外交資訊網頁（2010/04/04）
[6] 朱小明編譯，《聯合報－國際新聞》〈索國海盜洗錢　肯亞首都房價漲三倍〉，2010/01/03。
[7] History of Kenya Navy, (http://www.mod.go.ke/)（2010/04/04）

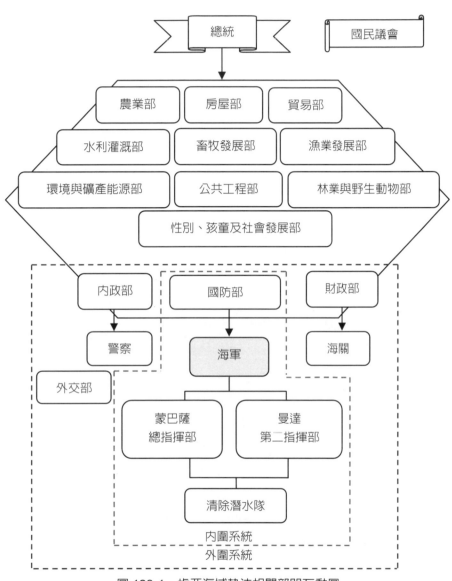

圖 123-1　肯亞海域執法相關部門互動圖

資料來源：作者自繪

第三節　組織、職掌與編裝
（Organization, Duties and Equipment）

肯亞海軍（Kenya Navy）

一、組織與職掌[8]

　　肯亞海軍成立於 1964 年 12 月 12 日，隸屬於國防部。1965 年，將總指揮部設立於蒙巴薩（Mombasa），第二指揮部位於曼達（Manda）。海軍負責捍衛國家領海權益，保護領海完整、維護海洋經濟資源的生物與非生物開發、國家海運貿易及海洋旅遊安全。為保衛國家並抵制外來武力侵略，需要維護法律和秩序，並在適當時機處理災害危機。

　　海軍主要任務有巡邏領海、監控專屬經濟海域、保護國家海域資源。次要任務為執行海難搜救行動、漁業保護、防止違禁貿易及非法移民、環境保護、維護海上通訊、保護近海資源、援助民間海上機構。

　　海軍下轄水陸兩棲的潛水清除隊（Clearance Diving Unit, CDU），成立於 1978 年，初期任務是檢查海軍艦艇、潛水偵查、淺海潛水、拯救生命。隨著海軍擴大，涉及領域也增加，包含軍艦進出港前後的潛水偵查、水下船體檢查、清除水雷、處理爆炸物、海灘調查、水文偵查、搜索及救援行動、小型船舶打撈、水下工程及執行特別行動。

　　CDU 的存在對海軍非常重要，有時行動環境惡劣或風險高，便由 CDU 以海、空、陸聯合完成行動。海上以攻擊或破壞妨害軍艦出入的設施、清理海灘及處理爆裂物；陸地則是以伏擊方式行動、爆破障礙土地；遇任務需求，可從空中以降落傘跳躍滲入敵營或空投物資。

　　另外，肯亞海關及警察也會協助執行海域巡邏或走私偵查，如遇刑事法律問題，需交由警方偵辦。

---

[8]　Kenya Navy Operations and Navy Functions, (http://www.mod.go.ke/)（2010/04/04）

二、裝備

　　海軍約 1,250 人，包含 120 名潛水清除隊員。共計 17 艘艦艇，包含 4 艘導彈快艇、2 艘大型巡邏艇、2 艘近岸巡邏艇、1 艘快艇、1 艘緝私艇、5 艘巡邏艇、2 艘港口拖吊船。[9] 另外，海關及警察備有介於 12 至 14 呎的 12 艘小型巡邏艇。

第四節　教育與訓練（Education and Training）[10]

　　肯亞海軍在 1964 年的首批成員因國內未設置海軍學院，因此送到位於英國達特茅斯（Dartmouth）的大不列顛皇家海軍學院（Britannia Royal Naval College, BRNC）受訓，直到 1966 年結業。從此，他們多委託英國皇家海軍訓練海軍，隨後英國皇家海軍訓練隊（Royal Navy Training Team, RNTT）被派往肯亞，希望肯亞海軍可以操作自己的艦艇，更可領導海軍以節省往來英國受訓的費用。此培訓計畫先著手訓練一小隊海軍，但肯亞海軍仍以英國方式經營軍隊，並仍強烈依賴海外培訓，一直延續至 1993 年。

　　肯亞海軍陸戰隊訓練學校（Kenya Navy Marine Training School, KNMTS）在政府規劃下於 1983 年 4 月正式成立，同年 10 月第一批新生入學。學校憲章於 1988 年 10 月制定。1989 年，KNMTS 更名為海軍訓練學校（Navy Training School, NTS），學校首屆新生成功的在海軍基地服役。學校逐漸發展成為提供海軍各種課程的教育中心，後將校址遷往海軍基地蒙巴薩的 Mtongwe 海岸。1998 年，第二海軍指揮部曼達增加大量的培訓課程，但是除操作技術及通訊課程外，多數海軍訓練課程仍在 Mtongwe 海岸進行。

　　另外，針對海軍的潛水清除員培訓，亦設有專業課程。此單位成員雖是自願役，但只要允許加入後便會展開嚴格訓練，其基本資格有：醫學上的生理及心理必須能夠適應、沒有生理畸形及缺陷、X 光檢查合格、積極健身和具備高度耐力。在早期進行大量的考驗，最後只有少數人可以完成全部培訓並獲得認證。

　　潛水員的基礎課程為期 8 週，從初級潛水課程到畢業，是一段艱辛的路程，學員的心理及身體以最大限度發展，證明自己的能力。受到足夠的訓練，便有可能發展出原本體力 10 倍的能量，以便未來執行艱困任務，他們是海軍戰爭中的利器，主要課程包含排除爆裂物、深海潛水及掃雷。

---

[9]　Kenya Navy, (http://www.mod.go.ke/)（2011/09/07）
[10]　Kenya Navy Training and Navy Function, (http://www.mod.go.ke/)（2010/04/05）

第五節　與我國制度之比較
（A Comparison with Taiwan Coast Guard）

　　肯亞海軍不僅要維護國家領海權益，還要維護各種刑事與民事法令，維護海域自然資源與搜救都是任務範圍；而台灣因設有海巡署為專職海域執法機構，軍事防衛則由海軍負責。肯亞海關及警察也備有巡邏艇，協助海軍巡邏、偵查非法走私及移民；我國巡邏海域走私、偷渡或其他海域刑事調查，皆交由海巡署執行。

第六節　結語（Conclusion）──特徵（Characteristics）

　　肯亞東臨印度洋，為一面環海國家，海岸線長 536 公里，設有二個指揮部，以下為其海域執法制度特徵。

壹、海軍型海域執法機制

　　肯亞沒有專職海域執法機構，因此維護海域安全便就交由國內唯一的海事單位──海軍負責。

貳、艦艇不符現實需求

　　海軍負責任務多且複雜，面對長 536 公里的海岸線，海員雖有 1,250 人，但艦艇卻只有 17 艘，實在無法負荷現實需求。

參、專業教育搖籃

蒙巴薩海岸設有海軍訓練學校，第二指揮部也有操作技術及通訊訓練中心，針對潛水員亦有專業課程規劃。

肆、海軍任務龐雜

海軍不僅要執行軍事任務，還要維護領海、海難搜救、漁場與海域環境維護、偵查走私與移民等，都是他們的工作。

伍、潛水清除隊是重要力量

CDU 為海軍不可缺少的單位，任務領域廣泛，多執行高風險任務，在戰爭中更扮演重要角色。

第 124 章　安哥拉海域執法制度

第一節　國情概況（Country Overview）

安哥拉共和國（Republic of Angola）位於非洲西南部，北鄰剛果民主共和國（Democratic Republic of The Congo），東界尚比亞（Zambia），南接納米比亞（Namibia）。另有一塊外飛地[1]卡賓達省（Cabinda）與剛果共和國（Republic of the Congo）、剛果民主共和國相鄰，西濱南大西洋（South Atlantic Ocean）。全國面積 1,246,700 平方公里，為台灣 35 倍大。海岸線長 1,600 公里，領海 12 浬，專屬經濟海域 200 浬。[2]

首都羅安達（Luanda），全國人口 13,338,541 人（2011）[3]。國體共和制，政體總統制，國會一院制，內閣均直接對總統負責，總理由執政黨推舉。（見圖 124-1）主要輸出原油、

---

[1] 外飛地（Exclave）是指某國家（或國家以下的某級地方行政單位）擁有一塊與本國（地區）分離開來的領土，若該領土被其他國家（地區）包圍，則該領土稱為某國（地區）的外飛地。Wikipedia,（http://zh.wikipedia.org/wiki/%E5%A4%96%E9%A3%9B%E5%9C%B0）（2011/05/27）

[2] *Jane's Fighting Ships.2004-2005*, Edited by Commodore Stephen Saunders RN, Virginia U.S.A, p.8.

[3] CIA, The World Factbook.(https://www.cia.gov/index.html)（2011/05/27）

天然氣、咖啡，輸入機械、電力設備、藥品。[4]安國國內生產總值（GDP）85,810（百萬）美元，在 190 個國家排名第 61 名；每人國民所得（GNP）4,812 美元（2010），在 182 個國家排名第 87 名。安國在自由之家（Freedomhouse）的政治權利與公民自由兩種自由程度在 2010 年的分數前者為 6，後者為 5，歸類為不自由國家；透明國際（Transparency International）中的 2010 年的貪污調查分數為 1.9，在 178 個國家中排名第 168 名；聯合國（2010）最適合居住國家的人類發展指數為 4.3，在 169 個國家中排名第 146 名。[5]

安哥拉原為葡萄牙屬地，二戰後出現反殖民主義風潮。1975 年，葡國同意安國於 11 月 11 日獨立，同年安政府發生政爭武裝衝突，直至 2002 年才結束 27 年內戰。[6]因內戰關係難民大量湧入首都，致社會治安惡化、物價高漲。2002 年後，由於石油價格高漲，安國石油產量豐富，各大石油公司爭相投資，資金來源豐沛，致經濟發展快速，社會情況漸趨於穩定。[7]

第二節　歷史沿革（History）

安哥拉於 1975 年 11 月 11 日獨立後，於 1976 年在首都正式建立海軍（葡語：Marinha de Guerra Popular de Angola, MGPA），並開始正式培訓。安國過渡政府中的三大組織之一 MPLA 為鞏固國家軍事，（見註 6）計畫為期三年的海軍訓練，將二十四位海軍實習生送往海外教育。MPLA 接收葡萄牙遺留的少數艦艇，並接受支持自己的蘇聯提供之軍艦及裝備。1988 年，MGPA 報告書顯示當時海軍有 1,500 名人員，裝備有裝設導彈的巡邏艇、魚雷艇、沿海巡邏艇及兩棲登陸艇等約 50 艘。1988 年，是安國將海軍設備及人員重新調度與訓練整合的重要年度，有計畫地向他國家購買艦艇及各式裝備，但政府警覺海軍後備及人員專業度仍然有問題。[8]

---

[4]　《世界各國簡介暨各國首長名冊》，中華民國外交部，2001 年，頁 130。

[5]　五類指標詳情請見本書導論，頁 11-14。

[6]　民族運動組織在 1956 年成立之安哥拉人民解放運動（MPLA），1962 年成立之安哥拉民族解放陣線（FNLA）及 1966 年成立之安哥拉全面獨立民族聯盟（UNITA）。1974 年 4 月 25 日葡萄牙發生軍事政變，Spinola 將軍上台，主張放棄葡萄牙非洲領土，1975 年 1 月葡政府與上述三組織簽訂 Alvor 協定，同意安哥拉於當年 11 月 11 日正式獨立，在未獨立以前由三組織成立過渡政府，但旋即發生武裝衝突，MPLA 在前蘇聯及古巴之支持下，擊敗由南非支持之 FNLA 及 UNITA 獲得政權，成立安哥拉政府，UNITA 卻退守安國東南角繼續與 MPLA 政府武裝鬥爭。中華民國外交部，外交資訊網頁（2010/02/03）

[7]　中華民國外交部，外交資訊網頁（2010/02/03）

[8]　Angola- 2009, Military, (http://www.theodora.com/wfbcurrent/angola/index.html)(2010/02/03)

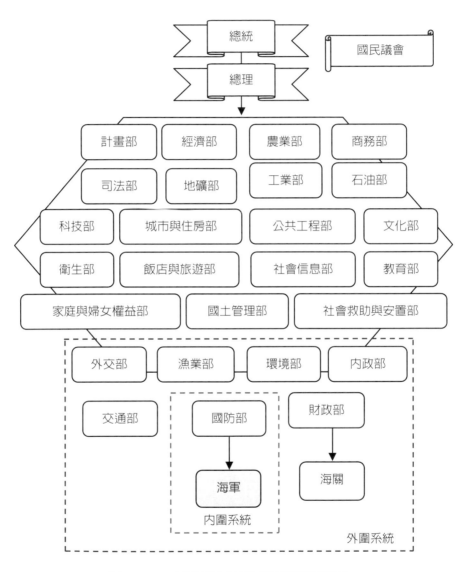

圖 124-1　安哥拉海域執法相關部門互動圖

資料來源：作者自繪

第三節　組織、職掌與編裝
（Organization, Duties and Equipment）

安哥拉海軍（Angola Navy）

一、組織與職掌[9]

　　安哥拉海軍隸屬於國防部，海事安全均依靠其保衛。因為過去內戰多運用空軍與陸軍作戰，所以政府較重視並積極發展這兩軍種的裝備與專業。相對於其他軍事單位，海軍雖是安國唯一海上安全單位，但其人員與裝備發展程度並不如空軍及陸軍。海軍總部位於羅安達，船舶亦於此維修。雖然國家沿海有許多優良港口，但海軍基地除羅安達外，通常僅使用洛比托港（Lobito）和內米貝港（Namibe），多用於支援南部軍事臨時部署的基地。洛比托港和內米貝港為軍需供應站，位於國家機場附近，洛比托港基地另設有維修站。

　　海軍職責是防止海岸線及領海受到破壞與攻擊，防止無執照之漁船於安水域捕撈、查緝走私。國家漁業維護在 1985 年初期，政府便將所有職權移交海軍管理，以便更有效執行法令。多數海軍艦艇的維修與人員訓練，是請占巴提供技術支援及顧問諮商，另葡萄牙與尼日也提供多方訓練協助。

二、裝備[10]

　　海軍人員約 5,000 人，艦艇多從西班牙、葡萄牙及法國購入，共計 54 艘：

（一）6 艘 OSA-II 型 172 噸，配有 4 枚冥河導彈的導彈快艇。

（二）5 艘 Shershen 級 172 噸，配有 4 枚 533mm 重量級魚雷管的魚雷艇。

（三）內陸水域及沿海巡邏艇：

---

[9] Angola- 2009, Military, (http://www.theodora.com/wfbcurrent/angola/index.html)(2010/02/03)

[10] Angolan Armed Forces, (http://en.wikipedia.org/wiki/Angolan_Armed_Forces)(2010/02/04)

4 艘 Argos 型、2 艘 Poluchat-I 型、2 艘 Zhuk 型、2 艘 Jupiter 型、5 艘 Bellatrix 型、4 艘 Mandume 級巡邏艇、3 艘 Patrulheiro 級巡邏艇。

（四）2 艘 Yevgenya 級 MH1 掃雷作戰艦艇。

（五）3 艘 Polnocny 級的兩棲登陸艦艇、1 艘 Alfrange 型、5 艘 LCT 兩棲艇、10 艘 LDM-400 型兩棲艇。

（六）監視與巡邏作用之 SS-C1 Sepal 雷達系統。

（七）海軍設有專屬航空器：1 架 Fokker F27 200、2 架 Embraer 111 及 1 架 Boeing 707。

第四節　教育與訓練（Education and Training）

安哥拉並無專業海軍學校，艦艇操作與技術人員訓練，是請古巴提供技術與顧問協助。另外葡萄牙與尼日政府也提供支援，安國國防部更與葡萄牙軍事部門有密切技術交流，南非亦與安國有各種軍事訓練合作。

第五節　與我國制度之比較
（A Comparison with Taiwan Coast Guard）

安哥拉因長期內戰，軍事發展較注重陸軍與空軍，至 2002 年政府才開始正式發展海軍，其國家海域安全及執法工作皆由海軍負責，緝私與漁船執照檢查亦為其任務；我國海域執法由海巡署負責，軍事安全則由海軍負責。安國沒有專業海軍教育學校，海軍精英多送往他國進行訓練，或是請他國專家學者至國內指導；台灣海巡人員多由警察大學水警系培訓，理論與操作皆有其專業課程。

第六節　結語（Conclusion）──特徵（Characteristics）

安哥拉西濱南大西洋，為一面環海國家，海岸線長 1,600 公里，設有三個主要基地，以下為其海域執法制度特徵。

壹、海軍型海域執法機制

安國海域執法由海軍負責，其隸屬於國防部，海軍不僅保衛國家安全還執行各項海域執法任務。

貳、海軍教育與各國往來密切

安哥拉並無海軍專業學校，海軍多送往他國海軍學院受訓，或是請專家學者至國內擔任訓練人員，與各國有多方軍事交流。

第 125 章　塞內加爾海域執法制度

第一節　國情概況（Country Overview）

　　塞內加爾共和國（Republic of Senegal）位於西非，西濱大西洋（Atlantic Ocean），北接茅利塔尼亞（Mauritania），東鄰馬利(Mali)，幾內亞（Guinea）、幾內亞比索(Guinea Bissau)，甘比亞（Gambia）被塞國包圍。全國面積 196,450 平方公里，為台灣 5.5 倍大。海岸線長 531 公里，領海 12 浬，專屬經濟海域 200 浬。[1]

　　首都位於達卡（Dakar），全國人口 12,643,799 人（2011）[2]。國體共和制，政體屬半總統制，國會一院制，內閣會議由總統主持。（見圖 125-1）主要輸出磷礦、花生、棉花，輸入稻米、石油。[3]塞國國內生產總值（GDP）12,660（百萬）美元，在 190 個國家排名第 114

---

[1]　CIA, The World Factbook.(https://www.cia.gov/index.html)(2011/05/27)

[2]　CIA, The World Factbook.(https://www.cia.gov/index.html)(2011/05/27)

[3]　《世界各國簡介暨各國首長名冊》，中華民國外交部，2001 年，頁 208。

名；每人國民所得（GNP）964 美元（2010），在 182 個國家排名第 146 名。塞國在自由之家（Freedomhouse）的政治權利與公民自由兩種自由程度在 2010 年的分數皆為 3，歸類為部份自由國家；透明國際（Transparency International）中的 2010 年的貪污調查分數為 2.9，在 178 個國家中排名第 105 名；聯合國（2010）最適合居住國家的人類發展指數為 4.5，在 169 個國家中排名第 144 名。[4]

塞國於 1960 年脫離法國獨立，現今奉行全方位和不結盟政策[5]，認為國際關係民主化和多元化是世界穩定的重要因素。積極維護非洲團結，推動非洲經濟一體化及南北對話、南南合作和建立國際政治經濟新秩序。重點保持與法國傳統特殊關係，積極發展美國關係。[6]

第二節　歷史沿革（History）

塞內加爾為法國前屬地，獨立後總統的親法政策，多數軍事武器、制度沿用法國模式。1963 年，剛獨立的塞國與法國簽訂共同防禦條約，法軍長駐於塞境內協防。塞國至今仍沿襲法軍海軍制度，於 1972 年設立海關與海軍共同防範走私及偷渡。近年塞國與歐盟邊境安全局合作，共組空中查緝、水上及水中雷達 3D 偵防系統，期待有效攔阻非法出入境與走私。

---

[4]　三類指標詳情請見本書導論，頁 11-14。

[5]　不結盟運動是一個擁有 118 個成員國的鬆散的國際組織，它成立於冷戰時期，其成員國奉行獨立自主、不與美蘇兩個超級大國中的任何一個結盟的外交政策。聯合國中三分之二的會員是該組織的成員國，全球人口的 55%也生活在不結盟運動國家。不結盟運動定期舉行首腦會議，到目前為止已經在前南斯拉夫、埃及、贊比亞、阿爾及利亞、斯里蘭卡、古巴、印度、津巴布韋、印度尼西亞、哥倫比亞、南非和馬來西亞舉行了 15 次會議。Wikipedia, (http://zh.wikipedia.org/zh-hk/%E4%B8%8D%E7% BB%93%E7%9B%9F%E8%BF%90%E5%8A%A8)（2010/03/02）

[6]　中華民國外交部，外交資訊網頁（2010/03/02）

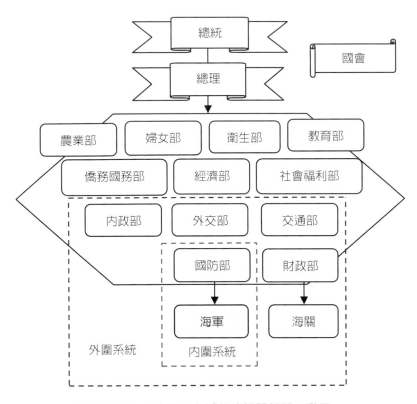

圖 125-1　塞內加爾海域執法相關部門互動圖

資料來源：作者自繪

第三節　組織、職掌與編裝
（Organization, Duties and Equipment）

塞內加爾海軍（Senegal Navy）

一、組織與職掌

　　海軍為遠洋海域執法主力，身為海洋安全的維護者，其為阻止非法移民進入歐洲的主要力量。海軍維護達卡石油資源、漁業利益。達卡港位於城市東區，是西非最大的深水良

港，港岸設有各式大型倉庫及工廠，全國 95%的進出口貨物都由此港進出。因此海軍不僅擔負國家軍事安全，安全巡邏與非法偵查亦為其要務。海軍監控範圍從國內 Casamance 河延伸至海域，海域基地位於達卡，河流基地位於 Elinkine，分別部署巡邏艇進行反非法捕撈和偷渡交易。法國與塞國於 1974 年簽訂防禦協議，法軍共計佈署三個分隊、1,240 名人員於塞國沿岸，並偶爾支援塞海軍。2007 年，塞國與歐盟協議，成為非洲的聯合駐地之一，於 2009 年開始執行。2010 年 2 月，法國關閉達卡基地。2011 年 8 月，法軍開始撤離塞國。[7]

二、裝備

塞海軍人總計 950 人，總計擁有 12 艘艦艇，包含 10 艘巡邏艇以及 2011 年法國贈與的 2 艘登陸船。[8]

第四節　與我國制度之比較
（A Comparison with Taiwan Coast Guard）

塞國海軍不僅要負責國家海域的軍事安全，還需防範走私與偷渡等；而台灣海巡署雖然戰時會加入正規軍中協助作戰，但平時是完全不參與軍事任務，僅全權負責海域安全。

第五節　結語（Conclusion）——特徵（Characteristics）

塞內加爾西濱大西洋，為一面環海國家，海岸線長 531 公里，設有 2 基地，以下為其海域執法制度特徵。

---

[7]　Jane's Navy, Senegal Navy, 2011/08/10, (http://articles.janes.com/articles/Janes-Sentinel-Security-Assessment-West-Africa/Navy-Senegal.html)(2011/09/07)

[8]　Senegal gains a landing craft, 2011/03/18, (http://world-navy.blogspot.com/2011/03/senegal-gains-landing-craft.html)(2011/09/07)

壹、海軍型海域執法機制

塞內加爾無專職海域執法單位，海上治安維護僅有海軍看守。

貳、內陸河湖亦為巡邏範圍

海軍任務範圍從境內 Casamance 河延伸至海域。

參、與歐盟關係密切

與歐盟簽約共同防禦大西洋海域，降低走私與偷渡的發生率。

第126章　利比亞海域執法制度

第一節　國情概況（Country Overview）

大利比亞阿拉伯人民社會主義群眾國（The Great Socialist People's Libyan Arab Jamahiriya）位處北非，北濱地中海（Mediterranean Sea），東接埃及（Egypt），西鄰阿爾及利亞（Algeria）、突尼西亞（Tunisia），南界尼日（Niger）及查德（Chad）。全國面積 1,759,540 平方公里，為台灣 49 倍大。海岸線長 1,770 公里，領海 12 浬，專屬經濟海域 200 浬。[1]

首都的黎波里（Tripoli），全國人口 6,597,960 人（2011）[2]。國體為共和制，政體屬專政獨裁，單一議會制。（見圖 126-1）主要輸出原油、煉油品、天然氣，輸入機械、食品、

---

[1]　*Jane's Fighting Ships.2004-2005*, Edited by Commodore Stephen Saunders RN, Virginia U.S.A, p.444.

[2]　CIA, The World Factbook.(https://www.cia.gov/index.html)(2011/05/27)

運輸設備。[3]利國國內生產總值（GDP）77,910（百萬）美元，在 190 個國家排名第 63 名；每人國民所得（GNP）12,062 美元（2010），在 182 個國家排名第 48 名。利國在自由之家（Freedomhouse）的政治權利與公民自由兩種自由程度在 2010 年的分數皆為 7，歸類為不自由國家；透明國際（Transparency International）中的 2010 年的貪污調查分數為 2.2，在 178 個國家中排名第 146 名；聯合國（2010）最適合居住國家的人類發展指數為 6.6，在 169 個國家中排名第 53 名。[4]

利比亞曾遭土耳其與義大利佔領與統治，後於 1951 年獨立為王國。1969 年，格達費（Moamer Kadhafi）發動政變，改制共和。1988 年 12 月 21 日，發生洛克比空難事件[5]，聯合國 1992 年實施經濟制裁。2004 年後，聯合國與歐美各國相繼停止制裁。2009 年 2 月，格達費獲選為非盟主席，積極協調非洲糾紛。[6]2011 年 2 月開始，利爆發大規模民主示威，格達費以獨裁鐵腕鎮壓，民眾遭到政府安全部隊武力攻擊，死傷慘重，全國宛如大型屠場。格統治利國 41 年，是全球在位最久的非君主統治者，這次血洗示威民眾，讓他成為千夫所指目標。[7]3 月 20 日，以美國為首的美歐聯軍宣佈開戰，由法國首先出動戰機轟炸格達費部隊，希望遏止格達費的軍事暴行。[8]至 7 月 19 日，反格的新政府軍宣稱拿下最大海港，現除首都外，東部大部分領土已落入新政府手中。[9]8 月 30 日，反政府軍向效忠格達費的軍隊下最後通牒，如再不投降將以更激烈武力手段解決。[10]到了 9 月 1 日，不願停武的格達費準備與「佔領利比亞的人」繼續打一場「長久的戰爭」。[11]2011 年 10 月 20 日，利比亞新政府「國家過渡委員會」（NTC）宣布，格達費在新政府部隊攻陷蘇爾特時，遭擊斃身亡。[12]

---

[3] 《世界各國簡介暨各國首長名冊》，中華民國外交部，2001 年，頁 182。

[4] 三類指標詳情請見本書導論，頁 11-14。

[5] 洛克比空難發生於 1988 年 12 月 21 日，當日泛美航空 PA103 號班機執行法蘭克福－倫敦－紐約－底特律航線，成為恐怖襲擊目標。飛機在蘇格蘭邊境小鎮洛克比（Lockerbie）上空爆炸，270 人罹難。隨後兩名被控放置炸彈的利比亞人的審訊中，法官接受蘇格蘭警方提供的證據：裝有爆炸品的手提箱，是馬耳他航空航班 KM180 上另外托運的行李，由馬耳他魯卡機場（Luqa Airport）運至法蘭克福。由 KM180 轉至 PA103A，再在希斯路機場轉機。恐怖分子將引爆時間設定成讓飛機在愛爾蘭海消失，但當晚的強風令 PA103 遲了 30 分鐘才飛越蘇格蘭北部上空。陸地上空爆炸意味著調查人員可獲得飛機殘骸。蘇格蘭警察在墜機地點進行地毯式搜索。搜索後發現小塊纖維裡藏有殘餘炸藥的碎布，因此將調查方向指向利比亞。Wikipedia,（http://zh.wikipedia.org/zh-hk/%E6%B4%9B%E5%85%8B%E6%AF%94%E7%A9%BA%E9%9B%A3）（2011/02/14）

[6] 中華民國外交部，外交資訊網頁（2010/02/02）

[7] 閻紀宇，《中國時報－國際新聞》〈利比亞血腥鎮壓 200 人罹難〉，2011/02/21。

[8] 楊明暐，《中國時報－要聞》〈聯軍空襲利比亞〉，2011/03/21。

[9] 陸以正專欄，《中國時報－時論廣場》〈格達費大勢已去〉，2011/07/25。

[10] 《BBC 中文網》〈反對派領導向效忠卡扎菲部隊下通牒〉，2011/08/30，（http://www.bbc.co.uk/zhongwen/trad/world/2011/08/110830_libya_ultimatum.shtml）（2011/09/08）

[11] 《BBC 中文網》〈卡扎菲誓言要打「持久游擊戰」〉，2011/09/01，（http://www.bbc.co.uk/zhongwen/trad/world/2011/09/110901_libya_gaddafi_vow.shtml）（2011/09/08）

[12] 《奇摩新聞》〈NTC 發言人宣布　格達費已經死亡〉，2011/10/20，（http://tw.news.yahoo.com/ntc%E7%99%BC%E8%A8%80%E4%BA%BA%E5%AE%A3%E5%B8%83-%E6%A0%BC%E9%81%94%E8%B2%BB%E5%B7%B2%E7%B6%93%E6%AD%BB%E4%BA%A1-135700716.html）（2011/11/05）

第二節　歷史沿革（History）

　　利比亞自 1962 年先後成立空軍與海軍，1970 年以前，海上主要執法能量為海關和海港警察。1970 年，格達費政府時期，政府爲實施海關法和加強防範海上走私、非法偷渡等活動，把海軍、海關、警察等機關聯合起來成為海上執法主角。目前海域執法屬於海軍，目前編制 8,000 人，包含海域防衛隊若干人。執行海域安全、查緝走私、偷渡及維護漁業資源等。爲提升海域防衛能力，加強打擊非法移民的力量，最近成立新的邊境安全機構，負責監視陸地和海上邊界安全。

第三節　組織、職掌與編裝
（Organization, Duties and Equipment）

利比亞海軍（Libya navy）

一、組織與職掌

　　利比亞海上執法主要是由海軍、海關及海港警察負責，表面上是三者聯合執行，實際主要力量為海軍。因每年走私與偷渡的數字居高不下，海軍將執法重點放在保衛國家海域。海軍原本只有一些老舊船隻，近年隨著對外關係的拓展，已傳出成功向他國購買軍備改善國防的訊息。2003 年，格達費決定放棄秘密核武器發展計劃與恐怖主義，並與國際重修舊好。其開始與同樣以打擊伊斯蘭極端主義為目標之美國建立軍事聯繫，期望購買先進的武器系統，增加長達 200 英尺可攜帶輕型直升機的巡邏船。2006 年起，陸續訂購 120 英尺 PV30 -（120-foot PV30-LS）快速巡邏艇用於打擊走私和搜救任務。[13]

---

[13] UPI.com (2009/01/22), Libya eyes a new arsenal.(http://www.upi.com/Security_Industry/2009/07/22/Libya -eyes-a-new-arsenal/UPI-72931248299008/)(2009/08/14)

　　2008 年 1 月 17 日，據稱利國花費 4,550 萬美金向阿萊尼亞航空公司（Alenia Aeronautical）訂購 ATR-42 MP 海事巡邏機（Surveyor maritime patrol aircraft），附有導航操作訓練系統（pilot and systems operator training）與備用零件等，已於 2009 年點交，使用於領土監控。此飛機與配置在義大利的海域防衛隊的 5 ATR-42MP aircraft 相近，是目前廣泛使用的 EADS ATR-42 區域運輸渦輪螺旋槳飛機的海上巡邏版，任務系統包括海事雷達（maritime radar）、光電傳感器設置（electro-optical sensor set），能夠空投海上救援設備。目的是對海上監視、搜救、監測海上污染物（包括石油洩漏和化學物質）及控制國家水域和經濟專屬海域。[14]2008 年，政府委托克羅埃西亞（Croatia）為海域防衛隊建造 10 艘巡邏艇，每艘價格約 500 萬美元。[15]

　　因為利國一直是非洲非法移民前往歐洲的主要通道，因此巡邏艇主要用於地中海的反偷渡和反走私行動。新型巡邏艇將提高海域防衛隊的巡邏能力，並有助於完成攔截走私船與營救任務。利海岸線長達 1,770 公里，加上臨近歐洲，而成為北非重要的非法移民轉運站。利國外海曾發生三艘滿載數百名非洲與中東非法移民的船隻，行經地中海遭遇強風巨浪而翻覆，喪生者超過三百人，另有第四艘船在同一海域失事，所幸被海域防衛隊與一艘義大利商船及時救援。[16]

二、裝備

　　海員總計 8,000 人，擁有 21 艘艦艇，包含 2 艘驅逐艦、2 艘小型護衛艦、11 艘快速攻擊艇、5 艘作戰艦艇、1 艘潛水艇。[17]

---

[14] North Africa Times (2008/01/27), Libya Buys ATR-42MP Patrol Aircraft.(http://www.defenseindustrydaily.com/libya-buys-atr-42mp-patrol-aircraft-04627/)(2009/8/14)

[15] Croatian (2008/01/25), President Mesić begins official visit to Libya(hINA).(http://www.predsjednik.hr/default.asp?ru=353&gl=200802260000003&sid=&jezik=2)(2009/08/14)

[16] 閻紀宇，《中國時報》〈利比亞船難 非法移民逾 300 死〉，2009/04/01。

[17] Libya Navy, (http://www.battleships-cruisers.co.uk/libyan_navy.htm)(2011/09/08)

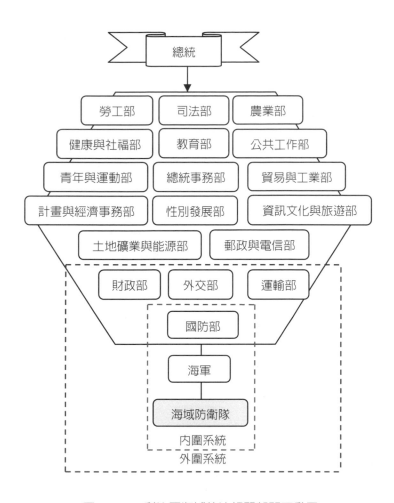

圖 126-1　利比亞海域執法相關部門互動圖

資料來源：作者自繪

第四節　權限與管轄（Authority and Jurisdiction）

　　利比亞海域執法主要是保護海域以維護公共秩序、漁權及海洋資源，執行海關賦予的任務，包括控制走私及偷渡。另外海軍亦對國家油田和石油運輸網提供保護。近年利國成為非洲國家非法移民前往歐洲國家的中繼站，為打擊非法移民，已成立新的邊境安全機構，負責監視陸地和海上邊界安全。利海軍負責維護國家安全並保障國家利益，在沿岸各港口部署人力（包含海域防衛隊），以對抗走私活動及非法入出境之犯罪行為。利國將錫德拉灣列入領海，嚴加監視特殊禁止區域內出現之船舶，避免國家利益損失。另外，政府相關部

門就其漁業資源保護區發表聲明稱：自利比亞領海向北 62 浬範圍的地中海海域為利比亞漁業捕撈區，利對其享有主權和監管權。[18]

第五節　教育與訓練（Education and Training）

利比亞為義務兵和志願兵相結合的兵役制，服役期 2 年。1983 年 2 月，透過「革命總動員計畫」，對全體適齡男女進行軍訓。1988 年 8 月，格達費宣佈取消正規軍，將其改編為「民眾國衛隊」，並在各省建立由省政府防禦民眾委員會領導的「防衛區」（地方部隊）。

第六節　與我國制度之比較
（A Comparison with Taiwan Coast Guard）

利比亞海軍為主要海域執法力量，其中配置海關、海域防衛隊一共數千人，合作分擔海域各領域職責；台灣海域執法由海巡署負責，海關與海巡署並無合作或人員與裝備相互利用的關係。利比亞海軍負責保障國家海域利益，在各港口部署海軍（包含海域防衛隊）以維護國家安全、對抗走私活動及非法入出境之犯罪行為，其海域執法重心放在國家安全，故重視海軍武力之強盛；台灣海巡署的重心放在查緝走私與治安維護等與人民安全相關之任務，海軍主要負擔國家軍事安全。利比亞為打擊日益猖獗的偷渡行為，與義大利政府合作，協助利國訓練警察，義國提供直升機等高科技裝備，徹底防制非法移民自利入境義國；台灣雖然是東亞地區重要的貿易中繼站，但並無與他國合作海巡教育或執法任務。

第七節　結語（Conclusion）──特徵（Characteristics）

利比亞北濱地中海，為一面環海國家，海岸線長 1,770 公里，以下為其海域執法制度特徵。

---

[18] (http://jczs.sina.com.cn)(2009/09/22)

壹、海軍型海域執法機制

　　利比亞海域執法交由海軍負責，重視裝備與人員的設置及發展，海軍不僅擔負國家軍事安全，亦積極對抗走私及非法入出境。

貳、重視海上偷渡偵查

　　利比亞因鄰近歐洲而成為非法移民的偷渡中繼站，因此海軍執法重點多放在預防與查緝偷渡，並與南歐的義大利合作巡邏。

第 127 章　模里西斯海域執法制度

第一節　國情概況（Country Overview）

　　模里西斯共和國（Republic of Mauritius）位於東南非馬達加斯加（Madagascar）以東 800 公里，為印度洋（Indian Ocean）上的群島國，以本島——模里西斯島（Mauritius）以及阿佳萊加群島（Agalega Islands）、羅德里格斯島（Rodrigues）及卡加多斯-卡拉若斯群島（Cargados Carajos Shoals）組成。全國面積 2,040 平方公里，為台灣的十八分之一。海岸線長 177 公里，領海 12 浬，專屬經濟海域 200 浬。[1]

　　首都路易士港（Port Louis），全國人口 1,303, 717 人（2011）[2]。國體共和制，政體議會民主制，國會採一院制。總統是國民議會選出的象徵元首，總理由議會多數黨領袖擔任，行使行政權。（見圖 127-1）主要輸出糖、茶、加工出口產品，輸入米、燃油、機械。[3]模國

---

[1]　CIA, The World Factbook.(https://www.cia.gov/index.html)(2010/01/28)

[2]　CIA, The World Factbook.(https://www.cia.gov/index.html)(2011/05/27)

[3]　《世界各國簡介暨各國首長名冊》，中華民國外交部，2001 年，頁 192。

國內生產總值（GDP）9,427（百萬）美元，在 190 個國家排名第 126 名；每人國民所得（GNP）7,303 美元（2010），在 182 個國家排名第 69 名。模國在自由之家（Freedomhouse）的政治權利與公民自由兩種自由程度在 2010 年的分數前者為 1，後者為 2，歸類為自由國家；透明國際（Transparency International）中的 2010 年的貪污調查分數為 5.4，在 178 個國家中排名第 39 名；聯合國（2010）最適合居住國家的人類發展指數為 4.7，在 169 個國家中排名第 72 名。[4]

　　模國為多種族、多文化及多宗教之國家，印度裔操縱政界，白人擁有經濟優勢，華人則在各行業嶄露頭角，然各族各有其特殊生活圈，極力維護本身利益，種族意識超越國家意識，此現象被稱為「區域種族本位主義」（Com-Munalism）。模國曾於 1999 年 3 月及 5 月發生大規模種族衝突。其與各國關係重點置於歐盟經貿關係發展，加強與中國、美國及巴基斯坦的經貿關係。[5]

第二節　歷史沿革（History）

　　模里西斯擁有約 180 萬平方公里的專屬經濟海域，比許多國家面積都還要大。雖然國家海域防衛總隊（The National Coast Guard, NCG）較國家警察隊（Mauritius Police Force）成立晚，但仍穩定成長。NCG 為警政署分支，由警務處處長（the commissioner of police）指揮。1974 年，政府最初將之稱為海洋翼警察部隊（the marine wing of the police force），當時主要的作用僅限於搜索、救援和沿海巡邏。1986 年，由於沿海活動開始大增，因此需要更完整的組織管理，以控制走私和保護漁業資源。1987 年 1 月 22 日，內閣提案通過，同年 7 月 24 日，NCG 誕生。1988 年 12 月 22 日，議會頒布法案界定職責，包括國家安全法律、海洋保護區法令、偵查、防止海域非法活動。今日 NCG 為擁有良好後勤支援、裝備和人力資源的組織。其口號為"IN HOC SIGNO VINCES"，意為「征服其下」（Under This You Conquer）。

---

[4]　五類指標詳情請見本書導論，頁 11-14。
[5]　中華民國外交部，外交資訊網頁（2010/02/01）

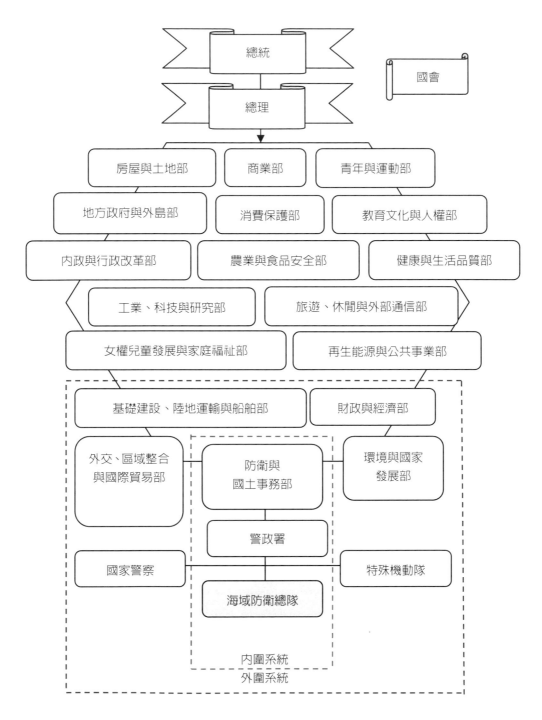

圖 127-1 模里西斯海域執法相關部門互動圖

資料來源：作者自繪

事實上，NCG 的建立及成長與印度關係密切，二十世紀 70 年代初，由於模政府急需艦隊保護領海與漁業權利，執行海難搜救、營救遇險漁民、檢查走私和其他非法販運，於是模官員和船員開始到印度培訓，印度更移交船艦給模國。1989 年，從印度購入一艘多尼爾偵察機，二十世紀 90 年代初，NCG 計畫性地擴張，分別從印度收購巡防艇（Seaward Defense Boat），英國購入第二架飛機。[6]

第三節　組織、職掌與編裝
（Organization, Duties and Equipment）

模里西斯國家海域防衛總隊（Mauritius National Coast Guard, NCG）

一、組織與職掌[7]

模里西斯並無常備軍隊，國內外治安交予隸屬於防衛與國土事務部的警政署負責。警政署下轄之 NCG 為海上準軍事單位，擁有多艘巡邏船執行搜救、監控，保衛漁民安全、防止走私、保護海洋環境等任務。NCG 指揮官負責協調日常業務，目前由一名印度海軍軍官擔任，另有若干人員接受印度海軍教官的培訓 NCG 逐一成立不同職責單位，包括第一巡邏艇中隊（No 1 Patrol Vessel Squadron）、海事飛行中隊（Marine Air Squadron）、哨所、海上支援隊等。目前 NCG 擁有 19 個沿海哨所（Coastal Posts）分布在本島與三個外島沿岸，哨所分別由北區、南區、西區和東區指揮部監督，安全維護由 NCG 及警察共同執行。

此外，NCG 設有海上支援隊（Afloat Support Team），為一專業技工人員團隊，包含修理工、電工、木工、鉗工、車床工人、電焊工等人員。負責保養、維修 NCG 岸上與船上機電設備，維修建築物和其他資產，海上支援隊位於 NCG 總部，由技術官員（the staff Officer Technical）直接監督。由於模國渡假勝地的特性，海灘巡邏自行車（Beach Bike Patrol）於

6　National Coast Guard, History, (http://www.gov.mu/portal/site/police/menuitem.2db325cbfe441242455084e80fb521ca/)(2011/09/08)

7　National Coast Guard, (http://www.gov.mu/portal/site/police/menuitem.2db325cbfe441242455084e80fb521ca/)(2011/09/08)

2000 年 5 月成立，每天 7 點至 19 點騎自行車巡邏海灘，預防可能傷害遊客或民眾的攻擊與盜竊案件。

NCG 的旗幟中心由一顆星和鑰匙組成，象徵模國作為印度洋鑰匙的歷史角色。海錨則代表其團結的象徵，環繞之綠色藤蔓代表模國為一座富有、繁榮與青綠的島，藍色部分則代表其保護的寬闊海洋。（見圖 127-2）

圖 127-2　模里西斯國家海域防衛總隊代表旗幟[8]

二、裝備[9]

NCG 約有 750 名人員，裝備包括 2 艘前蘇聯製的監視船（Soviet-built surveillance craft），配有加農炮，具確切打擊空中或海洋表面 1,000 米以上的能力。1993 年，購入 210 噸印度製巡防艇，備有兩博福斯 40/60 槍（Bofors 40/60 guns），可載 32 名機組人員，此船是為增進沿海監視能力。巡邏的海域警戒船隻（Seaward Vessels）包括近海巡邏艇、重型船。第一巡邏艇中隊擁有以下船隻：CGS Vigilant Off shore patrol、CGS Guardian Seaward Defence、CGS Rescuer Zhuk、CGS Retriever Zhuk、CGV Castor Mandovi、CGV Polaris Mandovi、CGV Marlin Mandovi、CGV Barracuda Mandovi、Heavy duty boat Aluminium hull 等。（見表 127-1）

8　National Coast Guard, (http://www.gov.mu/portal/site/police/menuitem.2db325cbfe441242455084e80fb521ca/)(2011/09/08)

9　National Coast Guard, Administration and Branches, (http://www.gov.mu/portal/site/police/menuitem.2db325cbfe441242455084e80fb521ca/)(2011/09/08)

表 127-1　模里西斯國家海域防衛總隊第一巡邏艇中隊裝備表

型號	最高速（浬）	排水量（噸）	尺寸（M）	主要裝備	數量
Guardian Class（posh）	22	1650	75*14*3.9	2 Bofors 40mm/56（1twin）. 2-12.7mm MGs 輕型直升機	1
SDB MK3 Class（PB）	21	210	37.8*7.5*1.9	1 Bofors 40mm/60;120rds/min to 10km（5.5n mile）	1
ZHUK（type 1400M）Class（PB）	30	39	24*5*1.2	4-4.15mm（2twin）MGs	2
P-2000 Class（PB）	25	40	20.8*5.8*1.8	1-7.62MG.	1
Heavy Duty Boats（PBI）	45	5	8.9*3.5*0.45	無	4
Kay Marine Heavy Duty Boats（PBI）	40	8	8.85*3.21*0.45		8
Halmatic Heavy Duty Boats（PBI）	35	6	9.2*3.1*1.0		4
Rover Patrol Boats（PBI）		3.5	6.5*2.0.0.5		9
Tornado Viking 580 RHIB（PBI）	35	2	5.7*2.6*0.75		6

　　海事飛行中隊擁有兩架飛機負責海域偵察、搜救、運補外島、輸送傷員和培訓飛行員，一架名為 The Dornier，於 1990 年從印度購入，是 NCG 唯一可飛抵阿佳萊加群島的航空器。另一架航空器則是 1992 年委託英國製造，用於巡邏海域、支援搜救行動。

第四節　權限與管轄（Authority and Jurisdiction）

　　模里西斯擁有豐沛的海上自然資源，因此 NCG 擔負維護海洋巨大利益的重要責任，還需避免多樣化物種遭受外部損害。除 1972 年的警察法（police act）所賦予的職權，NCG 另依據其他法令值勤，包括 1988 年的國家海域防衛總隊法（NCG Act 1988）、海洋區域法（Maritime zone act）、漁業法（Fisheries Ac）、娛樂船艇法（Pleasure Act）、港口法（Port Act）、海關法（Custom Act）及模里西斯憲法（constitution of Mauritius）的相關規定。[10]

---

[10] The Mauritius Police Force (2009/05/11,), Organisation-Branches-National coast guard.(http://www.gov.mu/portal/site/police/menuitem.2db325cbfe441242455084e80fb521ca/) (2009/07/29)

組織構成是依據 1988 年通過的 42 號 NCG 法令；第 3 條規定設立專門機構稱為國家海域防衛總隊；第 4 條設立指揮官；第 5 條解釋組織結構；第 6 條規定職責並由其執行環境法；第 10 條 NCG 在船上之職責；第 12 條賦予廣泛權力，包括逮捕權、預防構成海洋安全威脅的活動、任何形式的海洋污染。[11]NCG 制定新方案監測專屬經濟海域，尤其是南部島嶼，以阻止不具捕撈牌照的外國漁船非法濫捕。NCG 曾利用多尼爾（Dornier）飛機與船隊聯手監控並追捕非法捕撈漁船，2008 年 1 月便扣押並起訴不具捕撈許可證的馬來西亞船隻。[12]

第五節　教育與訓練（Education and Training）

自 1987 年 7 月起，NCG 開始管理位於 Le Chaland 的海洋培訓機構（Marine Training Establishment），其運作由指揮官直接統籌。短期課程旨在培訓船舶專業技術，而進修課程可鞏固資深人員的知識與技術。[13]印度一向與模國合作密切，NCG 長期借調印度海軍高官，借調協定是基於 1974 年締結的合約。目前仍有 9 名印度海軍擔任 NCG 的重要職務。培訓海上安全人員（Mauritian security personnel）也是雙方重要合作事宜。根據印度技術和經濟合作方案（Indian Technical and Economic Cooperation），印度海軍培訓機構提供 NCG 人員教育，包括長期和短期培訓課程。[14]2005 年，印度協助模國探勘其港口、島域與專屬經濟海域，並允諾協助模國建立自己的水文調查隊。[15]

美國海域防衛司令部的國際培訓司（International Training Division）於 2006 年在路易港進行為期 10 天的培訓課程。與會者包括 NCG、模里西斯海洋管理局、貨物裝卸公司、基礎設施、陸地運輸處與船舶部、國家安全局、海關總署等。培訓班是美國在 1997 年成立於模里西斯的國際軍事教育培訓計劃（International Military Education Training Program）執行。專題課程包括海上污染法、海上人命安全公約、貨運航行安全和污染、海上執法原則、

---

[11] 國家海岸防務隊法令全文，見 Muelex（2009/03/17), Primary Legislation-National Coast Guard .(http://www.gov.mu/portal/sites/legaldb/legislation/coastguard.htm) (2009/7/29)

[12] Port and ships (2008/01/25), Mauritian coastguard nabs Malaysian poachers.(http://ports.co.za/navalnews/article_2008_02_16_0829.html) (2009/07/29)

[13] The Mauritius Police Force(2008/01/25) , Organisation-Branches-National coast guard.(http://www.gov.mu/portal/site/police/menuitem.2db325cbfe441242455084e80fb521ca/)(2009/07/28)

[14] High Commission of India-Mauritius(20005/04/18).(http://indiahighcom.intnet.mu/prl_13_IndianNaviSharda.htm)(2009/07/29)

[15] India News Online(2005/10) ,Mauritius to buy chopper, warship from India.(http://news.indiamart.com/news-analysis/mauritius-to-buy-cho-10782.html)(2009/07/29)

海濱設施職稱和檢查、國際海運危險貨物守則、貨物配載和隔離、洩漏遏制、回收設備和技術，貨物集裝箱的檢查，海事職員安全和健康，及海域清理技術和損害評估。[16]

第六節　與我國制度之比較（A Comparison with Taiwan Coast Guard）

　　模國海域防衛總隊隸屬於警政署，推究其原因應與模國不具常備軍，國內外的保安責任都由警察單位負責有關。警察數萬人，除 500 名 NCG 人員外還包括 8,000 名國家警察（National Police）、1,500 名特殊機動隊。[17]故而其性質同時兼具海軍之海防、警察之執法。就其架構而言，仍僅屬於警察部門下分支，與我國海巡署已達部會級等級的制度有別。另外，模國有數個外島，有時需要本島的物資支援，然而模國並無海軍，運補任務亦由海域防衛總隊負責，此點與我國有所不同。

第七節　結語（Conclusion）──特徵（Characteristics）

　　模里西斯為印度洋上的群島國，海岸線長 177 公里，分為北區、南區、西區和東區指揮部，管理全國十九個哨所，以下為其海域執法制度特徵。

壹、集中制

　　模里西斯設有海域防衛總隊專責海域執法任務。

---

[16] Embassy of The United States/Port Louis Mauritius(2006/07/21)，Training Provided by the United States Coast Guard Mobile Training Team.(http://mauritius.usembassy.gov/pr_06212006.html)(2009/07/30)

[17] National Coast Guard, (http://www.gov.mu/portal/site/police/menuitem.2db325cbfe441242455084e80fb521ca/) (2011/09/08)

貳、警察型海域執法機制

模里西斯無常備軍隊，國家安全需依賴警政署維護，海域安全落在警政署下轄之海域防衛總隊。

參、三級制──隸屬於防衛與國土事務部

NCG 是隸屬於防衛與國土事務部下轄之警政署的三級單位。

肆、與印度合作密切

模里西斯由於位置與歷史因素，有不少印裔人民，因此被印度視為重要的合作夥伴。海域防衛總隊初期船艇與飛機由印度資助，相關人員支援與培訓課程也由印度負責，其指揮官則由借調的印度官員擔任，可見雙方關係密切。

伍、岸海合一

模里西斯渡假勝地特性，設有海灘巡邏自行車隊於日間巡邏海灘，有效維護海灘治安，減少盜竊與暴力滋事等。

陸、專屬航空器

NCG 擁有 2 架航空器負責巡邏。

第 128 章　賴比瑞亞海域執法制度

第一節　國情概況（Country Overview）

　　賴比瑞亞共和國（Republic of Liberia）位於西非，北接幾內亞（Guinea），西北界獅子山（Sierra Leone），東鄰象牙海岸（Ivory Coast），南濱大西洋（Atlantic Ocean）。全國面積 111,370 平方公里，為台灣 3 倍大。海岸線長 537 公里，領海 12 浬，專屬經濟海域 200 浬。[1]

　　首都蒙羅維亞（Monrovia），全國人口 3,786,764 人（2011）[2]。國體共和制，政體總統制，國會分為參眾兩議院。（見圖 128-1）主要輸出鑽石、鐵礦，橡膠、可可，輸入燃油、交通設備、食品。[3]賴國國內生產總值（GDP）977（百萬）美元，在 190 個國家排名第 172

---

[1]　CIA, The World Factbook.(https://www.cia.gov/index.html)(2010/02/23)
[2]　CIA, The World Factbook.(https://www.cia.gov/index.html)(2010/02/23)
[3]　《世界各國簡介暨各國首長名冊》，中華民國外交部，2001 年，頁 10。

名；每人國民所得（GNP）226 美元（2010），在 182 個國家排名第 180 名。賴國在自由之家（Freedomhouse）的政治權利與公民自由兩種自由程度在 2010 年的分數前者為 3，後者為 4，歸類為部份自由國家；透明國際（Transparency International）中的 2010 年的貪污調查分數為 3.3，在 178 個國家中排名第 87 名；聯合國（2010）最適合居住國家的人類發展指數為 3.4，在 169 個國家中排名第 162 名。[4]

1847 年 7 月 26 日，正式獨立，為非洲最早共和國。1989 年 12 月，賴國內戰。1995 年 8 月，國際調停使交戰各派簽署協議，由各派系共組臨時政府。泰勒（Charles Taylor）執政後，各派武裝衝突日益升高，難民大量外逃。2003 年 8 月 18 日，泰勒逃往奈及利亞。聯合國維和部隊在賴境內佈署，該部隊為規模空前之聯合國維和力量。賴國目前尚未具可讓聯合國取消制裁之條件，因該國尚未由文人政府掌控，一旦維和部隊完成部署，符合安理會要求之文人執政實現，制裁即可取消。[5]

第二節　組織、職掌與編裝
（Organization, Duties and Equipment）

賴比瑞亞海域防衛隊（Liberia Coast Guard）

一、組織與職掌

賴比瑞亞海域防衛隊在 1960 年就已存在，但在塔布曼時期（Tubman period）僅有幾艘不太堪用的巡邏艇並由缺乏訓練的人員操作。1986 年，通過賴國海軍法案（The Liberian Navy Act）將其改稱為賴比瑞亞海軍。泰勒時期（Taylor era），海軍由小型巡邏艇隊組成，當時留存至今的巡邏艇已於 2003 年在布坎南港（Buchanan harbor）遭叛軍擊沉。後來該海軍部隊名稱又改為海域防衛隊，直到 2005 年都不過是一個安置作戰復員的鬆散單位。海域防衛隊的六艘小型巡邏艇，自 1980 年初以來由於缺乏維修零件早已不能正常使用，最終運

---

[4] 三類指標詳情請見本書導論，頁 11-14。
[5] 中華民國外交部，外交資訊網頁（2010/01/22）

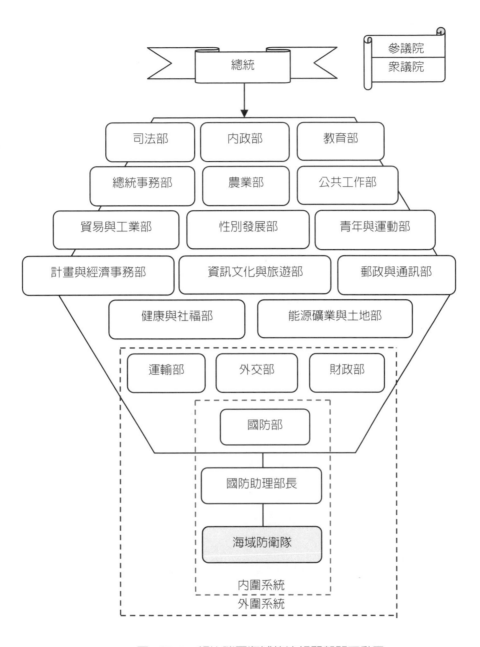

圖 128-1 賴比瑞亞海域執法相關部門互動圖

資料來源：作者自繪

作是在該國內戰時。賴國主要港口位於蒙羅維亞（Monrovia），但因管理不良，港口狀況很差。[6]據賴政府表示，海域防衛隊已於 2009 年革新組織結構。[7]

---

6 World Defence Review(2006/09/07), An Inconvenient Flag: Liberia's Ship Registry in the Age of Global Terrorism.(http://worlddefensereview.com/pham090607.shtml)(2009/07/13)。

二、裝備

　　賴比瑞亞海域防衛隊於 1959 年自美國接收兩艘 40 英尺巡邏艇，並由國防部的助理部長（The assistant minister）監督操作。1984 年後，由 6 艘巡邏艇和 450 名官兵組成三個主要單位，分別是海域防衛隊基地單位（the Coast Guard Base Unit）、任務武力單位（專責、特遣部隊單位 the Task Force Unit）與港口安全／救難單位（the Port Security/Search and Rescue Unit）。自 1977 年起，海域防衛隊開始運作沿岸燈塔的網絡。

　　任務武力單位擁有 3 艘 1980 年交付的瑞典製 50 噸近海巡邏艇及 3 艘 1976 年交付的美國製小型巡邏艇。雖然艦艇長駐於蒙羅維亞（Monrovia）自由港（Freeport）的伊萊賈約翰遜海域防衛隊基地（Elijah Johnson Coast Guard Base），但也會在布坎南（Buchanan）、格林維爾（Greenville）和佛德角巴馬斯（Cape Palmas）等基地執行任務。

　　1984 年，海域防衛隊曾被認為是擁有良好訓練與專業的武裝部隊，但由於缺乏資金維修船隻，而逐漸變得衰微。此外因無法自瑞典取得艦艇所需的補充零件，艦隊性能也受到影響。目前三艘艦艇僅一艘瑞典製巡邏艇仍可使用，其他二艘已無法運作。[8]

第三節　權限與管轄（Authority and Jurisdiction）

　　根據 1959 年成立海域防衛隊時頒布的法令，其負責保護海洋生命財產、防止走私、協助導航、執行海域 200 浬的污染防治。如遇任何危及國家安全的威脅，海域防衛隊可在領海執行司法管轄權。[9]賴國擁有覆蓋 186,000 平方公里的漁場，漁產占賴國生產總值的 3.2%。過去漁業管制非常薄弱，但近年國外的非法捕撈造成其鉅額損失，因此政府開始制定一系列規定，希望能在 2024 年達成糧食安全與養護、保護環境及生態系統的關鍵目標。根據漁業行為守則（A Code of Conduct for Responsible Fisheries），海域防衛隊的任務是執行漁業管理法令，包括逮捕使用網目尺寸低於規定的 25 毫米和 70 毫米的漁船，當地漁民共同協助監測和控制。

---

[7]　Armed Forces of Liberia-Coast Guard, Wikipedia, (http://en.wikipedia.org/wiki/Armed_Forces_of_Liberia) (2009/07/08)

[8]　Global Security.Org(2005/04/27), Military-Navy Division.(http://www.globalsecurity.org/military/world/liberia/navy.htm)(2009/07/13)

[9]　Global Security.Org(2005/04/27), Military-Navy Division.(http://www.globalsecurity.org/military/world/ liberia/navy.htm) (2009/07/13)。

制定國際海事組織的安全部門（International Maritime Organization's security division）近年有一項聯合 25 個西非和中非國家的計畫，將分別結合海域防衛隊與國際刑警組織、糧農組織、難民署、保險公司等，共同打擊海盜、非法捕魚與走私活動。[10]因重視走私、偷渡、反恐怖、過度捕撈與開採自然資源的活動，所以國際、區域和地方實體需完整保護賴國海洋。作為締約國，賴國因簽署海上生命安全公約（Safety of Life at Sea），必須執行國際船舶和港口設施的保安規則，提供港口實現並保持「正常」的安全級別，減少航運損害，並由國家港務局（National Port Authority）監督船舶和港口設施。賴國設有區域海上救援協調中心（ the regional Maritime Rescue Coordination Center ），同時也加強次區域的海事安全措施。賴國在國際海事組織和與國防部的支持下，以海上救援協調中心作為重新啟動海域防衛隊的契機。[11]近年政府努力重建海域防衛隊，1998 年賴總統授權國防部簽署新國防法，制定包括海域防衛隊在內的武裝部隊之福利與權則等，給予國防部重建海域防衛隊的法律基礎。[12]

第四節　教育與訓練（Education and Training）

賴比瑞亞海域防衛隊重新啟動為一個重要的安全部門，以確保海上邊界和自然資源的安全，培訓課程包括處理走私和海難搜救的程序，運作海上綜合安全網絡。[13]1998 年，隨著通過新國防法，武裝部隊約有 18 名士兵完成軍官學員學校 （Officer Cadets of Officers candidates' School）課程。[14]2007 年，美國海域防衛司令部亦曾檢視賴比瑞亞等西非國家安全網絡，輔導其加強海域安全措施。[15]

---

[10]　Liberia, (http://www.illegal-fishing.info/sub_approach.php?subApproach_id=82)(2009/07/12)。

[11]　Liberia Maritime Program (http://bma-liberia.com/subpage/03_services_marine_ms.html) (2009/07/12)。

[12]　The Analyst Newspaper(1998/08/13) , Pres. Sirleaf Signs New Defense Act
As AFL commissioned officers increased to 49.(http://www.analystliberia.com/ellen_arrives_in_tripoli_aug26_08.html) (2009/07/12)

[13]　(http://www.mofliberia.org/prs/chapter6.pdf) (2009/7/13)

[14]　The Analyst Newspaper(1998/08/13) , Pres. Sirleaf Signs New Defense Act
As AFL commissioned officers increased to 49. (http://www.analystliberia.com/ellen_arrives_in_tripoli_ aug 26_08.html) (2009/07/12)

[15]　Dvids(2009/07) , Portsmouth, Va.-based Coast Guard Cutter Deploys to Central and Western Africa. (http://www.dvidshub. net/?script=news/news_show.php&id=35859) (2009/07/11)

第五節　與我國制度之比較
（A Comparison with Taiwan Coast Guard）

　　賴國海域防衛隊隸屬於國防部，具有軍事職能，與我國專職且具部會層級的海巡署制度不同。賴國海域防衛隊人員及設備不足，加上任務龐雜，常難以應付海上威脅。而我國因任務較其單純，較少遇到不堪應付之狀況。所幸賴國有美國提供協助，已制定良好的遠程規劃。

第六節　結語（Conclusion）——特徵（Characteristics）

　　賴比瑞亞南濱大西洋，為一面環海國家，海岸線長 537 公里，以下為其海域執法制度特徵。

壹、海軍型海域執法機制

　　海域防衛隊隸屬於國防部，時而既是海軍，亦是海域執法單位。

貳、裝備不良，名存實亡

　　賴比瑞亞雖一度擁有先進的海域防衛隊，但因連年內亂，致長期無法正常運作，加上資金不足，無法有效保養船艇，其早已名存實亡。

參、功能不彰，角色模糊

　　賴比瑞亞的海域防衛隊曾一度改為海軍，卻又再改回海域防衛隊，簡言之其主要擔負海域巡防職責。但其實際功能不彰，只能作為一個安置戰後復員的鬆散後備單位。

肆、國外援助扮演關鍵角色

　　目前由聯合國維安部隊協助維安，加上美國對非洲諸國海域安全的重視，及中西非國家聯合海域防衛計畫，可預見將來海域防衛隊重建過程中，如何利用國外資源勢必扮演一定程度的關鍵。

第 129 章　獅子山海域執法制度

第一節　國情概況（Country Overview）

　　獅子山共和國（Republic of Sierra Leone）位於西非，西濱大西洋（Atlantic Ocean），北接幾內亞（Guinea），東南界賴比瑞亞（Liberia）。全國面積 71,740 平方公里，為台灣 2 倍大。海岸線長 402 公里，領海 12 浬，毗連區 24 浬，專屬經濟海域 200 浬。[1]

　　首都自由城（Freetown），全國人口 5,363,669 人（2011）[2]。國體共和制，政體總統制，國會一院制。（見圖 129-1）主要輸出鑽石、鐵礦、可可，輸入機械、食品、菸草。[3]獅國國內生產總值（GDP）2,254（百萬）美元，在 190 個國家排名第 158 名；每人國民所得（GNP）325 美元（2010），在 182 個國家排名第 179 名。獅國在自由之家（Freedomhouse）的政治權利與公民自由兩種自由程度在 2010 年的分數皆為 3，歸類為部份自由國家；透明國際

---

[1]　CIA, The World Factbook.(https://www.cia.gov/index.html) (2010/11/09)

[2]　CIA, The World Factbook.(https://www.cia.gov/index.html) (2010/11/09)

[3]　《世界各國簡介暨各國首長名冊》，中華民國外交部，2001 年，頁 10。

（Transparency International）中的 2010 年的貪污調查分數為 2.4，在 178 個國家中排名第 134 名；聯合國（2010）最適合居住國家的人類發展指數為 3.6，在 169 個國家中排名第 158 名。[4]

　　獅子山與西非各國關係大致良好，外交政策著重於西非經濟共同體（Economic Community of West African States），與西非維和部隊（West African peacekeeping force）共同處理國內叛軍問題。

第二節　歷史沿革（History）

　　獅子山共和國武裝部隊（Republic of Sierra Leone Armed Forces, RSLAF）於 1961 年建立，時稱獅子山武裝部隊（Royal Sierra Leone Military Force, RSLMF），當時約有 8,500 名士兵。武裝部隊長期作為單一服務機構，直到 1979 年海軍成立，在 1995 年防衛總部（Defence Headquarters）成立後，獅子山航空聯隊（Sierra Leone Air Wing）也隨之組成。RSLMF 後改名為"Armed Forces of the Republic of Sierra Leone（AFRSL）"，2002 年才改為現名。1997 年，獅國發生軍事政變，安全防衛與清除叛兵任務，由西非維和部隊與 RSLAF 共同承擔。2002 年，時任的卡巴（Kabbah）總統宣佈重組微弱的空軍與幾近垂死的海軍。2010 年，英國軍方以國際軍事援助培訓隊（International Military Assistance Training Team）的名義派遣 100 名軍官，協助獅國更新武裝力量，2010 年底，預計將協助人員減少至 45 人或 50 人。[5]

---

[4]　三類指標詳情請見本書導論，頁 11-14。
[5]　Armed Forces of the Republic of Sierra Leone, (http://en.wikipedia.org/wiki/Republic_of_Sierra_Leone_Armed_Forces) (2010/11/09)

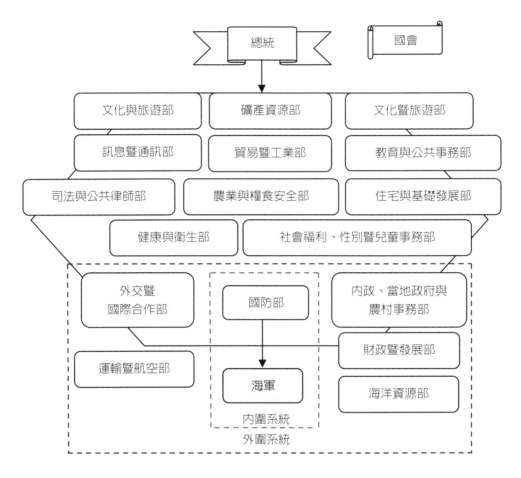

圖 129-1　獅子山海域執法相關部門互動圖

資料來源：作者自繪

第三節 組織、職掌與編裝
（Organization, Duties and Equipment）

獅子山共和國海軍（Republic of Sierra Leone's Naval, RSLN）

一、組織與職掌

　　獅子山海軍是 RSLAF 的分支之一，海軍總部位於自由城，主要任務為巡邏領海 12 浬，毗連區 24 浬，專屬經濟海域 200 浬，執行軍事防衛及保衛漁業資源任務。海軍軍官教育由英國海軍提供，財政支援則來自英國和中國。2007 年 9 月 25 日，海軍逮捕 8 名假借打擊海盜實為盜捕的幾內亞海軍。在專屬經濟海域的 18 浬處，海軍以武力迫使幾國海軍停駛，當中的一艘快艇逃離至北幾內亞領海，獅海軍在其他被扣押的 8 名海員艦艇上，發現 AK- 47 自動步槍及各種高價值魚類。[6]

二、裝備

　　目前擁有 500 名海員及 10 艘大小不等的巡邏艇。[7]

---

[6] BBC News, S Leone catches Guinea 'pirates', 2007/09/25, (http://news.bbc.co.uk/2/hi/africa/7012085.stm）
（2011/09/08）

[7] *Jane's Fighting Ships.2004-2005*, Edited by Commodore Stephen Saunders RN, Virginia U.S.A, p.656.

第四節　與我國制度之比較
（A Comparison with Taiwan Coast Guard）

　　獅子山政局不穩加上內戰不斷，因此沒有迫切需求海軍及空軍，所以將軍事重心放在陸軍發展。海軍的作用主要是定期巡邏國家海域，偵查非法捕撈等漁業事務。我國則是把海上任務分工給海巡署及海軍，海巡署負責海域執法，海軍專責保衛海域安全。

第五節　結語（Conclusion）──特徵（Characteristics）

　　獅子山西濱大西洋，為一面環海國家，海軍在總長 402 公里的海岸線上設有一總部，以下為獅子山的海域執法制度特徵。

壹、海軍型海域執法機制

　　獅子國因內戰因素，並不注重海上安全發展，因此並無設立專職海域執法單位，僅由海軍承擔海域防衛任務。

貳、委外教育

　　獅國海軍進步緩慢，因此英國以國際軍事援助培訓隊名義協助獅國軍事教育及制度更新。

參、重視漁業資源

　　海軍鮮少遭遇重大安全事故，平時巡邏以漁業資源巡護為重心。

肆、裝備不足、制度不全

　　獅國政局動盪，至今仍未有完整海域法制度，效率顯得不足，海軍也僅有 4 至 5 艘艦艇值勤。

第 130 章　喀麥隆海域執法制度

第一節　國情概況（Country Overview）

　　喀麥隆共和國（Republic of Cameroon）位於中非，西臨大西洋（Atlantic Ocean），北接奈及利亞（Nigeria），東鄰查德（Chad）與中非共和國（Central Africa Republic），南界赤道幾內亞（Equatorial Guinea）、加彭（Gabon）及剛果共和國（Republic of Congo）。其海岸線緊依邦尼灣（Bight of Bonny），為幾內亞灣（Gulf of Guinea）及大西洋（Atlantic Ocean）的一部分。全國面積 475,440 平方公里，為台灣的 13 倍大。海岸線長 402 公里，領海 12 浬，未宣稱其專屬經濟海域。[1]

　　首都雅恩德（Yaoundé），全國人口 19,711,291 人（2011）[2]。國體共和制，政體半總統制，單一國會。（見圖 130-1）主要輸出石油、可可，木材、咖啡，輸入電器設備、交通設備。[3]喀國國內生產總值（GDP）21,880（百萬）美元，在 190 個國家排名第 97 名；每人國民所

---

[1]　*Jane's Fighting Ships.2004-2005*, Edited by Commodore Stephen Saunders RN, Virginia U.S.A, p.86.
[2]　CIA, The World Factbook.(https://www.cia.gov/index.html) (2011/06/01)
[3]　《世界各國簡介暨各國首長名冊》，中華民國外交部，2001 年，頁 140。

得（GNP）1,071 美元（2010），在 182 個國家排名第 142 名。喀國在自由之家（Freedomhouse）的政治權利與公民自由兩種自由程度在 2010 年的分數皆為 6，歸類為不自由國家；透明國際（Transparency International）中的 2010 年的貪污調查分數為 2.2，在 178 個國家中排名第 146 名；；聯合國（2010）最適合居住國家的人類發展指數為 3.9，在 169 個國家中排名第 131 名。[4]

　　喀國原屬德國殖民地，一戰後委託英法管理，二戰後英管西喀，法管東喀。1960 年，法屬東喀獨立，定名為喀麥隆共和國。1961 年，西喀公投，南部贊成與喀麥隆共和國合併，雙方同年 10 月組成「喀麥隆聯邦共和國」。1984 年元月，復改國名為「喀麥隆共和國」，而西喀北部則與奈及利亞合併。[5]喀國獨立以來一直與法國維持密切關係，法商投資亦是喀麥隆石油及非石油產業的主要外資。2006 年，與奈及利亞的海域糾紛已獲解決，另與赤道幾內亞因工作移民問題偶有緊張關係。[6]

第二節　組織、職掌與編裝
（Organization, Duties and Equipment）

喀麥隆海軍（Cameroon Navy）

一、組織與職掌

　　喀麥隆海軍隸屬於國防部，2000 年更新設備，自法國收購幾艘小型巡邏艇用於沿岸與河流巡邏。海軍經過設備評估後，發現如果面臨真正的戰爭，現有武器根本毫無招架之力，巡邏艦艇也不具備該有的導彈設備。因法國在 1999 年改裝喀國欲購入的艦艇，拆卸應附載之導彈與電子戰鬥系統，即使現在裝有新式雷達，作戰時仍無多大功效。海軍主要任務為反恐怖主義、反非法組織叛亂及維護國家領海權利。今日的海軍無實際戰鬥力，實在難有機會阻擋欲侵犯國家海洋權益的勢力或其他更龐大的恐怖組織。海軍總指揮部設於杜

---

[4]　五類指標詳情請見本書導論，頁 11-14。
[5]　《世界各國簡介暨政府首長名冊》，中華民國外交部禮賓司編印，2001 年 9 月，頁 139。
[6]　中華民國外交部，外交資訊網頁（2010/05/10）

阿拉（Douala），另外兩個分區指揮部設於林貝（Limbe）及克里比（Kribi），巡邏範圍包含國家領海與內陸的貝努埃河（Benue）。[7]

二、裝備

海軍約有 1,250 人員，計有 15 艘艦艇，包括 1 艘 308 噸 BAKASSI P 48S 型巡邏艇、4 艘 12.5 噸巡邏艇、1 艘 250 噸 BIZERTE 級 PR 48 型大型巡邏艇、1 艘 96 噸近岸巡邏艇、6 艘 12 噸快速 PBR 級河流巡邏艇、2 艘 63 噸 RODMAN 級近岸巡邏艇。[8]

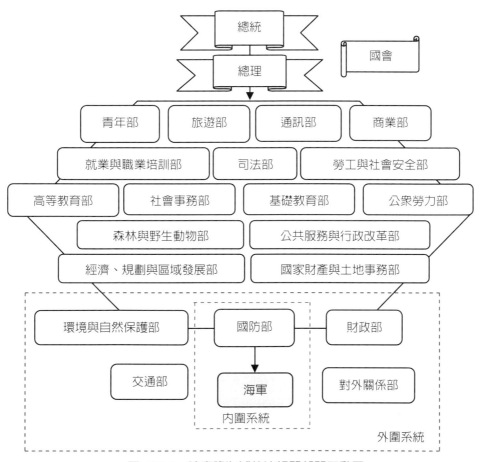

圖 130-1　喀麥隆海域執法相關部門互動圖

資料來源：作者自繪

---

[7]　Jane's Navy, Cameroon Navy, 2010/10/06, (http://www.janes.com/extracts/extract/cafrsu/cames130.html) (2011/09/08)

[8]　*Jane's Fighting Ships.2004-2005*, Edited by Commodore Stephen Saunders RN, Virginia U.S.A, pp.86- 87.

第三節　教育與訓練（Education and Training）

　　海軍訓練主要依賴法國與美國，國內並無設立海軍學院。2008 年初，設於法國布列塔尼（Brittany）、土倫（Toulon）的法國突擊隊（French Commando Unit）與非洲公共事務關係站（Africa Partnership Station Public Affairs, APS）的非洲海員及法國航運人員合作，共同前往喀國培訓海軍。法國突擊隊以最新技術在當地示範軍事操演，增加海軍執勤能力。法國期望提供喀國海軍執行海事法的基礎，加強偵查盜捕魚資源、走私毒品、販賣人口等非法活動。此培訓重點為控制海域，調查可疑船隻，讓喀國海軍了解目前世界局勢。培訓範圍分為岸上與海上，岸上訓練包含技術操作與出入境等行政工作；海上訓練主要是各種戰術操作、體力訓練等。另外，美國海軍艦隊在中非與西非也提供類似課程，提供教育平台集中培訓，提升非洲國家的區域合作。培訓工作隊的成立，包含政府與非政府組織，目的是加強彼此的合作夥伴關係。[9]

第四節　與我國制度之比較
（A Comparison with Taiwan Coast Guard）

　　喀國海軍是國內唯一海事單位，不僅要負責軍事維安，還要偵查海域非法行動。目前海軍艦艇除了 2000 年更新的幾艘小型艦艇外，大多是 1980 年前後購入的舊式裝備，面對真正的軍事危機或大型非法威脅，甚為吃力。喀海軍訓練多交由他國培訓，沒有專屬教育學院，加上裝備老舊，致使海軍實力低落。我國與喀國相較，軍事維護是由海軍執行，犯罪偵查由海巡署承擔，不管是裝備或是權責上皆各有所屬，並不同喀國般，因責任重疊致使資源浪費。我國海巡署與海軍皆設有專業學院或學系，即使有他國類似單位來訪，也多屬交流活動，並無代訓。

---

[9] International Partners Train Cameroon Navy on VBSS Techniques (2008/02/26), (http://www.navy.mil/search/display.asp?story_id=35217) (2010/05/13)

第五節　結語（Conclusion）──特徵（Characteristics）

　　喀麥隆西臨大西洋，海岸線緊依邦尼灣，其為幾內亞灣及大西洋的一部分，是一面環海國家，海岸線長 402 公里，設有兩個分區基地，以下為其海域執法制度特徵。

壹、海軍型海域執法機制

　　喀麥隆唯一的海事單位只有海軍，不僅負責軍事維安，還需偵查包含走私、偷渡與盜捕魚類的非法活動。

貳、依賴他國培訓

　　國內沒有設立海軍學院，歐美國家的政府或非政府組織的海事單位，會定期至喀麥隆向海軍進行各種能力培訓。

參、內陸河湖亦為巡邏範圍

　　海軍擁有 6 艘河流巡邏艦艇，在貝努埃河執行河流犯罪偵察任務，預防非法組織叛亂。

肆、艦艇老舊，裝備簡易

　　國內現有的 15 艘艦艇，除了 2000 年購置的小型巡邏艇外，其他大型艦艇多是已近 25 年歷史的老舊艦艇。新購入的艦艇也因為沒有裝設例如水雷的戰鬥設備，如遇危機實難以應付。

第 131 章　索馬利亞海域執法制度

第一節　國情概況（Country Overview）

索馬利亞民主共和國（Somali Democratic Republic）位於東北非，北濱亞丁灣（Gulf of Aden），東南臨印度洋（Indian Ocean），西北鄰吉布地（Djibouti），南界肯亞（Kenya），西接衣索比亞（Ethiopia）。全國面積 637,657 平方公里，為台灣的 17.7 倍大。海岸線長 3,200 公里，領海 200 浬。[1]

首都摩加迪休（Mogadishu），全國人口 9,925,640 人（2011）[2]。為單一國會制，人民代表大會為最高民意機關，現因內戰停止運作。（見圖 131-1）主要輸出牲畜、香蕉，輸入石化產品、燃料。[3]國內多數地區處於派系交戰狀態，現雖選出過渡政府，但各地勢力仍蠢

---

[1] CIA, The World Factbook.(https://www.cia.gov/index.html) (2010/01/28)

[2] CIA, The World Factbook.(https://www.cia.gov/index.html) (2011/06/01)

[3] 《世界各國簡介暨各國首長名冊》，中華民國外交部，2001 年，頁 214。

蠢欲動。[4]國內戰亂不斷，導致人民困苦，轉而發展海上勢力，成為令人聞風喪膽的「索馬利亞海盜」，任意襲擊路過的外國船隻，引起各國不滿。[5]索國國內生產總值（GDP）2,372（百萬）美元，在 190 個國家排名第 156 名；索國在自由之家（Freedomhouse）的政治權利與公民自由兩種自由程度在 2010 年的分數皆為 7，歸類為不自由國家；透明國際（Transparency International）中的 2010 年的貪污調查分數為 1.1，在 178 個國家中排名第 178 名。[6]

聯合國的索馬利亞糧食安全與營養分析機構（Food Security and Nutrition Analysis Unit for Somalia）研究報告中指出，當地每 5 名兒童就有 1 人嚴重營養不良，約 142 萬名兒童因暴亂流離失所，高達 376 萬名兒童極需人道援助。在內戰加劇下，索國面臨 18 年來最嚴重的人道危機。極需幫助的地區為南部和中部，是目前人道救援無法抵達的地方，估計有高達 75%的人口急需救助。[7]

2005 年，我國漁船遭扣原因包括違反合作規定及遭叛軍挾持等，為避免類似案件發生，除宣導合作規定外，農委會漁業署已呼籲有意前往索國周邊海域作業的船東注意安全，並暫不核准赴索之漁業合作。[8]索國海盜原本橫行亞丁灣，在歐盟、美國、中國、日本、俄羅斯和印度等派出戰艦護航後，海盜襲擊大量減少。海盜短暫沉寂後，又於 2009 年末開始活動。現在索海盜改在索國南部和東部海灣出擊，因為這裡幾乎沒有巡邏戰艦。由於海盜備有先進器材、重型武器、大型船隻和快速攻擊艇，其在海上活動時間更長，可在離基地較遠的印度洋區域橫行。據國際海事局海盜通報中心 2009 年 12 月 29 日公佈的數據顯示，儘管各國派戰艦在亞丁灣和索國沿岸巡邏，但海盜對過往船隻發動的襲擊仍有增無減，2009 年共發動 214 次襲擊，成功劫持 47 艘船隻比 2008 年多出近一倍。[9]

---

[4] 中華民國外交部，外交資訊網頁（2010/01/28）

[5] Clayton Evans, Rescue at Sea, An International History of lifesaving, Coastal Rescue Craft and Organizations, Naval Institute Press Annapolis, Maryland 2003, p. 250.

[6] 三類指標詳情請見本書導論，頁 11-12。

[7] 《自由時報》〈聯合國：索馬利亞人道危機 18 年來之最〉，2009/08/26。（http://iservice.libertytimes.com.tw/liveNews/news.php?no=260837&type=?　?）（2010/01/28）

[8] 中華民國 95 年 8 月 21 日行政院農業委員會農授漁字第 0951332095 號公告主旨：暫停受理漁船申請與索馬利亞漁業合作。依據：對外漁業合作辦法第 14 條。公告事項：一、茲因索馬利亞經濟水域已發生多起漁船被挾持或攻擊事件，為確保我漁船作業安全，自本公告日起，暫停受理漁船申請與索馬利亞漁業合作，擅自與索馬利亞進行漁業合作者，依漁業法第 10 條規定核處。二、本會將考量上述影響我漁船作業安全之情況改善後，另行公告辦理是項漁業合作業務。

[9] 《重慶晚報》〈索馬利亞海盜元旦劫兩船　5 中國人被扣〉，2010/01/03。（http://big5.citygf.com/news/News_001010/201001/t20100103_196453.html）（2010/01/28）

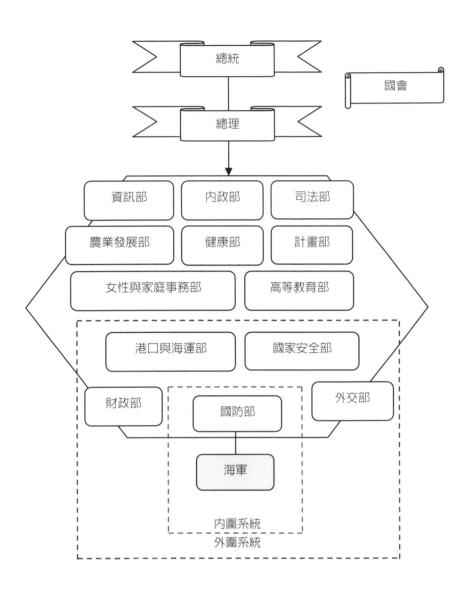

圖 131-1 索馬利亞海域執法相關部門互動圖

資料來源：作者自繪

第二節 歷史沿革（History）

　　1884 年，英國在索國北海岸成立一支武裝警察隊維持治安。1910 年，英國成立索馬利蘭海岸警察（Somaliland Coastal Police）。1914 年，義大利在索國殖民地成立海岸警察保護

義國居民。1965 年，蘇聯幫助索國建立一支小型海軍，分別設立在摩加迪休（Mogadishu）和奇西邁歐（Kismayo）維護沿海安全。1990 年，海軍武器已包含 2 艘蘇聯 Osa-II 飛彈快艇、4 艘蘇聯 Mol PFT 魚雷快艇和幾艘巡邏艇。還有蘇聯 Polnocny 級的登陸艇，能載運 5 輛坦克和 120 位戰士，另有 4 艘小型登陸艇。1977 年，蘇聯離開後多數設備已無法使用，1991 後，海軍無法正常運作，海軍資源貧乏，幾乎無戰力可言，幾近瓦解。[10]索國自 1991 年以來戰亂不斷，海上安全能量在過去十多年等於不存在，導致周邊海域經常有外國漁船盜捕魚資源或傾倒有毒廢物。近年亞丁灣海域頻繁發生小型漁船海盜劫持外國船隻並勒索贖金的案件，動輒要求數百萬美元贖金，引發國際高度關注。美國、歐盟和北約等 20 多國一度派遣船艦巡邏亞丁灣海域。[11]

第三節　組織、職掌與編裝
（Organization, Duties and Equipment）

索馬利亞海軍（Somalia Navy）

索國於 2009 年徵募 500 名介於 18 和 25 歲的男性志願人員成立海軍，計劃未來將擴增 5,000 人，指揮官由 Farah Qare 海軍上將擔任。2009 年 10 月，海軍人數達 528 人，其薪資先由過渡政府支付，計畫日後政府與索國海盜問題穩定後，由港口租金收益支付。[12]索新任國防部長表示，與聚集在亞丁灣打擊海盜的外國軍艦相比，索人更了解海盜，因此可以更有效地打擊海盜活動。[13]但海軍成立兩個月前，布魯塞爾會議中各國認捐的 2 億美元撥款遲滯，這支重建海軍至今仍嚴重缺乏裝備和大型船隻。聯合國支持索國過渡政府，

---

[10] Globalsecurity.org(2009), Military-Somalia,.(http://www.globalsecurity.org/military/world/somalia/navy.htm) (2009/07/03)。

[11] Inside Somalia News, (http://insidesomalia.org/200906161260/News/Politics/Somali-navy-chief-World-s-worst-job.html) (2009/07/03)。

[12] Somalia Navy, Jane's Navy, 2010/06/28, (http://articles.janes.com/articles/Janes-Sentinel-Security-Assessment-North-Africa/Navy-Somalia.html) (2011/08/05)

[13] 《新華網》〈索馬利亞重建海軍對付海盜〉，2009/06/31。（http://tw.news.yahoo.com/article/url/d/a/090407/5/1he10.htm）（2009/07/03）。
Voice of America(2009/06/18), Analysts Skeptical New Somali Navy Can Fight Piracy, (http://www.voanews.com/english/2009-06-18-voa34.cfm) (2009/07/03)

除希望能制止海盜和其他非法活動，還希望能為其爭取更多經費，可進一步掃蕩海盜的陸上根據地，但國際間對其是否能有效執行任務仍多有疑慮，不願輕易出資贊助。[14]新建海軍 2009 年 6 月 13 日起於舊海港摩加迪休北區展開訓練，初以課堂培訓（classroom-based）為主，[15]為期四個月，訓練內容包括游泳、潛水與射擊，海軍服裝是紅短褲配上白T 恤。[16]

第四節　權限與管轄（Authority and Jurisdiction）

索國在英國與義大利殖民時代曾有良好的海域執法制度，尤其在 1910 年，英國就已成立索馬利蘭海岸警察隊，使其早就有海域執法機制的雛形。唯日後獨立與連年戰亂因素，使海軍與海岸警察停止運作，也造成索國海域並無中央政府所屬的武裝部隊防衛，讓叛軍與海盜有機可乘。索國雖有海關單位（Customs），但其主要管轄港口與機場進出口，海關既無巡邏船隻，當然無執法能力與權限。

第五節　教育與訓練（Education and Training）

索國陸軍多接受外國訓練，許多高級官員是在英國和義大利殖民時代的軍校裡執勤，有些則是到英國和義大利的軍隊或警察學校訓練。1960 年初到 1977 年，蘇聯提供多數官員的訓練，1970 年中期，高級官員中就有 60%接受蘇聯訓練，索國軍事學校皆採用蘇聯組織和戰術。1980 年初，索國軍官分別至位於摩加迪休的 2 所軍校受訓。Siad Barre 軍事學校提供一般軍事教育，而 Ahmad Guray 戰爭學院則提供高級軍官教育。儘管有軍校的存在，但索國軍隊仍依靠外國訓練來維持武器系統操作，改進人員技能。

---

[14] Voice of America(2009/06/18), Analysts Skeptical New Somali Navy Can Fight Piracy, (http://www.voanews.com/english/2009-06-18-voa34.cfm) (2009/07/03)。

[15] BBC NEWS(2009/06/16), Somali navy chief: World's worst job?(http://news.bbc.co.uk/2/hi/africa/8096137.stm) (2009/07/03)。

[16] 《中廣新聞網》〈索馬利亞成立海軍打擊海盜〉，2009/06/13。(http://tw.news.yahoo.com/article/url/d/a/090613/1/1l7yo.html)（2009/07/03）

第六節　與我國制度之比較
（A Comparison with Taiwan Coast Guard）

　　索國遭英國及義大利的殖民時代，成立海域執法相關單位，但獨立後，卻無任何海域執法機關。即使今日重新建立海軍，卻因經費、裝備缺乏，國內戰亂不穩，仍是形同虛設。我國因政經穩定，國內各防禦系統發展穩定，不管是海軍或專責海域執法的海巡署，其裝備或經費來源不致匱乏，因此較不易發生如同索國海盜一樣的國際威脅。

第七節　結語（Conclusion）──特徵（Characteristics）

　　索馬利亞北濱亞丁灣，東南臨印度洋，是二面環海國家，海岸線長 3,200 公里，以下為其海域執法制度特徵。

壹、海軍型海域執法機制

　　索馬利亞設有海軍作為維護海域的單位。唯因戰亂，形同虛設。

貳、重建海軍成效尚待觀察

　　索馬利亞海軍長久名存實亡，近年由於海盜問題叢生引起國際關注，而有重建海軍之舉，但成效如何仍有待觀察。索自 1991 年持續戰亂，據統計，2008 年前 9 個月，就發生 47 起海盜攻擊事件，相較 2007 同期僅有 12 起，數量明顯大增，目前海盜挾持的外國船隻超過 40 艘，被劫船員則逾 600 人。[17]

---

[17] 《自由時報電子報》〈索馬利亞劫 2 船　扣留 24 船員〉，2009/11/11。

參、他國合作協助的海域執法機制

　　由於索國目前無穩定的海域武力維護海域，加上多件海盜與違法捕魚案例，使索國與美國協商，希望能讓美國海軍在索國沿海協助巡邏、執法。[18]這種模式如同非洲國家「葛摩」（Comoros），該國亦無海域執法能力，故與法國簽訂「防禦協定」，內容包含負責葛摩海、空之防務，軍艦定期在葛摩海域巡邏。[19]這般的海域執法機制，多發生在較落後、貧瘠的沿海國家，必須仰賴較強的海權國家維護海域。

---

[18] 索國現任總理 Ali Muhammad Ghedi 對該國多位議員說：「美國將考慮幫助索馬利亞過渡政府，巡邏、鞏固索馬里亞 621 英哩（1,000 公里）的海岸線」。（http://www.hiiraan.com/print_news/2006/apr/somali_news17_2.aspx）（2009/07/13）

[19] 《中國阿拉伯友好協會》（2005/11/10），葛摩曾為法國殖民地，現與法國簽有「防禦協定」，內容包含負責葛摩海、空之防務，其軍艦定期在葛摩海域巡邏，法國並在馬約特島設有海軍基地和駐軍司令部。（http://www.cafa.org.cn/news/2005/11/10/60865271271380.html）（2009/07/13）

第 132 章　維德角海域執法制度

第一節　國情概況（Country Overview）

　　維德角共和國（The Republic of Cape Verde）位於西非外海之北大西洋（North Atlantic Ocean）上，由北方的迎風群島（Windward Group）及南方的背風群島（Leeward Group）組成，共有 10 個主島嶼和 8 個小離島。迎風群島有聖安東（Santo Antão）、聖文森（São Vincente）、聖露西亞（Santa Luzia）、聖尼可勞（São Nicolau）、薩烏（Sal）、波亞維西塔（Boa Vista）。背風群島有五月島（Maio）、聖地牙哥（Santiago）、弗古（Fogo）、布拉瓦（Brava）。當中只有聖露西亞是無人居住的島嶼，為一自然保護區。全國面積 4,033 平方公里，是面積 150 平方公里的金門的 27 倍大。海岸線長 965 公里，領海 12 浬，專屬經濟海域 200 浬。[1]

　　首都位於聖地牙哥島的培亞（Praia），全國人口 516,100 人（2011）[2]。國體共和制，政體內閣制，設有全國人民議會。（見圖 132-1）主要輸出魚、魚罐頭、香蕉，輸入機械、電

---

[1]　*Jane's Fighting Ships.2004-2005*, Edited by Commodore Stephen Saunders RN, Virginia U.S.A, p.102.

[2]　CIA, The World Factbook.(https://www.cia.gov/index.html) (2011/06/01)

器設備、糧食。[3]維國國內生產總值（GDP）1,573（百萬）美元，在 190 個國家排名第 162 名；每人國民所得（GNP）3,007 美元（2010），在 182 個國家排名第 107 名。維國在自由之家（Freedomhouse）的政治權利與公民自由兩種自由程度在 2010 年的分數皆為 1，歸類為自由國家；透明國際（Transparency International）中的 2010 年的貪污調查分數為 5.1，在 178 個國家中排名第 45 名；聯合國（2010）最適合居住國家的人類發展指數為 5.5，在 169 個國家中排名第 118 名。[4]

維國 1990 年後採用多黨民主制度，算是非洲最穩定的民主國家之一。因缺乏自然資源，大量仰賴進口糧食。2007 至 2010 年，外人直接投資預估達 44 億美元，主要外資來自英國、法國、葡萄牙、義大利及阿拉伯聯合大公國，政府將九成外資投資於觀光產業。[5]

第二節　組織、職掌與編裝
（Organization, Duties and Equipment）

維德角海域防衛局（Cape Verde Coast Guard）

一、組織與職掌

維德角海域防衛局隸屬於部長會議主席、國家改革與國防部，是國家準軍事單位。[6]1975 年，維德角脫離殖民者獨立後，初期仍沿用舊時的海軍模式。1985 年 2 月底，成立海域防衛局，目的是為取代舊政府海軍，將實權移轉到新政府手中。維國實行義務役制，武裝力量分為正規軍、警察、民兵。[7]正規軍有陸軍、空軍和海域防衛局。（見圖 132-1）海域防衛局負責海域執法工作，[8]任務有保衛國家海域邊境，執行海上巡邏、幫助市民、海難搜救、保護漁業和海洋環境等。由於維國無足夠經費與武器獨自完成海域執法工作，且近年偷渡

---

[3]　《世界各國簡介暨各國首長名冊》，中華民國外交部，2001 年，頁 142。
[4]　五類指標詳情請見本書導論，頁 11-14。
[5]　中華民國外交部，外交資訊網頁。（2010/02/01）
[6]　FBI, (http://www.fbi.gov/) (2010/02/02)
[7]　Cape Verde Police, (http://www.pop.cv) (2010/02/02)
[8]　CIA, The World Factbook.(https://www.cia.gov/index.html) (2010/02/02)

嚴重，政府為解決燃眉之急，分別與歐盟、美國及中國達成協定，請求支援巡邏船為西非海域維護安全，並積極與中國大陸商討捐贈巡邏船事宜。[9]

二、裝備

海域防衛局擁有 100 名人員與 3 艘巡邏船，[10]皆為美國、中國淘汰之艦艇，其設備老舊、機器故障頻傳，嚴重影響執法效率與能量。[11]

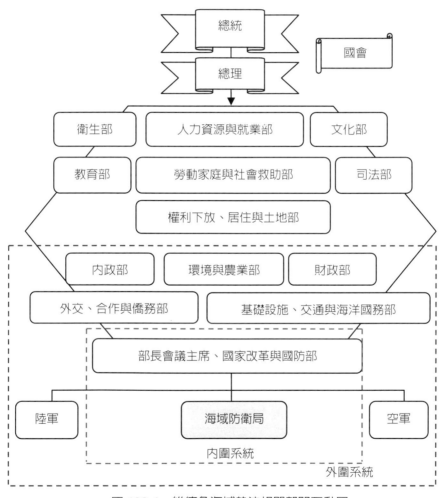

圖 132-1　維德角海域執法相關部門互動圖

資料來源：作者自繪

---

[9]　中華人民共和國全民國防教育網，（http://www.gf81.com.cn/）（2010/02/02）

[10]　Jane's Fighting Ships 2005-2006, (http://jfs.janes.com/public/jfs/index.shtml) (2010/02/02)

[11]　United States Coast Guard, (http://www.uscg.mil/uscg.shtm) (2010/02/02)

（資料來源：Jane's Fighting Ships 2004-2005, p.102）

圖 132-2　ESPADARTE　CLASS 沿海巡邏艇

排水量：22 噸（滿載）
主尺度：長 15.6 米，寬 4.5 米，吃水 1.3 米
動　力：520 馬力
航　速：24 節（最高）
航　程：500 海里
編　製：6 人（2 位海岸警備隊官長）
武　器：武器：2 具 12.7 毫米雙管機砲
雷　達：1 座搜索雷達

（資料來源：2006.10.05, World Military Guide, http://www.globalsecurity.org/military/world/）

圖 132-3　Chinese 27 metre class（PATROL CRAFT）

排水量：55 噸（滿載）
主尺度：長 27 米，寬 4 米，吃水 1.2 米
航　速：24 節（最高）
武　器：4 具 14.5 毫米雙管機砲
雷　達：1 座搜索雷達

（資料來源：Jane's Fighting Ships 2004-2005, p.103）

圖 132-4　KONDORI CLASS（高速護衛艇）

排水量：377 噸（滿載）
主尺度：長 51.9 米，寬 7.1 米，吃水 2.2 米
動　力：4408 馬力
航　速：20 節（最高）
航　程：1800 浬
編　制：25 人（3 位海岸警備隊官長）
武　器：2 具 25 毫米雙管機砲
雷　達：1 座搜索雷達

第三節　權限與管轄（Authority and Jurisdiction）

　　海域防衛局海上執法權限與管轄，係依據法令及簽署之國際協定，執行檢查、管理之權，以達成保護國家主權完整，保護國家天然資源，避免環境污染、維護安全及秩序、防止非法移民，非法運送及交易武器、爆裂物、毒品及興奮劑等，打擊走私、海盜及其他違法行為。依據法令及國際協定，執行國際合作事項，以維護海域安全、秩序及穩定。蒐集和及時處理資訊並提供特殊單位必要情報。協調其他軍種保護國家財產及人民生命、財產安全，確保人民能在海岸及大陸礁層維持生計；參與海難搜救行動，儘量防止海上事故。協調各執勤單位保衛國家領海主權、大陸礁層及專屬經濟海域之主權權利。[12]

---

[12] THE CONSTITUTION OF THE REPUBLIC OF CAPE VERDE(1992), Article 270 (Missions of the Armed Forces)。

第四節　教育與訓練（Education and Training）

　　海域防衛局全員必修水上執法知識，正式執勤前，軍、士官、士兵皆必需受基本訓練。為使人員獲得知識和技能，必須到美國設置在維德角的訓練中心培訓。各長官亦時常參與國際特殊課程，以強化專業技能。美國與維德角合作訓練教育計畫，[13]課程重點有增強反恐怖主義能量，實施海上法令、海難搜救，災難預防和偵查非法走私。

第五節　與我國制度之比較
（A Comparison with Taiwan Coast Guard）

　　維德角海域防衛局屬於海域執法機制中的海軍型（Navy Model），由軍人擔任海域執法主角。我國執法單位內部的人員有四種；而維國皆為軍職人員，在人事管理上較我國單純。我國海域執法一元化；維德角海上執法機關與我國相同處是雙方僅由單一部門負責，維德角由海域防衛局負責，而我國由海巡署執行。新興非洲成為石油之戰的舞台，維德角處在能源儲量巨大、內亂交迫的非洲，夾在複雜的國際關係中，與我國春曉油氣田、釣魚台主權、東沙海域、南海爭端等事件，同樣考驗政府運用智慧去解決。

第六節　結語（Conclusion）──特徵（Characteristics）

　　維德角位於西非外海之北大西洋上，是由北方的迎風群島及南方的背風群島組成的群島國，共有 10 個主島嶼和 8 個小離島，海岸線長 965 公里，以下為其海域執法制度特徵。

---

[13]　United States Embassy, (http://usembassy.state.gov/posts/cv1/wwwhsao.htm) (2006/10/21)

壹、海軍型海域執法機制

海域防衛局既是海軍，也是海域執法者。集軍事及海域執法於一單位因隸屬於國防部，故為軍事屬性，亦可謂「一魚兩吃」模式。

貳、三級制——隸屬於國防部

維德角海域防衛局乃隸屬於國防部之三級單位。

參、執法能量不足

維德角為一群島國，四面環水，碼頭沿岸而築，進出口營運管理由海關負責，安全維護由海域防衛局全權辦理。維德角為地扼美、非、歐、亞四大洲海上交通要衝，該國自然成為非洲偷渡、走私至歐洲的轉運站。而維德角無力維持專屬經濟海域的秩序，因此非法移民利用這些水域從非洲偷渡到歐洲，普拉亞官方統計數字顯示，目前維國每年從西非接收約 6,000 名移民。非法捕撈及販毒活動也讓維德角水域受到不良影響。2006 年，歐盟及成員國決議協助，西班牙提供培亞海軍設備及援助，鞏固海岸線。[14]可是歐盟僅派出三艘船艇、一架飛機與一架直升機，卻要巡邏維德角、塞內加爾和毛里塔尼亞三國海域，共計 2,250 公里長的海岸線，仍不足以應付大規模的偷渡、走私情事。[15]

---

[14] Europa, (http://europa.eu.int/) (2006/10/15)
[15] 《澳門日報》〈西籲歐助遏非洲難民湧入加那利〉，1993 年 12 月。

第 133 章　幾內亞海域執法制度

第一節　國情概況（Country Overview）

　　幾內亞共和國（Republic of Guinea）位於西非，西濱大西洋（Atlantic Ocean），北接幾內亞比索（Guinea Bissau）、塞內加爾（Senegal）、馬利（Mali），南鄰獅子山（Sierra Leone）、賴比瑞亞（Liberia）及象牙海岸（Ivory Coast）。全國面積 245,857 平方公里，為台灣 6.8 倍大。海岸線長 320 公里，領海 12 浬，專屬經濟海域 200 浬。[1]

　　首都柯那克里（Conakry），全國人口 10,601,009 人（2011）[2]。國體共和制，政體總統制，國會一院制，總理為行政首長，由總統提名，閣員由總理提請總統任命。（見圖 133-1）主要輸出鋁土礦、鑽石、棉花，輸入食品、石油產品。[3]幾國國內生產總值（GDP）4,344（百萬）美元，在 190 個國家排名第 148 名；每人國民所得（GNP）420 美元（2010），在

---

[1]　CIA, The World Factbook.(https://www.cia.gov/index.html) (2010/11/14)
[2]　CIA, The World Factbook.(https://www.cia.gov/index.html) (2011/06/01)
[3]　《世界各國簡介暨各國首長名冊》，中華民國外交部，2001 年，頁 172。

182 個國家排名第 174 名。幾國在自由之家（Freedomhouse）的政治權利與公民自由兩種自由程度在 2010 年的分數前者為 7，後者為 6，歸類為不自由國家；透明國際（Transparency International）中的 2010 年的貪污調查分數為 2.0，在 178 個國家中排名第 164 名；聯合國（2010）最適合居住國家的人類發展指數為 4.5，在 169 個國家中排名第 156 名。[4]

1958 年 10 月 2 日，幾內亞舉行公投後脫離法國獨立。現今幾國族群衝突嚴重，前任總統孔戴（Lansana Conté）以鐵腕統治維持表面和諧。孔戴於任內過世後，軍人隨即發動政變並解散政府和議會。後由卡馬拉上尉（Moussa Camara）擔任臨時總統，並宣布停止一切政治及工會活動，成立由軍方和民間代表組成之「國安民主與發展委員會」暫管國家事務。卡馬拉參加 2010 年大選，引起反對黨抗議，軍政府於 2009 年 9 月 28 日開槍射殺示威民眾，造成一百多人死亡，國家陷入危機，所幸布吉納法索總統調停，才得以暫時平撫。[5]

第二節　歷史沿革（History）

幾內亞 1958 年獨立後，法國切斷一切資源，開始遣返在法國軍隊服務的幾內亞軍人，共 22,000 的幾內亞士兵，約有 10,000 名決定留在法國，剩餘士兵返回國內，後來幾內亞軍隊與遣返士兵們結合為新單位。1959 年，新軍人員已有 2,000 名人員。1969 年 2 月，政府指控軍隊計畫暗殺總統叛變，超過 1,000 名人員遭到逮捕。此事件讓政府相信，軍隊是顛覆國家的潛在威脅，幾位重要的軍事領導遭到處決，重創其軍事發展。1971 年 3 月，幾國軍隊將佈署範圍擴展到獅子山，嚴重影響獅子山國家主權，直到 1974 年才全員撤出。1975年，幾國國防重組，分別由 5,000 人的陸軍、300 人的空軍、200 人的海軍組成，三軍裝備多由前蘇聯提供。

---

[4]　五類指標詳情請見本書導論，頁 11-14。
[5]　中華民國外交部，外交資訊網頁（2010/11/14）

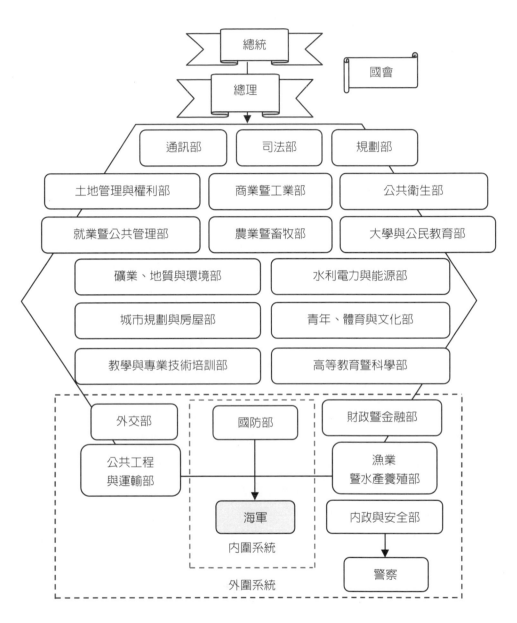

圖 133-1 幾內亞海域執法相關部門互動圖

資料來源：作者自繪

第三節　組織、職掌與編裝
（Organization, Duties and Equipment）

幾內亞海軍（Guinea Navy）

一、組織與職掌

　　幾內亞軍事多年未有更新，即使時與賴比瑞亞發生領土紛爭，政府目前也沒有計畫重振海軍。其擁有的最新艦艇早於 1999 年就已服役，假使政府再不重視海上安全發展，海洋國防將無法發揮作用，只會遭遇更多海盜或走私問題。2009 年 1 月，海軍扣押四艘侵入領海的中國漁船，證明他們仍保有海域巡邏的力量。海軍總部位於柯那克里，另於 Kakanda 設有分部，主要在 320 公里的海岸線上與領海打擊非法捕撈、海盜和走私等。[6]2004 年 12 月 14 日，大陸漁船在幾內亞海域正常作業時，遭到疑似為幾內亞士兵的勒索，兩名漁工在反抗過程中喪命。[7]2010 年 11 月 18 日，大陸作業漁船遭到 3 名著軍裝一共 7 名當地人強行登船，開槍打死兩名漁工。[8]大陸政府冀望幾國重視，避免類似事件發生。據調查，本案可能是反政府軍或海盜所為，目前海軍積極海域巡邏加強對他國漁船的保護，但與廣大的幾內亞海域相比，海軍力量微不足道，並無法實際保護各船舶安全。

二、裝備

　　幾內亞海軍目前有 900 位人員，擁有 6 艘巡邏艇。[9]

---

[6]　Jane's Navy, Guinea Navy, 2011/04/11, (http://www.janes.com/)（2011/09/08）

[7]　《香港中通社》〈中國漁船幾內亞海域遭搶劫，兩名船員被槍殺，中國外交部提出嚴正交涉〉，2004/12/18，（http://siongpo.com/20041218/intle.htm）（2010/11/23）

[8]　《中國網新聞》〈我兩漁民在幾內亞海域遭槍殺〉，2010/11/18，(http://news.china.com.cn/rollnews/2010-11/18/content_5221311.htm)（2010/11/23）

[9]　Jane's Navy, Guinea Navy, 2011/04/11, (http://www.janes.com/) (2011/09/08)

第四節　與我國制度之比較
（A Comparison with Taiwan Coast Guard）

幾內亞獨立以來政局不穩，政府將大部分資源投注於陸軍發展，並不重視空軍與海軍。然海軍是國內唯一海事單位，無法有效維護國家安全，更難以預防海盜或走私案件的發生；相反地，我國設有專職海域執法的海巡署，海洋軍事安全由海軍肩負，制度或裝備能量都較幾國完整。

第五節　結語（Conclusion）──特徵（Characteristics）

幾內亞西濱大西洋，為一面環海國家，在總長 320 公里的海岸線上設有 2 個基地，以下為其海域執法制度特徵。

壹、海軍型海域執法機制

幾內亞無專職海域執法單位，海域安全依賴海軍執行。

貳、制度與設備老舊

幾國較重視陸軍發展，海軍多年並未更新設備及制度。

第 134 章　幾內亞比索海域執法制度

第一節　國情概況（Country Overview）

　　幾內亞比索共和國（Republic of Guinea-Bissau）位於西非，東南接幾內亞（Guinea），北鄰塞內加爾（Senegal），西濱大西洋（Atlantic Ocean）。全國面積 36,125 平方公里，為台灣 1.04 倍大。海岸線長 350 公里，領海 12 浬，專屬經濟海域 200 浬。[1]

　　首都比索（Bissau），全國人口 1,596,677 人（2011）[2]。國體共和制，政體總統制，設全國人民議會（Assemble National Popular）。（見圖 134-1）主要輸出腰果、魚產品，輸入食米、油料、民生必需品。[3]幾國國內生產總值（GDP）825（百萬）美元，在 190 個國家排名第 174 名；每人國民所得（GNP）497 美元（2010），在 182 個國家排名第 168 名。幾國在自由之家（Freedomhouse）的政治權利與公民自由兩種自由程度在 2010 年的分數皆為 4，歸類為部份自由國家；透明國際（Transparency International）中的 2010 年的貪污調查分數為 2.1，在 180 個國家中排名第 154 名；聯合國（2010）最適合居住國家的人類發展指數為 3.8，在 169 個國家中排名第 164 名。[4]

---

[1]　CIA, The World Factbook.(https://www.cia.gov/index.html) (2010/11/11)

[2]　CIA, The World Factbook.(https://www.cia.gov/index.html) (2011/06/01)

[3]　《世界各國簡介暨各國首長名冊》，中華民國外交部，2001 年，頁 174。

[4]　五類指標詳情請見本書導論，頁 11-14。

幾內亞比索自 1974 年脫離葡萄牙獨立以來，社會發展並不穩定，因擁有龐大外債，極度仰賴外援。幾國現為美洲毒品轉運至歐洲的主要中繼站，引起國際關注。目前因捕魚配額及執照讓渡，與歐盟關係密切，從歐盟獲得的漁權讓渡權利金是政府最大的稅收來源。[5]

第二節　組織、職掌與編裝
（Organization, Duties and Equipment）

幾內亞比索海軍（Guinea-Bissau Navy）

一、組織與職掌[6]

幾內亞比索海軍總部位於比索，巡邏範圍主要是國家領海，並在近岸港口執行漁業資源保護及取締走私。海軍裝備大多是老舊的小型艦艇，因為政府經費有限已有多年未更新設備，加上燃料資源不足，無法時常出勤。目前海軍多面對他國漁船的非法捕撈及日益嚴重的走私毒品、武器等問題。幾國 Bijagos 群島是南美將毒品運往歐洲的主要中繼站之一，幾國及鄰近國家開始增加該地區的巡邏能量，彼此以非洲夥伴關係計畫（Africa Partnership Station）合作，共同監控毒品移動路線。2006 年，英國海軍與非洲夥伴關係成員國合作軍事演習。幾國海軍並無遠洋能力，無法在島嶼及各港口進行完整巡邏。2010 年 2 月，海軍總司令發動政變，並逃出幾國，現今幾國軍事發展更加不穩。[7]

二、裝備

幾內亞比索海軍目前有 310 位人員。1998 年，海軍將大型艦艇報廢，配有大型火砲的艦艇僅剩 1 艘，另 3 艘小型艦艇用於漁業巡護，並擁有 1 架航空器用於海難搜救。[8]

---

[5] 中華民國外交部，外交資訊網頁（2010/11/11）

[6] Jane's Navy, Guinea-Bissau Navy, 2011/08/30, (http://www.janes.com/) (2011/09/09)

[7] Defence Web, Former Guinea-Bissau Navy Chief returns after failed coup, (http://www.defenceweb.co.za/) (2010/11/14)

[8] Jane's Navy, Guinea-Bissau Navy, 2011/08/30, (http://www.janes.com/) (2011/09/09)

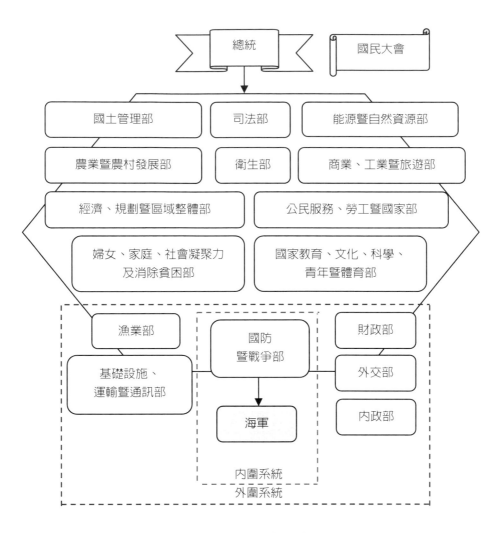

圖 134-1　幾內亞比索海域執法相關部門互動圖

資料來源：作者自繪

第三節　與我國制度之比較
（A Comparison with Taiwan Coast Guard）

　　幾內亞比索海軍為國家唯一海事單位，不單要進行國家軍事安全的維護，還要定期巡邏預防非法捕撈及走私等海事任務。政局不穩讓幾國軍事發展停滯，未來發展堪虞。我國

則設有專職海域執法的海巡署，軍事安全全權由海軍肩負，非法捕撈及走私檢舉由海巡署負責。台灣政局穩定，不管是在軍事或是海巡發展，逐年都有更新計畫。

第四節　結語（Conclusion）──特徵（Characteristics）

幾內亞比索西濱大西洋，為一面環海國家，在總長 350 公里的海岸線上，設有一海軍總部，以下為其海域執法制度特徵。

壹、海軍型海域執法機制

幾國海域執法由海軍負責，其不僅保衛國家安全，還執行多項海事任務。

貳、經費不足、缺乏裝備

政府財政困難，海軍久未更新，僅有 4 艘艦艇及 1 架航空器。

參、多元任務

負責軍事維護、非法捕撈及走私巡護任務。

第 135 章　剛果民主共和國海域執法制度

第一節　國情概況（Country Overview）

　　剛果民主共和國（Democratic Republic of the Congo）位於中非，西臨大西洋（Atlantic Ocean），東鄰坦尚尼亞（Tanzania）、盧安達（Rwanda）、蒲隆地（Burundi）、烏干達（Uganda），南接尚比亞（Zambia）、安哥拉（Angola），西界剛果共和國（Republic of the Congo）、中非（Centre Africa）及蘇丹（Sudan）。全國面積 2,344,858 平方公里，為台灣 66 倍大。海岸線長 37 公里，領海 12 浬。[1]

　　首都金夏沙（Kinshasa），全國人口 71,712,867 人（2011）[2]。國體共和制，政體總統制，國會分國家議會及參議院。內閣總理由政黨提名，國會票決產生，再由總統任命，負責實際行政工作。（見圖 135-1）主要輸出鑽石、金、銅、咖啡，輸入食品、汽油、機器。[3]剛國每人國民所得（GNP）188 美元（2010），在 182 個國家排名第 181 名。剛國在自由之家（Freedomhouse）的政治權利與公民自由兩種自由程度在 2010 年的分數皆為 6，歸類為不

---

[1]　CIA, The World Factbook.(https://www.cia.gov/index.html) (2010/11/20)

[2]　CIA, The World Factbook.(https://www.cia.gov/index.html) (2011/06/01)

[3]　《世界各國簡介暨各國首長名冊》，中華民國外交部，2001 年，頁 150。

自由國家；透明國際（Transparency International）中的 2010 年的貪污調查分數為 2.0，在 178 個國家中排名第 164 名；聯合國（2010）最適合居住國家的人類發展指數為 4.4，在 169 個國家中排名第 168 名。[4]

　　1908 年，遭比利時合併，直到 1960 年 6 月 30 日才宣告獨立。1997 年，總統卡必拉（Laurent Kabila）推翻毛布都（Joseph Moboto）達 32 年的政權，國名改為現名。自獨立以來政變不斷，政情不穩，毛布都執政期間，種族紛爭頻傳。鄰近國家如安哥拉、烏干達、盧安達等支持的反叛軍使剛國不斷地陷入內戰。2007 年 3 月 22 日至 24 日，政府軍與前副總統本巴（Jean-Pierre Benba）領導的叛軍在金夏沙發生激烈戰火，最終由政府軍勝利。至今北部與烏干達，盧安達交界仍有軍事衝突與叛軍作亂，聯合國因此派出 14,000 名維和部隊監督停火。[5]

第二節　組織、職掌與編裝
（Organization, Duties and Equipment）

壹、剛果民主共和國海軍（Democratic Republic of the Congo Navy）

一、組織與職掌

　　剛果民主共和國將國防力量重心置於陸軍上，但仍有一小型海軍及空軍能量。海軍分為五大指揮部，分別為靠近海岸的馬塔地（Matadi），位於剛果河（Congo's Lake）的金夏沙，位於坦噶尼喀河（Tanganyika Lake）的卡萊米（Kalemie），位於基伍河（Kivu Lake）的戈馬（Goma）及馬塔地附近的海岸城市波馬（Boma）。負責範圍包含領海、剛果河流域、坦噶尼喀河及鄰國交界水域的巡邏與執法，查緝走私及偷渡越界。國際軍事專家認為剛國海軍將陷入混亂狀態，因其僅有 37 公里長的海岸線，卻無法有效執行海防。另外，其境內有發達的河流航線，海軍駐守非常必要，定期巡邏以預防內河航線出現叛亂份子攻擊，還要解決與鄰國發生的邊界糾紛。[6]

---

[4]　四類指標詳情請見本書導論，頁 11-14。
[5]　中華民國外交部，外交資訊網頁（2010/11/20）
[6]　Jane's Navy, Democratic Republic of the Congo Navy, 2010/10/06, (http://www.janes.com/)（2010/11/14）

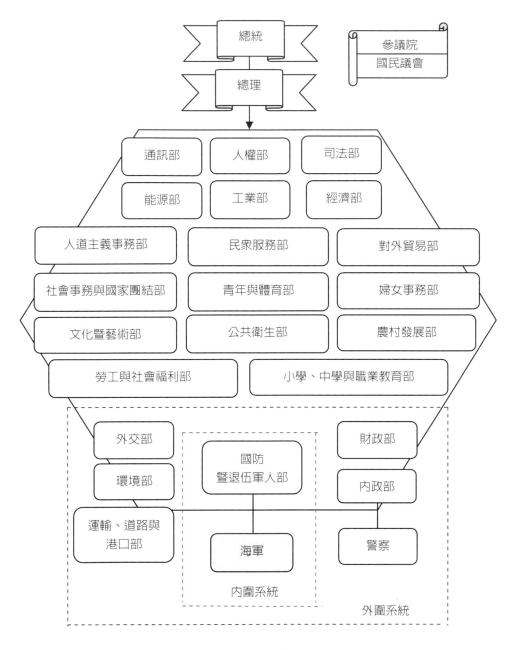

圖 135-1　剛果民主共和國海域執法相關部門互動圖

資料來源：作者自繪

　　海軍船舶過去多為商船，後來才加上裝甲、槍械和其他重型武器。其最顯著的活動是
2000 年 1 月發生的第二次內戰，海軍與辛巴威特種部隊（Zimbabwean special forces）一同

解救伊凱拉鎮（Ikela）[7]，並於同年 8 月在 Ubangi 河附近擊敗叛軍，這標誌著海軍發展高峰。另外自 1998 年起，辛巴威特種部隊便開始協助海軍在剛果湖司令部（Congo's Lake Command）進行訓練。他們並無大型艦艇，也沒有計畫購置，造成無法遏止他國威脅海洋權益的企圖。2002 年起，海軍發展完全停滯，長久沒有進行訓練與作業，開始將海軍陷入式微的狀態。

二、裝備

海軍擁有 1,000 名人員與 8 艘海域巡邏艇，但僅有一艘實際運作，另外七艘尚未實際用於業務，另設有多艘配置機關槍的河流巡邏小艇。毛布都前總統未下台前，總統官邸附近的 N'dangi 港口上，設有幾架直升機與一艘總統遊艇。[8]

貳、剛果民主共和國警察（Democratic Republic of the Congo Police）

隸屬於內政部的警察實際上比國防部隊還要早形成，在 1908 年由當時的殖民母國──比利時所建立。警察曾為協助國防的準軍事單位，現在主要擔任治安維護角色。因剛國內陸河湖眾多，因此警察在河湖沿岸皆設有警察站，定期巡邏嚴防非法事件。平時也與海軍合作，將海軍在海上或河湖逮捕的罪犯帶往警局偵查或拘留，並另與海軍共同巡邏監控是否有叛亂情事。[9]

第三節　教育與訓練（Education and Training）

剛果海軍人員的訓練方式及制度多參考比利時模式，海軍基地設有基層訓練中心，低階人員多於此接受基本教育。其國防人員的中階或高階訓練過去多送往美國及法國，現多送至比利時皇家高級參謀學院接受中、高階訓練。

---

[7] 位於剛果民主共和國境內，伯恩代（Boende）以東的 Tshuapa 河岸旁的重要貿易城鎮。Wiki, (http://en.wikipedia.org/wiki/Ikela)（2010/11/20）

[8] Military of the Democratic Republic of the Congo, Wikipedia, (http://en.wikipedia.org/wiki/Military_of_the_Democratic_Republic_of_the_Congo#Navy) (2010/11/20)

[9] Policing Overview, (http://www.scribd.com/doc/38305764/Democratic-Republic-of-Congo-Police-Overview) (2010/11/20)

第四節　與我國制度之比較
（A Comparison with Taiwan Coast Guard）

　　剛果民主共和國海域及河流治安維護，主要由海軍操作，並由警察協助逮捕與偵訊。我國海域安全主要由海巡署維護，海域巡邏或逮捕偵查均由海巡署負責。剛國海軍多年未見改進，教育與制度更是停滯不前，未來可能出現海域危機。我國海巡署近年力圖改進，也因國內設有專職教育，較不易出現如同剛國海軍一樣的發展缺陷。

第五節　結語（Conclusion）──特徵（Characteristics）

　　剛果民主共和國位於中非，西臨大西洋，為一面環海國家，在 37 公里的海岸線及內陸河湖分別設有四個分區基地，以下為其海域執法制度特徵。

壹、海軍型海域執法機制

　　剛國並無專職海域執法單位，海域及河湖巡邏主要由海軍執行。

貳、與警察合作密切

　　警察於海岸或河湖岸上進行治安維護，協助海軍偵查或拘留犯人。

參、內陸河湖亦為巡邏範圍

　　剛國內陸河流眾多，為防止非法情事發生，海軍分別在剛果河、坦噶尼喀河、基伍河沿岸設有基地。

肆、海軍發展遲緩

政府國防政策失衡，海軍不僅制度過時，裝備也不見更新。

第 136 章　坦尚尼亞海域執法制度

第一節　國情概況（Country Overview）

　　坦尚尼亞聯合共和國（United Republic of Tanzania）為東非國家，地處維多利亞湖（Lake Victoria）和印度洋（Indian Ocean）之間，北鄰烏干達（Uganda）和肯亞（Kenya），西與剛果民主共和國（Democratic Republic of Congo）、盧安達（Rwanda）和蒲隆地（Burundi）交界，南界馬拉威（Malawi）與莫三比克（Mozambique），西南接尚比亞（Zambia）。全國面積 947,300 平方公里，為台灣的 26 倍大。海岸線長 1,424 公里，領海 12 浬，專屬經濟海域 200 浬。[1]

　　首都沙蘭港（Dar es Salaam），全國人口 42,746,620 人（2011）[2]。國體共和制，政體總統制，設國民大會。總統為元首，總理為政府首腦，總理及內閣成員均由總統自國民大會成員中任命。（見圖 136-1）主要輸出棉花、麻、咖啡、鑽石，輸入原油、食品、電器。[3] 坦國國內生產總值（GDP）22,430（百萬）美元，在 190 個國家排名第 95 名；每人國民所

---

[1]　CIA, The World Factbook.(https://www.cia.gov/index.html) (2010/11/06)

[2]　CIA, The World Factbook.(https://www.cia.gov/index.html) (2011/06/01)

[3]　《世界各國簡介暨各國首長名冊》，中華民國外交部，2001 年，頁 222。

得（GNP）542 美元（2010），在 182 個國家排名第 164 名。坦國在自由之家（Freedomhouse）的政治權利與公民自由兩種自由程度在 2010 年的分數前者為 4，後者為 3，歸類為部份自由國家；透明國際（Transparency International）中的 2010 年的貪污調查分數為 2.7，在 178 個國家中排名第 116；聯合國（2010）最適合居住國家的人類發展指數為 2.4，在 169 個國家中排名第 148 名。[4]坦國曾是英國殖民地，於 1964 年 4 月 26 日獨立，自獨立建國以來，國內戰亂頻傳，境內人民多生活於貧窮環境。

第二節　組織、職掌與編裝
（Organization, Duties and Equipment）

坦尚尼亞海軍（Tanzanian Navy）

一、組織與職掌

　　坦尚尼亞海軍為國防部下轄之人民防衛部隊（Tanzania Peoples' Defence Force）分支。2001 年，海軍僅有 8 艘巡邏艇，於 2005 年購入 2 艘二手艦艇。小型艦艇是海軍主要裝備，政府認為可提高海域的巡邏效率，但相較於現代化的肯亞海軍，雙方海軍的合作面臨設備不平均的狀態。坦國海軍分別於沙蘭港（Dar Es Salaam）、姆特瓦拉（Mtwara）設置海洋指揮部，針對坦干依喀湖（Lake Tanganyika）於奇哥馬（Kigoma）設置基地，針對維多利亞湖則於姆萬扎（Mwanza）設置基地。東非各國期待多方合作，因此軍事資源的共享和共同活動成為海軍活動目標。坦國海軍高層提出成為東非合作夥伴的計畫，以保護國際航道安全，但坦國海軍裝備有限，目前只能應付人道救援行動。坦國海軍任務為偵查國家領海的走私活動、舉報非法捕撈、控制海洋污染擴張。2009 年 3 月，由南非、莫三比克、肯亞、坦尚尼亞組成的聯合巡邏隊伍，在坦國專屬經濟海域逮捕一艘非法捕撈的漁船。[5]

---

[4]　五類指標詳情請見本書導論，頁 11-14。

[5]　Jane's Navy, Tanzanian Navy, 2011/03/12, (http://www.janes.com/articles/Janes-Sentinel-Security-Assessment-Central-Africa/Navy-Tanzania.html) (2011/09/009)

二、裝備

海軍計有 1,050 人，現有 7 艘快速攻擊艇及 12 艘巡邏艇。[6]

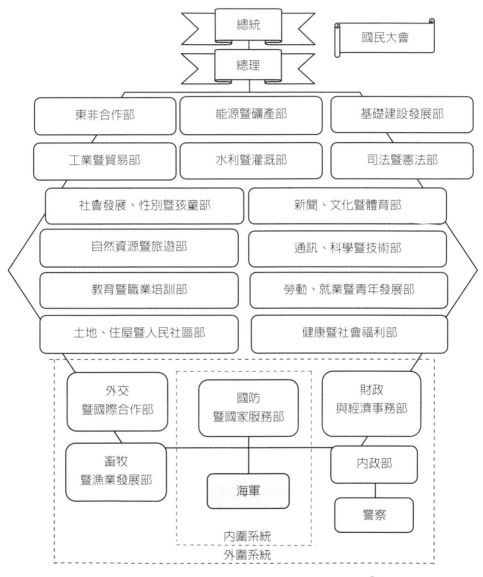

圖 136-1　坦尚尼亞海域執法相關部門互動圖[7]

資料來源：作者自繪

---

[6] Tanzania Peoples' Defence Force, Wikipedia, (http://en.wikipedia.org/wiki/Tanzania_People's_Defence_Force) (2010/11/08)

[7] Tanzania, (http://www.tanzania.go.tz/) (2010/11/08)

第三節　與我國制度之比較
　　（A Comparison with Taiwan Coast Guard）

　　首先，坦尚尼亞海域執法由海軍執行，不僅要負責國家海域安全，還需偵查走私、非法捕撈及預防海域污染等；我國海域軍事安全由海軍負責，但海域執法、海難搜救及偵查非法活動則由海巡署負責。其次，坦國海軍因裝備不足，因此進行東非軍事合作任務時，遭遇大型任務仍需仰賴他國；台灣海巡署並無他國直接涉入或協助我國執行任務。最後，坦國海軍已經長久未改制，政府目前最大目標便是積極改革；台灣海軍與海域執法單位權責區分清楚，近年積極改制海域執法部門，加強國家海域防衛。

第四節　結語（Conclusion）──特徵（Characteristics）

　　坦尚尼亞地東臨印度洋，為一面環海國家，於總長 1,424 公里的海岸線上設有兩大指揮部，針對內陸湖泊則分別設有兩個基地，以下為其海域執法制度特徵。

壹、海軍型海域執法機制

　　坦尚尼亞無專職海域執法單位，海域治安依賴海軍維護。

貳、缺乏大型艦艇

　　因為政府政策，海軍缺乏大型艦艇，如遇重大問題便需仰賴他國協助。

參、內陸河湖亦為巡邏範圍

　　海軍分別在坦干依喀湖與維多利亞湖設置基地。

第 137 章　赤道幾內亞海域執法制度

第一節　國情概況（Country Overview）

　　赤道幾內亞共和國（Republic of Equatorial Guinea）位於中非，由畢爾科島（Bioko）、非洲大陸里約慕尼（Rio Muni）及鄰近島嶼組成。北鄰喀麥隆（Cameroon），東南接加彭（Gabon），西濱大西洋（Atlantic Ocean）的幾內亞灣（Gulf of Guinea）。全國面積 28,051 平方公里，台灣為其 1.3 倍大。海岸線長 296 公里，領海 12 浬，專屬經濟海域 200 浬，海域面積 31.2 平方公里。[1]

　　首都為畢爾科島上的馬拉博（Malabo），全國人口 668,225 人（2011）[2]。國體共和制，政體總統制，下設內閣總理，單一國會。（見圖 137-1）主要輸出可可、咖啡、木材，輸入機器、糧食。[3]赤幾國內生產總值（GDP）14,550（百萬）美元，在 190 個國家排名第 111 名。赤幾在自由之家（Freedomhouse）的政治權利與公民自由兩種自由程度在 2010 年的分

---

[1]　CIA, The World Factbook.(https://www.cia.gov/index.html) (2010/05/14)

[2]　CIA, The World Factbook.(https://www.cia.gov/index.html) (2011/06/01)

[3]　《世界各國簡介暨各國首長名冊》，中華民國外交部，2001 年，頁 160。

數均為 7，歸類為不自由國家；透明國際（Transparency International）中的 2010 年的貪污調查分數為 1.9，在 178 個國家中排名第 168 名；聯合國（2010）最適合居住國家的人類發展指數為 5.5，在 169 個國家中排名第 117 名。[4]

　　赤幾 1778 年成為西班牙殖民地，1900 年成為領土。1959 年，正式命名為赤道區，改為海外省。居民成為西國公民，可派 6 名議員赴西開會。1963 年 9 月，成立自治政府，並將「赤道區」更名為「赤道幾內亞」，同年 10 月 12 日正式獨立。[5]赤幾自外海探勘大量石油，歷經快速的經濟成長，近十年成為撒哈拉沙漠鄰近產油國家的第三大石油出口國。然石油生產帶來的收入並未反映在人民生活上。目前美國主導赤幾的能源部門，積極改善因美國官方對赤幾的人權紀錄及貪腐醜聞指責導致的緊張關係。前殖民母國的西班牙亦致力加強與赤幾關係。[6]

第二節　歷史沿革（History）

　　赤道幾內亞在西班牙殖民時期就已建立海域執法制度，1922 年成立西屬幾內亞灣海域防衛署，是現在赤幾海域執法單位的雛形。自 1963 年獨立後，海域防衛的職責交由隸屬國防部（Minister of National Defense）的海軍接管，海域防衛署則納為國家安全部（Minister of National Security）的國家防衛隊之一，由兩方共同管轄海域。後因政府因素，使海軍及所有海域執法單位停止運作，造成赤幾海域無專職機構管轄。從此許多漁業糾紛或外國船隻侵犯領海等問題都無法解決。1990 年末，形同虛設的海域防衛署早已奄奄一息，只剩二艘不適航的小艇，實際上根本沒有在運作。現在的海域執法主要是依靠海軍，但其人數非常少。[7]

---

[4]　四類指標詳情請見本書導論，頁 11-14。

[5]　《世界各國簡介暨政府首長名冊》，中華民國外交部禮賓司編印，2001 年 9 月，頁 159。

[6]　中華民國外交部，外交資訊網頁（2010/05/14）

[7]　Jan's Navy, Equatorial Guinea Navy, (http://www.janes.com/extracts/extract/cafrsu/eqgus130.html) (2010/05/14)

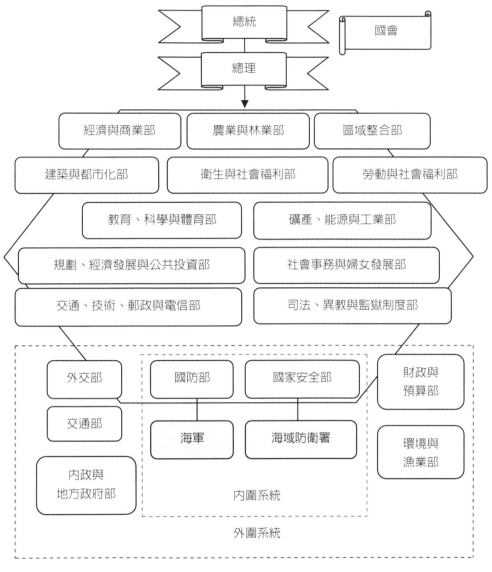

圖 137-1　赤道幾內亞海域執法相關部門互動圖

資料來源：作者自繪

第三節　組織、職掌與編裝
（Organization, Duties and Equipment）

壹、赤道幾內亞海域防衛署（Equatorial Guinea Coast Guard）

　　海域防衛署為國家安全部的國家防衛隊分支，在 1990 年末已經式微的海域防衛署，雖已奄奄一息，但目前仍在執法。海域防衛署為證明其仍有存在價值，2004 年 6 月在海軍協助下，扣押一艘來自挪威的漁業調查船。[8]

貳、赤道幾內亞海軍（Equatorial Guinea Navy）

一、組織與職掌

　　赤道幾內亞海域防衛署幾乎名存實亡，海軍目前是國內唯一可實際操作的海上單位。1999 年至 2000 年，政府曾試圖復興海軍能量，向丹麥收購已退役巡邏艇及烏克蘭造船廠的 4 艘巡邏艇。所有艦艇操作培訓由烏克蘭及美國提供，2005 年以色列的兩艘巡邏艇至赤幾提供協助。位於畢爾科島北部的喀麥隆與加彭，時常在沿海地區發生海域紛爭，三國皆宣示對部分海域的主權，必須由聯合國調停，因為海域紛爭容易擴大為國與國的武力對抗，必會影響當地石油與天然氣權益。[9]

---

[8] Jan's Navy, Equatorial Guinea Navy, 2010/08/03, (http://www.janes.com/extracts/extract/cafrsu/eqgus130.html) (2011/09/09)

[9] Jan's Navy, Equatorial Guinea Navy, 2010/08/03, (http://www.janes.com/extracts/extract/cafrsu/eqgus130.html) (2011/09/09)

二、裝備

實際操作艦艇僅有 1 艘 170 噸巡邏艇、2 艘巡邏艇、2 艘 8.5 噸巡邏艇、1 艘仍在建造的 Barroso 級巡邏艦。[10]

第四節　教育與訓練（Education and Training）

赤幾國內無軍事學校，自獨立後，西班牙提供多數的軍事訓練。目前海軍訓練是提撥國防預算作為訓練經費，派員至美國學習，國內 80%的高級軍官是由國外受訓，他們回到國內後將所學傳授給部屬。現任赤幾總統為軍事強人，國內幾無內亂，亦無外患問題，故赤幾一直沒有決心要加強軍事訓練。

雖然政府對軍事訓練的建構興致缺缺，卻並未停止與他國交流。2008 年，美國達拉斯（Dallas）的海域防衛署至赤幾舉辦為期三天的培訓訪問，活動內容包含海上演習與艦艇操作等。達拉斯海域防衛署此行是因美國佈署於中非與西非的海軍基地及非洲公共事務關係站（Africa Partnership Station Public Affairs, APS）提議的。來自達拉斯的人員與赤幾海軍一同在艦艇上模擬搜查與扣押策略，及搜索及救援程序，海上演習包括反恐、搜索和救援。此交流訪問，實際模擬各種可能遭遇的海上問題，雖然只是一場小型演習，但海軍的進步可以維持赤幾海上的設施安全，保障國家權益。[11]

第五節　與我國制度之比較
（A Comparison with Taiwan Coast Guard）

赤幾雖設有專職海域防衛署，由於執法能量薄弱，幾乎名存實亡。海域安全目前多依靠海軍執行，可是海軍力量亦弱，遇到海域紛爭仍依賴國際調停。政府對軍事發展興致缺

---

[10] Equatorial Guinea Military, Wikipedia, (http://en.wikipedia.org/wiki/Military_of_Equatorial_Guinea#Navy) (2010/11/23)

[11] Coast Guard Cutter Dallas to Visit Equatorial Guinea, (http://www.navy.mil/search/display.asp?story_ id=38279) (2010/05/14)

缺，所幸國際軍事交流仍在進行，美國政府定期派遣人員至赤幾進行模擬演習。相反地，台灣專職海域執法的海巡署，因政府近年愈加重視，從未出現式微的狀況，海軍亦同。

第六節　結語（Conclusion）──特徵（Characteristics）

赤道幾內亞由畢爾科島、非洲大陸里約慕尼及鄰近島嶼組成，西濱大西洋的幾內亞灣，海岸線長 296 公里，以下為其海執法制度特徵。

壹、三級制──隸屬於國家安全部

海域防衛署為隸屬於國家安全部之三級單位。

貳、集中制

設有海域防衛署做為專責海域執法單位，但名存實亡，幾無用武之地，目前多依賴海軍巡邏領海。

參、能量薄弱

海域防衛署僅有 2 艘不適航小艇，海軍也只有 5 艘艦艇在運作。

肆、政府無心發展

赤幾國家無內亂，也沒有外患問題，因此政府一直無心加強軍事能量。

第 138 章　南非海域執法制度

第一節　國情概況（Country Overview）

　　南非共和國（Republic of South Africa）位於南非洲，東濱印度洋（Indian Ocean），西臨大西洋（Atlantic Ocean），北鄰納米比亞（Namibia）、波札那（Botswana）、辛巴威（Zimbabwe）與莫三比克（Mozambique），東接史瓦濟蘭（Swaziland），賴索托（Lesotho）受其包圍。全國面積 1,219,090 平方公里，為台灣 34 倍大。海岸線長 2,798 公里，領海 12 浬，專屬經濟海域 200 浬。[1]

---

[1] *Jane's Fighting Ships.2004-2005*, Edited by Commodore Stephen Saunders RN, Virginia U.S.A, p.665.

首都普里托利亞（Pretoria），全國人口 49,004,031 人（2011）[2]。國體共和制，政體總統制，國會分眾議院與省聯院，總統由眾議院選出。（見圖 138-1）主要輸出黃金、礦產、寶石，輸入石油、機電設備、交通工具。[3]南非國內生產總值（GDP）354,400（百萬）美元，在 190 個國家排名第 27 名；每人國民所得（GNP）7,101 美元（2010），在 182 個國家排名第 70 名。南非在自由之家（Freedomhouse）的政治權利與公民自由兩種自由程度在 2010 年的分數皆為 2，歸類為自由國家；透明國際（Transparency International）中的 2010 年的貪污調查分數為 4.5，在 178 個國家中排名第 54 名；聯合國（2010）最適合居住國家的人類發展指數為 5.0，在 169 個國家中排名第 110 名。[4]

南非發展大致平順，近 3 年雖有 5%的經濟成長率，但失業率仍達 26%，生活在貧窮線以下的人口則高達 43%。政府的黑人經濟扶助方案雖造就一些黑人新貴及中產階級，但多數黑人仍承受子女教養、衛生、居住方面的沉重負擔。此外土地改革政策雖計畫於 2014 年前讓全國 30%農地發給黑人擁有，但目前僅約 5%農地由黑人所有，當中許多擁有農地的黑人因缺乏政府輔導而經營失敗。[5]

第二節　歷史沿革（History）

南非由於財政和技術貧乏影響，無法提供海軍執勤及防衛之完整能量，因此海上安全、海域執法、維護海洋環境、軍事和政治事務等職責，分別由環保署（Department of the Environment）、司法與警察署（Department of Justice and the South African Police Service）、財政部（Department of Finance）、海軍、空軍及國家海上救助機構（National Sea Rescue Institute, NRSI）等負責。因此南非海域執法部門較其他國家複雜，例如單一海域執法（maritime law enforcement）雖由警察負責，惟查緝捕魚權責隸屬於開普頓省（Cape Provincial Administration）。海上環境保護則隸屬不同單位，如海洋油污染防治則隸屬交通部（Department of Transport），港區海上環境則隸屬中央及地方環保單位，海難搜救分由交通部負責協調與管理南非搜救組織（South African Search and Rescue Organization, SASAR）、海軍與空軍負責近海及遠距搜救，而國家海上救助機構（National Sea Rescue Institute, NSRI）則承擔近岸及淺灘之搜救任務。

---

[2]　CIA, The World Factbook.(https://www.cia.gov/index.html) (2011/06/01)

[3]　《世界各國簡介暨各國首長名冊》，中華民國外交部，2001 年，頁 216。

[4]　五類指標詳情請見本書導論，頁 11-14。

[5]　中華民國外交部，外交資訊網頁。（2010/01/26）

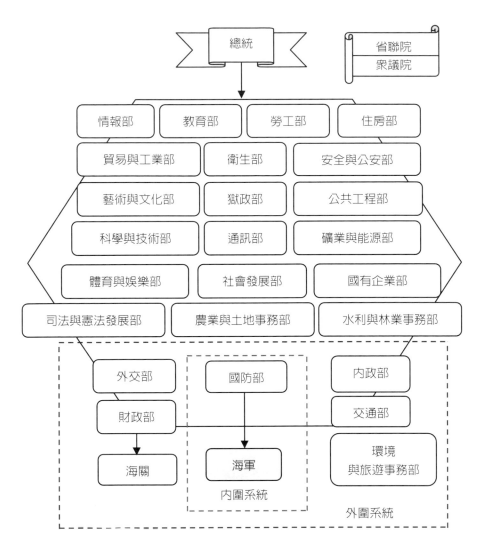

圖 138-1　南非海域執法相關部門互動圖

資料來源：作者自繪

　　南非海域環境複雜，卻缺乏職權統一與資金充足的海域執法組織。雖然海上執法普遍賦予警察承擔，但有關漁業的職責卻分配給開普敦省政府。保護海洋環境由環境事務部（Department of Environmental Affairs）執行，其本身擁有一隊小規模船隊與飛機，但部分任務是由地方政府負責，包括油輪航行安全與搜救。至於港口環保責任，又下放給港口管理局。海難搜救由交通部負責總體協調，由南非搜索和救援組織、國防軍（海軍和空軍提供船隻與飛機支援）、警察、港口和全國海上救援機構等。[6]

---

[6]　Coast Guard Function in Southern Africa(1994), Published in African Defence Review Issue No 18. (http://www.iss.co.za/Pubs/ASR/ADR18/Bennett.html) (2009/08/26)

1865 年 5 月 17 日，停泊於開普敦港（Port Captain）之船舶，受到颶風影響，造成眾多生命財產損失，引起民眾不滿港務局的救難效率。當局隨即成立民間救難人員及船艇，1940 年後，全國已成立近 17 個救難單位（Lifesaving stations）。1967 年，成立全志工型的 NSRI，人員來自社會各層，皆受過 SAR 技術、船藝、航海、通訊、救生及緊急救護之訓練。[7]今日 NSRI 擁有 28 個救助站，共有 50 艘船分佈在岸際及海域，救助站由一位指揮官和副指揮官負責，救難訊息通常由地區港務局或警方通報。[8]

第三節　組織、職掌與編裝
（Organization, Duties and Equipment）

南非海軍（South Africa Navy）

一、組織與職掌

南非海軍司令部分為本部和海軍艦隊司令部。本部位於普利托里亞，下轄海上支援局、海上戰鬥局、海軍人事局、海軍後勤局、海上戰鬥發展局、海軍計畫局和海軍情報局等。海軍艦隊司令部於 1999 年由普利托里亞遷至西蒙斯敦（Simon's Town），下轄作戰參謀部、兵力準備局、人力資源局、系統生產支援局、海軍採買局、教育訓練與系統發展局、德班海軍基地和西蒙斯敦海軍基地。（見圖 138-1、138-2）

海軍非戰時期職責有：

（一）近海警戒、巡邏。[9]

（二）近海護漁、護航。[10]

（三）海難搜救。

---

[7]　National Sea Rescue Institute(South Africa), 2007/02/10, (http://crwflags.com/fotw/flags/za~nsri.html)(2009/8/26)。

[8]　Clayton Evans ,Rescue at Sea, An International History of lifesaving, Coastal Rescue Craft and Organizations, Naval Institute Press Annapolis, Maryland 2003 p. 251.

[9]　(http://b5.chinanews.sina.com/jczs/2006/1022/1720156 5626.html) (2006/12/21)

[10]　(http://www.navy.mil.za/about_san/i060425_SAN_role/page3.htm#02) (2006/12/21)

（四）保護海洋生物資源。（詳閱 1998 年南非海洋生物資源法）

（五）保護海上貿易航線。

（六）戰略威懾、進行監視、偵察。

（七）巡防南大西洋、印度洋。

（八）承擔空、海聯合救援。

（九）協助打擊海盜和恐怖分子。[11]

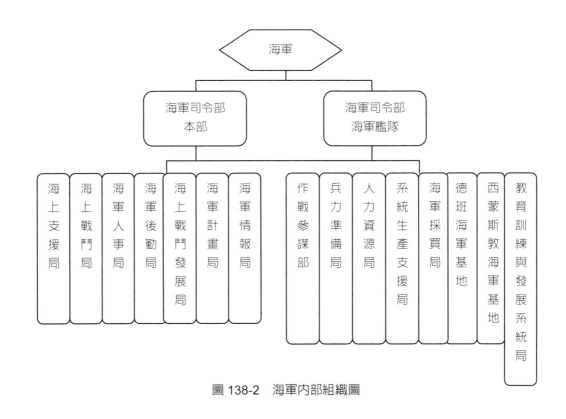

圖 138-2　海軍內部組織圖

資料來源：作者自繪

二、裝備

　　海軍現有 4,500 名人員，編成東區和西區兩軍區，編有潛艇、攻擊、起地雷 3 支艦隊，裝備型艦艇共 43 艘。各型艦艇近 60 艘 其中水面艦艇 50 餘艘，潛艇 3 艘。編有護衛艦隊、潛艇隊、起地雷艦艇隊、飛彈攻擊艇隊、作戰支援隊和海岸巡邏隊。

---

[11] (http://military.people.com.cn/BIG5/42963/3246719.html) (2006/12/21)

（一）常規潛艇：德製 209-1400 型，排水量 1580 噸/1720 噸，裝備 533 毫米魚雷發射管 8 具，配備魚雷 14 條，可外掛水雷 24 枚，潛行時速達 21.5 節。

（二）飛彈護衛艦：德製 MEKO-A200 型，裝備 127 毫米艦炮 1 座，海麻雀式艦空飛彈垂直發射裝置 1 座，三聯裝 324 毫米魚雷發射管 2 座，艦載直升機 1 架。

（三）34 艘巡邏與小型作戰艦艇：部長級飛彈艇（以色列製雷謝夫級）5 艘，排水量 415 噸/450 噸，裝備 76 毫米艦炮 1 座，20 亮米艦炮 2 座，斯科皮恩式（以色列製伽伯列式）飛彈發射裝置 6 部。

（四）6 艘水電戰艦：4 艘江河級獵雷艇（德製那沃爾斯級），2 艘城市級起地雷艇（德製林多級）。

（五）海岸警戒艇 3 艘，港口警戒艇 26 艘。

（六）7 艘兩棲與支援輔助船：1 艘德拉肯斯堡級油船，具兩棲運送能力，可載士兵 60 人。2 艘小型登陸艇，直升機 2 架。1 艘奧特尼卡級油船，具兩棲運送能力，可載士兵 60 人，2 艘小型登陸艇。

（七）1 艘海洋測量船，2 艘補給船，2 艘油船，3 艘拖船。海岸巡邏隊有 27 艘各型警戒艇。

第四節　權限與管轄（Authority and Jurisdiction）

　　南非領海 12 浬、專屬經濟海域為 200 浬，雖然可以簽訂雙邊協定將漁權給予他國漁民，但南非並不願意將專屬經濟海域的漁權讓與別國。[12]若加上專屬經濟海域之管轄面積，其海域面積約有 1,067,802 平方公里，增加南非國土面積 87.5%的管轄面積，還不包括愛德華島（Prince Edward Islands）等島嶼水域面積。

第五節　教育與訓練（Education and Training）

　　南非海軍學院位於哥頓灣（Gordon's Bay），提供海軍軍官訓練，基礎訓練由位於 Saldanha 的海軍參謀學院提供，海軍技術訓練位於 Wingfield，進階戰鬥和其他非技術性士官兵訓練則在 SAS Simonsberg 實施。海軍完成初階服役後，自願役人員將被分派到七個海

---

[12] 楊逢泰（1989），《非洲研究專集》，台北：台灣商務印書館，頁 506。

軍預備軍單位。此外海軍利用接收或購買之艦艇，充份利用外國資源訓練南非艇員，如編號 S101 潛艇（209 級潛艇）的艇員即利用德國、印度做充分訓練，其中三名被選做三艘潛艇的首批指揮官，也都完成德國海軍潛艇司令官的培訓。

第六節　與我國制度之比較 （A Comparison with Taiwan Coast Guard）

南非海軍成立是為因應國家演進，始於 1861 年伊莉莎白港海軍自願隊，1885 年被自願火炮單位合併，形成德班海軍志願者單位（Naval Volunteers）。1922 年 4 月 1 日，正式建立海軍，並接受英國和荷蘭移民，時稱「南非海上自衛隊」，當時只有 2 艘地雷艇。後來國家獨立、脫離殖民陰影後，於 1951 年正名，由海軍掌管海域執法並兼顧國防需要，屬海軍型（Navy Model）[13]海域執法機制，與我國由警察型（Police Model）演進至海域防衛型（Coast Guard Model）明顯不同。惟兩國海域執法強調之任務職掌可謂大同小異，且雙方近來不斷以新型科技設備進行變革，引進外國裝備的同時，南非重視海軍科技研究，並逐步提升研製裝備的能力，將南非海域執法技術推向科技執法領域。

第七節　結語（Conclusion）──特徵（Characteristics）

南非西濱大西洋，東臨印度洋，為二面環海國家，海岸線長 2,798 公里，分為東、西兩軍區，以下為其海域執法制度特徵。

壹、海軍型海域執法機制

南非海軍擔任海域執法工作極合乎成本，觀諸歷史沿革，其處於動盪不安的局勢，故無法仿效美國建立海域防衛機制，惟其海軍係該國發展重點，故海軍實力在非洲地區仍有一定力量。

---

[13] 邊子光，《海洋巡防理論與實務》，桃園：中央警察大學，2008 年 11 月 2 刷，頁 95-96。

貳、艦隊陣容完整，有利海域執法任務

目前南非軍於全球海軍九級實力劃分法中，位居第五級，屬於能在近海使用力量的海軍型態。[14]雖國力有限，未達自造軍備的能力，但仍重視海軍科技發展，近年致力以新型設備革新，使海軍整體能量漸趨完備。

參、專業教育搖籃

位於哥頓灣的海軍學院提供海軍軍官訓練，利於培養軍士官的歸屬感及個人專業性，並有海軍訓練艦隊屬性類似我國海軍敦睦艦隊，實施航程訓練，更不時利用購艦、接艦之際，挑選軍、士官出國接受實艇操作。

肆、非洲地區主要海軍力量

南非基本上沒有陸上和海上威脅，其領土面積比鄰國大，軍隊員額為鄰國的 1.6 倍。雖然南非海軍實力有限，活動範圍不大，但憑藉地跨兩洋，三面環海的地理條件，其所產生的戰鬥效能對世界航運影響甚大。根據《聯合國海洋法公約》規定，南非海軍需巡防南大西洋、印度洋，同時要承擔空海聯合救援並打擊海盜和恐怖分子。

---

[14] (http://www.powersaving.com.tw/discuss/read.php?ch=12) (2011/02/22)

第 139 章　迦納海域執法制度

第一節　國情概況（Country Overview）

迦納共和國（Republic of Ghana）位於西部非洲，南瀕幾內亞灣（Gulf of Guinea），北接布吉納法索（Burkina Faso），東鄰多哥（Togo），西界象牙海岸（Cote d'Ivoire）。全國面積 238,533 平方公里，為台灣的 6.6 倍大。海岸線長 539 公里，領海 12 浬，專屬經濟海域 200 浬，毗連區 24 浬。[1]

首都阿克拉（Accra），全國人口 24,791,073 人（2011）[2]。國體共和制，政體總統制，單一國會制。（見圖 139-1）主要輸出可可、原木、鑽石，輸入機械、石油、食品。[3]迦納國內生產總值（GDP）18,060（百萬）美元，在 190 個國家排名第 103 名；每人國民所得（GNP）

---

[1]　CIA, The World Factbook.(https://www.cia.gov/index.html) (2010/11/04)

[2]　CIA, The World Factbook.(https://www.cia.gov/index.html) (2011/06/01)

[3]　《世界各國簡介暨各國首長名冊》，中華民國外交部，2001 年，頁 170。

762 美元（2010），在 182 個國家排名第 151 名。迦納在自由之家（Freedomhouse）的政治權利與公民自由兩種自由程度在 2010 年的分數前者為 1，後者為 2，歸類為自由國家；透明國際（Transparency International）中的 2010 年的貪污調查分數為 4.1，在 178 個國家中排名第 62 名；聯合國（2010）最適合居住國家的人類發展指數為 4.7，在 169 個國家中排名第 130 名。[4]

　　迦納舊稱黃金海岸（Gold Coast），1874 年後，成為英國屬地。1957 年 3 月 6 日，在恩克魯瑪（Kwame Nkrumah）領導下，透過立法會議投票通過獨立，改名為迦納共和國，是非洲各殖民地中首先獨立者。迦納現為大英國協會員國，對外採取不結盟路線。[5]

第二節　歷史沿革（History）

　　迦納海軍以二戰時成立的黃金海岸自願海軍（Gold Coast Naval Volunteer）為雛型，是當時的殖民母國－英國計畫組成的海上巡邏組織，目的是確保迦納沿海水域的水雷放置。迦納獨立，開始著手進行軍事改組與軍備擴大計畫，以應付各項挑戰。1959 年 6 月，塔科拉迪（Takoradi）成立新的海軍志願部隊，軍官皆來自於黃金海岸自願海軍，過去亦曾在英國皇家海軍下服役。1959 年 7 月 29 日，議會通過新的海軍法令，分別在塔科拉迪與阿克拉成立指揮部。1962 年 5 月 1 日，英國海軍成立皇家海軍聯合訓練隊協助迦納海軍，進而改善與迦納的關係。迦納海軍第一任指揮官是一位退休的英國海軍上校，迦納總統授予其海軍准將身份。1961 年 9 月，首位迦納籍少將轉任至海軍擔任指揮官。[6]

---

[4]　五類指標詳情請見本書導論，頁 11-14。
[5]　中華民國外交部，外交資訊網頁（2010/11/06）
[6]　Ghana Navy, (http://en.wikipedia.org/wiki/Ghana_Navy) (2010/11/06)

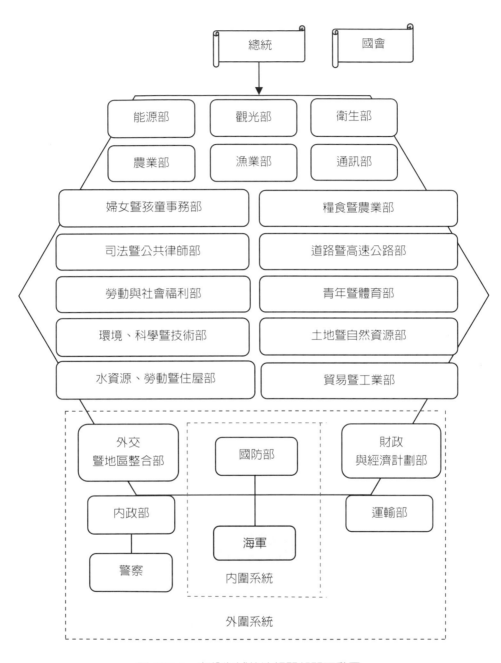

圖 139-1　迦納海域執法相關部門互動圖

資料來源：作者自繪

第三節　組織、職掌與編裝
（Organization, Duties and Equipment）

迦納海軍（Ghana Navy）

一、組織與職掌

迦納海軍總司令部位於阿克拉，並分別在特馬（Tema）設立東部海軍司令部，斯康迪（Sekondi）設立西部海軍司令部。西部海軍司令部包括迦納海軍艦隊、海軍修船廠、海軍後勤倉庫、海軍基礎教育學校。東部司令部包括基礎領導幹部培訓學校、海軍基地、迦納海軍樂隊。迦納海軍總部下轄行動執行部門、培訓部門、資訊供應部門、技術部門、情報部門、研究暨發展部門。海軍主要任務包括：

（一）監測、控制非法捕魚活動。

（二）支持西非和平活動，協助海軍監測部隊。

（三）西非地區如出現危機，海軍將支援該地區。

（四）監控、巡邏以有效控制領海與專屬經濟海域。

（五）迦納或他國家緊急危難時，協助撤離國民。

（六）偵查海上非法活動，必要時與非法分子戰鬥。非法活動包含海上武裝搶劫、走私毒品、偷渡及叛國者

（七）進行災難搜救、進行人道救援及海難搜救。

（八）協助地方機構，包括迦納警察（Ghana Police）、沃爾塔河管理局（Volta River Authority）、選舉委員會（Electoral Commission）、迦納港口（Ghana Ports）、港口管理局（Harbours Authority）。[7]

2010 年 3 月 13 日，美國提供迦納海軍 4 艘高速巡邏艇，提高海域維護的效率。迦納海軍接受國際軍事教育暨訓練（International Military Education and Training）與非洲應急培訓援助（African Contingency Training Assistance）等國際組織的軍事援助。美國海軍則駐紮

---

[7] Ghana Navy, Wikipedia, (http://en.wikipedia.org/wiki/Ghana_Navy) (2010/11/15)

於西非，進行 2010 年非洲合作夥伴關係訓練計畫（Africa Partnership Training Programme），並致力於協助迦納提高保護海洋資源能力。[8]西非無強大海上能量，因此海軍艦隊缺乏裝備，無法進行定期巡邏，常使迦納海域出現治安漏洞。也因缺乏公海巡邏，西非海岸開始吸引海盜在此出沒。然而，因為目前尚未出現重大海上危機，使迦納政府長期處於僥倖心理。所幸透過非洲合作夥伴關係訓練計畫，有 64 名海軍接受保護領海、打擊海盜、非法捕撈、非法運油等理論與操作培訓。2010 年起，中國、德國、韓國將在未來 26 個月當中，製造新的艦艇提供迦納，幫助海軍抵禦領海威脅。[9]

二、裝備

海軍目前約有 850 人，目前裝備計有 14 艘巡邏艇。[10]

第四節　教育與訓練（Education and Training）

1958 年至 1961 年間，英國滿足迦納各種軍事需求，包括提供不同的軍事訓練。直到 1961 年末，英國已培訓 38 名迦納軍官。1960 年至 1966 年，至少 5 名迦納軍官在英國皇室海軍學院受訓。1967 年起，約有 800 名迦納軍官在英國海軍接受基礎培訓，並於國內招募 27 名官員及 40 名士兵參加英國海軍種子訓練，可有限制的參與英國軍事演習。現今，海軍的預備軍官訓練是到位於阿克拉的迦納高等軍事學校受訓，為期兩年，第一年學期末，會選出優秀學生到英國軍事高等學校完成學業。[11]另外，海軍透過非洲合作夥伴關係訓練計畫提供的教育課程，接受包括海洋認識，如何在公海對船舶進行檢查和執法，搜索和救援能力及船舶維護技能等教育。

---

[8] Ghana News Agency, US Government presents four boats to Ghana Navy, 2010/03/13, (http://www.ghananewsagency.org/s_mainstory/) (2010/11/15)

[9] Myjoyonline News, Ghana Navy to get three new vessels, 2010/03/29, (http://news.myjoyonline.com/) (2010/11/15)

[10] Ghana Navy, Wikipedia, (http://en.wikipedia.org/wiki/Ghana_Navy) (2010/11/15)

[11] Ghana Training, (http://lcweb2.loc.gov/cgi-bin/query/r?frd/cstdy:@field(DOCID+gh0155)) (2010/11/06)

第五節　與我國制度之比較
（A Comparison with Taiwan Coast Guard）

迦納海軍提供海域防衛，並以降低海洋資源濫捕、走私及其他非法事件發生為己職。迦納海軍巡邏範圍包含領海、專屬經濟海域及連接海域的沃爾塔河，卻因受限經濟條件而致缺乏裝備，執行效率不高。相較於我國有海巡署做為專職海域執法機構，迦納則由國防單位的海軍維護海域治安，與海巡署執法人員身份是警、文並立不同。

第六節　結語（Conclusion）──特徵（Characteristics）

迦納南臨幾內亞灣，為一面環海國家，在總長 539 公里的海岸線上，分別在東、西部設有區域指揮中心，以下為其海域執法制度特徵。

壹、海軍型海域執法機制

迦納無專職海域執法單位，因政府經費有限，海域治安依賴海軍執行。

貳、專業教育搖籃

海軍在迦納設有高等軍事學校，東部指揮部設有基礎領導幹部培訓學校。

參、內陸河湖亦為巡邏範圍

海軍巡邏範圍包含國家海域及內陸的沃爾塔河。

第 140 章　多哥海域執法制度

第一節　國情概況（Country Overview）

　　多哥共和國（Togolese Republic）位於西非，東鄰貝南（Benin），西連迦納（Ghana），北接布吉納法索（Burkina Faso），南濱大西洋（Atlantic Ocean）的幾內亞灣（Gulf of Guinea）。全國面積 56,785 平方公里，為台灣 1.9 倍大。海岸線長 56 公里，領海 30 浬，專屬經濟海域 200 浬。[1]

　　首都洛梅（Lome），全國人口 6,771,993 人（2011）[2]。國體共和制，政體總統制，總理為行政首腦，國會分國民議會及參議院。總理出自議會多數派領袖，由總統任命，總理對議會負責。（見圖 140-1）主要輸出磷礦、可可、咖啡，輸入機具運輸設備、日常消費品。[3]多哥國內生產總值（GDP）3,074（百萬）美元，在 190 個國家排名第 155 名；每人國民所得（GNP）441 美元（2010），在 182 個國家排名第 172 名。多哥在自由之家（Freedomhouse）

---

[1]　CIA, The World Factbook.(https://www.cia.gov/index.html) (2011/12/22)

[2]　CIA, The World Factbook.(https://www.cia.gov/index.html) (2011/06/01)

[3]　《世界各國簡介暨各國首長名冊》，中華民國外交部，2001 年，頁 224。

的政治權利與公民自由兩種自由程度在 2010 年的分數前者為 5，後者為 4，歸類為部份自由國家；透明國際（Transparency International）中的 2010 年的貪污調查分數為 2.4，在 178個國家中排名第 134 名；聯合國（2010）最適合居住國家的人類發展指數為 2.6，在 169 個國家中排名第 139 名。[4]

　　歐洲人自 18 世紀起陸續控制多哥，德國於 1884 年建立多哥蘭（Togoland）。一戰後，由英、法代管。英國代管之多哥於 1958 年併入現今的迦納，法國託管之多哥則於 1960 年4 月 27 日獨立，目前與貝南及布吉納法索關係甚佳。目前奉行「中立、不結盟及睦鄰友好」之外交政策，與法國及德國、美國關係密切，日本及大陸為主要援助國。[5]

第二節　組織、職掌與編裝
（Organization, Duties and Equipment）

壹、多哥海軍（Togo Navy）

一、組織與職掌

　　多哥海軍巡邏範圍包含領海和專屬經濟海域，雖然目前巡邏需求尚未超過海軍能力，但也只能應付狹小的海域範圍，容易讓可疑船舶由管轄水域潛入迦納或貝南。多哥海域除走私問題較嚴重外，並未與他國有海事糾紛或其他海上威脅的出現。2010 年 1 月，美國政府捐贈兩艘巡邏艇給海軍，以協助多哥維護海上安全、打擊非法販運，尤其是毒品走私。政府目前沒有意願與能力發展兩棲作戰，如遇有重大危機，並沒有能力保衛國家。[6]

---

[4]　五類指標詳情請見本書導論，頁 11-14。
[5]　中華民國外交部，外交資訊網頁（2010/11/24）
[6]　Jane's Navy, Togo Navy, 2010/11/12, (http://www.janes.com/) (2011/02/22)

二、裝備

多哥海軍約 115 人，計有 4 艘巡邏艇。早期便擁有 2 艘 80 噸裝設武器的小型巡邏艇，在良好的維護下保存良好。2010 年 1 月 29 日，美國駐聯合國大使代表美國贈與海軍 2 艘樣式類似美國海域防衛司令部的巡邏艇。[7]

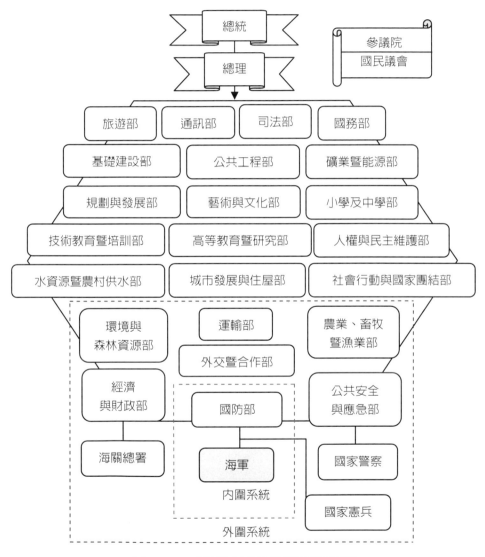

圖 140-1　多哥海域執法相關部門互動圖

資料來源：作者自繪

---

[7]　Embassy of the United States, Lome Togo ,Defender Boats donated to Togo Navy, (http://togo.usembassy.gov/defender-boat.html) (2011/02/22)

貳、多哥國家警察（Togo Police）

多哥警察起源於二次大戰後的法國託管時期，其分為國家警察和國家憲兵兩種，國家警察主要承擔大城市的警務工作，國家憲兵負責小型城市、農村與邊境地區的警務工作。兩個單位的職能是相同的，只是執法區域的劃分和隸屬關係不同。國家警察在一萬人以上的城市執法，而國家憲兵則在一萬人以下的城鎮和鄉村執法。國家警察隸屬於內政部，國家憲兵則隸屬於國防部，兩者皆是國家治安的支柱，雖然在行政、司法警察業務內容上完全相同，但因管轄區域沒有重疊，反有相輔相成之效果。[8]

參、多哥海關總署（Togo Customs）

多哥海關監管由財政部下轄之海關總署負責，機場、港口及邊境口岸均設有分支。多哥於 1963 年頒布的《海關法》已不再使用，新《海關法》雖已定稿，但未得到國會批准。多哥海關監管關卡多，各關口除有海關人員外，另有憲兵、內政部的便衣部隊、軍隊及警察共同把關，相互制約和監督。根據現行做法，除持外交護照的旅客及掛外交牌照的車輛外，其餘人員、車輛、貨物和包裹，進出關口時皆需接受上述人員檢查。但由於設備老舊，包裹或行李皆需打開才能檢驗。依據實際情況，海關人員在檢查行李或貨物時，除武器、毒品等違禁品外，其餘物品均可放行。[9]

---

[8] The Country Studies Series, (http://lcweb2.loc.gov/frd/cs/sotoc.html) (2011/02/22)
[9] 《中國機械網》，（http://www.jx.cn/bussines/view01.asp?code=011704&sid=1401&CatCode=0）（2011/02/22）

第三節　教育與訓練（Education and Training）

壹、多哥海軍

多哥軍隊的訓練和裝備主要來自法國。鑒於其政治危機，1992 年底，法國中止軍事援助，直至 1994 年重新恢復。軍隊實行義務兵和志願兵結合的兵役制度，義務兵服役兩年。凡年齡在 18～25 歲的青年皆可入伍。[10]

貳、多哥警察

多哥警察由警察學校統一培訓，經過半年的防暴訓練，合格者成為正式隊員。訓練內容有體能素質訓練，包括長跑、游泳、爬山；專業訓練包括自我防護、各種槍支、警械具的使用等；貼近實戰的對抗性訓練。警察普遍素質較高。

第四節　與我國制度之比較
（A Comparison with Taiwan Coast Guard）

多哥目前並無專責海域執法單位，雖有設置海關，但其主要管轄範圍僅在港口與機場關口，該國海軍目前雖有四艘巡邏艇，但也只能依賴海軍及鄰國的合作來維護海域安寧。雖然多哥軍隊與台灣海軍或海巡署相比，在制度或是裝備要改善的空間非常大，但其仍是非洲許多國家中，少數完整擁有陸海空三軍的國家之一。

---

[10] 中國社會科學院西亞非洲研究所，（http://iwaas.cass.cn/GJGK/show_flag.asp?flag=6&id=19）（2011/02/22）

第五節　結語（Conclusion）：——特徵（Characteristics）

多哥南濱大西洋的幾內亞灣，為一面環海國家，在總長 56 公里的海岸線上，設有一基地，以下為其海域執法制度特徵。

壹、海軍型海域執法機制

多哥並無設立專職海域執法單位，目前海上安全維護主要由海軍負責。

貳、裝備簡陋

海軍身為國內唯一的海上安全單位，卻僅有 4 巡邏艇值勤。

參、與他國合作

多哥地理位置易成為非法船隻的走私航道，因此長期與貝南、迦納海軍合作。

第 141 章　吉布地海域執法制度

第一節　國情概況（Country Overview）

　　吉布地共和國（Republic of the Djibouti）位處東北非，東濱紅海（Red Sea），北接厄利陲亞（Eritrea），西鄰衣索比亞（Ethiopia），東南界索馬利亞（Somalia）。全國面積 23,200 平方公里，台灣為其 1.5 倍大。海岸線長 314 公里，領海 12 浬，專屬經濟海域 200 浬。[1]

　　首都吉布地（Djibouti），全國人口 757,074 人（2011）[2]。國體共和制，政體總統制，單一國會制，總理由總統任命。（見圖 141-1）主要輸出皮革、鹽、畜產品，除出口產品外，其餘物資全賴進口。[3]吉國國內生產總值（GDP）1,139（百萬）美元，在 190 個國家排名第 167 名；每人國民所得（GNP）1,382 美元（2010），在 182 個國家排名第 130 名。吉國在自由之家（Freedomhouse）的政治權利與公民自由兩種自由程度在 2010 年的分數皆為 5，歸類為部份自由國家；透明國際（Transparency International）中的 2010 年的貪污調查分數為 3.2，在 178 個國家中排名第 91 名；聯合國（2010）最適合居住國家的人類發展指數為 5.7，在 169 個國家中排名第 147 名。[4]

---

[1]　CIA, The World Factbook.(https://www.cia.gov/index.html) (2010/11/29)

[2]　CIA, The World Factbook.(https://www.cia.gov/index.html) (2011/06/01)

[3]　《世界各國簡介暨各國首長名冊》，中華民國外交部，2001 年，頁 156。

[4]　五類指標詳情請見本書導論，頁 11-14。

　　1888 年，成立法屬索馬利蘭（Somaliland）殖民地。1957 年，法國給予部分自治權，反對黨在 1975 年 2 月主張獨立。1977 年 6 年 27 日，宣布獨立。獨立之初，第二大族群的阿法爾人（Afar）不滿最大族群的依薩人（Issa）長期控制政權，遂發動武裝叛變。1992 年 9 月，制訂新憲法，1994 年 12 月，執政黨與叛軍簽署和平協定，結束內戰。吉位居紅海出口，具重要戰略地位，波灣戰爭期間，吉為法軍主要基地，法軍至今仍維持少許駐紮。因受惠於其戰略地位，吉國外援來源穩定。[5]

第二節　組織、職掌與編裝
（Organization, Duties and Equipment）

吉布地海軍（Djibouti Navy）

一、組織與職掌

　　吉布地海軍在獨立後兩年成立，最初只有少數憲兵與士兵而已。巡護重點主要是港口及航道安全，基地位於吉布地，海軍與其他軍種相比，相對微小。2006 年，美國贈與 5 艘巡邏艇，增加海軍預防沿海走私、恐怖主義行動、維護海洋環境的效率。吉海域漁業資源豐富，其作為國家糧食來源，漁業巡護同樣是海軍重要職責。所幸他國捐贈的巡邏艇已增加海軍在海上巡邏的距離與停留時間。吉海軍同時與葉門海軍合作，兩者同樣作為紅海出入口的國家，極重視海上運輸的安全。目前政府愈加重視海軍巡邏方法，因此請美國與法國的教官培訓專業。另外，法國海軍因長期駐軍於吉國的塔朱拉地區（Tadjourah Region），通常有多達 3 艘護衛艦和維修艇於此。不僅法國，德國、義大利、西班牙、英國與美國亦分別有海軍派遣隊駐紮於此。吉國雖於 2006 年獲得美國巡邏艇，因此增強海軍能量，但面對不斷變化的海上威脅，海軍卻完全沒有強大的應對戰術或兩棲作戰能力。[6]

---

[5]　中華民國外交部，外交資訊網頁（2010/11/29）

[6]　Jane's Navy, Djibouti Navy, 2010/02/15, (http://www.janes.com/) (2010/11/29)

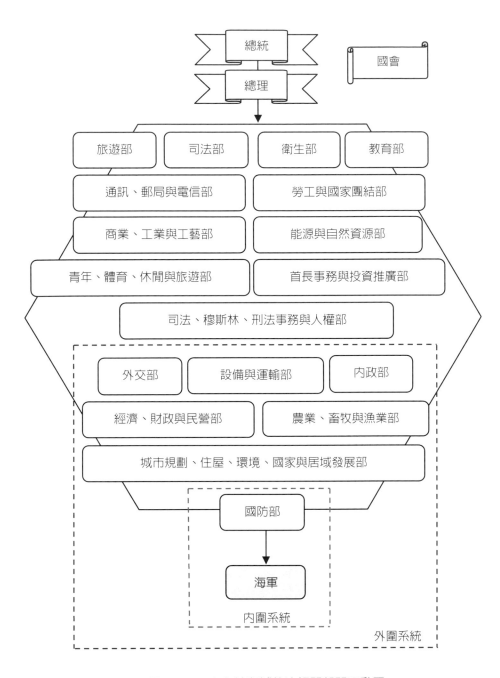

圖 141-1　吉布地海域執法相關部門互動圖

資料來源：作者自繪

二、裝備

　　海軍有 125 名人員，配有 9 艘以上大小不等巡邏艇，5 艘近岸巡邏艇，2 艘沿岸巡邏艇及 2006 年美國贈與的 5 艘 35 噸巡邏艇。[7]

第三節　與我國制度之比較
（A Comparison with Taiwan Coast Guard）

　　吉布地海軍為國家唯一的海事安全單位，身為國防部隊的海軍不單要負擔軍事防禦責任，還要預防非法捕撈、走私與恐怖分子等。所幸吉政府越加重視海軍發展，因此請來法、美等國培訓海軍。另外，法國長期派駐軍艦於吉港口，協助海防任務。相反地，台灣設有專職海域執法的海巡署，軍事安全由海軍負擔，非法捕撈與走私檢舉則由海巡署負責。我國政府在軍事或是海巡發展，逐年都有更新計畫，與吉政府的海軍發展政策同樣有正面效果。

第四節　結語（Conclusion）──特徵（Characteristics）

　　吉布地東濱紅海出入口，為一面環海國家，海岸線長 314 公里，設有 1 基地，以下為其海域執法制度特徵。

壹、海軍型海域執法機制

　　吉布地並無設立海域執法單位，因此由海軍兼負國防與執法職責。

---

[7]　Jane's Navy, Djibouti Navy, 2010/02/15, (http://www.janes.com/) (2011/09/09)
　　Jane's Fighting Ships.2004-2005, Edited by Commodore Stephen Saunders RN, Virginia U.S.A, pp.180- 181.

貳、部分委外制

吉布地港口長期駐有法國軍艦協助紅海巡護。

參、艦艇來自他國捐贈

艦艇分別來自於衣索比亞、美國。

第 142 章　突尼西亞海域執法制度

第一節　國情概況（Country Overview）

突尼西亞共和國（Republic of Tunisia）北濱地中海（Mediterranean Sea），東鄰阿爾及利亞（Algeria），西南接利比亞（Libya）。全國面積 163,610 平方公里，為台灣 4.6 倍大。海岸線長 1,148 公里，領海 12 浬，專屬經濟海域 12 浬。[1]

首都突尼斯（Tunis），全國人口 10,629,186 人（2011）[2]。國體共和制，政體總統制，國會兩院制。（見圖 142-1）主要輸出水果、蔬菜、石油，輸入食物、紡織品、電器。[3]突國國內生產總值（GDP）43,860（百萬）美元，在 190 個國家排名第 77 名。突國在自由之家

---

[1]　CIA, The World Factbook.(https://www.cia.gov/index.html) (2010/11/24)

[2]　CIA, The World Factbook.(https://www.cia.gov/index.html) (2011/06/01)

[3]　《世界各國簡介暨各國首長名冊》，中華民國外交部，2001 年，頁 226。

（Freedomhouse）的政治權利與公民自由兩種自由程度在 2010 年的分數前者為 7，後者為 5，歸類為不自由國家；透明國際（Transparency International）中的 2010 年的貪污調查分數為 4.3，在 178 個國家中排名第 59 名；聯合國（2010）最適合居住國家的人類發展指數為 5.9，在 169 個國家中排名第 81 名。[4]

突尼西亞自 1883 年起成為法國保護國。1951 年，自治政府要求獨立，遭法拒絕。1954 年，突人武裝起義，法國於 1956 年 3 月 20 日承認獨立。1957 年 7 月 25 日，制憲會議決議廢黜國王，成立突尼西亞共和國。[5]突國人均所得可謂非洲頂尖階級，國家有錢，青年人亦受到宗教啟發痛恨貪官。2011 年 1 月，人民因不滿警方造成擺攤的失業青年自殺，憤而掀起革命風潮，趕走執政達廿四年的獨裁者賓阿里總統（Zine el- Abidine Ben Ali）。[6]由於菜販之死經由社群媒體與行動電話的推波助瀾，引爆的「茉莉花革命」不僅造成突國獨裁政權垮台，激起的骨牌效應也迅速衝擊鄰近的埃及與其餘中東國家。[7]

第二節　歷史沿革（History）

突尼西亞武裝部隊（Tunisian Armed Forces）的雛型起源於法國作為保護國時（1883 年至 1956 年），突人民被大量招募至法國軍隊擔任步兵與騎兵，兩個單位在兩次世界大戰時期，都展現了軍事力量。1956 年，突國獨立後，武裝部隊正式成立，曾在法國服役的 1,300 名官兵中，有 850 名人員轉移至武裝部隊。1958 年，大量人員加入陸軍，人數多達 6,000 人。突尼西亞海軍成立於 1959 年，空軍成立於 1960 年。1960 年，突國與美國在剛果（Congo）共組和平部隊。1961 年，與法國部隊在比塞大（Bizerte）發生武裝衝突，突國約 1,000 人傷亡，後與法國談判才平息戰爭。1994 年，突軍隊與聯合國維和部隊在盧安達大屠殺（Rwandan Genocide）期間進行和平行動，頗有貢獻。突尼西亞除了武裝部隊外，另設有一準軍事部隊：國民防衛隊（National Guard）。[8]

---

[4] 四類指標詳情請見本書導論，頁 11-14。
[5] 中華民國外交部，外交資訊網頁（2010/11/24）
[6] 陸以正專欄，《中國時報－時論廣場》〈突尼西亞革命 延燒中東〉，2011/01/24。
[7] 蔡鵑如，《中國時報－焦點新聞》〈菜販、古歌主管，埃及革命推手〉，2011/02/13。
[8] Tunisian Armed Forces, (http://en.wikipedia.org/wiki/Tunisian_Armed_Forces) (2010/11/25)

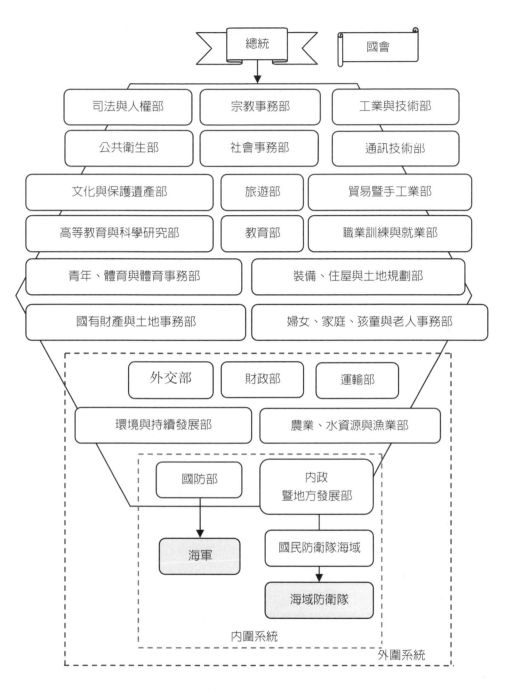

圖 142-1　突尼西亞海域執法相關部門互動圖

資料來源：作者自繪

第三節 組織、職掌與編裝（Organization, Duties and Equipment）

壹、突尼西亞海軍（Tunisia Navy）

一、組織與職掌

　　隸屬於國防部的海軍是一個沒有潛艇裝備的海域防衛單位，與鄰國在理論上相比，並沒有能力進行實際戰鬥。海軍主要任務是保護領土完整，保障國家在海洋的利益。海軍在1,148 公里的海岸線上，打擊走私及販賣人口，並與國民防衛隊的海域防衛隊（oast guard element）合作。海軍指揮部分別設於比塞大、拉葛列特（La Goulette）、斯法克斯（Sfax）、克里比亞（Kelibia）。（見圖 142-2）非法販賣人口一直是突國重大問題，多數非洲人口販子多由此前往西班牙或義大利。為此海軍分別與葡萄牙、西班牙、法國、義大利、土耳其、埃及、阿爾及利亞等國海軍簽訂合作方案。另與美國、德國簽有合作條約，後者基於交流互訪、培訓和雙邊演習等原因。目前缺乏突海軍最新作戰紀錄，因此無法分析其面對不同環境時的實際運作狀況。[9]

二、裝備

　　海軍約有 4,800 名人員，擁有 26 艘艦艇，分別是 19 艘 38 噸至 425 噸巡邏艇，2 艘分別為 2,843 噸的訓練船及 1,370 噸的勘測船，5 艘 412 噸至 1,858 噸的輔助船。[10]2010 年 1 月 8 日，突國防部宣佈在比塞大船廠建造一艘 14 米長的海軍巡邏艇，預計 2011 年 5 月完工。自行建造巡邏艇將可節省國防開支，海軍也分別翻新數艘舊型巡邏艇。[11]

---

[9] Jane's Navy, Tunisia Navy, 2011/07/09, (http://articles.janes.com/articles/Janes-Sentinel-Security-Assessment-North-Africa/Navy-Tunisia.html) (2011/09/12)

[10] *Jane's Fighting Ships. 2004-2005*, Edited by Commodore Stephen Saunders RN, Virginia U.S.A, pp.753- 755.

[11] All Africa, Com, "Tunisia: Navy to Build New Patrol Boat", 2010/01/08, (http://allafrica.com/) (2010/11/25)

圖 142-2　突尼西亞海軍指揮部分佈圖[12]

貳、突尼西亞國民防衛隊（Tunisia National Guard）

一、組織與職掌

　　國民防衛隊是隸屬於內政暨地方發展部的準軍事單位，政府將重心放在國家邊界及領土打擊跨國犯罪，因此極重視武裝部隊與其他準軍事單位的合作，包含警察、國民防衛隊等。國民防衛隊擁有堅實的海域防衛隊（coast guard element）與海軍共同保衛國家海域，負責保護領海、近岸巡邏、海上犯罪執法、查緝走私、偷渡。[13]

---

[12] (http://geology.com/world/tunisia-satellite-image.shtml) (2010/11/25)

[13] Jane's Navy, Tunisia Navy, 2011/07/09, (http://articles.janes.com/articles/Janes-Sentinel-Security-Assessment-North-Africa/Navy-Tunisia.html) (2011/09/12)

二、裝備

國民防衛隊共由 12,000 人組成，海域防衛隊共有 21 艘海岸巡邏艇。[14]

第四節　教育與訓練（Education and Training）[15]

壹、海軍下士學院（Navy Corporal School）

海軍下士學院為基礎軍事訓練機構，提供海軍招募活動與基本訓練，培養學員對海軍的專業目標。一年的學習課程結束後，授予基礎理論專業證書，可晉升為實習職級或軍艦的低階學徒。如果學員滿足條件，成績合格後，可參加海軍士官的內部考試。

貳、海軍指導中心（Naval Instruction Center）

海軍指導中心培訓海軍士官學員的不同專業，基礎課程為期兩年，第一年課程可讓士官晉升為主任職級。第二年則可到艦艇的航行或技術部門工作。持續培訓六年後，可按照不同專業晉升為軍士長。海軍指導中心的課程包含專業航行體驗、砲彈操作、電子武器、通訊信號、船舶導航、力學、水文與管理等課程。

參、海軍學院（Naval Academy）

海軍學院為高等教育學校，提供人員與船舶操作訓練，並設有碩士專業課程，課程有海洋事務、海洋工程、海事科學和技術研究等科目。進入海軍學院的頭三年接受預備訓練

---

[14] Jane's Navy, Tunisia Navy, 2011/07/09, (http://articles.janes.com/articles/Janes-Sentinel-Security-Assessment-North-Africa/Navy-Tunisia.html) (2011/09/12)

[15] Tunisia, Ministry of National Defense, (http://www.defense.tn/) (2010/11/25)

後，才可進入海軍理論與技術兩個專業課程。專業課程分為兩階段，第一階段通過可晉升為二級少尉。進入第二階段後，一年內完成理論與實習論文，可獲頒國家工程師文憑並晉升一級少尉。

海軍學院另提供工程師培訓課程，包含電腦系統與通訊、電腦工程及應用、網絡系統等三大項。學院另一組教學系統則設有海上航行、海上能源與機械兩種專業課程，分為三大階段。兩種專業課程的第一階段要培訓海洋科學和技術領域的理論與操作，結束後可獲得機械文憑並晉升為二級少尉。第二階段必須在一年內完成，在軍艦上實習六個月，並同時完成論文。第三階段，學員完成論文與實習後，可獲頒國家工程師或能源機械文憑，晉升為一級少尉。

海軍學院的碩士研究分為航運導航與航運機械兩大專業，需時四年，分為三個階段。第一階段，在海洋科學及技術領域，研究與實習兩年，結束後可獲得文憑及二等中尉軍銜。第二階段，進行第三年研究時，到軍艦實習八個月。第三階段通過後，可獲得航海、能源或機械的碩士文憑，並得到二等船長資格。

第五節　與我國制度之比較
（A Comparison with Taiwan Coast Guard）

突尼西亞海域執法由海軍與國民防衛隊共同執行，海軍不僅肩負軍事防禦任務，還需處理各種海上非法活動，因此國民防衛隊的支援為海軍帶來更大的力量。突國與南歐間的地中海是人口販賣的主要航道，非法分子常將突港口視為主要轉運站，因此突海軍至少與七個國家簽訂合作條約，共同處理販運人口問題。突海軍另與美國、德國簽有培訓合作計畫。我國設有海巡署專職海域執法案件，與海軍的不同職權讓海巡署可專心處理海域安全問題。針對各海上非法事務，海巡署並未與他國簽訂合作條約，另外我國海巡署亦無與他國有雙邊培訓和演習往來。

第六節　結語（Conclusion）──特徵（Characteristics）

突尼西亞北濱地中海，為一面環海國家，在總長 1,148 公里的海岸線上，設有四個指揮部，以下為其海域執法制度特徵。

壹、海軍型海域執法機制

突尼西亞並無專責海域執法單位，海域安全由海軍與國民防衛隊的海域防衛隊共同承擔。

貳、陸海空合一

國民防衛隊以邊境概念來維護國土及海域安全。

參、專業教育搖籃

針對海軍高、中、低的專業，分別設有海軍下士學院、海軍指導中心及海軍學院提供完整課程。

肆、與各國海軍關係密切

嚴重的人口販賣問題，讓突國與葡萄牙、西班牙、法國、義大利、土耳其、埃及、阿爾及利亞等國簽訂海軍合作條約。

第 143 章　蘇丹海域執法制度

第一節　國情概況（Country Overview）

蘇丹共和國（Republic of the Sudan）位處東北非，東濱紅海（Red Sea），北鄰埃及（Egypt）與利比亞（Libya），西接查德（Chad）與中非（Centre Africa），南界剛果民主共和國（Democratic Republic of the Congo）、烏干達（Uganda）與肯亞（Kenya），東連衣索比亞（Ethopia）與厄利垂亞（Eritrea）。全國面積 1,861,484 平方公里，為台灣 52 倍大。海岸線長 853 公里，領海 12 浬，專屬經濟海域 200 浬。[1]

首都喀土穆（Khartoum），全國人口 36,787,012 人（2011）[2]。國體共和制，政體總統制，國會兩院會制。（見圖 143-1）主要輸出棉花、穀類、羊類，輸入紡織品、機械、糧食。[3] 蘇丹國內生產總值（GDP）65,930（百萬）美元，在 190 個國家排名第 64 名；每人國民所得（GNP）1,642 美元（2010），在 182 個國家排名第 127 名。蘇丹在自由之家（Freedomhouse）

---

[1]　CIA, The World Factbook.(https://www.cia.gov/index.html) (2010/11/24)

[2]　CIA, The World Factbook.(https://www.cia.gov/index.html) (2011/06/01)

[3]　《世界各國簡介暨各國首長名冊》，中華民國外交部，2001 年，頁 218。

的政治權利與公民自由兩種自由程度在 2010 年的分數皆為 7，歸類為不自由國家；透明國際（Transparency International）中的 2010 年的貪污調查分數為 1.6，在 178 個國家中排名第 172 名；聯合國（2010）最適合居住國家的人類發展指數為 5.0，在 169 個國家中排名第 154 名。[4]

1899 年後，英埃共管蘇丹。二戰結束，英埃同意蘇丹自決國王。1955 年 12 月 19 日，蘇丹建立共和國，隔年 1 月 1 日獨立。2003 年，Darfour 地區的阿拉伯人與非洲黑人爆發內戰。2005 年 1 月，聯合國斡旋下，蘇丹政府與南部叛軍蘇丹人民解放軍（Sudanese People's Liberation Army）協議結束內戰。[5]由於南蘇丹地下豐富的石油，使南蘇成為蘇丹共和國（北蘇）覬覦的地方。[6]2011 年 1 月，蘇丹公投決定是否將南北分裂為兩個國家，結果為贊成分家，北部沿用舊名，南部則由新國人民決定。[7]2011 年 7 月 9 日，經歷半個世紀內戰，南蘇丹正式獨立建國為「南蘇丹共和國」（Republic of South Sudan），建首都於朱巴（Juba），總人口約 9 佰萬人，成為全球最新國家。[8]2012 年，蘇丹總統巴希爾揚言推南蘇政府，並奪回遭佔領的黑格里（Heglig）油田，造成非東戰雲密布。[9]

第二節　歷史沿革（History）

蘇丹海軍成立於 1962 年，是國內最小的軍事單位。海軍最初只有四艘前南斯拉夫（Yugoslavia）提供的巡邏艇，後來又再提供兩棲艇與輔助船，協助培訓蘇丹海軍到 1972 年。1975 年，南國再提供兩艘 70 噸巡邏艇，伊朗提供四艘 10 噸小艇。1989 年，4 艘巡邏艇開始在白尼羅河（White Nile）上游巡邏，保護從北部運送物資到南部的車隊。1990 年，海軍發展停滯，艦艇失修造成無法操作，同年海軍分配到二架航空器，用來偵查紅海，但海軍並無航空隊員，航空器實無用武之地。[10]

---

[4]　三類指標詳情請見本書導論，頁 11-14。

[5]　中華民國外交部，外交資訊網頁（2010/11/26）

[6]　陸以正專欄，《中國時報－時論廣場》〈南蘇丹產油 兵家必爭〉，2011/07/18。

[7]　陸以正專欄，《中國時報－時論廣場》〈蘇丹公投 南北分家〉，2011/01/17。

[8]　尹德瀚、黃文正，《中國時報－國際新聞》〈南蘇丹今獨立 全球最新國家〉，2011/07/09。

[9]　楊明暐，《中國時報－國際新聞》〈爭奪油田 蘇丹向南蘇丹宣戰〉，2012/04/20。

[10]　Sudan Navy, (http://www.mongabay.com/history/sudan/sudan-navy.html) (2010/11/26)

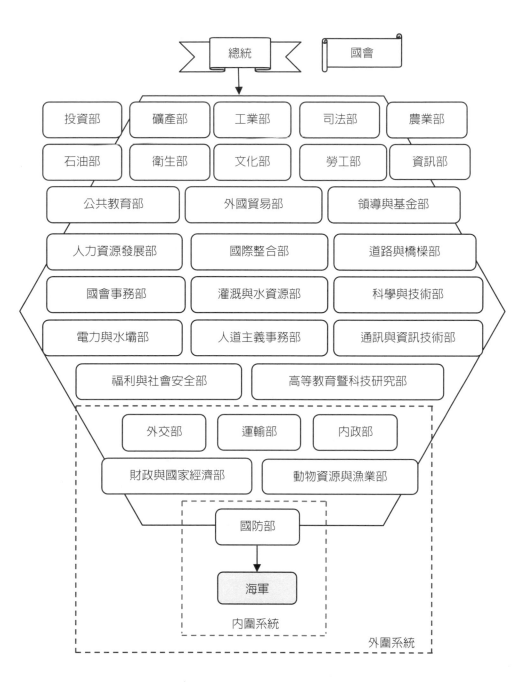

圖 143-1　蘇丹海域執法相關部門互動圖

資料來源：作者自繪

第三節　組織、職掌與編裝
（Organization, Duties and Equipment）

蘇丹海軍（Sudan Navy）

一、組織與職掌

　　蘇丹海軍隸屬於國防部，巡邏範圍包含領海與內陸河流，總指揮部位於蘇丹港（Sudan Port），紅海指揮部設於佛朗明哥灣（Flamingo Bay），尼羅河指揮部分別設於喀土穆與寇斯提（Kosti）。他們曾經擁有足夠巡邏沿海與河流的能力，但近年國家預算不足，多數設備不善維修更缺乏零件，造成水平下降。不僅限制海軍活動，也侷限國際海事組織策劃合作的維安任務，無法打擊沿海威脅。海軍職責為打擊紅海走私活動，在該海域進行海難搜救等安全行動。2009 年 1 月，以色列攻擊蘇丹政府運送物資到哈馬斯（Hamas）的船舶，但海軍缺少作戰能力，因此無法回擊。海軍曾與它國有具體的合作關係，更可以援助伊朗船隻返國，但現今卻無政治及軍事實力面對困難，更無法遏止他國意圖威脅蘇丹的海洋權益。其巡邏艇多為伊朗與南斯拉夫提供，少數艦艇由聯合國協助購置。[11]

二、裝備

　　蘇丹海軍現有 1,800 名人員，總計有 20 艘艦艇，分別為 16 艘 3 噸至 19.5 噸巡邏艇及 2 艘 410 噸後備船，另外 2 艘為從伊朗轉移的 70 噸巡邏艇。[12]

---

[11] Jane's Navy, Sudan Navy, 2010/01/12, (http://articles.janes.com/articles/Janes-Sentinel-Security-Assessment-North-Africa/Navy-Sudan.html) (2010/11/26)

[12] Jane's Navy, Sudan Navy, 2010/01/12, (http://articles.janes.com/articles/Janes-Sentinel-Security-Assessment-North-Africa/Navy-Sudan.html) (2010/11/26)

第四節 與我國制度之比較
（A Comparison with Taiwan Coast Guard）

蘇丹海軍包辦海域防衛及軍事國防任務，保衛國家沿海、領海、專屬經濟海域的權益及尼羅河的安全。但海軍因受限於政府資金不足，裝備維修不善，導致海軍面對海上威脅時無法發揮效用。相較於我國設有海巡署做為專責海域執法機構，蘇丹是由海軍維護海域治安，與我國海巡署執法人員身份是軍、警、文並立大不同。

第五節 結語（Conclusion）──特徵（Characteristics）

蘇丹東濱紅海，為一面環海國家，在長 853 公里的海岸線與尼羅河，分別設立四個指揮部，以下為其海域執法制度特徵。

壹、海軍型海域執法機制

蘇丹無專職海域執法單位，故海域安全維護全交由海軍負責。

貳、內陸河湖亦為巡邏範圍

尼羅河亦為海軍巡邏範圍。

參、裝備缺乏維護

面對 853 公里長的海岸線，海軍擁有 20 艘巡邏艇，因資金不足缺乏保養。

第 144 章　厄利陲亞海域執法制度

第一節　國情概況（Country Overview）

　　厄利陲亞（State of Eritrea）位於東北非，東濱紅海（Red Sea），西接蘇丹（Sudan），南鄰衣索比亞（Ethiopia），東南界吉布地（Djibouti）。全國面積 117,600 平方公里，為台灣的 6.6 倍大。海岸線長 2,234 公里，領海 12 浬。[1]

　　首都阿斯瑪拉（Asmara），全國人口 5,939,484 人（2011）[2]。1993 年獨立後，成立過渡政府，政體近似總統制，設國民大會。（見圖 144-1）主要輸出農收產品、紡織品，輸入機械、石油、民生用品。[3]厄國國內生產總值（GDP）2,254（百萬）美元，在 190 個國家排名第 157 名；每人國民所得（GNP）423 美元（2010），在 182 個國家排名第 173 名。厄國在自由之家（Freedomhouse）的政治權利與公民自由兩種自由程度在 2010 年的分數皆為 7，

---

[1] CIA, The World Factbook.(https://www.cia.gov/index.html) (2010/11/08)

[2] CIA, The World Factbook.(https://www.cia.gov/index.html) (2011/06/01)

[3] 《世界各國簡介暨各國首長名冊》，中華民國外交部，2001 年，頁 162。

歸類為不自由國家；透明國際（Transparency International）中的 2010 年的貪污調查分數為 2.6，在 178 個國家中排名第 123 名。[4]

　　厄國於 1890 年至 1941 年為義大利屬地，1941 年至 1951 年成為英國保護領土。二戰後與衣索比亞成立聯邦，1962 年遭其兼併。厄國人民解放陣線（Eritrean People's Liberation Front）在蘇丹、索馬利亞、葉門等國扶持下進行武裝抗爭，1991 年 5 月，與衣國達成停戰協定，同年 5 月 24 日宣佈獨立。厄自獨立以來，內戰不斷，1993 年迄今與邊境國家，例如衣索比亞，亦常有衝突。[5]

第二節　歷史沿革（History）

壹、厄利陲亞警察總隊（Eritrea Police Corps）
——海洋警察（Coastal Police）

　　厄利陲亞警察起源於義大利殖民時代，1900 年，義大利於北海岸成立武裝警察部隊維持治安。1914 年，另於紅海沿岸成立海洋警察（Coastal Police）保護居民。義當局選用當地人擔任武裝警察保護農莊，厄人民任低階警官，高階軍官則由義人擔任。1926 年，義當局成立厄利陲亞警察隊（Eritrea Police Force）執行巡邏勤務。1930 年後，再成立有 800 人的厄利陲亞警察總隊（Eritrea Police Corps），由義輕騎兵領導、訓練，後與衣索比亞戰爭時一度增加到 6,000 人。1941 年，各武裝警力合併，到了 1943 年後警力約有 3,000 名。1970 年後，警察任務包含巡邏勤務、交通管理、犯罪偵查、情報蒐集及反暴動。

貳、厄利陲亞海軍（Eritrea Navy）

　　厄海軍起初是厄利陲亞人民解放陣線的游擊部隊，1988 年開始在近海運送物資。即使人民解放陣線分裂，海軍仍持續存在，並在第二次代表大會後宣佈建立基地。海軍在 1990 年的馬薩瓦戰役（the Battle of Massawa）中，成功擊沉衣索比亞多艘艦艇。1991 年 5 月，衣索比亞徹底離開厄海域，僅在葉門港口留下幾艘艦艇。1994 年，因埃及漁船於厄領海非

---

[4] 四類指標詳情請見本書導論，頁 11-13。
[5] 中華民國外交部，外交資訊網頁（2010/11/08）

法拖網捕撈，雖然厄海軍並無開槍警告，但也造成兩國交情緊張。1995 年，因哈尼什島（Hanish Islands）的擁有權與葉門發生衝突，同年 12 月 15 日雙方以武力攻擊彼此，後經聯合國 17 日調停後停火。1994 年至 1996 年，以色列曾提供援助並轉讓三艘巡邏艇。1997 年與衣索比亞發生戰爭，嚴重耗盡海軍資源，以色列援助也從此停止。1998 年，厄海軍撤出哈尼什島，葉門重新擁有島嶼所有權。2009 年 4 月 3 日，海軍內部發生小型叛變，32 名軍官偷走數艘小型巡邏艇並將之遺棄在葉門海港，這是自 1991 年以來發生的第五次內部叛變。2009 至 2010 年，厄海軍挑釁吉布地海軍，引起世界關注。2010 年 3 月 22 日，厄海軍宣稱葉門漁船進入領海，因此登上漁船將之扣押，此接近海盜的行動已造成譴責，引起附近海域的俄羅斯、美國、丹麥反索馬利亞海盜艦隊的關注，一直到 24 日才將漁船釋放。[6]

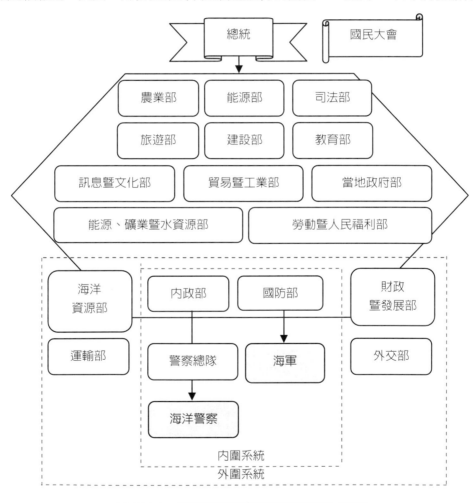

圖 144-1 　厄利陲亞海域執法相關部門互動圖

資料來源：作者自繪

6　Warfare Sims, Eritrean Navy, (http://www.warfaresims.com/) (2010/11/09)

第三節　組織、職掌與編裝
（Organization, Duties and Equipment）

壹、厄利陲亞警察總隊（Eritrea Police Corps）
──海洋警察（Coastal Police）

　　警察總隊執行安全巡邏、交通管理、犯罪偵查與反暴動，位於紅海海岸的海洋警察則在沿岸偵查走私與偷渡拘捕等。

貳、厄利陲亞海軍（Eritrea Navy）

一、組織與職掌

　　厄利陲亞海軍在國防單位中屬於較小的分支，設於馬薩瓦（Massawa）的總部建有培訓官兵的設施，唯一軍港則位於 Aseb 港。海軍巡邏範圍主要在近海與領海。厄國自獨立以來，海軍已增設多艘高速巡邏艇。國家 104 條法令中，賦予海軍權利執行與漁業相關之任務，例如偵查非法捕撈。另外，海軍因與巴基斯坦海軍簽有合作協議，2006 年開始，巴國便聲明提供厄國軍事援助，並將厄海軍接至巴國培訓。目前雙方以加強軍事關係與提高軍事科學能力為目標。伊朗近年也開始支援厄海軍，因為厄作為紅海航運樞紐，已成為蘇丹或索馬利亞非法軍售的交易轉運站。2010 年，伊朗開始與厄海軍接洽，未來將轉讓巡邏艇給厄。[7]

---

[7]　Jane's Navy, Eritrea Navy, 2010/01/26, (http://articles.janes.com/articles/Janes-Sentinel-Security-Assessment-North-Africa/Navy-Eritrea.html) (2011/09/12)

二、裝備

海軍約有 1,400 名人員，總計有 13 艘 35.5 噸至 24.5 噸不等之巡邏艇，2 艘分別為 884 噸及 720 噸的兩棲艦。[8]

第四節　教育與訓練（Education and Training）

厄利陲亞警察招募成員年齡限於 18 歲至 30 歲，首先到阿斯瑪拉的國家警察學校完成六個月的訓練。通過測驗後可服務兩年，期滿後可再簽續留合約，另外針對儲備警官設有九個月的培訓班。警察機動小組成員需接受公共秩序和控制群眾騷動方面的訓練。

厄利陲亞海軍學院設於阿斯瑪拉，學院提供正規教育，而海軍 2006 年與巴基斯坦簽訂條約，巴國海軍專家從此長駐支援厄海軍學院。

第五節　與我國制度之比較
（A Comparison with Taiwan Coast Guard）

厄利陲亞雖設有海洋警察，但因編制小又無專屬艦艇，因此多在岸上值勤或偵查偷渡與走私。厄海軍可說是主要海上安全單位，不僅執行國防任務還要預防其他海上非法案件，第 104 條法令，賦予海軍處理非法捕撈等漁業任務的權限。獨立以來，厄政府局勢長期不穩定，軍事發展尚需要他國支援與教育。相反地，台灣設有專職海域執法的海巡署，軍事安全由海軍負擔，取締非法捕撈則由海巡署負責，專業教育相對於厄國依賴他國的制度則成熟許多。

---

[8]　*Jane's Fighting Ships.2004-2005*, Edited by Commodore Stephen Saunders RN, Virginia U.S.A, pp.205- 206.

第六節　結語（Conclusion）——特徵（Characteristics）

厄利陲亞東濱紅海，為一面環海國家，海岸線長 2,234 公里，以下為其海域執法制度特徵。

壹、軍警混合型海域執法機制

厄國海域執法由警察及海軍共同負責，共同保衛國家安全，還執行多項海域安全任務。

貳、缺乏裝備

海軍總計 15 艘艦艇，但海洋警察無專屬艦艇。

參、重視漁業資源

海軍根據 104 條國家法令肩負非法捕撈等漁業任務。

肆、長期與他國海軍合作

2006 年與巴基斯坦海軍簽約合作，2010 年計畫與伊朗海軍共同維護紅海安全。

第 145 章　納米比亞海域執法制度

第一節　國情概況（Country Overview）

納米比亞共和國（Republic of Namibia）位於西南非，西臨大西洋（Atlantic Ocean），北鄰安哥拉（Angola），東界波札那（Botswana），西北角鄰尚比亞（Zambia），南接南非（South Africa）。全國面積 824,292 平方公里，其為台灣 23 倍大。海岸線長 1,572 公里，領海 12 浬，專屬經濟海域 200 浬。[1]

首都溫荷克（Windhoek），全國人口 2,147,585 人（2011）[2]。國體共和制，政體總統制，國會二院制，分為國民議會與國民大會。（見圖 145-1）主要輸出鈾、鑽石、銅，輸入食品、石化產業、機械。[3]納國國內生產總值（GDP）11,450（百萬）美元，在 190 個國家排名第121 名；每人國民所得（GNP）5,454 美元（2010），在 182 個國家排名第 80 名。納國在自由之家（Freedomhouse）的政治權利與公民自由兩種自由程度在 2010 年的分數皆為 2，歸類為自由國家；透明國際（Transparency International）中的 2010 年的貪污調查分數為 4.4，

---

[1]　CIA, The World Factbook.(https://www.cia.gov/index.html) (2011/03/21)

[2]　CIA, The World Factbook.(https://www.cia.gov/index.html) (2011/06/01)

[3]　《世界各國簡介暨各國首長名冊》，中華民國外交部，2001 年，頁 198。

在 178 個國家中排名第 56 名;聯合國(2010)最適合居住國家的人類發展指數為 5.2,在 169 個國家中排名第 105 名。[4]

　　1884 年,成為德國保護國(德屬西南非(German South - West Africa)),二戰後遭南非兼併。1966 年起,西南非人民組織(South-West Africa People's Organisation)所屬納米比亞人民解放軍(People's Liberation Army of Namibia)對南非發動游擊戰爭取獨立。1968 年,聯合國將西南非更名為納米比亞。隨著國際壓力增加與南非逐漸民主化,南非於 1988 年同意其獨立。1990 年,納國制定憲法,同年 3 月 21 日宣布獨立。[5]

第二節　組織、職掌與編裝
(Organization, Duties and Equipment)

納米比亞海軍(Namibia Navy)

一、組織與職掌

　　納米比亞海軍是納米比亞國防部隊(Namibian Defence Force)的一部分,它的發展是國防部隊中發展最緩慢的,其正式成立於 2004 年,在鯨灣港(Walvis Bay)與盧德里茲港(Luderitz)設有基地。海軍主要任務是增強海上巡邏,提供有效的執法行動與手段。特定任務包括協助民間單位、打擊非法出入境、防止走私(武器、 毒品等)和環境污染;監視海洋、提供海難搜救,協助漁業與海洋資源部執行漁業保護法令。而長期任務有保護海上石油、 天然氣、 鑽石和其他國家設施。海軍接受大量國際資源,而巴西提供了最多協助,雙方於 2004 年 6 月簽訂協議,內容包括由巴西提供四艘巡邏艇。2004 年 9 月,南非也應允贈與二艘巡邏船,並由德國資助更換引擎。[6]

---

[4]　三類指標詳情請見本書導論,頁 11-14。
[5]　中華民國外交部,外交資訊網頁(2011/03/21)
[6]　Namibia Ministry of Defence, (http://www.mod.gov.na/) (2011/03/21)

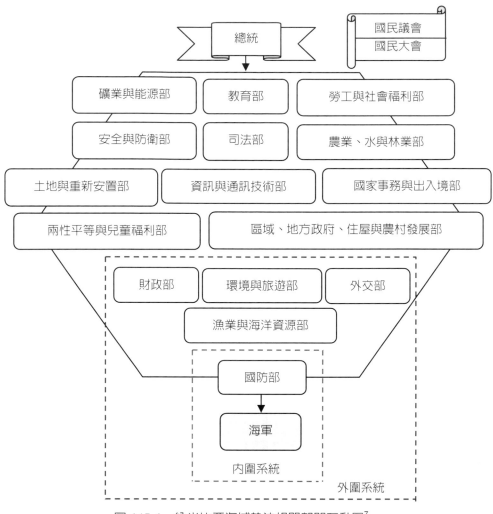

圖 145-1 納米比亞海域執法相關部門互動圖[7]

資料來源：作者自繪

　　海軍在 2007 年後，充滿雄心的展開擴展計畫，包括增加人力與船隊數量，巴西提供的一艘巡邏艇已於 2009 年 1 月正式服役，用於海上巡邏與監視，同時開始在鯨灣港興建海軍總部。其他如西班牙、挪威、丹麥與南非與他們亦有多項合作，巴西海軍亦協助培訓海軍船員與海軍陸戰隊隊員，至 2010 年至少已有 500 名船員完成受訓。目前他們缺少兩棲與實戰能量，不完備的海軍處於一過渡時期，其他訂購船艇至 2010 年後才會陸續抵達。[8]2011年 1 月 7 日，國防部正式宣佈，開始興建海軍陸戰隊培訓中心。[9]

7　Namibia Government, (http://www.grnnet.gov.na/grnabout.html) (2011/03/21)

8　Jane's Navy, Namibia Navy,2011/09/05, (http://articles.janes.com/articles/Janes-Sentinel-Security-Assessment-Southern-Africa/Navy-Namibia.html(2011/09/12)

9　公司喜中納米比亞海軍陸戰隊培訓中心二期專案, 2011/01/12, (http://cjic.cn/cjic1/newdt/newsxj.asp?id=

二、裝備

納米比亞海軍約有 350 名人員，現役巡邏艇僅有 2 艘。[10]

第三節　與我國制度之比較
　　（A Comparison with Taiwan Coast Guard）

納米比亞海域執法主要由三級單位的海軍負責，其維護海岸安全與國家領海權益，雖然政府資金有限，但海軍近年仍努力擴大，包含興建新的海軍總部與培訓中心、購置新艦艇與招募人員，負責的工作包含民事服務與國防任務。我國專責海域執法的海巡署為軍警文並立單位，海域執法主要由其下轄之海洋巡防總局負責，其雖非國家正規國防軍隊，但裝備與人力都較納國海軍充足，成立歷史亦較納國海軍悠久。

第四節　結語（Conclusion）──特徵（Characteristics）

納米比亞西臨大西洋，是一面環海的國家，在總長 1,572 公里的海岸線上，設有二個基地，以下為其海域執法制度。

壹、海軍型海域執法機制

納米比亞並無專職海域執法部門，海軍便肩負海上執法任務。

2528）（2011/03/21）

[10] Jane's Navy, Namibia Navy,2011/09/05, (http://articles.janes.com/articles/Janes-Sentinel-Security-Assessment-Southern-Africa/Navy-Namibia.html（2011/09/12）

貳、任務龐雜

任務打擊非法出入境、防止走私和環境污染、海難搜救、執行漁業保護法令，長期保護海上石油、天然氣、鑽石和其他國家設施。

參、依賴他國支援

海軍依賴他國支援裝備與培訓，與巴西擁有密切的合作協議。

肆、裝備貧乏

納國海岸線長達 1,572 公里，海軍卻只擁有 350 人與 2 艘巡邏艇。

非洲篇結論：分布、發現與詮釋

非洲沿海國有 37 國。首先，各國海域執法特徵主要分為海軍型、警察型、軍警混合型、集中制與部份委外制。制度設計及執法範圍包含陸海空合一、岸海合一、內陸河湖。海域執法單位的層級分三級制、四級制。海域執法單位的裝備、訓練與任務特色有專業教育搖籃、重視海難搜救、重視漁業資源、專屬航空器等。以及非洲普遍的海域執法狀態，包含缺乏裝備、依賴他國協助、與他國密切合作、發展不穩等。（見表 d-1（1）、d-1（2）、d-1（3））

表 d-1（1）　非洲各沿海國海域執法制度特徵統計分布

	厄利垂亞	吉布地	索馬利亞	肯亞	坦尚尼亞	莫三比克	馬達加斯加	葛摩	塞舌爾	模里西斯	塞內加爾	甘比亞	幾內亞比索
集中制										★			
部份委外制		★											
海軍型		★	★	★	★	★	★	★	★		★	★	★
警察型										★			
軍警混合型	★												
三級制										★			
四級制													
岸海合一										★			
陸海空合一													
巡邏內陸河湖					★	★							
專屬航空器													
專業教育搖籃					★								
重視漁業資源	★											★	
缺乏裝備（維護）	★					★	★	★	★			★	★
依賴他國協助						★	★	★			★		
與他國密切合作	★												
發展不穩			★										

表 d-1（2）　非洲各沿海國海域執法制度特徵統計分布

	幾內亞	獅子山	賴比瑞亞	象牙海岸	迦納	多哥	貝南	奈及利亞	毛利塔尼亞	維德角島	喀麥隆	聖多美和普林西比	赤道幾內亞
集中制												★	★
部份委外制													
海軍型	★	★	★	★	★	★	★	★	★	★	★		
警察型													
軍警混合型													
三級制										★		★	★
四級制									★				
岸海合一													
陸海空合一													
巡邏內陸河湖					★						★		
專屬航空器													
專業教育搖籃					★								
重視漁業資源		★		★									
缺乏裝備（維護）		★	★	★		★	★		★		★		
依賴他國協助									★				
與他國密切合作						★	★						
發展不穩													

表 d-1（3）非洲各沿海國海域執法制度特徵統計分布

	加彭	剛果	安哥拉	納米比亞	南非	摩洛哥	阿爾及利亞	突尼西亞	利比亞	埃及	蘇丹
集中制							★				
部份委外制											
海軍型		★	★	★	★	★		★	★	★	★
警察型											
軍警混合型	★										
二級制（部會級）											
三級制	★						★				
四級制						★				★	
岸海合一											
陸海空合一								★			
巡邏內陸河湖		★								★	★
專屬航空器	★										
專業教育搖籃					★			★		★	

重視漁業資源											
缺乏裝備（維護）	★			★							★
依賴他國協助				★							
與他國密切合作		★				★	★				
發展不穩											

接著，針對 37 國海域執法制度各種特徵的總數做出統計，以顯示各項特徵在非洲各國的百分比。（見表 d-2）

表 d-2　非洲各沿海國海域執法特徵數量百分比

	國家數	百分比
集中制	4	11%
部份委外制	1	3%
海軍型	31	84%
警察型	1	3%
軍警混合型	2	5%
三級制	6	16%
四級制	3	8%
岸海合一	1	3%
陸海空合一	1	3%
巡邏內陸河湖	7	19%
專屬航空器	1	3%
專業教育搖籃	5	14%
重視漁業資源	4	11%
缺乏裝備（維護）	17	50%
依賴他國協助	6	16%
與他國密切合作	6	16%
發展不穩	1	3%

以組織型態觀，在 37 個國家中，海軍型高達 31 國（89%），集中制 4 國，軍警混合型 2 國，警察型 1 個，部份委外制 1 國。巡邏範圍包含內陸河湖的國家佔 7 國（19%）。以海域執法單位的層級觀，三級制佔了 6 國，其次是四級制 3 國。另外，在 37 個國家中，設置專業教育搖籃佔了 5 國，僅有 1 個國家擁有專屬航空器。有 17 個國家（50%）裝備貧乏或缺乏維修，依賴他國協助及他國密切合作分別有 6 國。

再來，以〈自由之家〉[1]2010 年自由程度，觀察 37 個國家海域執法特徵，當中高度自由國家有 7 國，中度自由國家 15 國，低度自由國家 15 國。（見表 d-3、d-4、d-5）

---

[1]　〈自由之家〉詳情請見導論，頁 11。

表 d-3　非洲各沿海國自由程度暨海域執法制度特徵關係分布——自由（高）

程度	政治權利	公民自由	國家	海域執法制度特徵
自由（高）（7）	2	2	貝南	海軍型
	1	1	維德角	海軍型
	2	2	南非	海軍型
	1	2	迦納	海軍型
	2	2	納米比亞	海軍型
	2	2	聖多美普林西比	集中制
	1	2	模里西斯	集中制、警察型

　　非洲 7 個高度自由國家，海軍型有 5 國，其餘 2 國分別是集中制與警察型。

表 d-4　非洲各沿海國自由程度暨海域執法制度特徵關係分布——部份自由（中）

程度	政治權利	公民自由	國家	海域執法制度特徵
部分自由（中）（15）	5	4	摩洛哥	海軍型
	4	3	莫三比克	海軍型
	3	3	塞席爾	海軍型
	3	4	葛摩	海軍型
	6	4	馬達加斯加	海軍型
	5	4	奈及利亞	海軍型
	5	5	甘比亞	海軍型
	4	4	肯亞	海軍型
	3	3	塞內加爾	海軍型
	3	4	賴比瑞亞	海軍型
	3	3	獅子山	海軍型
	4	4	幾內亞比索	海軍型
	5	4	多哥	海軍型
	5	5	吉布地	海軍型
	4	3	坦尚尼亞	海軍型

　　非洲 15 個中度自由國家皆為海軍型海域執法機制。

表 d-5　非洲各國民主與自由程度暨海域執法制度特徵關係分佈——不自由（低）

程度	政治權利	公民自由	國家	海域執法制度特徵
不自由（低）（15）	6	5	埃及	海軍型
	6	5	象牙海岸	海軍型
	6	5	茅利塔尼亞	海軍型
	6	5	安哥拉	海軍型
	7	7	蘇丹	海軍型
	6	6	剛果民主共和國	海軍型
	7	7	利比亞	海軍型
	6	6	喀麥隆	海軍型
	7	7	索馬利亞	海軍型
	7	6	幾內亞	海軍型
	7	5	突尼西亞	海軍型
	7	7	赤道幾內亞	集中制
	6	5	阿爾及利亞	集中制
	6	5	加彭	軍警混合型
	7	7	厄利陲亞	軍警混合型

　　非洲 15 個不自由國家，海軍型佔 11 國，集中制與軍警混合型分別佔 2 國。

　　最後，為了瞭解非洲各國自由程度與其組織型態是否有直接關係，最後將非洲各國民主、自由程度與海域執法制度的關係做一百分比統計。（見表 d-6（1）、d-6（2））。最後發現民主自由度高低與組織型態建置無關。

表 d-6（1）非洲各國自由與民主程度暨海域執法制度百分比表

	海軍型	百分比	警察型	百分比
自由（7）	5	71%	1	14%
部分自由（15）	15	100%	0	0%
不自由（15）	11	73%	0	0%

表 d-6（2）非洲各國自由與民主程度暨海域執法制度百分比表

	軍警混合型	百分比	集中制	百分比
自由（7）	0	0%	2	29%
部分自由（15）	0	0%	0	0%
不自由（15）	2	13%	2	13%

表 d-7　非洲各沿海國濱海面數與海域執法制度特徵分布

	集中制	警察型	海軍型	部分委外制	陸海空合一	軍警混合型
一面濱海（28）	赤道幾內亞 阿爾及利亞		吉布地* 突尼西亞◎ 坦尚尼亞 莫三比克 塞內加爾 甘比亞 幾內亞比索 幾內亞 獅子山 象牙海岸 奈及利亞 毛利塔尼亞 賴比瑞亞 喀麥隆 安哥拉 納米比亞 摩洛哥 利比亞 肯亞、蘇丹 迦納、多哥 貝南、剛果	吉布地*	突尼西亞◎	加彭 厄利 垂亞
	（2）		（24）	（1）	（1）	（2）
二面濱海（2）			南非 埃及 （2）			
三面濱海（1）			索馬利亞 （1）			
島嶼（6）	聖多美和普林西比 模里西斯△ （2）	模里西斯△ （1）	馬達加斯加 葛摩 塞席爾 維德角島 （4）			

說明：表內吉布地同時擁有兩種海域執法特徵，以星號「*」凸顯；突尼西亞亦擁有兩種特徵，以雙圈「◎」凸顯；模里西斯為集中制，亦為警察型，故以三角「△」凸顯。

	集中制	警察型	海軍型	部分委外制	陸海空合一	軍警混合型
一面濱海	7%		86%	4%	4%	7%
二面濱海			100%			
三面濱海			100%			
島嶼	33%	17%	67%			

由上表百分比數字可知，海軍型在非洲不同濱海面數的國家擁有壓倒性的的地位。一面濱海國家中，即使是排名第二的軍警混合型、集中制都與海軍型的比例差距甚大。二面濱海與三面濱海國家更是只有海軍型，島嶼國家的集中制更是與海軍型的比例遙望。

發現：

1. 一面濱海者海軍型居多。

2. 二面濱海者均屬海軍型。

3. 四面濱海者集中制居多。

最後做一小結列舉如下：

壹、海軍型數目獨步全球

非洲海軍型共三十一國，百分比高達 84%，為五大洲之冠。

貳、裝備貧乏，依賴他國援助眾多

共二十三國，百分比為 66%。

參、民主自由度高低與組織型態建置無關

海軍型一魚二吃，合乎成本效益，對於經濟拮据的國家，難有第二個選項。

大洋洲篇

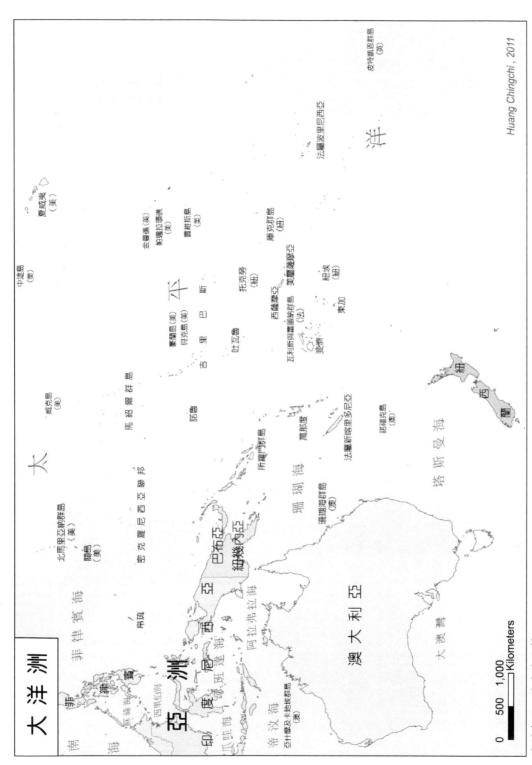

大洋洲

Huang Chingchi, 2011

資料來源：黃清琦繪製

菲律賓海

南海

帛琉

蘇祿海

西里伯斯海

西里伯海

西伯利斯

爪哇海

帝汶海

阿拉弗拉海

巴布亞紐幾內亞

亞什摩及卡地亞群島（澳）

珊瑚海

紐幾內亞

珊瑚海群島（澳）

北馬里亞納群島（美）

關島（美）

密克羅尼西亞聯邦

馬紹爾群島

諾魯

所羅門群島

萬那杜

法屬新喀里多尼亞

大

平

洋

中途島（美）

威克島（美）

吉里巴斯

諾福克島（澳）

塔斯曼海

大澳灣

澳大利亞

紐西蘭

豪蘭島（美）貝克島（美）

金曼礁（美）帕邁拉環礁（美）

賈維斯島（美）

庫克群島（紐）

托克勞（紐）

西薩摩亞

瓦利斯與富圖那群島（法）

美屬薩摩亞

紐埃（紐）

東加

斐濟

圖瓦盧

法屬波里尼西亞

皮特凱恩群島（英）

0　500　1,000

Kilometers

亞洲

澳洲

大洋洲

大洋洲海域執法制度

導言

大洋洲概況（Oceania Overview）

一、歷史沿革

　　大洋洲（Oceania）國家分布於太平洋（Pacific Ocean）[1]西南部、南部以及赤道南北的廣大海域上，共有 14 個國家與 16 個領地，陸地總面積 897.1 萬平方公里，約占世界總面積的 6%。總人口數約 5,225 萬人，除了無人居住的南極洲[2]外，世界上人口最少的洲，居民主要是歐洲移民與當地原住民。16 世紀歐洲人發現大洋洲時，這裡的原住民尚處於新石器時代，但已經有數千年的歷史。大洋洲除少數地區海拔超過 2,000 呎以外，大部分地區海拔在 600 呎以下。大部分島嶼屬於珊瑚礁型，或是屬於火山噴發物堆積而成的火山型，面積小且地勢低平。

　　16 世紀初葉至 18 世紀末，西班牙、英國及荷蘭人先後抵此。1820 年法國探險家杜維爾（Dumont d'Urville）以密克羅尼西亞（Micronesia）、美拉尼西亞（Melanesia）、波里尼

---

[1] 太平洋是地球上五大洋中面積最大的洋，計有 1 億 5,555 萬 7 千平方公里，它從北極一直延伸至南極，其西面為亞洲、大洋洲，東面為美洲，覆蓋著地球約 46%的水面及約 32%的總面積，比地球上所有陸地面積加起來還要大。赤道將太平洋分為北太平洋及南太平洋。維基，（http://zh.wikipedia.org/zh-hant/%E5%A4%AA%E5%B9%B3%E6%B4%8B）（2011/07/11）

[2] 南極洲位於地球最南端的大洲，基本上處於南極圈以南。四周環繞著南冰洋，外接太平洋、印度洋和大西洋。南極洲的土地面積約有一千四百萬平方公里。英國、紐西蘭、德國、南非、澳洲、法國、挪威、智利、阿根廷等 9 個國家先後對南極洲的部分地區正式提出主權要求試圖分割。後根據 1961 年 6 月通過的《國際南極條約（International Antarctic Treaty）》，凍結了所有國家南極領土的主權要求，規定南極只用於和平目的，可以說，南極現在不屬於任何一個國家，它屬於全人類。維基，（http://zh.wikipedia.org/wiki/%E5%8D%97%E6%A5%B5%E6%B4%B2）（2011/07/11）

西亞（Polynesia）在南太平洋地區分為三大語言族群。探險團隊發現當地的豐富資源，歐洲各商團與當地展開貿易交流。1788 年英國在澳洲建立殖民地，用意是將罪犯移至國外，也期望新的殖民地可以帶來商業利益。1792 年後，澳洲獲釋的罪犯與自由移民在當地產生了一個商人階級，與政府的商業支援有了密切的互動。另外，因為歐洲船隻頻繁往來大溪地（Tahiti），促成太平洋海上交通的規模擴大，其他未開發的島嶼也一一被造訪。[3]

1800 年商船第一次造訪波里尼西亞地區，發現豐富資源；1820 年後波里尼西亞因移民增加，貿易興盛致使商業機會提高。歐商社群原本在當地需仰賴當地酋長保護，然而兩大社群的逐漸因利益分化開始改變，歐商社群的主事者開始想盡辦法兼併或逼迫島國成為被保護者。後來波里尼西亞地區除了薩摩亞在名義上獨立外，其他島國都在歐洲各國有意的商業與政治操作下，成為他國的殖民地。[4]

美拉尼西亞當地並沒有中央集權的政府，歐洲貿易支配美拉尼西亞，1840 年至 1850 年繁榮的檀香木貿易，1860 年南太平地區發生大量販奴與剝削勞工的活動，本地因傳教士宣導與英軍巡邏而倖免於難。歐商的貿易品給予當地較安穩的來源，檀香木貿易所帶動的社會變遷，賦予了當地人不同的個人經驗。1845 年後歐洲國家開始對本地區的領土感到興趣，以各種方式進行佔領及瓜分，開始了當地的殖民統治。1880 年後因貨物價格跌落與勞工短缺，其他非正式殖民的貿易團體都已經撤退。[5]

密克羅尼西亞區相較於另外兩地區則較為偏遠，也沒有較大的陸地面積，長久以來甚少人前往拜訪。1791 年英國東印度公司注意到帛琉，並在前往中國的途中發現吉爾伯特（Gilbert）及馬紹爾群島。本地區的發展始於捕鯨業以及提供前往主要漁場前的休息站，當時稱為庫賽（Kusaie）與波納佩（Ponape）的柯瑞斯（Kosrae）及波亨佩（Pohnpei）成為船隻來訪的勝地。1852 年西班牙傳教士再次至當地傳教，頗受到禮遇與歡迎，傳教士宣導與抨擊因貿易興盛而在當地產生的不良場所及習慣，提供當地人良機與動力，因為傳教使得當地人更加容易接受歐洲人也有助於通商，貿易公司從中獲取了不少利益。[6]

紐西蘭於 1840 年成為太平洋地區的第一個殖民地，爭奪殖民地的時間大多集中於 1880 年至 1890 年，歐洲列強為保有對自己有利的島嶼資源，以軍事為後盾要脅他國談判，太平洋諸島開始進駐歐洲軍隊。1898 年瓜分差不多完成，各國諸島要不與歐洲國家簽訂友好條約成為被保護國[7]，否則便是遭到兼併成為歐洲殖民地。從此依據各國殖民統治的型式不同，太平洋諸島的變化也有所差異。[8]

---

[3]　I.C CamPBell 著、蔡百銓譯，《大洋洲史》，台北：國立編譯館。1994 年 12 月，頁 2，55-67。

[4]　I.C CamPBell 著、蔡百銓譯，《大洋洲史》，台北：國立編譯館。1994 年 12 月，頁 86-107。

[5]　I.C CamPBell 著、蔡百銓譯，《大洋洲史》，台北：國立編譯館。1994 年 12 月，頁 108-119，120-124，132。

[6]　I.C CamPBell 著、蔡百銓譯，《大洋洲史》，台北：國立編譯館。1994 年 12 月，頁 138-146。

[7]　被保護國的相反便是保護國，又稱宗主國，具有強大軍事力量，擁有管制被保護國軍事、外交權利的

　　1914 年第一次世界大戰[9]並未帶給太平洋諸島多大影響。太平洋島民直接捲入戰爭的只有毛利營與一個斐濟勞工隊。1939 年第二次世界大戰（World War II）[10]最初沒給太平洋諸島帶來影響，然 1941 年日軍突襲珍珠港後同時發動東南亞戰爭，美國在大量損傷後向日本宣戰，遂開啟了太平洋戰爭（Battle fo rthe Pacific）[11]。1941 年末日本開始一一攻占關島、威克島，次年再進攻索羅門群島、紐幾內亞，最後還對澳洲北部發起突襲，美軍與英軍完全被趕出這些地區。所幸 1942 年的中途島海戰[12]逆轉頹勢，避免了日軍更大規模的佔領太平洋諸島。[13]第二次世界大戰結束後，太平洋諸島與歐洲政府開始重新面對殖民地的問題。一開始列強不願輕易對殖民地鬆手，1970 年後在國際輿論的壓力下，太平洋諸島逐一自治及獨立。[14]

　　獨立的國家中除了紐西蘭，大都陷入經濟難題，1980 年初甚至無法自已進行商業貿易，隨著經濟困難加深也更加賴外國援助。近年隨著國際對環保意識的重視，有些科學指出，未來大洋洲群島諸國可能因為溫室效應，地球溫度逐年升高，北極冰山溶解致使海平面上升，遲早有一天太平洋諸島可能淹沒於廣大的太平洋海域中，島民遂成為生態浩劫的難民。[15]2001 年台灣友邦吐瓦魯便向世界宣布，該國終將放棄日漸喪失的國土而舉國遷徙至紐西蘭。太平洋各國的生態危機，應為世界各國所重視並協助解決。[16]

政治實體，通常為主權國家。保護國指國家之間的一種不平等關係，一方使另外一方——包括主權國家、單一民族國家，簽訂不平等條約，強行給對方提供軍事保護，管理外交事務，另外一方稱為被保護國。被保護國沒有軍事、外交主權。維基，（http://zh.wikipedia.org/wiki/%E4%BF%9D%E8%AD%B7%E5%9C%8B）（2011/07/11）

[8] I.C CamPBell 著、蔡百銓譯，《大洋洲史》，台北：國立編譯館。1994 年 12 月，頁 162、184。

[9] 第一次世界大戰始於 1914 年 7 月 28 日，終於 1918 年 11 月 11 日。這是是一場主要發生在歐洲但波及到全世界的世界大戰。戰爭過程主要是同盟國和協約國之間的戰鬥。德國、奧匈、土耳其、保加利亞屬同盟國陣營，英國、法國、俄國和義大利則屬協約國陣營。維基，（http://zh.wikipedia.org/wiki/%E7%AC%AC%E4%B8%80%E6%AC%A1%E4%B8%96%E7%95%8C%E5%A4%A7%E6%88%98）（2011/07/11）

[10] 第二次世界大戰始 1939 年，終於 1945 年。是近五百年人類社會所進行規模最大，傷亡最慘重、破壞性最大的全球性戰爭。交戰雙方是以中國，法國，英國，蘇聯及美國等為主的組成同盟國軍事聯盟，與以納粹德國、大日本帝國、義大利王國等為主的軍國主義國家組成軸心國集團為主。維基，（http://zh.wikipedia.org/wiki/%E4%BA%8C%E6%AC%A1%E4%B8%96%E7%95%8C%E5%A4%A7%E6%88%B0）（2011/07/11）

[11] 太平洋戰爭是第二次世界大戰的一部分，主要以太平洋和周圍國家為戰場。由大日本帝國和美國等同盟國家交戰，戰爭爆發自 1941 年的珍珠港事件後，日本空襲美國太平洋基地，美國對日宣戰後，與日本交戰多年的中華民國也跟著宣戰。維基，（http://zh.wikipedia.org/wiki/%E5%A4%AA%E5%B9%B3%E6%B4%8B%E6%88%B0%E7%88%AD）（2011/07/11）

[12] 中途島（Midway Islands）是太平洋中部一群島，屬於珊瑚環礁，陸地面積約 5.2 平方公里。位於檀香山西北 2100 公里，屬玻里尼西亞群島。中途島海戰於 1942 年 6 月 4 日展開，是第二次世界大戰的一場重要戰役。美國海軍不僅在此戰役中成功地擊退了日本海軍對中途島環礁的攻擊，還因此得到了太平洋戰區的主動權，所以這場仗可說是太平洋戰區的轉捩點。維基，（http://zh.wikipedia.org/wiki/%E4%B8%AD%E9%80%94%E5%B3%B6）（2011/07/11）

[13] I.C CamPBell 著、蔡百銓譯，《大洋洲史》，台北：國立編譯館。1994 年 12 月，186- 207。

[14] I.C CamPBell 著、蔡百銓譯，《大洋洲史》，台北：國立編譯館。1994 年 12 月，184、162，221-223

[15] I.C CamPBell 著、蔡百銓譯，《大洋洲史》，台北：國立編譯館。1994 年 12 月，頁 xvi, xvii, xviii。

[16] 周志杰，《中國時報》〈想我那邦交小島國們〉，2009/10/22。

現今大洋洲各國經濟發展差異顯著，澳洲與紐西蘭兩國經濟發達，然而其他島國都為農業或漁業國家，經濟也較為落後。大洋洲的工業主要集中於澳洲，其次是紐西蘭，主要開採鋼鐵、有色金屬冶煉、機械製造、化學或建築材料等等。其他島國的工業區多分布在各自的首府，多以採礦及農林、畜牧業產品加工為主，且多為外資控制，產品多供出口。大洋洲國家近年來重視旅遊業發展，東加、萬那杜等國家旅遊業收入可觀，成為國民經濟的重要組成成份。2012 年第六屆太平洋島國高峰會議，日本承諾今後三年內提供太平洋島國五億美元的政府開發援助，並擴大與各島嶼國間的防衛合作體制。[17]

二、地理環境

大洋洲國家分為島國及群島國，並沒有內陸國的存在。在傅崐成博士編校的《聯合國海洋法公約》（United Nations Convention on the Law of the Sea）中說道：「所謂的群島（Archipelago）是指一群島嶼，包括若干島嶼的若干部分、相連的水域和其它自然地型，彼此密切相關，以致這種島嶼、水域和其它自然地型在本質上構成一個地理、經濟和政治的實體，或在歷史上已被視為這種實體。」「群島國（Archipelagic States）係指國家整體上由一個或多個群島構成的國家，並可包括其他島嶼。」「島嶼（Island）係指四面環水，在高潮時高出水面自然形成的陸地。島嶼的領海、鄰接區、專屬經濟海域及大陸礁層按照聯合國海洋法公約確定。島嶼國（Island States）則是四面環海完整島嶼型態國家。」[18]大洋洲（Oceania）分為 14 個獨立國家與 16 個海外領地（見大洋洲地圖及表 E-1）：

（一）3 個獨立島國：澳洲（Australia）、紐西蘭（New Zealand）、諾魯（Nauru）（我邦交國）。

（二）11 個獨立群島國：斐濟（Fiji）、密克羅尼西亞（Micronesia）、巴布亞新幾內亞（Papua New Guinea）、東加（Tonga）、薩摩亞（Samoa）、萬那杜（Vanuatu）、吉里巴斯（Kiribati）（我邦交國）、馬紹爾群島（Marshall Islands）（我邦交國）、帛琉（Palau）（我邦交國）、索羅門群島（Solomon Islands）（我邦交國）、吐瓦魯（Tuvalu）（我邦交國）。

（三）3 個紐西蘭領地：庫克群島（Cook Islands）、紐埃（Niue）、托克勞群島（Tokelau Islands）。

（四）3 個法國領地：新喀里多尼亞（New Caledonia）、瓦利斯與富圖那群島（Wallis et Futuna）、法屬玻里尼西亞（La Polynésie française）。

（五）4 個美國領地；馬里亞納群島（Mariana Islands）、關島（Guam）、夏威夷（Hawaii）、美屬薩摩亞（American Samoa）。

---

[17] 張茂森，《中國時報－國際新聞》〈制衡中國 日砸五億美元助太平洋島國〉，2012/05/27。

[18] 傅崐成編校，《聯合國海洋公約暨全部附件》，台北：123 資訊有限公司，1994 年 5 月，頁 16、43。

（六）3 個澳洲領地：諾福克島（Norfolk Island）、阿什莫爾和卡捷島（Ashmore and Cartier
　　　Islands）、珊瑚海群島（Coral Sea Islands）。

（七）1 個英國領地：皮特凱恩群島（Pitcairn Islands）。

（八）1 個智利領地：復活節島（Easter Island）。

（九）1 個斐濟領地：羅圖馬島（Rotuma）。

　　南太平洋的三大族群中，密克羅尼西亞區有帛琉、密克羅尼西亞、馬紹爾群島、吉里
巴斯、諾魯；美拉尼西亞區有巴布亞新幾內亞、索羅門群島、萬那杜、斐濟；波里尼西亞
區有紐西蘭、吐瓦魯、薩摩亞、東加。[19]這些國家中的澳洲與紐西蘭是屬於島嶼國，四面
環水，主要以一至兩個島嶼組成。美拉尼西亞的島嶼多屬於大陸型的群島，是大陸邊緣弧
狀山脈的延續部分。密克羅尼西亞及波里尼西亞絕大部份的的島多屬於珊瑚礁型，面積小
且地勢低平，不少島嶼是由珊瑚礁環繞型成的礁湖。另外，有些島嶼是由海底火山噴發物
堆積而成的火山型島嶼，例如帛琉、索羅門群島。大洋洲的河流相較於其他洲顯得十分稀
少，河流短小，水量也較少，雨季時容易暴漲，旱季時有斷流，大多不利航行，但所有河
流幾乎終年不凍。[20]

三、政治與國際組織[21]

　　在南太平洋地區發展歷史最悠久的是 1947 年建立的非政治性國際組織「南太平洋委員
會」（South Pacific Commission）。這是由在南太平洋地區有領地及託管地的美國、英國等
政府組成，要旨在為促進南太平洋等國經濟發展與進步。1997 年後該組織決定翌年改名為
「南太平洋共同體」（South Pacific Community, SPC），目的是擴大及深化彼此合作的程度。

　　上述委員會包含其他非南太平洋區的大國，於是 1971 年在紐西蘭的倡導下，斐濟、薩
摩亞、東加、諾魯、科克群島、澳洲在紐國召開了「南太平洋七方會議」。會後更成立了「南
太平洋論壇」（South Pacific Forum），宗旨在加強各國貿易、旅遊、教育、航空與海運等合
作及協調。近年來論壇逐漸發展為協調對外政策，加強區域合作的地區性組織。本組織的
常設性機構為 1972 年所設立的「南太平洋經濟合作局」（South Pacific Bureau for Economic
Cooperation, SPEC），1988 年改稱「南太平洋論壇秘書處」，1999 年又決定更名為「太平洋
島國論壇」（Pacific Islands Forum, PIF）。

---

[19] 施正鋒、鬮河嘉，《當代南太平洋民主政治》〈吳志中－南太平洋的地緣政治〉，台北：台灣國際研究學
　　會，頁 33、41、51。
[20] 大洋洲地理，（http://baike.baidu.com/view/6623.htm）（2010/04/30）
[21] 施正鋒、鬮河嘉，《當代南太平洋民主政治》〈蔡東杰－南太平洋區域組織發展〉，台北：台灣國際研究
　　學會，頁 146- 151。
　　I.C CamPBell 著、蔡百銓譯，《大洋洲史》，台北：國立編譯館。1994 年 12 月，307- 312

1979 年成立「論壇漁業局」（Forum Fisheries Agency），主要是應會員國要求，在漁業議題上促進彼此合作，以使區域內海洋生物資源利用達到最大利益，「南太平洋旅遊組織」（South Pacific Tourism Organization）負責幫助發展本地區的旅遊業，兩組織可說是反應出此區域國家主要的經濟利益來源。庫克群島、吉里巴斯、馬紹爾群島、諾魯及吐瓦魯等國於 1997 年另組「小島國家集團」（Smaller Island States, SIS），本團體主要討論資源貧瘠、技術人力不足、缺乏世界聯繫、全球性溫室效應與海平面上升等問題。2001 年在會議中通過「太平洋緊密經濟關係協定」（Pacific Agreement on Closer Economic Relations, PACER）和「太平洋島國自由貿易協定」（Pacific Island Countries Trade Agreement, PICTA），決定分階建立，「南太平洋自由貿易區」（SPAFTA）。2005 年通過紐西蘭提案的「太平洋計畫」，目的是促進區域經濟增長和永續發展，並加強成員國之間在安全領域的合作。

另外，歐美各國於南太平洋擁有領土或領地，所以擁有不同的權利以及義務。英國因唯一的附屬領土（Dependent Territory）皮特凱恩群島而保有 SPC 的會籍。紐西蘭擁有兩個準州（Associated States）庫克群島及紐埃，兩地現有充分自治政府，並與紐保持自由結盟（free association）。紐負責其防禦，在聯合國中代表他們並主持當地未進行的對外關係。美國的國協領土（commonwealth territories）馬里亞納群島，兼併的自治領土，也是美國的一部分，互相有充分的政治關聯。美國的準州（也有稱聯合邦）（Associated States）包括了密克羅尼西亞聯邦、帛琉以及馬紹爾群島，這些國家都保有國際法的主權以及對於國土的最高控制權力。不過這些國家的政府都允許美國提供防衛和金融協助，美國也給予這些國家特殊待遇，提供許多加入美國國內政策計畫的機會，包括災害防治、救災和重建等計畫。這些自由聯合邦都依賴美國提供的金融協助以維持政府運作和資金需求。美國外部或為兼併的領土（external or unincorporated territories）有美屬薩摩亞、關島也都擁有不同程度的自治權。

表 E-1　大洋洲各國及地區（領地）地理型態分布表

國家屬性 地理型態	獨立國家 （14）	領地（地區） （16）
島嶼 （10）	澳洲 紐西蘭 諾魯* （3）	紐埃　　　　　　（紐西蘭） 新喀里多尼亞　　（法國） **關島**　　　　　　（美國） 夏威夷　　　　　（美國） 諾福克島　　　　（澳洲） 復活節島　　　　（智利） 羅圖馬島　　　　（斐濟） （7）
群島 （20）	吉里巴斯* 馬紹爾群島* 帛琉* 吐瓦魯* 所羅門群島* 斐濟 密克羅尼西亞 巴布亞紐幾內亞 薩摩亞 東加 萬那杜 （11）	庫克群島　　　　（紐西蘭） 托克勞群島　　　（紐西蘭） 法屬玻里尼西亞　（法國） 瓦利斯與富圖那群島（法國） **美屬薩摩亞**　　　（美國） 馬里亞納群島　　（美國） 阿什莫爾和卡捷島　（澳洲） 珊瑚海群島　　　（澳洲） 皮特凱恩群島　　（英國） （9）

說明：

1. 以粗體字顯示的國家及地區既是完成之意。

2. 有星號【*】國家表示與我國有邦交。

第 146 章　澳大利亞海域執法制度

第一節　國情概要（Country Overview）

　　澳大利亞聯邦（Commonwealth of Australia）又稱澳洲，北隔帝汶海（Timor Sea）及托雷斯海峽（Torres Strait）與東帝汶（East Timor）、印尼（Indonesia）、巴布亞紐幾內亞（Papua New Guinea）相望。西臨印度洋（India Ocean），東濱南太平洋（South Pacific Ocean）、珊瑚海（Coral Sea）與塔斯曼海（Tasman Sea），南濱大澳大利亞灣（Great Australian Bay）。全國面積 7,686,850 平方公里，為台灣 214 倍大。海岸線長 19,650 公里，海域面積 2,966,151 平方公里，領海 12 浬，專屬經濟海域 200 浬。[1]

　　首都坎培拉（Canberra），全國 21,766,711 人（2011）[2]。國體聯邦制，政體責任內閣制，國會分為參、眾兩議院。為大英國協成員，元首為英王。（見圖 146-1）主要輸出煤、穀物、

---

[1]　*Jane's Fighting Ships.2004-2005*, Edited by Commodore Stephen Saunders RN, Virginia U.S.A, p.23.

[2]　CIA, The World Factbook.(https://www.cia.gov/index.html) (2011/06/15)

非鐵金屬，輸入汽車、電動機器設備。[3]澳洲國內生產總值（GDP）1,220,000（百萬）美元，在 190 個國家排名第 13 名；每人國民所得（GNP）54,869 美元（2010），在 182 個國家排名第 6 名。澳洲在自由之家（Freedomhouse）的政治權利與公民自由兩種自由程度在 2010 年的分數皆為 1，歸類為自由國家；透明國際（Transparency International）中的 2010 年的貪污調查分數為 8.7，在 178 個國家中排名第 8 名；聯合國（2010）最適合居住國家的人類發展指數為 7.9，在 169 個國家中排名第 2 名。[4]

　　澳洲為多文化社會，成員包括原住民與來自全球超過一百六十國之移民，據澳洲 Ibis World 調查，移民比例居全球之冠。[5]澳政府實施優厚社會福利，治安大致良善。[6]澳洲為聯合國創始會員國之一，政府將重心放在與亞太各國的經貿及外交關係上，身為南太地區強國，亦為南太平洋地區第二大援助國，近十年不斷調整對大洋洲的經濟與軍事政策，期望得到最大利益。[7]2007 年，澳洲總理與人民決議於 2010 公投決定是否保留英王元首位置。[8]

第二節　歷史沿革（History）

　　澳洲殖民時期，政府早已有海域執法能力，最早於 1789 年便形成基本的海域執法組織。主要任務是查緝走私與犯罪者，並檢查出入船舶的通行證明。1830 年，成立獨立水警（Water Police），於 1862 年時，新南威爾斯（New South Wales）警察部門率先合併水警。十九世紀末，水警進入現代化時期，開始使用先進的裝備與艦艇值勤。進入聯邦國家時期，各州已有自己的法律與管轄區域，亦各自設立水警單位巡邏與執法。

---

[3] 《世界各國簡介暨各國首長名冊》，中華民國外交部，2001 年，頁 4。
[4] 五類指標詳情請見本書導論，頁 11-14。
[5] Ibis World , (http://www.ibisworld.com.au/)（2009/10/18）
[6] 中華民國外交部，外交資訊網頁（2009/10/18）
[7] 施正鋒、闕河嘉主編，《當代南太平洋民主政治》，台北：台灣國際研究學會，2007 年 12 月，頁 123。
[8] 《新華網》〈澳大利亞新總理欲"炒"英女王〉，2007/11/27。（http://news.xinhuanet.com/ world/2007-11/27/content_7150766.htm）（2009/10/18）

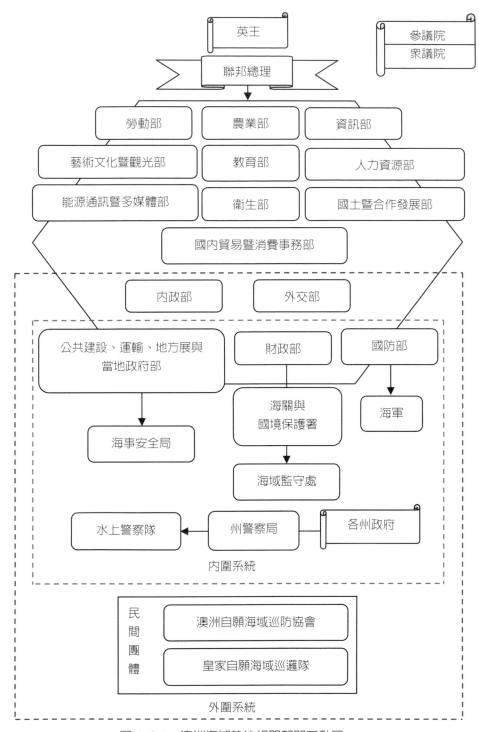

圖 146-1 澳洲海域執法相關部門互動圖

資料來源：作者自繪

第三節　組織、職掌與編裝（Organization, Duties and Equipment）

澳洲雖然四周面海，但並無專責的海域執法機構，而是分別交由皇家海軍、海關的海域監視處、各州水上警察與海事安全局等政府機構，以及澳洲自願海域巡防協會與皇家自願海域巡邏隊等民間團體分擔。

壹、澳洲水上警察（Water Police）

一、組織與職掌

澳洲以聯邦憲法為中央制度，中央雖設聯邦警察卻不負責全國治安，而是採取地方分權為主。聯邦警察負責偵查違反聯邦法的事務並維護聯邦各行政大樓的安全。聯邦政府的權限僅限於國防與外交事務，至於治安維護、偵察犯罪等，皆為州政府權限。聯邦法中幾乎沒有懲罰罪犯的法令，刑法是由各州政府頒訂，但各州法律不能牴觸聯邦法。澳洲廣大海域亦為各州維護治安的範圍，因此各州警察局皆設有水警隊維護港口、海域及海岸線安全。[9]

澳洲分為北領地州（Northern Territory）、西澳州（Western Australia）、南澳州（South Australia）、昆士蘭州（Queensland）、新南威爾斯州（New South Wales）、維多利亞州（Victoria）與塔斯馬尼亞州（Tasmania）等七大區域。雖然各區域水警根據不同法令與地域需求有獨特的任務分屬，但主要任務仍有共通性。除了幾個流量較大的港口有特殊需求外，水警權限皆與陸地警察相同，包括預防犯罪、刑案偵破及海難搜救。以下說明擁有較大國際港口區域之水警任務。

新南威爾斯州水警被安置在戰略極為重要的港口，也因為往來的經貿商船與休閒遊艇大量增加，在雪梨商港、坎培拉港及多個大型港口都有大量的執法水警與艦艇服務，主要任務有：

（一）維持航道治安。

（二）保護海岸及海上生命與財產安全。

---

[9] 邱華君編著，《各國警察制度概論》，桃園：中央警察大學，民國 89 年 9 月，頁 695-696。

（三）監督水上事務與船舶交通管理。

（四）負責協調與救難工作。

（五）對海域失蹤人口進行搜救及蒐證。

（六）維修及保養艦艇。[10]

　　維多利亞州擁有全澳最大也最繁忙的墨爾本港（Port Melbourne），往來商船與遊艇眾多，加上 1999 年開始於墨爾本舉辦的世界帆船錦標賽更提高了州政府對水上活動的重視，水警開始宣導船舶操作的安全觀念，其水警主要任務有：

（一）協調並介入管理商船、遊艇及漁船的海洋事故。

（二）執行海難搜救任務，二十四小時監控海域。

（三）對民眾進行船舶教育。

（四）巡邏海域並對往來船舶進行安全檢查。

（五）針對不同地型限制航行速限。

（六）監測氣象變化並預測安全性與民眾撤離時間。

　　維多利亞州水警、海難搜救辦事處與維多利亞州的志願海域防衛協會保持密切聯繫。[11]

　　南澳州的水警單位於 1995 年成立，是由水下打撈部隊和水警原本的行政部門及通訊警察合併而成。目的是持續執行各單位工作，亦仍可以有系統的執行任務。他們將重心放在小型船舶與潛水安全事務，南澳各區域包含艾爾湖（Lake Eyre）與全國最長河流墨累河（Murray River）以艦艇與直升機執行搜救任務、打撈屍體與蒐集物證，提供二十四小時服務。南澳水警與海軍軍艦、自願海域防衛隊、海關及各民間團體合作，監控海上犯罪及偷渡。[12]以下為南澳水警任務：

（一）在管轄海域協調搜救任務。

（二）在所有航道與水域偵查犯罪，取締非法漁船或商船。

（三）提供海關與交通運輸部門援助，包括船舶搜索、潛水與巡邏。

（四）調查發生火災的船隻並提交報告。

（五）調查潛水意外。

（六）提供直升機進行救難行動。

（七）提供民眾醫療資源。

（八）水災救難。

（九）監控海域犯罪。

（十）水警成員皆須通過在障礙中進行的潛水資格考核以提供專業服務。

---

[10]　New South Wales Water Police, (http://www.police.nsw.gov.au/homepage) (2009/10/20)

[11]　Victoria Water Police, (http://www.police.vic.gov.au/content.asp?Document_ID=2) (2009/10/20)

[12]　South Australia Water Police, (http://www.police.sa.gov.au/sapol/home.jsp) (2009/10/20)

各州水警裝備因規模的大小與不同任務需求，因此擁有的裝備並不一致。

貳、澳洲海關與國境保護署
（Australian Customs and Border Protection Service）

一、組織與職掌

　　海關為澳洲保衛邊境的主要角色之一，是維持邊境秩序、保護大眾、促進貿易、保護往來澳洲邊境的單位，需要檢查人、貨物、船舶與航空活動是否合法，並阻止各種走私。海關由中央政府賦予保衛沿岸和近海的監測權限，監測服務由海關下轄之海域監守處（Coastwatch division）負責。海域監守處的任務端看各政府部門的需求決定，例如漁業管理局、檢疫和檢查服務處、移民與多重文化事務處與環境、運動與領土部，大堡礁海上公園管理局、自然界保護代辦處、聯邦警察總署與海關等等。[13]

　　海域監守處代表中央與各區域執行海事協調，專屬航空器並無配置在特定位置，而是設於能發揮最大效能的戰略地域上，隨著環境變化改變。海域監守處執法範圍涵蓋澳洲海岸線、捕魚區和專屬經濟海域。海岸線與近海海上區域達 37,000 公里，理論上還需要負責南澳在南極地區的資源，廣大的管理範圍成為一大挑戰。他們並沒有被限定任務範圍，而是與各州代辦處維持合作關係，發現代辦處委託的任務發生時，將會協調行動直到州代辦處能夠控制狀況為止。監守處除非遇到特殊狀況，否則僅執行州代辦處委託的一般任務：

（一）非法藥品之輸出入。

（二）非法出入境。

（三）監管外國漁船活動。

（四）檢疫規定。

（五）植物走私。

（六）監視與保護國家海洋生物。

（七）保護海岸與海洋環境。

（八）監視可疑船舶。

（九）支援聯邦與州分支機構的海域任務。

　　海域監守處的巡邏艦隊扮演的角色有：

---

[13] Australian Customs and Border Protection Service, (http://www.customs.gov.au/site/page.cfm?u=4221) (2009/10/26)

（一）提供對澳洲邊界有害的活動之初階報告。

（二）沿著海岸線巡邏，並與海關保持聯繫。

（三）成為海關戰略情報網的重要分支，蒐集資訊評估海岸線的危險等級。

（四）對所有進入海岸邊界的人與船舶要求維持環境與秩序。

（五）在法律範圍內支援並執行海關、聯邦及州代辦處之任務。

（六）支援海關海岸管理計畫。

（七）支援海關參與各項海域計畫。

另外，其空中任務秉持機動性的監守方式，不斷調整對各監視區域有最大效能的巡邏方式，以「在正確的時間與正確的地點執行任務」為要務，意味著威脅產生時，他們將以最大成效的計畫做威脅評估，適當調整計畫並與各委託單位商議直到制止威脅。由於澳洲幅員遼闊，航空器與艦艇任務必需以經濟效益評估，降低成本浪費，因此極重視單位協調。當然所有任務之協調、計畫與任務完成度皆須向位在坎培拉的總部持續報告。[14]

二、裝備

海關的裝備主要有 8 艘 134 噸 BAY 級的巡邏艦艇分散於澳洲各海域。航空器則有 6 架 Pilatus Britten-Norman Islander 型的搜索飛機、1 架 Areo Commander AC500 Shrike 型巡邏飛機，負責電子監視澳洲海岸線的 3 架 Bombardier de Havilland Dash 8-Series 型的飛機及 3 架 Reims F406 的巡邏飛機，大多佈署於 Broom、Darwin 及 Cairns。另擁有 1 架佈署於托雷斯海峽的 Thursday Island 的 Bell Longranger IV 型的巡邏載運直升機。[15]

參、澳洲海事安全局（Australian Maritime Safety Authority, AMSA）

一、組織與職掌

海事安全局隸屬於聯邦政府，設立目的是為了澳洲海域安全、搜救與環境保護服務，管理與執行海域法律章程，管理國家艦隊出入與執行國際海洋條約。其系統性的連繫中央、地方政府與社區民眾，以達最高執行效率。AMSA 的主要任務有：

---

[14] Australian Customs and Border Protection Service, (http://www.customs.gov.au/site/page.cfm?u=4221) (2009/10/26)

[15] *Jane's Fighting Ships.2004-2005*, Edited by Commodore Stephen Saunders RN, Virginia U.S.A, p.36.

（一）海洋援助，例如燈塔的供應與維修。

（二）保證在澳洲海域的國內外船舶航行安全。

（三）檢查船舶人員證明。

（四）保證海域安全通訊的供應。

（五）協調航空與搜救艦艇的救援任務。

（六）維護澳洲海域環境，防止任何船舶的汙染威脅，處理已發生的污染物質。

（七）協調、監視所有海上狀況，並及時要求全國海巡單位反應支援。

（八）參與國家與國際海事安全及環境標準會議與演習。

（九）訓練船員與航空員的能力。

　　海事安全局下轄搜救協調中心（Rescue Coordination Centre, RCC），目的是對統合全國海上搜救任務。RCC 內部有警察、海軍、海關、空軍、民航與商船等相關背景的人員，得以快速進行協調與發布訊息。另外，為因應海上汙染控制與搜救任務，局內配有 69 艘巡邏艇與搜救艇。[16]

肆、澳洲自願海域巡防協會
（Australian Volunteer Coast Guard Association）

一、組織與職掌[17]

　　澳洲自願海域巡防協會由維多利亞遊艇協會的成員自發性成立，是維護國家沿海安全的民間組織。成立之初以巡邏雪梨與墨爾本的海域為主，以宣導方式擴展內部組織，其與海軍合作增加巡邏點及任務。初期資金與裝備是由成員募款或支援，後來開始與政府合作後，便開始有國家資金援助，逐漸由民間私人團體發展為國家組織，2005 年更改為現名。[18]本組織分為國家、各州政府與地方政府三個行政層級，相當於國家組織中的協調委員會，各業務由負責指揮的主席指派。雖屬於民間團體，但委員會中包含國家議員及各地區政府代表，由委員們選出任期一年的主席，並指派協會指揮官。澳洲因各省法律不同，因此有不同巡邏需求，必須採取地方分權的措施，將各職能「地區化」。本組織並無法律權利，主要有三大任務：

---

[16]　The Australian Maritime Safety Authority, (http://www.amsa.gov.au/index.asp) (2009/10/23)

[17]　Australian Volunteer Coast Guard Association, (http://www.coastguard.com.au/home.html) (2009/10/26)

[18]　The Australian Volunteer Coast Guard Association, (http://www.coastguard.com.au/home.html) (2009/10/19)

（一）無線電監聽

以艦隊無線電監測海上發出的求救訊號，巡邏沿岸監視船舶行駛安全。

（二）安全巡邏

協會成員在主要水道上給予往來船舶協助與安全忠告，協助船舶維修機械。快速抵達發出求救訊息的位置，打撈艦艇 24 小時待命。

（三）海難搜救

與水警及其他志願組織合作海難搜救任務。

二、裝備

澳洲自願海域巡防協會裝備來自政府提供與民眾捐款購得，目前共計有 103 艘打撈拖船、71 支小型艦隊、147 個無線電基地台、30 輛通訊與搬運車、4 架巡邏飛機與多位合格的潛水員。[19]

伍、澳洲皇家自願海域巡邏隊（Royal Volunteer Coastal Patrol）

一、組織與職掌

澳洲皇家自願海域巡邏隊屬於極有系統的法人組織，目前僅服務於新南威爾斯區域，此區有雪梨與坎培拉兩大港口。本隊雛型成立於十九世紀初，是澳洲歷史悠久的海上自願單位，目的是對商船與海上船舶進行輔助。於兩次大戰期間，憑自身經驗能力與裝備協助海軍，1937 年被推薦到海軍委員會，並得到政府認可掛牌成立。後來在海軍建議下，由海軍高階軍官擔任顧問，所有訓練採取海軍規範。1939 年的戰爭，海軍要求巡邏隊建立系統性之任務編組，於是開始執行各種海軍編派的任務。他們有效利用自身能力，在國家遇到危難時，提供海軍或軍隊一切服務。二戰後，巡邏隊主要有海事搜救無線電基地、搜救船舶與船舶安全教育三大分支。1954 年，指揮官決定將巡邏隊組織化。1974 年，女王伊莉莎

---

[19] Australian Volunteer Coast Guard Association, (http://www.coastguard.com.au/home.html) (2009/10/26)

白二世就他們的貢獻贈與「皇家」二字，就此成為國家事務的一部分，目前主要任務是與新南威爾斯省水警合作沿岸搜救任務。[20]

　　本組織無執法權利，主要任務是協助水警隊的搜救任務與沿岸巡邏，平時工作還有教育社區民眾操作船舶的安全宣導。資助與加入巡邏隊須要透過澳洲證券及投資委員會登記，他們是援助政府並被當局委託管理巡邏隊章程的機構。他們提供資源巡邏當局委託保衛的領土，提供航海技術及船舶維修宣導，執行海洋巡邏與搜救工作，與駐點當地的各救難組織合作。近年巡邏隊也提供以下服務：

（一）搜尋並搶救近海、港口、河流的遇難者。

（二）在大型水上活動擔任維安與協助水警的角色，例如為國際遊艇賽及為慶祝除夕而入港的澳洲軍艦維持治安。

（三）對濱海家畜進行檢疫控制。

（四）響應及支援所有內河流域的大型賽事活動，以無線電報告賽況。

（五）遭遇重大災害，例如冰雹與火災等影響公共安全的問題時協助警方維安。

（六）對需要協助的公務機關提供資源。[21]

二、裝備

　　皇家自願海域巡邏隊共有 34 艘救生艇與 9 艘訓練艇，裝備多由民間金融組織募款或是政府補助購得。[22]

第四節　教育與訓練（Education and Training）

壹、水上警察

　　教育與訓練以新南威爾斯州、維多利亞州與南澳州為例。新南威爾斯州警察主要由 Goulburn 警察學院培訓，經過考試、體力與心理評估後得以入學，畢業學員皆分發至警局

[20] Royal Volunteer Coastal Patrol, (http://www.coastalpatrol.com.au/) (2009/10/19)

[21] Royal Volunteer Coastal Patrol, (http://www.coastalpatrol.com.au/) (2009/10/26)

[22] Royal Volunteer Coastal Patrol, (http://www.coastalpatrol.com.au/) (2009/10/26)

進行 6 週的實習，評估過關且通過考試後才得以正式任用。Goulburn 警察學院必修課程有理論課程、防禦戰術、手銬使用與安全、裝卸手槍、炸彈搜尋與管理、搜索與救難、維修警用設備、公共秩序的維持與事件管理。[23]維多利亞州與南澳州分別擁有專業警察學校，皆由教育部認可，考試合格者可入校由政府補助教育，完成必修課程後可選取有興趣之學程。警察學校畢業後如同新南威爾斯州，皆需分發至各警察單位實習，並經由上級評估個人能力與測驗後，再決定是否適用。[24]

貳、海事安全局

澳洲海事安全局有專門訓練學校，針對海難搜救教育，在坎培拉設有國家搜尋與救難學校（National Search and Rescue School），期望教育出可適切反應救難需求的專業人員。本校與搜救協調中心及航空服務中心合作，為兩個中心人員提供專業教育。學校提供海難救難與空中搜尋的專業教育，另針對海域環境問題提供一系列課程。本校提供理論與實際操作課程，國家搜救協調中心與其他單位的救難人員多受訓於此，深受國家認可。[25]針對船舶安全教育，分為航空與艦艇操作課程及理論訓練，培訓學員分析並繪出地圖。[26]

第五節　與我國制度之比較
（A Comparison with Taiwan Coast Guard）

首先，澳洲政府為聯邦制度，由於土地遼闊，因此各州擁有自己的法律與警察。海域執法以各州水警為主，除非與國家安全有關否則中央並不干涉地方行政；台灣則因政治制度與土地面積，以海巡署為專責海域執法單位。再來，澳洲水警隊與其他海巡單位的任務區分詳細，政府成立之海事部門，民間團體的自願單位彼此都有良好的互動關係；台灣海難搜救任務由海巡署負責，並無大型民間搜救單位或專業海域汙染控制單位。最後，澳洲

---

[23] New South Wales Water Police, (http://www.police.nsw.gov.au/homepage) (2009/10/26)

[24] New South Wales Water Police, (http://www.police.nsw.gov.au/homepage); Victoria Water Police, (http://www.police.vic.gov.au/content.asp?Document_ID=2); South Australia Water Police, (http://www.police.sa.gov.au/sapol/home.jsp).(2009/10/26)

[25] The Australian Maritime Safety Authority, (http://www.amsa.gov.au/index.asp) (2009/10/26)

[26] The Australian Maritime Safety Authority, (http://www.amsa.gov.au/index.asp) (2009/10/26)

針對海域各種任務的資源充沛，民間團體與政府提供人力與裝備，大力支持海域安全的執行；台灣裝備時常無法適當地配合事件需求，容易拖延最佳的救難時機。

第六節　結語（Conclusion）──特徵（Characteristics）

澳洲北濱帝汶海及托雷斯海峽，西臨印度洋，東瀕南太平洋、珊瑚海與塔斯曼海，南濱大澳大利亞灣，為四面環海島嶼國，海岸線長 19,650 公里，以下為其海域執法制度特徵。

壹、大英國協式海域執法制度

海域執法與偵查犯罪由各州水警負責，走私取締由海關與國境保護署下轄之海事監守處承擔，海事安全局則肩負海況監控與海難搜救等任務。

貳、自願海巡組織完備

主要執行搜救任務的兩大自願組織，澳洲自願海域巡防協會與皇家自願海域巡邏隊的裝備在民間與政府的支援下，裝備與人力充足，因此在官方部門有需求時可以提供協助。

參、內陸河湖亦為巡邏範圍

南澳州的艾爾湖與墨累河也是水警的執法範圍。

肆、重視海域環境保護

海事安全局及海域監守處皆有維護海域環境之任務。

伍、重視執行任務之效率

　　澳洲的幅員遼闊加上海域執法的分散制，執行各種合作的任務都需要降低成本的浪費，因此重視各單位之協調。

第 147 章　紐西蘭海域執法制度

第一節　國情概況（Country Overview）

　　紐西蘭（New Zealand）是太平洋（Pacific Ocean）西南部的島嶼國家，分為以庫克海峽（Cook Strait）分隔的南島與北島兩大島嶼。東濱南太平洋，西鄰塔斯曼海（Tasman Sea），西與澳洲（Australia）隔 1,600 公里，南島鄰近南極洲（Antarctica），北島與斐濟（Fiji）及東加（Tonga）相望。（見圖 147-2）全國面積 268,680 平方公里 是台灣的 7.5 倍大。海岸線長 15,134 公里，海域面積 104,454 平方公里，領海 12 浬，專屬經濟海域 200 浬。

　　首都威靈頓（Wellington），全國人口數 4,290,347 萬人（2011）[1]。國體君主立憲制，政體責任內閣制，國會單院制。為大英國協會員國，英王為元首，內閣總理由國會多數黨領袖出任。（見圖 147-1）主要輸出乳品、肉品、羊毛，輸入機械、交通工具、塑膠製品。[2] 紐國國內生產總值（GDP）138,000（百萬）美元，在 190 個國家排名第 51 名；每人國民

---

[1]　CIA, The World Factbook.(https://www.cia.gov/index.html) (2011/06/16)

[2]　《世界各國簡介暨各國首長名冊》，中華民國外交部，2001 年，頁 44。

所得（GNP）31,588 美元（2010），在 182 個國家排名第 24 名。紐國在自由之家（Freedomhouse）的政治權利與公民自由兩種自由程度在 2010 年的分數皆為 1，歸類為自由國家；透明國際（Transparency International）中的 2010 年的貪污調查分數為 9.3，在 178 個國家中排名第 1 名；聯合國（2010）最適合居住國家的人類發展指數為 7.8，在 169 個國家中排名第 3 名。[3]

　　紐西蘭擁有「活自然地理教室」美譽，觀光業為致力發展的重點產業之一。國際核安方面，紐國是太平洋地區最積極促使「南太無核區條約」[4]實施的國家，努力促使美國通過並執行，更與其他領袖強調南太平洋地區的和全球和平。[5]

第二節　組織、職掌與裝備
（Organization, Duties and Equipments）

壹、皇家紐西蘭海軍（Royal New Zealand Naval）

一、組織與職掌

　　遺世獨立的紐西蘭，除領海 12 浬外亦主張擁有 200 浬專屬經濟海域，其海上防衛力量及海域治安多仰賴隸屬於國防部的海軍。對海域管理採積極開放態度，以維護海上活動安全秩序、處理海上意外事件、確保專屬經濟海域主權權利、維護與抵抗海上恐怖威脅、支援所有民事需求並以社會與政府利益為優先。還需保護國家海域的船舶安全，並維護與國

---

[3]　五類指標詳情請見本書導論，頁 11-14。

[4]　所謂「非核地區」，即在限定的地區禁止核兵器的製造、實驗、配備，並禁止此地區之外的核保有國，在此區域內進行核實驗、配備、使用。將到太平洋東側、南至南緯 60 度，北至赤道，西至澳洲西側領海及巴布亞新幾內亞的廣泛水域都畫為非核地帶，要求締約國不得在此區域內進行核子爆破。中、美、英、法、俄五國承諾，不在此區域內使用核子武器；俄國和中國則進一步承諾，不在此區域內從事一般性的核子實驗，蓋兩國在此區域內並無附屬島嶼。百度，（http://wenda.chinabaike.com/html/20101/q896607.html）（2011/06/16）

[5]　施正鋒、闕河嘉主編，《當代南太平洋民主政治》，2007 年 12 月，頁 203。

家進行貿易的船隻，尤其是從查塔姆群島（Chatham Island）到奧克蘭（Auckland）、拉烏爾（Raoul）與坎貝爾群島（Campbell Islands）的船舶提供援助。[6]（見圖 147-2）

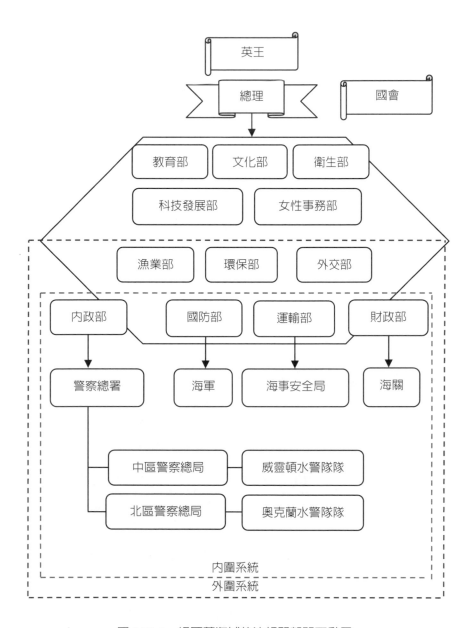

圖 147-1　紐西蘭海域執法相關部門互動圖

6　Royal New Zealand Naval, (http://www.navy.mil.nz/default.htm) (2009/09/28)

二、裝備

紐西蘭海軍約有 2,100 人，主要艦艇總計有 14 艘，分別是 2 艘 3,600 噸 ANZAC 級的驅逐艦，1 艘 2,474 噸 LEANDER 級的驅逐艦，4 艘 105 噸 MOA 級的近岸巡邏艇，3 艘 Paea II , MakoII, MangaII 帆式海員實習艇，1 艘 12,390 噸的補充油輪，1 艘 105 噸實習艇，1 艘 911 噸研究艦艇，1 艘 2,262 噸 STALWART 搜尋與救援艦艇。航空器則有 5 架 Kaman SH-2G Super Seasprite 直升機與 6 架 P-3K Orion 的巡邏與戰鬥機。[7]

圖 147-2 紐西蘭海域執法單位駐點與範圍[8]

---

[7] *Jane's Fighting Ships.2004-2005*, Edited by Commodore Stephen Saunders RN, Virginia U.S.A, pp.505-508.

[8] (http://www.thejournal.org/refdesk/fotmap04/austzeal.html) (2009/10/09)

貳、紐西蘭海事安全局（Maritime Safety Authority）

紐西蘭海事安全局成立於 1993 年 8 月，局本部位於威靈頓，成立宗旨為維護海域環境安全、預防海洋污染及海上油污染應變系統等。海事安全局隸屬於運輸部，該局共有 130 名正式職員，由局長統籌指揮執行各項事務，並得獨立行使相關法定職權。該局主要工作事項如下：

一、發展海事安全規章及海洋環保規定。
二、辦理航海人員證照。
三、船舶登記。
四、泊靠紐西蘭港口之本國及外國船舶之安全檢查。
五、紐西蘭燈塔及其他助導航設施之補給。
六、提供海岸地區之海事安全及遇險無線電服務。
七、紐西蘭船舶及港口安全管理系統。
八、海事案件及發生趨勢的調查分析。
九、有關符合安全、環境標準及最佳操作方式之海事通訊教育。
十、搜索與救助的管理。
十一、海洋油污染應變策略及國家緊急應變計畫。
十二、管理紐西蘭油污染基金會。

參、紐西蘭水上警察隊（New Zealand Police Maritime Unit）

紐西蘭並無獨立水警機構，全國目前僅有二個水警隊，皆隸屬於地方警察體系，分別是設於奧克蘭，隸屬於紐西蘭北區警察總局，為該總局派駐於奧克蘭港口的一個水上警察勤務單位；另一個設於威靈頓，隸屬於紐西蘭中區警察總局。（見圖 147-2）

一、組織與職掌

（一）奧克蘭水警隊[9]

奧克蘭地區擁有超過十萬艘的私人船艇，將近佔全國二十三萬艘的一半，同時約有十萬人在該海域從事工作或遊憩活動，每年約有 1 億 6 佰萬美元的產值仰賴奧克蘭港，佔全國的 32%，其可謂是紐西蘭最重要港口。奧克蘭水警隊與當地旅遊業者、漁民及奧克蘭區議會的關係相當密切，水上船舶為該地區重要交通工具，包括往返 200 個離島之間的民眾，甚至是監獄的犯人都要依靠船舶提供安全的交通方式。因此，維護海上交通安全及活動秩序，乃是一重要課題。

由於地理環境特性，紐國周邊與他國距離相當遙遠，且周邊海象惡劣，海上走私或偷渡等犯罪案件微乎其微。就國境管理的角度而言，紐政府係將管理的重點放在機場出入境檢查，而非在海上。就職權分工而言，海上國境管理與查緝非法違禁物品等事項係由海關人員負責，水警隊則是承擔海上犯罪事件的通報與處理、海上意外搜救、海上安全和秩序的維護等事項。由於紐人熱衷海上活動，人民擁有遊艇的比例高居世界之冠，因此現行水警隊的工作與任務係海上活動安全秩序的維護與海上意外的搜救及處理為主。又因紐島嶼眾多，許多較大離島上派駐警察，有時警察的出勤任務交接會請水警隊協助運送。

實務上，海上犯罪事件係由水警、海關與海軍共同組成的工作小組處理，由警察居主導地位，若案件情節較輕微者，授權海關可以自行處理。但如案件情節重大者，則必須有警察共同參與，因為依據紐法律規定，海上犯罪事件僅擁有偵查權及移送權，因此海上犯罪偵查的主體以水警為主。

從紐國水警編制及警艇數量而言，與四周環海及海域面積廣闊相較，實不成比例，可見紐國情之特殊及海上治安甚為良好。另外亦可能產生質疑，以紐人對海上活動的熱衷，僅靠水警隊數艘警艇如何因應頻繁的海上意外？事實上，由於紐人擁有遊艇比例相當高，加上由民間志工組成的救難大隊，當海上意外發生時，水警可委請民間救難大隊派船協助搜救，事後水警會依據救難大隊船艇出勤的時間，給予一定的酬勞。

（二）威靈頓水警隊[10]

與奧克蘭水警隊不同，威靈頓水警隊僅為地區性巡邏隊，不像奧克蘭水警負責整個海域治安。由於威靈頓為首都，帶動當地工商業蓬勃發展，不論水上活動或船舶業皆大量增

---

[9] Auckland Maritime Unit, (http://www.police.govt.nz/service/maritime/auckland.html) (2009/10/05)

[10] Wellington Police Maritime Unit, (http://www.police.govt.nz/service/maritime/wellington.html) (2009/10/05)

加，尤其二次世界大戰後，威靈頓成為重要港口，每天有許多貨輪申請進港。自 1941 年起，警方迫切需要一艘警艇來巡邏港區及登檢商船，於是警方在 1941 年購建第一艘長約 38 呎的警艇「Lady Elizabeth 號」。

此外海上搜救亦為其主要工作項目，水警隊不僅扮演搜救協調者的角色，同時也實際參與搜救行動。目前威靈頓水警隊的巡邏範圍為威靈頓港周圍半徑 90 浬海域，重點區域為威靈頓港及庫克海峽。（見圖 147-2）水警隊亦進行海上交通管理，除冬季外，威靈頓水域的海上交通量十分密集，因此他們必須負責該區域的交通安全。由於當地船舶數量持續增加，水警隊在處理犯罪事件時所扮演的角色也愈加吃重。其任務包括下列幾項：

1. 監控水面船艇動態，維持水上活動秩序。
2. 保護威靈頓港內及周遭海域之生命、財產安全。
3. 備便警艇及相關器材以隨時提供服務及支援。
4. 海上犯罪事件的調查及報告。
5. 逮捕罪犯。
6. 執行有關法令及威靈頓市政府所訂定之水上規章。
7. 接待參訪的學校或社會團體。
8. 其他公務機關執行相關法規。

二、裝備

奧克蘭水警隊位於奧克蘭港，其辦公室設於海難搜救中心之中，成員共有 8 名，由 1 名警官（sergeant）指揮勤務。管轄範圍包括豪拉基灣（Hauraki Gulf）及附近 200 個小島，總海域面積約 3,704 平方公里，主要工作在於犯罪偵查、秩序維護、失蹤船艇及裝備協尋、打撈浮屍及支援其他警察單位等，海上搜救佔約 6%的工作量。奧克蘭水警隊擁有 1 艘 14.7 公尺長的警艇、3 艘 12 公尺長的硬殼充氣式快艇及 1 艘 3.8 公尺長的充氣式橡皮艇。

威靈頓水警隊擁有 2 艘警艇，其中 1 艘為 17.5 公尺長快艇，另 1 艘為 4 公尺充氣式橡皮艇，用於港內巡邏、處理海上浮屍、處理海上抗爭活動及協助其他警察單位處理相關案件等。威靈頓水警隊位於威靈頓碼頭，該隊成員共有 8 名，由 1 名警官和 7 名隊員組成，其中 3 名為艇長，另 4 名為艇員。

肆、紐西蘭海關（Customs Service）

紐西蘭海關共有七百多名職員，海關由總理直接指揮，人員配置於機場和港口，負責國境管理、檢查出入境物品及查緝非法違禁物品等，旅客證照查驗工作則由移民局委託海關人員代為檢查。由於紐西蘭地理位置特殊，與各國相距甚遠，因此海關的查緝重點放在機場，至於海上查緝，則以進出港口船舶及物品的檢查為主。就國境管理角度而言，紐國境管理的重點在機場而非海上，因此海上管理較鬆散。由於地理環境，海上偷渡或走私等犯罪情事極少發生，因此海關在海上並無常態性之巡邏勤務，通常只有依據情報才會對船舶進行查緝作為，而且全國僅有一艘緝私快艇，因此除非情報指出非常可疑的船隻，海關才會派員出勤加以登檢或盤查航經海域的船隻。

伍、皇家紐西蘭海難搜救協會（The Royal New Zealand Coastguard）

一、組織與職掌

紐西蘭海難搜救體系的運作可以回溯到十九世紀末，1861 年 10 月，首艘救生艇加入搜救作業，開啟海難搜救史頁。1898 年夏天，紐西蘭成立第一支水上搜救隊伍，救生艇協會同時開始加入海難搜救協會。該協會成立於 1976 年，起初是由一個當地海上搜救組織號召全國相關機構加入，後來該協會迅速擴展到 66 個搜救單位，包括 4 個獨立的空中搜救隊，1990 年政府正式承認該協會為紐國搜救組織的主要角色。[11]

皇家紐西蘭海難搜救協會之英文全名雖為"The Royal New Zealand Coastguard"，但與美、日等國之海域防衛機制（Coastguard）性質卻截然不同，事實上，它是一個由民間人士自行組成的海難搜救協會，其成員幾乎為一般民眾，其船舶、裝備亦均屬民間人士所有，經費來源除會費外，亦由當地銀行或企業家贊助。海難搜救協會將全國分成 4 個區域，下轄 66 個搜救單位，負責執行海岸及主要湖泊的搜救工作，搜救單位是由熱心公益的當地民眾或船艇業者組成。該協會擁有超過 2,500 名可直接投入搜救作業的志工，另有 12,000 名會員。該協會擁有 75 艘搜救船艇，另有 9 個地區性航空俱樂部加入協會的搜救行列。除此

---

[11] Royal New Zealand Coastguard, (http://www.taupocoastguard.co.nz/) (2009/09/28)

之外，遇重大海難，協會人員仍會在全國調用私人船艇加入搜救行動。協會成員分為下列二大類：

（一）第一類為搜救行動志工

搜救行動志工大約有 2,500 名，分別隸屬於各地區搜救單位或支援搜救單位，大部分是在職船員或瞭解相關搜救作業的海上從業人員，另外也有一些是無線電操作員或搜救作業員。通常搜救行動由搜救作業員負責聯合警方進行搜救協調工作。搜救志工有時也會擔任委員，委員會的角色包括管理組織的基金、媒體公關及人員安全的訓練等，因此，每一個搜救志工在隊裡扮演著不同的角色，有著不同的貢獻。

（二）第二類為贊助會員

協會的贊助會員約有 12,000 名，主要係以支付年費的方式加入會員，成為會員後，便可以利用協會內的各項非緊急資訊和服務，當他們在海上遇到困難或危險時，也可以要求協助。贊助會員不限於擁有船艇的人，有些熱衷水上活動的人，認為加入會員將使他們在從事水上活動時更有助益，尤其是衝浪者、漁夫或潛水員。[12]協會的無線電台每年接獲成千上萬件要求救援的通報，每年平均超過 5,000 人需要救援，每年成功救助許多人命、船艇及裝備。除搜救工作外，協會也提供船艇教育訓練，包括各項公共安全課程。唯有透過良好訓練，才能讓民眾學習對海洋的尊重，並進而瞭解如何在危急狀況時採取適當的因應作為。此外協會也提供專用頻道用於非緊急事故，例如提供有關天候、海象、海上交通等即時資訊服務。

二、裝備

海難搜救協會的搜救資源可分為水面船艇、無線電台及航空器等三大類，分別敘述如下：

（一）船艇

協會船艇多屬於充氣式硬殼快艇，主要以特殊玻璃材質做為船體，現在則開始採用鋁合金船體，因為鋁合金船體被認為較能適應各種海域環境，且較能減少船艇因擱淺造成的危害。目前每個搜救單位至少有一艘搜救艇保持待命，以隨時因應各地區緊急事故。各單位搜救艇的平均長度為 6.8 公尺，主機引擎的種類繁多，但是以 YAMAHA 的引擎居多。另

---

[12] Royal New Zealand Coastguard, (http://www.taupocoastguard.co.nz/) (2009/09/28)

外船上配備各項搜救裝備，包括雷達、全球衛星定位系統（GPS）、特高頻（VHF）無線電、救生設備、急救器材等。

（二）無線電台

每一個搜救單位皆有無線電台，24 小時全天候接收各項遇險訊息，所使用的系統為特高頻（VHF）無線電。

（三）航空器

協會在全國共有 9 個空中搜救基地，其中奧克蘭空中搜救隊擁有自己的搜救飛機，其他基地則多為私人飛機。搜救飛機主要是在海難發生時，負責空中監視及搜索，由於搜救飛機具有速度快、視野廣闊等優點，可以在搜救海上遇險船隻或人員時，提供最好、最快速的效果。空中搜救員也是志工，除了保持 24 小時待命出勤外，每月還須接受相關訓練。空中搜救隊每組成員有 4 名，包括 1 名領航員、1 名搜救協調員及 2 名觀察員。週末時，會有 4 組空中搜救隊員輪流當值，每一組當值時間為 6 小時。搜救隊的飛機均必須能搭載 4 人以上，且必須裝滿燃油，以便發揮最大的續航力，同時必須能夠標定事故地點，以便在空中進行 360 度的搜索。此外全球衛星定位系統（GPS）、海圖測繪等也是空中搜索時必須具備的工具。

第三節　權限與管轄（Authority and Jurisdiction）

紐西蘭領海的警衛及海上安全防衛事務仰賴傳統的海軍；有關海事安全、船舶及港口的管理、海上交通管理及海洋污染的防治及海難搜救等事務，主要是由海事安全局負責，有關海上犯罪的偵查、水上活動和秩序的維護、意外事件的處理等，乃由隸屬於警察機關的水警隊負責。另外，有關人民入出境的管理、船舶及物品的安檢等事項，則是由海關負責；海難搜救協會事實上是一個民間志工團體所組成搜救團體，不論人員、經費或者是裝備，均來自於民間力量。紐西蘭對於海域各種任務主要是以分散卻又互相支援的制度。

第四節　教育與訓練（Education and Training）[13]

紐西蘭注重海軍的訓練，海軍服役前需先於皇家紐西蘭海軍學院（Royal New Zealand Naval College）接受十四週的正規教育，並有十六個分支單位進行多元的訓練：

壹、專業作戰系統訓練（Combat System Specialist Training）

作戰系統專家是行動信息組織的一個主要元件，負責空中與陸地的作戰計畫。作戰信息由作戰系統專家聯繫後對各單位發出作戰命令，作戰規劃以小組為單位完成。基本訓練課程需時十二週，並要求學員在作戰系統訓練學校完成十四週的基本海事兵種培訓課程。

貳、通訊訓練學校（Communications Training School）

為海軍人員提供通訊專業課程，教導充分的溝通整合能力。

參、烹飪學校（Cookery School）

海軍於新兵訓練時都必須接受為期八週的基礎烹飪課程，實際操作前，學生須學會食用安全的基礎。並在基礎課程期間評估能力。

肆、專業電子作戰學校（Electronic Warfare Specialist School）

完成十四週共同基本訓練，實習生需在海戰培訓中心的電子戰爭訓練學校再完成十二週的訓練課程，以成為電子戰爭專家，在戰爭時運用能力攔截敵軍的電子傳輸與艦艇通訊。

---

[13] Wellington Police Maritime Unit, Move to "Schools of Training" for Police proposed, (http://www.police. govt.nz/news/release/21083.html) (2009/10/06)

伍、外部訓練（External training entities）

海戰培訓中心與其他教育單位合作訓練多元能力。

陸、座標繪圖學校（Hydrographic School）

訓練海軍海上座標繪圖能力，對海上座標進行正確辨識與探勘任務。

柒、海事工程學校（Marine Engineering School）

此工程學校主要訓練海軍輪機員，訓練技能廣泛的，包含柴油推進力工程學、運轉中的電機工程學與維護。並且維護如發電機、冷卻裝置、消防設備與所有屬於海軍的艦艇設備。

捌、醫療訓練部門（Medical Training Department）

此部門教育海員基本醫療能力，注重實際操作，包括工作場所傷害的急救或作戰情況的死傷了解。

玖、海軍潛水學校（Navy Dive School）

潛水學校是眾多學校中最嚴格的，期望訓練出專業潛水員。在共同課程訓練後，還需上十四週的潛水基本訓練，達到十五小時的潛水時數。主要課程為水下調查攝影、水下搜尋任務、海灘掃雷與水下、水面爆破及炸藥訓練。

拾、海員專業戰鬥學校（Seaman Combat Specialist School）

教導的技能主要是能夠在小範圍內駕駛艦艇，並對所有武器熟練操作。學習如何組織作戰隊伍。海軍期望所有人員都是作戰專家，所以特別注重此課程，他們要了解所有武器的能量與操作形式。重視艦艇的安全訓練，模擬遭受恐怖攻擊的狀況，將他們訓練成可以到任何地方執行任務。

拾壹、管理學校（Stewards School）

在管理學校經過十週的基本課程後，會有海軍食品加工安全的責任訓練與飲食的服務課程。管理學校培訓包括人事管理與領導，並有專人對他們的能力進行評估。

拾貳、會計學校（Stores Accountant School）

經過十四週共同訓練後進入會計學校開始六週的商算課程。主要有商店收據與損失物品應對教育，準備海軍物品與文件傳遞、收據建檔與申請、物品盤點、庫房維護及安全及面對危險物品時的處理方式。

拾參、工藝訓練學校（Trade Training School）

以訓練專業工程人員著稱，不僅建設與維護國內海軍設備，還會協助他國。

拾肆、武器工程學校（Weapon Engineering School）

為海員進行充分工程訓練並提供武器，位於 HMNZS PHILOMEL。

拾伍、海上安全訓練隊艦隊（Sea Safety Training Squadron）

海軍在此進行消防、損失控制、海上生存和保護訓練。為各種基本訓練，海軍有一個擁有國際水準的海上安全訓練組織：消防訓練單位（FTU）、損失控制訓練小組（DCTU）、保護訓練小組（PTU）、通信訓練小組 （CTU）、海上生存訓練小組（SSTU）。

拾陸、文書學校（Writers School）

為海軍所有人力資源管理人員進行培訓，培訓出來的人員主要是內勤軍官，對交流書件進行撰文。[14]

紐西蘭水上警察的訓練主要來自於紐西蘭皇家警察訓練學院。學院教授警察基本能力，學員選擇有興趣的學程受訓並分發，受訓的基本態度是必須維護國家與社區治安。水上警察隊的人員與陸上警察不同，他們必須具備駕駛艦艇的技術、海難搜救及執法能力。權限基本上與陸上警察相同，因國家地理特色，許多遊艇出入兩大港口，水警受訓課程及職前訓練要比陸上警察來的繁重。

第五節　與我國制度之比較
　　　（A Comparison with Taiwan Coast Guard）

壹、任務職掌方面

在處理海洋事務的範疇內，紐西蘭並沒有一個專責的機構或組織，基本上比較偏向於分散制；我國主要由海巡署執行海域執法任務。

---

[14] Royal New Zealand Naval, RNZN College, (http://www.navy.mil.nz/default.htm) (2009/09/28)

貳、組織架構方面

紐西蘭有二個主要的海域執法機構,一個是海關,另一個是水警隊。海關主要負責人民入出境的管理、證照查驗、船舶及物品的安檢等事項,但是重點放在機場,檢查船舶只有在少數涉及毒品等違禁物品的狀況下才會發動,而且通常是被動的。紐海關分別部署於重要機場及港口,由於地理環境特性,海上偷渡或走私等犯罪情事極少發生,因此海上查緝能量和作為亦相當薄弱。至於紐西蘭水警隊則是隸屬於地方警察機關,只有數艘小型快艇及十餘人執勤;我國的地理位置關係,走私物品或偷渡等案件多,海巡署人員需要積極查緝非法行動,在裝備方面我國與紐西蘭的海巡裝備亦同樣較少大型艦艇。

參、海事安全方面

紐西蘭海事安全局隸屬於運輸部,主要任務在於維護海事環境安全、預防海洋環境污染及海上油污染應變等事項,另外涵蓋環保署相關的保護海洋環境及海洋油污染應變等任務與功能;就組織位階與任務功能而言,與我國交通部各港務局極為相似,但我國對海上汙染的應對方式較不及紐西蘭的完備。

肆、海難搜救方面

紐西蘭皇家海難搜救協會是一個十分健全的海上搜救機構,其將全國分成 4 個區域,下轄 66 個搜救單位,執行周遭海岸及湖泊的搜救工作,搜救單位都是熱心公益的志工組成。該協會擁有超過 2,500 名可直接投入搜救的志工,另有 12,000 名會員,且擁有 75 艘搜救船艇及 9 個地區性的搜救航空器基地,組織功能完全涵蓋海難搜救的協調及海空聯合搜救的執行。由民間自願發起與自主運作,可說是民力運用於海難搜救的最佳典範;相較於我國海難搜救機制,目前仍大量仰賴政府資源的投入,在搜救協調方面,由行政院國家搜救指揮中心負責指揮協調搜救能量;在海上搜救方面,主要由海巡署的艦艇執行;空中搜救方面,基於一元化的原則,目前由內政部空中勤務總隊派遣空勤機負責執行;民力運用方面,雖然各地區大都設有救難或救生協會,但僅止於近岸搜救或救生的輔助性質,搜救能量仍有待加強。

第六節　結語（Conclusion）──特徵（Characteristics）

紐西蘭東濱南太平洋，西鄰塔斯曼海，為四面濱海島嶼國，海岸線長 15,134 公里，以下為其海域執法制度特徵：

壹、大英國協式海域執法制度

海關負責查緝走私與偷渡，但是真正可以移送或逮捕的行動，主要是由處理海上犯罪、水上活動秩序維護、意外事件處理的水警執行。海事安全、船舶及港口的管理、海上交通管理及海洋污染的防治等事務由海事安全局負責。海軍則是預防海上恐怖行動的巡邏與安全維護，假使其他海上單位需要協助仍會支援，而海難搜救的最大組織是由民間團體組成。其分散制與多元化之組織型態符合其國情與任務需要。

貳、海域治安良好

紐西蘭位處太平洋東南一隅，周邊海象惡劣致使海域犯罪發生率低，故海域治安良好。

參、志工組織既現代又有效率

紐西蘭皇家海難搜救協會係由民間團體組成之海域搜救單位，所有的裝備都是募款及銀行贊助購得，志工人員也是自願加入，內部分工結構完善。

肆、岸海分立

紐西蘭各海域執法或搜救單位是以海域任務為主。

伍、海洋汙染處理設置專責單位

海洋汙染處理的職責屬於運輸部下轄之海事安全局負責。

第 148 章　吐瓦魯海域執法制度

第一節　國情概況（Country Overview）

吐瓦魯（Tuvalu）位於西南太平洋，由九個珊瑚島組成，地處南緯 5 至 11 度，東經 176 度至 180 度間，南北縱深約 560 公里。全國面積 26 平方公里，與面積為 29.52 平方公里的馬祖差不多大。海岸線長 30 公里，領海 12 浬，宣稱專屬經濟海域 200 浬。[1]

首都富那富提（Funafuti），全國人口 10,544 人（2011）[2]。國體君主立憲制，政體責任內閣制，國會一院制，為大英國協會員。（見圖 148-1）主要輸出郵票、魚、椰乾，輸入機械、運輸設備、食品。[3]吐國國內生產總值（GDP）14.94（百萬）美元，在 190 個國家排名第 190 名。吐國在自由之家（Freedomhouse）的政治權利與公民自由兩種自由程度在 2010 年的分數皆為 1，歸類為自由國家。[4]

---

[1] *Jane's Fighting Ships.2004-2005*, Edited by Commodore Stephen Saunders RN, Virginia U.S.A, p. 777.

[2] CIA, The World Factbook.(https://www.cia.gov/index.html) (2011/06/15)

[3] 《世界各國簡介暨各國首長名冊》，中華民國外交部，2001 年，頁 64。

[4] 二類指標詳情請見本書導論，頁 11-13。

1832 年，吐瓦魯成為英國保護地，1916 年成為殖民地，於 1978 年正式獨立。[5]吐國陸地面積狹小，土壤貧瘠不適於農耕，盛產椰子及麵包果。另因海域遼闊，海產豐富，但技術落後甚少開發，依賴與外國漁業合作，收取捕魚費為重要經濟來源。2001 年，全球暖化造成海水上升，讓最高海平面只有 5 公尺多的吐國陷入困境。紐西蘭伸出援手，每年接受 75 位環境難民，而澳洲因拒絕簽署京都協議書[6]，並沒有答應援助。在全球暖化的衝擊下，其海岸線遭嚴重侵蝕，內陸滲出海水，導致土地難以栽種蔬菜，幾乎毫無農業，2010 年馬英九總統造訪吐國，允諾協助改善居住環境與生活。[7]

第二節　組織、職掌與編裝
（Organization, Duties and Equipment）

吐瓦魯國家警察部隊（Tuvalu National Police Force）

一、組織與職掌[8]

吐瓦魯並無設立正規軍隊，負責國家安全的是隸屬於內政及農村發展部（Ministry of Home Affairs and Rural Development）的國家警察部隊。[9]總部設於首都富納富提，職責分為海上偵查隊、海關、監獄管理與移民。（見圖 148-1）海上偵查隊的任務主要是監視海上與巡邏漁業資源。國內唯一的巡邏艇由澳洲贈與，而海上偵查隊的訓練來源亦由澳洲提供。

---

[5] 施正鋒、闕河嘉主編，《當代南太平洋民主政治》〈楊聰榮－南太平洋國家的多元族群與國家認同〉，2007 年 12 月，頁 68-69。

[6] 為了人類免受氣候變暖的威脅，1997 年 12 月，149 個國家和地區的代表在日本京都舉行《聯合國氣候變化框架公約》的締約方第三次會議。各國代表們通過了旨在限制發達國家溫室氣體排放量、抑制全球範圍內氣候持續變暖的《京都議定書》。《京都議定書》規定，到 2012 年，所有發達國家二氧化碳等 6 種溫室氣體的排放量，要比 1990 年減少 5.2%。中華民國外交部，外交資訊網頁（2010/04/19）。國立科學自然博物館網站，（http://www.nmns.edu.tw/nmns/04exhibit/97/97-3-lowESTC/Self-examination/self-3.htm）（2010/04/22）。

[7] 江慧真，《中國時報》〈熱情吐瓦魯 馬允諾協助建設〉，2010/03/24。

[8] Law enforcement in Tuvalu, (http://en.wikipedia.org/wiki/Law_enforcement_in_Tuvalu) (2010/04/22)

[9] Tuvalu Government, (http://www.tuvaluislands.com/index.html) (2010/04/22)

二、裝備

　　吐國參與由澳洲策劃的太平洋巡邏船計劃（Pacific Patrol Boat Program），澳洲贈與海上偵查部隊一艘太平洋級 165 噸可承載 18 人的巡邏艇。[10]

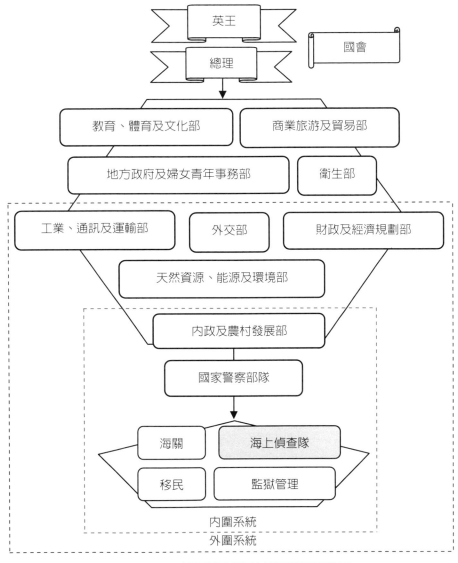

圖 148-1　吐瓦魯海域執法相關部門互動圖

資料來源：作者自繪

---

[10] *Jane's Fighting Ships.2004-2005*, Edited by Commodore Stephen Saunders RN, Virginia U.S.A, p. 777.

第三節　與我國制度之比較（A Comparison with Taiwan Coast Guard）

　　吐瓦魯為太平洋的小國，雖由九個島嶼組成，但國土總面積狹小，國內沒有設國防部亦無正式軍隊。國家警察部隊是唯一的安全單位，其下轄之海上偵查隊為巡邏海域的單位，但因人力與裝備缺乏，所使用之巡邏艇與教育訓練皆由澳洲海軍提供。我國與吐瓦魯相較之下，在制度、裝備、人力都完整許多。

第四節　結語（Conclusion）──特徵（Characteristics）

　　吐瓦魯位於西南太平洋，由九個珊瑚島組成，南北縱深約 560 公里，全球暖化造成海水上升，讓最高海平面只有 5 公尺的吐國陷入國土盡失困境，以下為其海域執法制度特徵。

壹、委外型海域執法制度

　　吐瓦魯雖然在國家警察部隊下設有海上偵查隊，但其人力與裝備根本無法獨力負擔廣大海域安全，因此與澳洲簽訂太平洋巡邏船計畫，由澳洲協助防禦海域安全。

貳、艦艇由澳洲提供

　　吐國雖設有負責海域巡邏的海上偵查隊，但裝備嚴重不足，唯一的艦艇是由澳洲贈與。

第 149 章　薩摩亞海域執法制度

第一節　國情概況（Country Overview）

　　薩摩亞獨立國（Independent State of Samoa）為南太平洋（South Pacific Ocean）島國，主要由烏波盧島（Upolo Island）與薩瓦伊島（Savai'i Island），組成。約位於夏威夷（Hawaii）與紐西蘭（New Zealand）中間、美屬薩摩亞（American Samoa）的西方。全國面積 2,831 平方公里，台灣為其 13 倍大。海岸線長 403 公里，領海 12 浬，專屬經濟海域 200 浬。[1]

　　首都阿庇亞（Apia），全國人口 193,161 人（2011）[2]。國體部落及議會民主制，政體三權分立，內閣掌行政權，國會一院制。憲法訂定之國家元首由立法會議選舉產生，內閣總理則由國會議員選出。（見圖 149-1）主要輸出食品、木材、飲料。[3]薩國國內生產總值（GDP）550（百萬）美元，在 190 個國家排名第 182 名；每人國民所得（GNP）567 美元（2010），在 182 個國家排名第 178 名。薩國在自由之家（Freedomhouse）的政治權利與公民自由兩

---

[1]　CIA, The World Factbook.(https://www.cia.gov/index.html) (2011/03/09)

[2]　CIA, The World Factbook.(https://www.cia.gov/index.html) (2011/06/15)

[3]　《世界各國簡介暨各國首長名冊》，中華民國外交部，2001 年，頁 52。

種自由程度在 2010 年的分數皆為 2，歸類為自由國家；透明國際（Transparency International）中的 2010 年的貪污調查分數為 4.1，在 178 個國家中排名第 62 名。[4]

　　第一次世界大戰前為德國領地時稱西薩摩亞，1914 年遭到紐西蘭佔領，後成為紐國託管地，一直到 1962 年 1 月 1 日正式獨立，1997 年改稱為薩摩亞。[5]

第二節　組織、職掌與編裝
（Organization, Duties and Equipment）

薩摩亞國家警察總署（Samoa National Police Force）──海事組（Maritime Wing）

一、組織與職掌[6]

　　薩摩亞並沒有正規國防軍，其國家防禦是由紐西蘭負責。國內唯一治安單位僅有國家警察總署，其隸屬於薩摩亞警察與監獄部（Samoa Ministry of Police & Prisons），署內分為毒品組、樂隊組、交通組、武器組、海事組、情報組與特殊回應組。主要任務有維持專屬經濟海域完整、提供海難搜救援助服務、保護政府與各國外交官員、增進與維持特殊作戰能力、加強交通事故調查技能、積極為市民提供治安防護、調查犯罪並維護國家安全、回應重大事故與災難。專責海域執法的海事組總部位於阿庇亞，其巡邏船是根據太平洋巡邏船計畫（Pacific Patrol Boat Program），由澳洲提供，自 1988 年起便持續參與漁業巡護與海難搜救等任務。

　　薩國警察總署曾於 2001 年參與聯合國在東帝汶的維和行動。從 2003 年 7 月開始，亦向所羅門群島區域援助組織（The Regional Assistance Mission to Solomon Islands）提供警務人員協助，並由薩國警官 Laulala Siitia 擔任員警部隊特遣指揮。澳洲則在 2006 年協助警察總署在阿庇亞建造新的警察總部，加強薩國警方的服務。

---

[4]　四類指標詳情請見本書導論，頁 11-13。
[5]　中華民國外交部，外交資訊網頁（2011/03/09）
[6]　Samoa Ministry of Police & Prisons, (http://www.police.gov.ws/index.html)（2011/03/09）

　　另外，澳洲聯邦警察（Australia Federal Police）根據「薩摩亞-澳洲警察合作夥伴條約」（The Samoa Australia Police Partnership）與薩國外交部與司法部法令的支援，兩國警察密切地合作。「薩摩亞-澳洲警察合作夥伴條約」是澳洲倡議的「太平洋警察發展計畫」（Pacific Police Development Program）組成關鍵，是支援雙邊與太平洋地區多國警察能力發展的措施。此合作條約始於 2009 年 1 月，是由澳洲國會倡議的薩摩亞警察專案（Samoa Police Project），同年 9 月，澳洲委任聯邦警官為薩國規劃一系列改造程序，並提供適當援助。

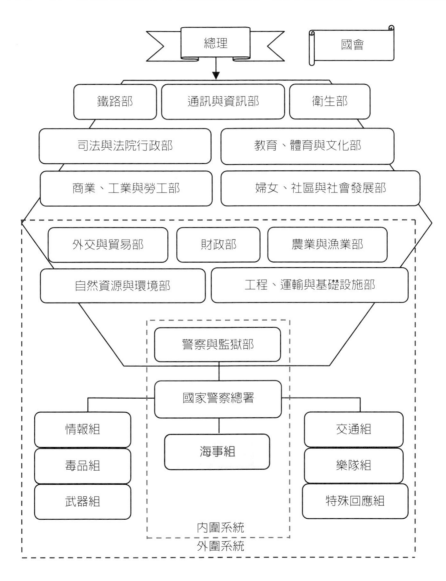

圖 149-1　薩摩亞海域執法相關部門互動圖

資料來源：作者自繪

二、裝備

澳洲根據太平洋巡邏船計畫，首先在 1988 年 3 月贈與 1 艘 165 噸大型巡邏艇。澳洲於 2009 年贈與拖車及 1 艘充氣艇，並提供維修零件。又於 2010 年 1 月再贈與橡皮艇、1 輛四驅車與 1 艘拖船，以提昇海事組的海難搜救效率。[7]

第三節　與我國制度之比較
（A Comparison with Taiwan Coast Guard）

薩摩亞並沒有獨立的海域防衛單位，因此隸屬於警察總署的海事組便扮演了海域執法主角，其身為警察擁有執法權責，雖為四級制，但在澳洲的「薩摩亞-澳洲警察合作夥伴條約」與太平洋巡邏船計畫的支援下，依然努力執行漁業巡護與海難搜救等任務。我國設立之海巡署是為一專責的海域執法單位，為軍、警、文並用之制度，海巡署的存在對四面環海的我國來說，是維護海域安全的要角，政府努力改革組織與制度。

第四節　結語（Conclusion）——特徵（Characteristics）

薩摩亞為南太平洋島國，在長 403 公里的海岸線上設有一基地，以下為其海域執法制度特徵。

壹、警察型海域執法機制

薩摩亞國家警察總署下轄之海事組為國內唯一的海域執法單位。

---

[7] Australia donates to Samoa Police Service Maritime Wing, (http://www.samoaobserver.ws/index.php?view= article&id=18968%3Aaustralia-donate&option=com_content&Itemid=103）（2011/03/09）

貳、四級制——隸屬於國家警察總署

海事組隸屬於警察與監獄部下轄之國家警察總署。

參、部分委外制

薩摩亞並無設立正規軍隊，國防安全主要依賴紐西蘭與澳洲支援。

第 150 章　東加王國海域執法制度

第一節　國家概況（Country Overview）

　　東加王國（Kingdom of Tonga）位於南太平洋（South Pacific Ocean）南端，由 172 個大小不等的島嶼組成，由東加塔布島（Tongatapu）、哈亞派島（Ha'apai）、巴巴烏島（Vava'u）等三個主要島群構成。西距斐濟（Fiji）650 公里，西南距紐西蘭（New Zealand）1,770 公里。全國面積 748 平方公里，為面積 150 平方公里的金門的 5 倍大。海岸線長 419 公里，水域面積 25.9 萬平方公里，領海 12 浬，宣稱專屬經濟海域 200 浬，但部分未受邊界協議（boundary agreement）界定。[1]

　　首都奴瓜婁發（Nuku'alofa），全國人口 105,916 人（2011）[2]。國體君主立憲制，王位世襲，政體三權分立，國會一院制。（見圖 150-1）主要輸出南瓜、鮮魚、香草，輸入麵粉、

---

[1]　*Jane's Fighting Ships.2004-2005*, Edited by Commodore Stephen Saunders RN, Virginia U.S.A, p. 750.

[2]　CIA, The World Factbook.(https://www.cia.gov/index.html)（2011/06/15）

紡織品、機器。[3]東加國內生產總值（GDP）301（百萬）美元，在 190 個國家排名第 184 名；每人國民所得（GNP）2,907 美元（2010），在 182 個國家排名第 111 名。東加在自由之家（Freedomhouse）的政治權利與公民自由兩種自由程度在 2010 年的分數前者為 5，後者為 3，歸類為部份自由國家；透明國際（Transparency International）中的 2010 年的貪污調查分數為 300，在 178 個國家中排名第 101 名；聯合國（2010）最適合居住國家的人類發展指數為 5.6，在 169 個國家中排名第 85 名。[4]

1852 年，原本分散的島嶼在內戰後建立東加王朝。1875 年，實行君主立憲至今。1900 年，成為英國保護地，終於 1970 年 6 月 4 日獨立。[5]目前政治情勢穩定，與各國關係良好，國內經濟主要依賴農產品輸出，約佔三分之二。[6]

第二節　歷史沿革（History）

東加國防軍（Tonga Defense Services, TDS）在 1939 年第二次世界大戰時便已存在，但二次大戰結束後便宣告解散。紐西蘭於 1943 年協助東加培訓擁有 2,000 名隊員的兩支特遣隊，並在索羅門群島沿岸活動，直至 1946 年 TDS 重新組織。而紐西蘭與美國軍隊長期駐紮於東加，做為軍事運輸中繼站。近年，TDS 開始參與聯合國在索羅門群島的維和行動，並參加美國的伊拉克反恐行動。

---

[3]　《世界各國簡介暨各國首長名冊》，中華民國外交部，2001 年，頁 62。
[4]　五類指標詳情請見本書導論，頁 11-14。
[5]　I. C. Campbell 著、葉百銓譯，《太平洋史》，台北：國立編譯館，頁 39-40、81、223。
[6]　中華民國外交部，外交資訊網頁（2010/04/26）

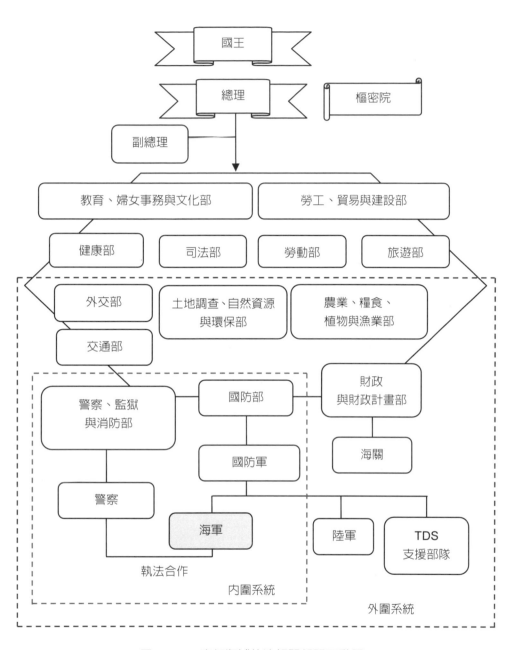

圖 150-1　東加海域執法相關部門互動圖

資料來源：作者自繪

第三節　組織、職掌與編裝
（Organization, Duties and Equipment）

東加海軍（Tonga navy）

一、組織與職掌

　　東加海軍為東加國防軍分支，國防軍由三個作戰指揮單位、兩個勤務支援單位（後勤部隊、訓練小組）組成，與大約有 310 名的警察形成國家防衛力量。TDS 戰略指揮單位為聯合作戰司令部，由正規陸軍、TDS 支援部隊及海軍組成，另外的國民兵及後備部隊，亦由聯合作戰司令部直接管轄。國家軍事部隊的任務是維持國家治安，巡邏沿海水域的捕魚區，並參與公民活動和國家發展等項目。

　　東加海軍主要負責海上軍事任行動，而取締偷渡及海上走私亦為其責任，但其人力及裝備不足，時常無法有效值勤。海軍指揮官瞭解必須加強海事巡邏的權力及裝備，以便提高制止海上毒品買賣的效率，2009 年最大宗毒品走私便是由海軍查獲，再由警方調查毒品流向。由於往來東加的各式船舶皆由海軍登艇檢查，查獲不法情事才會交由警方檢調，因此雙方密切合作以加強海域邊境的控制，其巡邏勤務，警察與海關人員的存在不可或缺。為減少社會成本的負擔，海軍計畫未來執行犯罪取締時，由政府授權使其擁有類似警察的偵查權限，不需再移交其他單位。[7]

二、裝備

　　東加正規軍總人數約 450 人，海軍 50 人，艦艇數量總計 6 艘艦艇，分別為 3 艘 162 噸太平洋級大型巡邏艇、1 艘 4,050 噸沿海油輪、1 艘 116 噸 LCM-8 兩棲登陸艇、1 艘 10 噸皇家遊艇。[8]1 架 G18S 航空器以及 1 架 Citabria 輕航機。[9]

---

[7]　Tonga navy says more authority needed to stop drug trafficking, (http://www.rnzi.com/pages/news.php?op=read&id=49305) (2010/05/06)

[8]　*Jane's Fighting Ships.2004-2005*, Edited by Commodore Stephen Saunders RN, Virginia U.S.A, pp. 750-751.

第四節　教育與訓練（Education and Training）

　　東加國防軍國內教育由軍事學校（Military Schools）培訓，設有專業學術、交涉訓練（Academic and Trade Training）及專業語言訓練（Language Training）。海軍潛水人員則是送至紐西蘭潛水學校（Navy Dive School）訓練，潛水學校接受來自新加坡、馬來西亞、斐濟、東加的海軍人員來此受訓，因為軍事潛水為海軍首要重點，結業學生皆可獲得國際認證。加入東加海軍要先接受為期 14 週的基本課程並加以評等，國防潛水員還另有為期 4 週的軍事訓練，並完成 15 小時最大深度 30 米的潛水任務，以便未來執行海床調查及船舶檢索、維修及設備更新。15 小時潛水課程完成，另有為期 21 週的課程，包含不同潛水空氣的壓力潛水課、先進的救護課程、水下攝影及錄像、掃雷及水下爆破訓練。[10]

第五節　與我國制度之比較 （A Comparison with Taiwan Coast Guard）

　　東加針對海域執法並無設立專業部門，由於國內經費與人力的不足，因此由國內唯一的海上單位──海軍來負責。東加海軍不僅維護海域邊境安全，還要檢查往來船舶，如發現不法交易，需將非法人員及物品轉往警方偵查。我國海域執法因設有專職單位，權責區分清楚，海域巡邏及非法事項偵查由海巡署負責。東加海軍國內教育，僅有三所軍事訓練學校，海軍重要的潛水教育則在紐西蘭潛水學校受訓。台灣海巡人員多來自於警察大學水警系，其他專業能力則有不同的課程提供訓練。

---

[9]　Tonga Military, (http://zh.wikipedia.org/zh-tw/%E6%9D%B1%E5%8A%A0%E8%BB%8D%E9%9A%8A) (2010/04/26)

[10]　New Zealand Navy Dive School, (http://www.navy.mil.nz/visit-the-base/rnzn-college/branch/dive-school.htm) (2010/05/06)

第六節 結語（Conclusion）──特徵（Characteristics）

東加王國位於南太平洋南端，是由 172 個島嶼組成的群島國，海岸線長 419 公里，設有 2 基地，以下為其海域執法制度特徵。

壹、海軍型海域執法機制

東加國內並無專業海域執法單位，針對領海邊境的巡邏及偵查是交由海軍執行。

貳、與警方、海關合作密切

目前海軍內部並沒有對非法事務設有偵訊單位，在海域發現不法事務，都是轉交警方及海關調查。

參、海軍重點訓練至國外受訓

東加並無專門的海軍訓練校，潛水、船舶檢測、掃雷及爆破訓練是將海員送往紐西蘭潛水學校受訓。

第 151 章　庫克群島海域執法制度

第一節　庫克群島概況（Cook Islands Overview）

庫克群島（Cook Islands）為南太平洋（South Pacific Ocean）群島，位在夏威夷（Hawaii）與紐西蘭（New Zealand）中間，分為南北兩大島群，共由十五個島組成。全境面積 236 平方公里，為面積 150 平方公里的金門的 1.6 倍大。海岸線長 120 公里，領海 12 浬，專屬經濟海域 200 浬。[1]

首都阿瓦虜阿（Avarua），全境人口 11,488 人（2011）[2]。政體自治責任內閣制，英王為國家元首，當地設英王代表，總理為政府首腦。（見圖 151-1）庫島境內生產總值（GDP）183.2（百萬）美元，在 190 個國家排名第 186 名。[3]

1888 年，庫島納為英國保護地，1900 年併為紐西蘭領地（亦稱海外領地（Overseas Territories）[4]）。1964 年 11 月 17 日，紐國會通過《庫克群島制憲法案》（Cook Islands Constitution

---

[1]　CIA, The World Factbook.(https://www.cia.gov/index.html) (2011/03/10)

[2]　CIA, The World Factbook.(https://www.cia.gov/index.html) (2011/06/16)

[3]　本類指標詳情請見本書導論，頁 12。

[4]　海外領地是一個人文地理上的概念，意指一個國家所擁有、位在國外與本土不相連的領土。海外領地的生成原因與政治地位有很多類別，根據國情的不同，不同國家對其海外領土的分類方式也不全然一

Act），在庫島大選後，將自治權利釋放。1965 年 4 月 20 日，民意支持制憲與成立一個半自主政體，同年 7 月 26 日紐通過《庫克群島憲法修正法案》（Cook Islands Constitution Amendment Act），賦予庫島居民紐國公民身分，可自由進出紐國，庫紐以自由結合（Free Association）[5]型態合作。通過民選的政府擁有完整自治權利，但外交與國防事務則由紐國監督。近年庫島嘗試在外交方面擁有更多的主導權，加入許多區域性的組織，甚至與 19 個國家建立起直接或間接的邦交，以期能轉變成一個真正獨立的主權國家。[6]

第二節　組織、職掌與編裝
（Organization, Duties and Equipment）

壹、庫克群島國家警察署（National Police）
──海事處（Maritime Division）

　　庫克群島海域執法主要由國家警察署下轄之海事處負責，其裝備、教育訓練由澳洲提供，庫島雖然並非澳洲領地，但基於同樣身為南太平洋區域成員，因此紐西蘭委託澳洲與庫島簽訂「太平洋巡邏船計畫」（Pacific Patrol Boat Program），由澳洲提供援助。1989 年，澳洲捐贈一艘巡邏艇給海事警察使用，維護海域治安並監控專屬經濟海域。2006 年，庫澳雙方簽訂國防合作計畫，由澳洲提供技術與專業技能，培訓海上巡邏人才，提高海域監視與海難搜救效率。目前，澳洲與紐西蘭海軍各派有一名海域監視顧問與技術顧問，支援海事警察的監測與應對能力。[7]

致。Wikipedia, (http://zh.wikipedia.org/wiki/%E6%B5%B7%E5%A4%96%E5%B1%9E%E5%9C%B0)（2011/03/10）

[5] 是指一個小國在一定程度上與另一個較大國家在政治上的一種自由合作夥伴關係。小國被稱為此大國的自由聯合國或結盟邦國（associated state）。自由聯合關係僅限於聯合國託管理事會指的美國的自由結盟公約（Compact of Free Association） 或英國的結盟邦法（Associated Statehood Act），及其相關國家。這些結盟邦國不是受保護國，而是國際法闡明的主權國家或擁有潛在獨立權。紐西蘭結盟邦國有紐埃與庫克群島，美國則有帛流、馬紹爾與密克羅尼西亞聯邦。Wikipedia, (http://zh.wikipedia.org/wiki/%E8%87%AA%E7%94%B1%E8%81%AF%E5%90%88）（2011/03/10）

[6] 中華民國外交部，外交資訊網頁（2011/03/09）

[7] Cook Islands country brief, 2011/07, (http://www.dfat.gov.au/geo/cook_islands/cook_islands_brief.html)(2011/07/18)

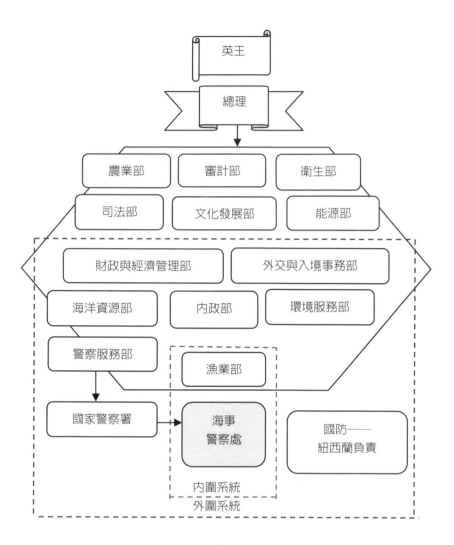

圖 151-1　庫克群島政府部門互動圖

資料來源：作者自繪

貳、庫克群島漁業部（Cook Islands Ministry of Fishery）

一、組織與職掌

　　庫克群島並沒有常規軍隊，其國防全由紐西蘭負責，國內治安則由隸屬於警察服務部的國家警察署承擔責任。紐西蘭根據 1965 年憲法規定提供庫島防衛支援，但只有在庫島政

府的請求下才能採取國防行動。雙方簽訂「相互援助方案」（Mutual Assistance Programme, MAP），由紐西蘭空軍支援協防庫島經濟海域，並依據 MAP 重點支援巡邏服務，提供使用武器、搜救的專業技術顧問，以太平洋巡邏船計畫（Pacific Patrol Boat Project）提供庫島巡邏艇並協助操作，巡邏艇多數由庫島漁業部執法人員操作偵查非法捕撈。[8]

另外，由於庫克群島位於美國防衛司令部第十四區指揮部的夏威夷附近，2010 年 8 月 31 日，第十四分區指揮部在庫島專屬經濟海域偵查到一艘可疑的捕撈漁船，其違反「麥格森-史帝芬漁業保育與管理法」（Magnuson-Stevens Fishery Conservation and Management Act）獵殺鯊魚，基於庫島的專屬經濟海域權益，美國海域防衛司令部人員在庫島漁業部執法人員同意下執行雙邊執法。[9]

第三節　與我國制度之比較
（A Comparison with Taiwan Coast Guard）

庫克群島為紐西蘭在南太平洋之自由聯合邦，其境內治安由國家警察承擔，但並未設立專屬軍事部隊。庫島海域治安由海事警察負責，紐國與澳洲依據太平洋巡邏船計畫提供其巡邏艇與操作顧問。我國設立海巡署做為專責海域執法單位，其負責任務有查緝走私與毒品、海難搜救等任務。

第四節　結語（Conclusion）——特徵（Characteristics）

庫克群島為南太平洋群島，海岸線長 120 公里，以下為其海域執法制度特徵。

壹、警察型海域執法機制

庫克群島海域執法由隸屬於國家警察署的海事處負責。

---

[8] Cook Islands, Defence, (http://www.mfat.govt.nz/Countries/Pacific/Cook-Islands.php) (2011/03/10)

[9] Coast Guard, Cook Islands Ministry of Fisheries seize shark fins, 2010/08//31, (http://coastguardnews.com/coast-guard-cook-islands-ministry-of-fisheries-seize-shark-fins/2008/10/31/) (2011/03/10)

貳、四級制——隸屬國家警察署

海事警察為隸屬於警察服務部下轄之國家警察署的四級單位。

參、漁業部具備執法能量

漁業部執法人員擁有艦艇專責偵查非法捕撈。

第 152 章　美屬薩摩亞海域執法制度

第一節　美屬薩摩亞概況（America Samoa Overview）

美屬薩摩亞（America Samoa）為薩摩亞群島（Samoa Islands）之東半部，是美國在南太平洋（South Pacific Ocean）的領地（亦稱海外領地（Overseas Territories）[1]），由圖圖伊拉島（Tutuila）、馬努阿群島（Manu'a Island）、羅斯環礁（Rose Island）和斯溫斯島（Swains Island）組成，位置約在夏威夷（Hawaii）與紐西蘭（New Zealand）的中間。（見圖 152-1）全境面積 199 平方公里，為面積 150 平方公里的金門的 1.3 倍。海岸線長 116 公里，領海 12 浬，專屬經濟海域 200 浬。[2]

首都帕果帕果（Pago Pago），全境人口 67,242 人（2011）[3]。美國於當地設行政首長，美薩人民選出美國眾議院代表，該代表於美國會中並無投票權。（見圖 152-2）十九世紀末，德國、英國和美國為爭奪薩摩亞群島發生嚴重對抗。最後，根據 1899 年的條約，由德國和

---

[1] 海外領地是一個人文地理上的概念，意指一個國家所擁有、位在國外與本土不相連的領土。海外領地的生成原因與政治地位有很多類別，根據國情的不同，不同國家對其海外領土的分類方式也不全然一致。Wikipedia, (http://zh.wikipedia.org/wiki/%E6%B5%B7%E5%A4%96%E5%B1%9E%E5%9C%B0)（2011/ 03/10）

[2] CIA, The World Factbook.(https://www.cia.gov/index.html) (2011/03/09)

[3] CIA, The World Factbook.(https://www.cia.gov/index.html) (2011/06/16)

美國分割薩摩亞群島，隔年由美國正式佔領群島東半部，而西薩摩亞今日已是薩摩亞獨立國。2005 年 5 月 30 日，美屬薩摩亞要求聯合國將其從殖民地名單中剔除。所有在美屬薩摩亞出生的人都可享有美國國民（national）的待遇，但不獲美國公民（citizen）的資格，這是現在唯一的美國「國民但非公民」的例子。

圖 152-1　美屬薩摩亞地圖[4]

---

[4]　(http://www.go-samoa.com/) (2011/03/13)

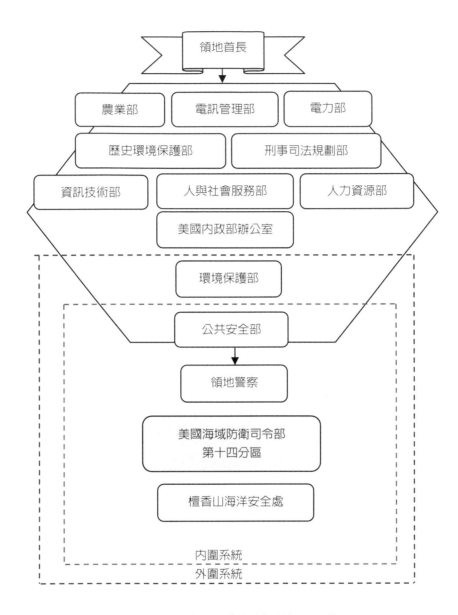

圖 152-2　美屬薩摩亞海域執法相關部門互動圖

資料來源：作者自繪

第二節 組織、職掌與編裝
（Organization, Duties and Equipment）

美屬薩摩亞領地警察（America Samoa Territorial Police）

一、組織與職掌

　　美屬薩摩亞身為美國領地並沒有專屬部隊，境內治安則由隸屬公共安全部的領地警察（Territorial Police）負責。領地警察為國內唯一有司法管轄權的執法機構，授予保護人民生命與財產安全，執法範圍包含機場、港口與各地社區。[5]

　　另外，美屬薩摩亞的海域執法主要由美國海域防衛司令部中編制最小的第十四分區（district）負責，其基地位於夏威夷，責任範圍包含夏威夷群島、關島（Guam）、美屬薩摩亞、北馬里亞納群島（Northern Marianas Islands）與其他美屬太平洋領地。以巡邏艇與航空器提供廣泛服務，包括根據漁業維護與管理法監控捕魚區。在港口維護環境，如果發生漏油，海域防衛司令部將協助清理，以減少對海洋環境的損害。而海域治安亦為海域防衛司令部長期關注的問題，位於檀香山（Honolulu）的海洋安全處（Marine Safety Office, MSO）負責上述各島嶼的港口維安、海難搜救、污染調查、商船執照與港口業務。位於檀香山的第十四分區指揮部擁有約 200 名人員，計有 2 艘驅逐艦、7 艘海難搜救專用巡邏艇、數十艘大小不等巡邏艇、6 架航空器。[6]

---

[5]　American Samoa Department of Public Safety, (http://en.wikipedia.org/wiki/American_Samoa_Department_of_Public_Safety) (2011/03/09)

[6]　United Stated Coast Guard, Fourteenth District, (http://www.globalsecurity.org/military/agency/dot/district14.htm) (2011/03/09)

第三節　與我國制度之比較
（A Comparison with Taiwan Coast Guard）

美屬薩摩亞為美國位於南太平洋之領地，其境內治安由領地警察負責，當局並未設立專屬軍事部隊，海域安全則由美國海域防衛司令部第十四分區指揮部負責，此指揮部負責美國位於太平洋地區的島嶼之港口安全、海洋維護與海難搜救等任務。我國設有專責海域執法單位，負責任務與美國第十四分區指揮部之職責相去不遠，加上我國為一獨立國家，並不需要他國協助海域執法。

第四節　結語（Conclusion）──特徵（Characteristics）

美屬薩摩亞為南太平洋之群島，海岸線長 116 公里，以下為其海域執法制度特徵。

壹、警察為執法要角

美屬薩摩亞治安由警察負責，其為境內唯一擁有司法權限之執法單位。

貳、海域執法由美國負責

美屬薩摩亞海域治安與防衛由美國海域防衛司令部第十四分區指揮部負責。

第 153 章　巴布亞紐幾內亞海域執法制度

第一節　國家概況（Country Overview）

巴布亞紐幾內亞獨立國（The Independent State of Papua New Guinea）為太平洋（Pacific Ocean）西南島嶼國家，主要涵蓋紐幾內亞島[1]東半部，西鄰印尼（Indonesia）的巴布亞省（Papua），南部和東部分別與澳洲（Australia）和索羅門群島（Solomon Islands）隔海相望。全國面積 462,840 平方公里，為台灣 13 倍大。海岸線長 5,152 公里，領海 12 浬，宣稱專屬經濟海域 200 浬，但有部分並沒有被邊界協議（boundary agreement）所認定。[2]

首都莫爾茲比港（Port Moresby），全國人口 6,187,591 人（2011）[3]。國體君主立憲制，政體責任內閣制，英王為元首，國會一院制。（見圖 153-1）主要輸出可可、椰乾、棕櫚油，

---

[1] 為世界第二大島，第一大島為格陵蘭島（2,130,800 平方公里），第二大島為幾內亞島（785,753 平方公里），第三大島加里曼丹島（748,168 平方公里）。Wikipedia,（http://zh.wikipedia.org/zh-tw/%E6%96%B0%E5%87%A0%E5%86%85%E4%BA%9A%E5%B2%9B）（2010/05/06）

[2] *Jane's Fighting Ships.2004-2005*, Edited by Commodore Stephen Saunders RN, Virginia U.S.A, p. 537.

[3] CIA, The World Factbook.(https://www.cia.gov/index.html) (2011/06/15)

輸入機械設備、加工食品。[4]巴紐國內生產總值（GDP）8,809（百萬）美元，在 190 個國家排名第 131 名；每人國民所得（GNP）1,358 美元（2010），在 182 個國家排名第 131 名。巴紐在自由之家（Freedomhouse）的政治權利與公民自由兩種自由程度在 2010 年的分數前者為 4，後者為 3，歸類為部份自由國家；透明國際（Transparency International）中的 2010 年的貪污調查分數為 2.1，在 178 個國家中排名第 154 名；聯合國（2010）最適合居住國家的人類發展指數為 5.0，在 169 個國家中排名第 137 名。[5]

巴紐由巴布亞（Papua）及紐幾內亞（New Guinea）兩殖民地合併組成。巴布亞原名為英屬紐幾內亞（British New Guinea），在 1906 年澳洲接管後改為巴布亞，紐幾內亞原為德國殖民地。二戰後，兩地由聯合國托澳洲治理，改為現名。1973 年 12 月 1 日，成立自治政府，除國防、外交及內部治安外，完全自治。1975 年，正式獨立。[6]巴紐自獨立以來未曾有政黨獲國會過半席次，故皆須聯合他黨組成聯合內閣，政局有欠穩定，總體經濟多入不敷出。現任總理期望恢復區域領導地位，吸引外資增加出口，致力於復甦經濟。[7]

第二節　歷史沿革（History）[8]

巴布亞紐幾內亞國防軍（Papua New Guinea Defence Force ,PNGDF）起源於澳洲托管時成立的軍隊，於 1973 年 1 月形成。當時成員有 3,750 人，當中的 465 名澳洲軍官以協助培訓及技術支援為要任。1983 年，PNGDF 在國家獨立後打擊內亂。1989 年至 1997 年，PNGDF 亦參與打擊布干維爾島革命軍（Bougainville Revolutionary Army）的布干維爾及布卡（Buka）獨立運動，但被批評侵犯人權及雇請傭兵。2003 年 7 月，通過憲法修正後，允許 PNGDF 派駐國外，計有 80 人加入澳洲領導的所羅門群島區域援助團（Regional Assistance Mission to the Solomon Islands, RAMSI），截至 2008 年已減少留置人數。

---

[4] 《世界各國簡介暨各國首長名冊》，中華民國外交部，2001 年，頁 48。
[5] 五類指標詳情請見本書導論，頁 11-14。
[6] 《世界各國簡介暨政府首長名冊》，中華民國外交部，2001 年 9 月，頁 47。
[7] 中華民國外交部，外交資訊網頁（2010/05/06）
[8] Papua New Guinea Defence Force, (http://www.defence.gov.pg/) (2010/05/07)

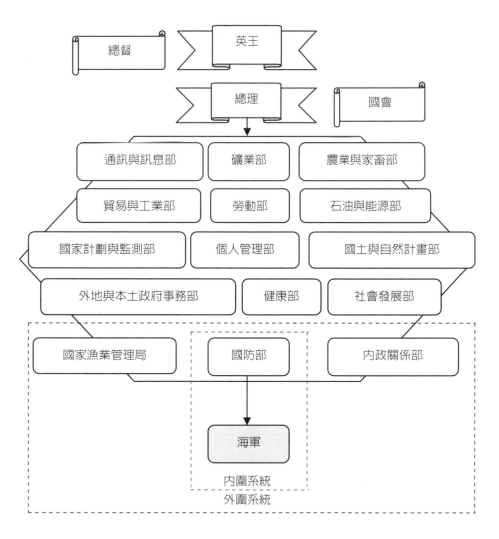

圖 153-1　巴布亞紐幾內亞海域執法相關部門互動圖

資料來源：作者自繪

　　PNGDF 的能量長期被認為非常溫和，目前最大問題是長期的預算危機及缺乏經驗，面對常規演練時佈署能力有限。海軍及空軍裝備與資金同樣短缺，各軍種僅擁有基礎設備，難以參與海外行動，因此急需更新。巴紐自獨立以來，試圖以減少軍事預算解決經濟問題，卻引起極大反彈。2002 年，PNGDF 從原本的 4,000 人減至 2,100 人。2004 年初，政府再次削減軍隊並重新組織，於 2007 年完成目標。澳洲、紐西蘭、法國和其他國家協助培訓並增強 PNGDF 能量，德國與中國援助軍事預算。截至 2006 年，澳洲提供的培訓與諮詢領域包括政策、管理、海事、步兵、工程、人事、後勤及財政，另有 2 名人員受巴紐借調擔任後勤顧問。2006 年 8 月，澳洲再次支援巴紐在莫爾茲比港地區的反恐、海上巡邏和軍事防禦

組織。現今 PNGDF 是一支約 2,100 人的小型部隊，分別以陸軍、空軍及海軍組成，保衛領土及海域避免遭受外部攻擊，輔助國家建設和維護內部安全。PNGDF 三大軍種在國防部的監督下，各自由指揮官操作。

第三節　組織、職掌與編裝
（Organization, Duties and Equipment）

巴布亞紐幾內亞海軍（Papua New Guinea Navy）

一、組織與職掌[9]

　　巴布亞紐幾內亞海軍屬於國防軍分支，為一海上輕型巡邏隊，負責維護國家水域安全。主要扮演三種角色，分別是軍事行動、保護專屬經濟海域區、擔任軍隊與社會的後勤支援。總指揮官為海軍上校，總部設於莫爾茲比港，另外於馬努斯島（Manus Islands）及米爾恩灣（Milne Bay）亦設有巡邏駐點。海軍目前面臨嚴重的資金不足，致使多項設備維修延宕，因此遭遇問題時常難以執行任務，其它事務往往因此延誤或取消工作。海軍現有的九艘艦艇是簽訂太平洋巡邏船計劃（Pacific Patrol Boat Program）由澳洲所贈與。

　　海軍定時的巡邏勉強有其成效，但燃料成本與維修經費問題，同一時間可出任務的艦艇往往僅有一艘。雖然艦艇有維修，但巡邏的龐大海域，往來船舶的訊息仍高度依賴美國提供的衛星報告，面對的主要問題為非法捕撈金槍魚的日本漁船。目前海軍期望未來能夠採購一艘 2,000 噸的多用途艦艇或改建商船。澳洲海軍目前仍持續協助巴紐海域巡邏及人員培訓，亦時常借調至巴紐國家協調中心參與定期舉行的聯合演習，以審查方式給予意見以加強海域邊界的監視。另外，澳洲海關還參加跨邊界巡邏，以支援巴紐海域維護。

9　Jan's Navy, Papua New Guinea Navy, (http://www.janes.com/articles/Janes-Sentinel-Security-Assessment-Oceania/Navy-Papua-New-Guinea.html) (2010/05/06)

二、裝備

目前海軍有 200 名人員，艦艇總計 9 艘皆由澳洲贈與，分別是 4 艘 162 噸太平洋級大型巡邏艇、3 艘進攻級小型巡邏艇以及 2 艘 310 噸的後備貨物艇。[10]

第四節　教育與訓練（Education and Training）

巴布亞紐幾內亞國內唯一有關海事教育的學校為巴布亞紐幾內亞海事學院（Papua New Guinea Maritime College），其擁有各種海事裝備，如帆船、動力艇、六分儀、海上消防設備、雷達偵測、迴聲探測儀以及專業實驗室等，亦包括各式衛星導航系統、救生筏。國內航海人才多於此培訓，亦培育大量航運業及海事工程人員。本校課程、審計系統與澳洲海事安全局有同樣的標準，與澳洲海事學院一樣受到國際海事組織認可。[11]巴紐海事學院雖有多項海事課程，但只有教授海事基礎。海軍專業仍依賴澳洲或美國的海軍學院，巴紐多將海軍送往他國受訓，或借調澳洲海軍至國內培訓人員。

第五節　與我國制度之比較
（A Comparison with Taiwan Coast Guard）

巴紐海軍是國內唯一的海事單位，不僅要維護國家領海權益，還要定期巡邏以預防他國濫捕魚資源。由於國家長年財政緊縮，政府於 2002 年起逐年減少軍事預算，導致海軍資金不足，以致設備無法更新，無法有效執行任務，更無法參加國際軍事演練。巴紐領土與我國領土相比，大我國 13 倍，然而其軍事能量卻極微弱，巴紐海軍的裝備與人力最多只能偶爾巡邏，如果遇到軍事危機，恐怕只能依賴他國相助。

---

[10] *Jane's Fighting Ships.2004-2005*, Edited by Commodore Stephen Saunders RN, Virginia U.S.A, pp. 537-538. Papua New Guinea Defence Force, (http://en.wikipedia.org/wiki/Papua_New_Guinea_Defence_Force) (2010/05/07)

[11] Papua New Guinea Maritime College, (http://www.pngmc.ac.pg/) (2010/05/06)

第六節　結語（Conclusion）──特徵（Characteristics）

巴布亞紐幾內亞是太平洋上的島嶼國，海岸線長 5,152 公里，設有 2 基地，以下為其海域執法制度特徵。

壹、海軍型海域執法機制

巴紐沒有獨立海域執法單位，僅有海軍兼負軍事維護與巡邏重任。

貳、強烈依賴他國支援

政府長年努力改善國家經濟，為此縮減軍事預算，海軍艦艇老舊與燃料不足，根本無法巡邏廣大海域，因此長期依賴澳洲跨界巡邏，協助監視不法行動。往來船舶的訊息則依賴美國的衛星報告資訊。

參、國內無海軍專業學校

巴紐海域巡邏依賴他國，海軍多送至他國海軍學校受訓或借調澳洲海軍軍官至國內培訓。

第 154 章　索羅門海域執法制度

第一節　國情概況（Country Overview）

　　索羅門群島（Solomon Islands）位於澳洲（Australia）東北方約 1,800 公里，位於巴布亞紐幾內亞（Papua New Guinea）以東，西濱索羅門海（Solomon Sea），西南臨珊瑚海（Coral Sea）。（見大洋洲地圖）全國面積 28,896 平方公里，台灣為其 1.3 倍大。海岸線長 5,313 公里，領海 12 浬，宣稱專屬經濟海域 200 浬，但有部分未受邊界協議（boundary agreement）所界定。[1]

　　首都荷尼阿拉（Honiara），全國人口 571,890 人（2011）[2]。國體君主立憲制，政體內閣制，國會一院制，為大英國協會員。（見圖 154-1）主要輸出石油、液化木材、漁產、金礦，輸入運輸器材、食品、燃油。[3]索國國內生產總值（GDP）674（百萬）美元，在 190 個國家排名第 176 名；每人國民所得（GNP）1,269 美元（2010），在 182 個國家排名第 135 名。索國在自由之家（Freedomhouse）的政治權利與公民自由兩種自由程度在 2010 年的分

---

[1]　*Jane's Fighting Ships.2004-2005*, Edited by Commodore Stephen Saunders RN, Virginia U.S.A, p. 664

[2]　CIA, The World Factbook.(https://www.cia.gov/index.html) (2011/06/15)

[3]　《世界各國簡介暨各國首長名冊》，中華民國外交部，2001 年，頁 56。

數前者為 4，後者為 3，歸類為部份自由國家；透明國際（Transparency International）中的 2010 年的貪污調查分數為 2.8，在 178 個國家中排名第 110 名；聯合國（2010）最適合居住國家的人類發展指數為 4.9，在 169 個國家排名第 123 名。[4]

索羅門十九世紀末成為英、德保護地，後德國放棄保護權。二戰期間曾受日軍佔領，戰後英軍收復該島，1976 年成立自治政府，1978 年正式獨立並成為大英國協會員。[5] 2003 年，太平洋島國論壇（Pacific Islands Forum, PIF）因索國長期政治動盪，論壇會員國派軍警、顧問組成「區域援索團」（Regional Assistance to Solomon Islands, RAMSI），合作介入索國政府治理。2010 年，馬英九總統出訪索國，長期遭受援索團排擠的台灣，在多年援助索國後，終以非會員國身分首次與援索團會面。[6]

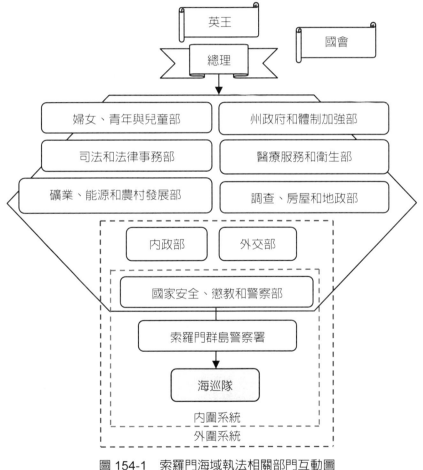

圖 154-1　索羅門海域執法相關部門互動圖

資料來源：作者自繪

---

[4]　五類指標詳情請見本書導論，頁 11-14。

[5]　《世界各國簡介暨政府首長名冊》，頁 55。

[6]　江慧真，《中國時報》〈馬訪「援索團」 外交突破〉，2010/03/26。

第二節　組織、職掌與編裝
（Organization, Duties and Equipment）

索羅門海巡隊（The Maritime Units）

一、組織與職掌

　　海巡隊為隸屬於索羅門群島警察署（Solomon Islands Police Force）的海域執法單位。警察署總部設於荷尼阿拉，署長由總督任命並在該組織擁有最高權力。2008 年，購入新式監控室與船舶跟蹤系統，提高打擊非法捕魚、跨國犯罪、海難搜救監視。澳洲海軍與索國簽定國防合作計畫，撥款援助索國設備更新，澳洲海軍顧問就索海上監視與巡邏艇提供升級的技術援助。論壇漁業局（Forum Fisheries Agency）認為漁業資源是索國最重要的產業，因此極需最新技術控制與調查海域發生的非法捕魚活動。[7]

二、裝備

　　海巡隊擁有 2 艘由澳洲提供的大型巡邏艇，分別命名為拉塔（LATA）和奧奇（AUKI），分別於 1988 年 9 月 3 日與 1991 年 11 月 2 日在服役。兩艘巡邏艇型號及規格相同，滿載排水量為 162 噸，長 31.5 公尺，寬 8.1 公尺，吃水 2.3 公尺。裝設 2 部 Caterpillar 柴油引擎，擁有 4,400 匹馬力，航速 12 節；艇上配有雷達與機槍炮。[8]

---

[7] New facilities launched in Solomon Islands for maritime surveillance, (http://www.ffa.int/node/49) (2010/05/25)

[8] *Jane's Fighting Ships.2004-2005*, Edited by Commodore Stephen Saunders RN, Virginia U.S.A, p. 664.

第三節　教育與訓練（Education and Training）

因索國與澳洲簽訂太平洋巡邏船計劃（Pacific Patrol Boat Program），因此海巡隊教育由澳洲海洋學院（Australia Maritime College, AMC）負責，提供航海相關知識給參與該計劃的海洋巡邏隊船員，澳洲海軍亦定期派遣顧問至索國進行技術指導。[9]

第四節　與我國制度之比較
（A Comparison with Taiwan Coast Guard）

索羅門群島為太平洋的群島國，如同多數太平洋島國或群島國，國內沒有設國防部也沒有正規軍隊，唯一的安全單位是隸屬於國家安全、懲教和警察部之警察署，警察署所屬海巡隊是唯一保衛海域安全的單位。因與澳洲簽訂太平洋巡邏船計劃，澳洲在設備與技術上提供不少支援。但面對廣大海域範圍，索國相對人力與裝備不足，仍強烈依賴澳洲支援，其巡邏艇操作與教育，由澳洲海軍提供。我國設立海巡署為專責海域執法單位，人力運用或艦艇數量皆較索國完善，索國依賴他國援助海域巡邏實為太平洋群島一大特色，此牽涉國防主權之作法，我國不可能與之並論。

第五節　結語（Conclusion）──特徵（Characteristics）

索羅門群島西濱索羅門海，西南臨珊瑚海 ，海岸線長 5,313 公里，以下為其海域執法制度特徵。

---

[9] Australia Maritime College, (http://en.wikipedia.org/wiki/Australian_Maritime_College) (2010/05/25)
Pacific Patrol Boat Program , (http://www.globalcollab.org/Nautilus/australia/australia-in-pacific/pacific- patrol-boat-program) (2010/05/225)

壹、警察型海域執法機制

索羅門警察署設置之海巡隊是國內唯一海域執法單位。

貳、設備與技術依賴他國提供

與澳洲簽定太平洋巡邏船計畫，因此艦艇、人員教育與技術操作都由澳洲海軍提供。

參、嚴禁非法捕撈

擁有廣大海域的索國，豐富的漁業資源成為非法捕撈的覬覦對象，因此維護漁業資源便是他們的核心任務。

第 155 章　萬那杜海域執法制度

第一節　國情概況（Country Overview）

　　萬那杜共和國（Republic of Vanuatu）位於太平洋（Pacific Ocean）西南方，由聖埃斯皮裡圖（Espiritu Santo）、馬拉庫拉（Malakula）、埃法特（Efate）、埃羅芒阿（Erromango）和塔納（Tanna）等 12 個大島和 70 多個小島組成，當中 66 個島有人居住，南北綿延 800 公里，並宣稱擁有馬修島（Matthew）和獵人島（Hunter）主權。全國面積 12,189 平方公里，為台灣的三分之一。海岸線長 2,528 公里，海域面積 84.8 萬平方公里，領海 12 浬，專屬經濟海域 200 浬，但界線未被邊界協議（boundary agreement）所界定。[1]

　　首都維拉港（Port-Vila），全國人口 224,564 人（2011）[2]。國體共和制，政體內閣制，國會一院制，總統為國家元首，總理為政府首長，為大英國協會員。（見圖 155-1）主要輸

---

[1]　*Jane's Fighting Ships.2004-2005*, Edited by Commodore Stephen Saunders RN, Virginia U.S.A, p.899

[2]　CIA, The World Factbook.(https://www.cia.gov/index.html) (2011/06/15)

出椰乾、可可、咖啡，輸入石油、機器、食品。[3]萬國國內生產總值（GDP）721（百萬）美元，在 190 個國家排名第 175 名；每人國民所得（GNP）2,917 美元（2010），在 182 個國家排名第 110 名。萬國在自由之家（Freedomhouse）的政治權利與公民自由兩種自由程度在 2010 年的分數皆為 2，歸類為自由國家；透明國際（Transparency International）中的 2010 年的貪污調查分數為 3.6，在 178 個國家中排名第 73 名。[4]

萬那杜 1906 年成為英、法共管地，1972 年新赫布里底（New Hebrides）島民在教會及英國協助下成立黨派。1974 年，法國為保衛利益也成立組織抗衡。萬國於 1980 年正式獨立。[5]1994 年，正式劃分 6 個省份，各省在中央政府的監管和法律的監督下，可自主管理省內事務。萬國因位於地震頻繁的太平洋火環帶，加瓦火山自 1963 年起已噴發十三次，2010 年 4 月又開始活躍並噴發火山灰。[6]

第二節　組織、職掌與裝備
（Organization, Duties and Equipments）

萬那杜設有警察署及海關署，由內政部掌管前者，後者隸屬於財政與經濟管理部，海域執法由海關署及警政署共同負責。涉及部門有內政部、外交部、財政與經濟管理部、農業、林業與漁業部、司法和社會福利部，共五個部門，屬外圍海域執法系統，共同處理海域執法案件；其餘與海域執法關係較弱。（見圖 155-1）

壹、萬那杜警察署（Vanuatu Police Commission）

一、組織與職掌

萬那杜警察署隸屬於內政部，總部設立在維拉港（Port-Villa），警察署長在該組織擁有最高權力。警察署擁有約 500 名警察，包括萬那杜機動隊（Vanuatu Mobile Force, VMF），

---

[3] 《世界各國簡介暨各國首長名冊》，中華民國外交部，2001 年，頁 66。
[4] 四類指標詳情請見本書導論，頁 11-13。
[5] 《世界各國簡介暨政府首長名冊》，頁 65。
[6] 管淑平編譯，《自由時報－國際新聞》〈萬那杜火山噴發 疏散待命〉，2010/04/20。

機動隊成立之目的是輔助警察，隊內亦包含於2008年成立的海上警察（Police Maritime Wing, PMW）。（見圖155-1、155-2）警察的責任概括陸地與海域的執法工作。[7]

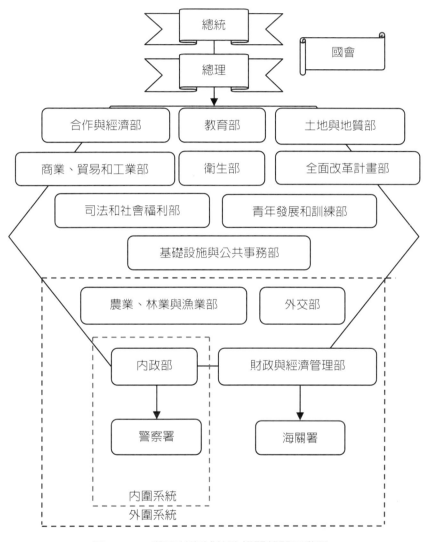

圖 155-1　萬那杜海域執法相關部門互動圖

資料來源：作者自繪

7　CIA, The World Factbook, Vanuatu, (https://www.cia.gov/index.html) (2010/05/25)

二、裝備

　　警察署擁有一艘由澳洲提供的大型巡邏艇，名為杜柯魯 2 號（TUKORO 2）。此巡邏艇於 1985 年 9 月 13 日由澳洲訂購，後於 1987 年 5 月 20 日正式在萬那杜海域服役。杜柯魯 2 號滿載排水量為 165 噸，長 31.5 公尺，寬 8.1 公尺，吃水 2.1 公尺。裝設 2 部 Caterpillar 柴油引擎，擁有 4,400 匹馬力，航速 18 節，艇上配有機槍炮。[8]

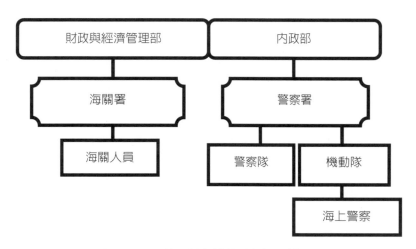

圖 155-2　萬那杜海域執法組織架構

資料來源：作者自繪

貳、萬那杜海關署（Vanuatu Customs Commission）

一、組織與職掌

　　萬那杜海關署隸屬於財政與經濟管理部，海關署長是掌管該組織的最高領導。海關主要任務是防止非法走私活動和管制物品進出關口，嚴禁非法物品如武器，毒品等。在出入境關口，所有運輸工具包括船舶，都必須停靠在關口接受檢查。海關除了軍艦外，擁有權

8　*Jane's Fighting Ships.2004-2005*, Edited by Commodore Stephen Saunders RN, Virginia U.S.A, p.899.

力搜索任何停泊在萬那杜海域的船隻。海關署長亦擁有絕對權力扣留及逮捕違法行為的人或物品。[9]

二、裝備

海關署與警察署共用杜柯魯2號。

第三節　權限與管轄（Authority and Jurisdiction）

萬那杜警察署及海關署分別負責不同範圍之海上執法的工作。警察負責海上發生的刑事案；海關的職責則是管理國際港口與機場，嚴防各類走私事件與保護海洋環境工作。基於警力和財力有限，萬那杜必須借助附近大國協助，因此與澳洲、紐西蘭及巴布亞紐幾內亞簽有防務協定，在海域執法上提供協助。[10]

第四節　教育與訓練（Education and Training）

萬那杜於聖埃斯皮裡圖島上設有一所海洋學院（Vanuatu Maritime College），但主要是培訓漁民與航海人員各種航海知識，而非海域執法相關專業。學院提供的課程包括航海與捕魚、工程學、服務與餐飲，課程主要目的是訓練與強化學員知識，提高在該領域的就職能力。該學院所頒發的證書達到了 STCW 95 [11]的合格標準，因此受到國際的承認，持有證書的學員可在各國船舶公司就業。

---

[9]　Vanuatu Customs, (http://www.china-customs.com/customs/data/46.htm) (2009/03/08)

[10]　萬那杜法律權限，（http://baike.baidu.com/view/22047.htm）（2009/03/17）

[11]　What is the STCW Convention, (http://www.stcw.org/big.html) (2009/03/17)

第五節　與我國制度之比較
（A Comparison with Taiwan Coast Guard）

我國擁有專業的海域執法制度，裝備與人力也較充足。相較下，萬那杜沒有國防部亦沒有海巡署，海域執法的工作只有靠海關與警察互相輔助執行。一艘共用的巡邏艇在執法上不能達到應有之效果。在配備與執法人員缺乏的情況下，萬那杜必須向鄰近的大國請求援助。此罕有制度可謂是該南太平洋小島國的一種特色。

第六節　結語（Conclusion）──特徵（Characteristics）

萬那杜是太平洋西南方群島國，海岸線長 2,528 公里，以下為其海域執法制度特徵。

壹、警察型海域執法機制

內政部下轄之警察署機動隊下設海上警察，專責海域治安維護，而海關署則負責國境之走私偵查。

貳、沒有設立國防部

國內並沒有國防部亦沒有正規軍事部隊。

參、部分委外制

海域執法裝備與人力單薄，靠他國協助，舉國僅有一艘大型巡邏艇「杜柯魯 2 號」，警察署及海關署共用。因此海域執法靠澳洲、紐西蘭及巴紐等大國傾力協助。

第 156 章　斐濟海域執法制度

第一節　國情概況（Country Overview）

　　斐濟群島共和國（The Republic of Fiji Islands）為南太平洋（South Pacific Ocean）上的群島國，位於萬那杜（Vanuatu）以東、吐瓦魯（Tuvalu）以南。由 322 個島嶼組成，當中 106 個島嶼有人居住，以維提島（Viti Levu）和維諾島（Vanua Levu）為主要島嶼，人口占全國的 87%。全國面積 18,270 平方公里，約為台灣的三分之一。海岸線長 1,129 公里，領海 12 浬，宣稱其專屬經濟海域 200 浬，但部分並沒有被邊界協議（boundary agreement）認定。[1]

　　首都蘇瓦（Suva），全國人口 883,125 人（2011）[2]。國體共和制，政體內閣制。（見圖 156-1）主要輸出粗糖、成衣、魚產，輸入石油、紡織品、食品。[3]斐濟國內生產總值（GDP）

---

[1] *Jane's Fighting Ships.2004-2005*, Edited by Commodore Stephen Saunders RN, Virginia U.S.A, p. 211.

[2] CIA, The World Factbook.(https://www.cia.gov/index.html) (2011/06/15)

3,154（百萬）美元，在 190 個國家排名第 154 名；每人國民所得（GNP）3,544 美元（2010），在 182 個國家排名第 102 名。斐濟在自由之家（Freedomhouse）的政治權利與公民自由兩種自由程度在 2010 年的分數前者為 6，後者為 4，歸類為部份自由國家；聯合國（2010）最適合居住國家的人類發展指數為 5.6，在 169 個國家中排名第 86 名。[4]

斐濟漁業資源豐富，擁有金礦與少量銅銀資源，茂密的森林出產優質的硬木和松木。其旅遊業發達，亦為最主要的經濟事業，斐濟工業以製糖業為主，為第二大經濟來源。2006 年，軍事政變爆發，旅遊業大受影響，經濟直線下滑，造成失業率提高。軍事政變使斐濟受到國際抵制與制裁，更促使英聯邦（Commonwealth of Nations）取消斐濟的成員國資格。[5]2009 年 1 月 27 日，南太平洋島國論壇（Pacific Islands Forum）發出最後聲明給斐濟過渡總理，限定在 5 月 1 日前公布大選日期，以結束軍事執政，否則取消其在該組織的會籍並停止所有經濟和技術協助。[6]斐濟目前以促進國家經濟之發展為目標，以務實外交為政策，重視與西方國家的友誼。

第二節　歷史沿革（History）

早在 17 世紀，便有比歐洲的探險家要早的東南亞裔人士抵達斐濟定居。1643 年，荷蘭探險家阿貝爾塔斯曼（Abel Tasman）抵達斐濟，是首位踏上此地的歐洲人。1874 年，斐濟成為英國殖民地，後於 1970 年獨立。1987 年，發生兩起軍事政變，第一次是不滿政府遭印度裔壟斷，第二次是要求廢除君主立憲以實施共和制，並以總統取代總督，國家名稱也從當時的「斐濟自治國」改為「斐濟共和國」，終於 1997 年改為現在的國名。2006 年 12 月 5 日，斐濟武裝部隊司令官弗蘭克‧拜尼馬拉馬（Voreqe Bainimarama）聲稱軍方完全接管政府並控制全國，總理萊塞尼亞‧恩加拉塞（Laisenia Qarase）職務遭到解除，他本人暫代總統職務。2007 年 1 月 4 日，拜尼馬拉馬宣佈將總統職務交給拉圖‧約瑟法‧伊洛伊洛（Ratu Josefa Iloilovatu Uluivuda）。2007 年 1 月 5 日，拜尼馬拉馬交還總統後，正式宣誓就任過渡政府總理。2008 年 1 月，內閣重組，拜尼馬拉馬擔任總理外還兼任公共服務、"人民憲章"、新聞、省級發展、土著及多民族事務部長。

---

[3]　《世界各國簡介暨各國首長名冊》，中華民國外交部，2001 年，頁 14。
[4]　四類指標詳情請見本書導論，頁 11-14。
[5]　Fiji, (http://en.wikipedia.org/wiki/2006_Fijian_coup_d%27%C3%A9tat)（2003/02/30）
[6]　中華民國外交部，外交資訊網頁（2010/04/23）

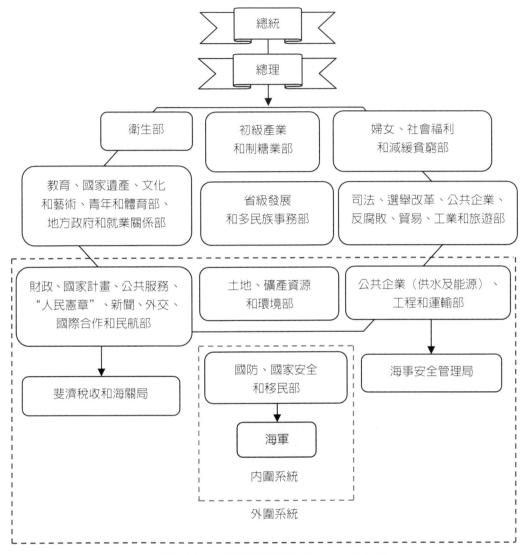

圖 156-1　斐濟海域執法相關部門互動圖

資料來源：作者自繪

第三節　組織、職掌與編裝
（Organization, Duties and Equipment）

壹、斐濟海軍（Fiji Islands Naval Force）

一、組織與職掌

　　「斐濟共和國武裝力量」（Republic of Fiji Military Forces, RFMF）[7]是擁有相當規模的軍隊，隸屬於國防、國家安全和移民部，總共有 3,600 人。總統為軍隊總司令，由陸軍和海軍組成，各由一名司令指揮，主要負責維持國家安全。斐濟海軍在海域執法上扮演著重要的角色，指揮部位於蘇瓦的瓦魯灣（Walu Bay）。政府於 1975 年取得聯合國海洋公約（United Nations Convention on the Law of the Sea）的認可後成立海軍。海軍由海軍司令官統籌，[8]在四面環海的群島上，執行海上邊防工作，維護專屬經濟海域權益、領海主權及進行反恐怖行動。

二、裝備

　　海軍現有 300 人，共計有 8 艘不同類型的軍艦，3 艘大型巡邏艇分別命名為 KULA 201、KIKAU 202 及 KIRO 203，滿載排水量為 162 噸，航速 20 節，配有機槍炮及雷達。4 艘近岸巡邏艇，其中 2 艘滿載排水量為 97 噸，航速 12 節，配有機槍炮及雷達；另外 2 艘較小型，滿載排水量為 39 噸，航速 19 節，艇上配有機槍炮及雷達。[9]

---

[7]　中華人民共和國外交部，（http://www.fmprc.gov.cn/chn/wjb/zzjg/bmdyzs/gjlb/1928/1928x0/default.htm）
　　（2009/02/01）

[8]　Republic of Fiji Military Forces, (http://en.wikipedia.org/wiki/Military_of_Fiji) (2009/02/01)

[9]　*Jane's Fighting Ships.2004-2005*, Edited by Commodore Stephen Saunders RN, Virginia U.S.A, pp.211-212.

貳、斐濟稅收和海關局
（Fiji Islands Revenue and Customs Authority, FIRCA）

成立於 1991 年 1 月 1 日，隸屬於財政、國家計畫、公共服務、人民憲章、新聞、外交、國際合作和民航部。主要分為稅收處與海關處兩部分，稅收處負責所有與稅務及財務相關的工作，主要為行政工作。海關處主要任務是負責邊防工作，監管國際海港或國際機場關口，杜絕洗錢及非法走私等犯罪。海關處設有專屬的海警部隊（Customs Marine Unit），執行海上任務。[10]

參、斐濟海事安全管理局
（Fiji Islands Maritime Safety Administration, FIMSA）

由公共企業（供水及能源）、工程和運輸部管轄的一個部門，專門負責斐濟海域安全相關的一切事宜。海事安全管理局的職務包括斐濟各主要港口狀態之控制、海洋環境保護工作、船舶的檢查工作及制定章程與規則。[11]海事安全管理局亦有設立了運輸事務所以處理船舶註冊、發證明書及處理文獻相關的工作。

第四節　權限與管轄（Authority and Jurisdiction）

斐濟群島領海 12 浬，海上專屬經濟海域 200 浬，海軍為主要海上執法角色，負責海上邊界的防護任務。稅收和海關局及海事安全管理局則在海域執法上亦有其重要性。海關的海警部隊在邊防工作上有輔助海軍的功能，不過各自的執法範圍大不相同，所以不會有所衝突。海事安全管理局主要處理和海上安全相關的所有工作。

---

[10] Fiji Islands Revenue & Customs Authority, (http://www.frca.org.fj/) (2009/02/02)
[11] Fiji Islands Revenue & Customs Authority, (http://www.frca.org.fj/) (2009/02/02)

第五節　與我國制度之比較
（A Comparison with Taiwan Coast Guard）

在南太平洋眾島國當中，斐濟的海域執法制度是比較完善。但與我國海域執法制度比較起來仍不夠成熟與完備。斐濟與我國一樣設有國防部，也擁有海軍，但並沒有如同我國一樣設有專責海域執法的海巡署，因此海域執法多靠海軍執行。斐濟亦有成立海關加強邊防保護，此外海事安全管理局負責海上安全事務。與我國制度比較起來，斐濟只是一個小島國但擁有不錯的海域執法機制，在南太平洋中可算難得。

第六節　結語（Conclusion）──特徵（Characteristics）

斐濟位於南太平洋，是由 332 個島嶼組成的群島國，海岸線長 1,129 公里，設有 1 基地，以下為其海域執法制度特徵。

壹、海軍型海域執法機制

海軍為斐濟主要的海域防禦角色，負責領海與專屬經濟海域之治安維護。

貳、重視海關監察工作

稅收和海關局分為稅收處與海關處兩個部份，前者負責行政工作，後者則負責國內各主要國際出入口的走私偵查。

參、海關與海軍密切合作

稅收和海關局的海關處設有海警部隊，雖與海軍執法範圍不同，但兩單位仍會互相支援。

第 157 章　新喀里多尼亞海域執法制度

第一節　新喀里多尼亞概況（New Caledonia Overview）

　　新喀里多尼亞（New Caledonia）是法國在南太平洋（South Pacific Ocean）的一個海外行政區域（亦稱領地或海外領地（Overseas Territories）[1]），由新喀里多尼亞島（New Caledonia）和洛亞蒂群島（loyauté）組成。全境面積 18,575 平方公里，台灣為其 2 倍大。海岸線長 2,254 公里，領海 12 浬，專屬經濟海域 200 浬。[2]

　　首都奴美阿（Noumea），全境人口 256,275 人（2011）[3]。元首為法國總統，政府首腦為法派高級專員。（見圖 157-1）新喀境內生產總值（GDP）3,300（百萬）美元，在 190 個國家排名第 151 名。[4]

---

[1] 海外領地是一個人文地理上的概念，意指一個國家所擁有、位在國外與本土不相連的領土。海外領地的生成原因與政治地位有很多類別，根據國情的不同，不同國家對其海外領土的分類方式也不全然一致。Wikipedia, (http://zh.wikipedia.org/wiki/%E6%B5%B7%E5%A4%96%E5%B1%9E%E5%9C%B0)（2011/03/10）

[2] CIA, The World Factbook.(https://www.cia.gov/index.html) (2011/06/17)

[3] CIA, The World Factbook.(https://www.cia.gov/index.html) (2011/06/17)

[4] 本類指標詳情請見本書導論，頁 12。

1853 年，淪為法國殖民地，後與大溪地島（Tahiti）合併。1946 年，成為法國領地。1976 年 12 月，享有部分內務自治權。法國委派高級專員，新喀在法國國會有兩名代表。1979 年，法國直接統治新喀。1986 年 12 月，聯合國將新喀列入非自治領土名單，確定新喀居民享有自治權。1988 年 6 月，與法國簽訂《馬提翁協議》，訂於一年後可實行有限的地方自治。新喀成立北方、南方和洛亞蒂群島三個自治省，於 1998 年舉行是否獨立公投，卻未通過。1999 年 7 月起，法國逐步將權力交給新的二個省議會。下一次獨立公投定於 2014 年至 2019 年舉行。[5]

第二節　組織、職掌與編裝
（Organization, Duties and Equipment）

法國駐新喀里多尼亞海軍（French Navy based in New Caledonia）

一、組織與職掌

新喀里多尼亞雖然已經開始自治多項政務，但法國當局仍掌控國防、司法與警察等部門業務。新喀並沒有專屬正規軍隊，當地只有法國派駐的軍隊、員警與憲兵負責治安與國防任務。2009 年，新喀因發生勞資糾紛進而演變為大型動亂，法國便增派 70 名警員到當地平息。[6]法國海軍基地位於奴美阿，2011 年 3 月 8 日，駐紮於此的艦隊出發到紐西蘭的奧克蘭（Auckland）展開為期四天的參訪交流，此艦隊主要是在新喀專屬經濟海域監控海洋安全。[7]

---

[5]　CIA, The World Factbook.(https://www.cia.gov/index.html) (2011/03/10)

[6]　France to send police to New Caledonia to quell unrest, (http://www.topix.com/forum/nc/new-caledonia/ TEUI8NPA1VNB65NB7) (2011/03/10)

[7]　French navy ship due in port on goodwill visit, 2011/03/08, (http://nz.news.yahoo.com/a/-/top-stories/ 8968518/french-navy-ship-due-in-port-on-goodwill-visit/) (2011/03/10)

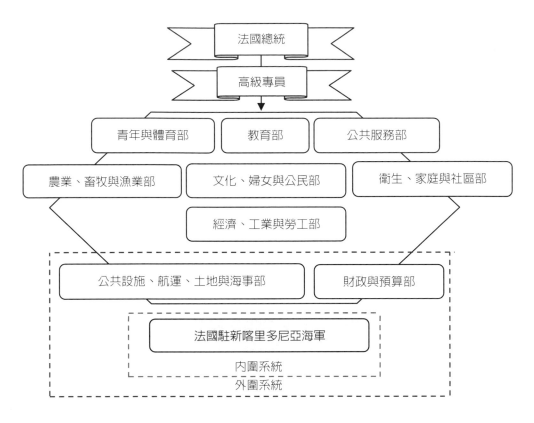

圖 157-1　新喀里多尼亞政府部門互動圖

資料來源：作者自繪

第三節　與我國制度之比較
（A Comparison with Taiwan Coast Guard）

　　新喀里多尼亞為法國位於南太平洋之境外領地，雖然近年新喀政府已逐漸掌握多項國家事務主權，但法國仍掌控國防、司法與警察等業務主權。新喀警察、軍隊與憲兵多來自於法國。我國為一獨立國家，設有專責海域執法的海巡署，負責非法偵查、海難搜救等任務，並非由他國協助或領導海域防衛任務。

第四節　結語（Conclusion）——特徵（Characteristics）

新喀里多尼亞位於南太平洋，海岸線長 2,254 公里，以下為其海域執法制度特徵。

壹、海域執法由法國負責

新喀海域執法與國防完全由法國駐當地之海軍負責。

貳、無司法、國防與警察主權

近年新喀政府雖已自治多項政務，但法國當局仍舊掌控其國防、司法與警察等業務責任。

第 158 章　帛琉海域執法制度

第一節　國情概況（Country Overview）

　　帛琉共和國（Republic of Palau）是太平洋（Pacific Ocean）島國，位於密克羅尼西亞（Micronesia）海域之西南方及菲律賓（Philippines）與關島（Guam）間之太平洋主要航線上。全國面積 488 平方公里，是面積 150 平方公里的金門的 3.3 倍大。海岸線長 1,519 公里，領海 3 浬，[1]2009 年宣布從領海延伸出 320 公里的專屬經濟海域，成為全球第一座正式認定的鯊魚禁獵區。[2]

　　首都美里克歐（Melekeok），全國人口 20,956 人（2011）[3]。國體共和制，政體總統制，國會分為參、眾兩議院，政府重要決策之執行與立法皆與各族酋長諮商，若干酋長亦任職於政府部門，南北兩大酋長 Ibedul 與 Reklai 位高權重，排序僅在總統之下，副總統之上。

---

[1]　*Jane's Fighting Ships.2004-2005*, Edited by Commodore Stephen Saunders RN, Virginia U.S.A, p. 534.

[2]　魏國金，《自由時報－電子報》〈全球首例　帛琉設立鯊魚禁捕區〉，2009/09/26。（http://www.libertytimes.com.tw/2009/new/sep/26/today-int3.htm）（2010/04/19）

[3]　CIA, The World Factbook.(https://www.cia.gov/index.html)（2011/06/15）

（見圖 158-1）主要輸出漁產、成衣，輸入糧食、菸酒、紡織品。[4]帛琉國內生產總值（GDP）164（百萬）美元，在 190 個國家排名第 187 名。帛琉在自由之家（Freedomhouse）的政治權利與公民自由兩種自由程度在 2010 年的分數皆為 1，歸類為自由國家。[5]

　　我國與帛琉於 1999 年 12 月 29 日建交。1986 年，帛琉與美國簽署了為期 50 年的「自由結盟公約」（Compact of Free Association），美國以每 15 年分期提供 4 億 5 仟萬美元經濟援助及准許其獨立作為交換條件。依據該協定，帛琉享有內政自治權並得與他國政府、區域暨國際組織簽訂條約及協定，涉外事務需與美諮商，國防亦由美國掌管。[6]

第二節　組織、職掌與裝備
（Organization, Duties and Equipments）

　　帛琉國事部、財政部及司法部為互動較為密切的部門，國事部等同於與我國外交部，協助處理牽涉他國的海域事務；財政部下轄的海關署則是關口監控及稅收要角；司法部管轄公安署（Bureau of Public Safety）為海域執法的主要組織，其下轄之移民局（Bureau of Immigration）、罪案調查反毒處（Division of Criminal Investigation/Drug Enforcement）、海洋執法處（Division Of Marine Law Enforcement）及海洋動物保護處（Division of Fish & Wildlife Protection）等皆為在海域執法上互動頻繁的組織。

帛琉海洋執法處（Palau Division of Marine Law Enforcement）[7]

一、組織與職掌[8]

　　海洋執法處為隸屬於公安署的四級單位，現任處長為 Thomas Heine 上尉，兼任馬紹爾群島的海域巡邏隊之隊長。海洋執法處職責為巡邏與監視領海，應對、扣押、逮捕、調查在帛琉海域非法捕魚者，實行國家法律（ROP National Law）及成員國國際條約

---

[4]　《世界各國簡介暨各國首長名冊》，中華民國外交部，2001 年，頁 46。
[5]　二指標詳情請見本書導論，頁 11-13。
[6]　中華民國外交部，外交資訊網頁（2010/04/19）
[7]　(http://www.palaugov.net/PalauGov/Executive/Ministries/MOJ/MLE.htm) (2009/02/14)
[8]　*Jane's Fighting Ships.2004-2005*, Edited by Commodore Stephen Saunders RN, Virginia U.S.A, p. 534.

（International Treaties between Member Nations）的搜救行動，西南方島嶼的醫療工作，協助其他政府機構。

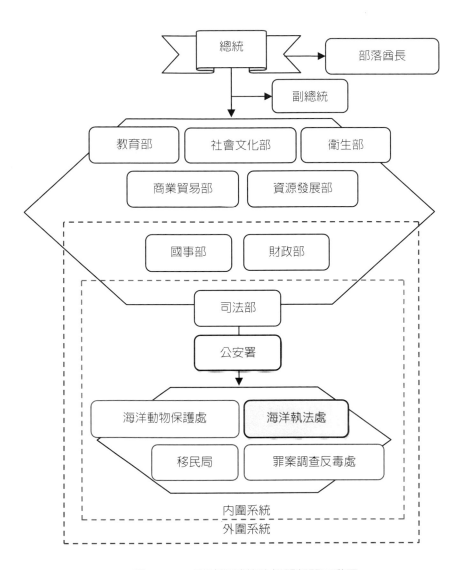

圖 158-1　帛琉海域執法相關部門互動圖

資料來源：作者自繪

二、裝備

海洋執法處擁有一艘由澳洲提供的大型巡邏艇，名為 President H I Remeliik。該艇滿載水量為 162 噸；長 31.5 公尺，寬 8.1 公尺，吃水 2.1 公尺；2 部 Caterpillar 柴油引擎；4,400 匹馬力；航速 20 節；艇上配有機槍炮及雷達；船上人員定額為 17 名，於 1996 年 5 月正式服役。[9]

第三節　權限與管轄（Authority and Jurisdiction）

帛琉擁有長 1,519 公里的海岸線，3 浬的領海與 320 浬的專屬經濟海域，與美國簽署「自由入盟協定」，因此國防由美國管理，海域執法工作亦由美國負責。帛琉亦為參與太平洋巡邏船計劃（Pacific Patrol Boat Program）的國家之一，澳洲贈與一艘大型巡邏艇以執行該計劃。在太平洋巡邏船計劃中，有一名為「巨眼勤務方案」（Operation Big Eye）[10]的行動，帛琉在此行動裡獲益良多，因為此行動有效的提高帛琉及參與國巡邏專屬經濟海域的能力，亦使帛琉、馬紹爾（Marshall）與密克羅尼西亞（Micronesia）共同應對因全球化而發生在太平洋的跨國罪案。

第四節　教育與訓練（Education and Training）

澳洲海洋學院（Australia Maritime College, AMC）為太平洋巡邏船計劃的合作學院，專門提供航海等相關知識給參與該計劃的巡邏艦艇船員。[11]

---

[9]　*Jane's Fighting Ships.2004-2005*, Edited by Commodore Stephen Saunders RN, Virginia U.S.A, p. 534.

[10]　這是一個在太平洋巡邏船計劃下的一個勤務行動。這個行動是北太平洋海域安全的關鍵，主要是聯合帛琉、馬紹爾與密克羅尼西亞這三個國家以及美國海域防衛（U.S. Coast Guard）的協助下，加強周圍海域的監視。

[11]　Australia Maritime College, (http://en.wikipedia.org/wiki/Australian_Maritime_College) (2009/02/06)

第五節　與我國制度之比較
（A Comparison with Taiwan Coast Guard）

　　帛琉海域執法制度尚缺完善，只有一艘巡邏艇的情況下，海洋執法處要監視 320 浬的專屬經濟海域非常艱辛。與太平洋多數國家一樣，帛琉沒有經濟能力設立國防部，因此沒有正規的海陸空軍隊。而且在簽署「自由入盟協定」後，就把國防交給美國全權負責。我國海巡署為專責海域執法單位，裝備或制度在政府的計畫下，比帛琉發展順利與完整，我國更不可能如同帛琉一般，將國防交給他國負責。

第六節　結語（Conclusion）——特徵（Characteristics）

　　帛琉是位於太平洋上的島國，海岸線長 1,519 公里，以下為其海域執法制度特徵。

壹、海域執法機制隸屬於司法部

　　國內安全系統隸屬於司法部，而非一般國家的內政部。

貳、公安署權責廣泛

　　公安署集海域執法、刑事偵查、海洋動物保護及移民業務於一身。

參、依靠美國協防國土安全

　　與美國在 1986 年簽訂為期 50 年的自由入盟協定，依據該約，帛琉國防由美軍維護。

肆、巡邏艦艇僅有一艘

海洋執法處唯一一艘艦艇是因簽定太平洋巡邏船計畫後由澳洲贈與。

帛琉海域執法制度

第 159 章　密克羅尼西亞海域執法制度

第一節　國情概況（Country Overview）

　　密克羅尼西亞聯邦（Federated States of Micronesia, FSM）為太平洋（Pacific Ocean）群島國，屬於加羅琳群島（Caroline Island），群島範圍東西延伸 2,500 公里。共有 607 個島嶼，分為雅浦（Yap）、丘克（Chuuk）、波納佩（Pohnpei）與克斯雷（Kosrae）四州。全國面積 702 平方公里，為面積 150 平方公里的金門的 4.7 倍大。海岸線長 6,112 公里，領海 12 浬，宣稱專屬經濟海域 200 浬。[1]

　　首都為波納佩島的帕利基爾（Palikir），全國人口 106,836 人（2011）[2]。國體聯邦共和，政體總統制，國會一院制。（見圖 159-1）主要輸出椰乾、椰油、胡椒、手工藝品。[3]密國國內生產總值（GDP）238.1（百萬）美元，在 190 個國家排名第 185 名。密國在自由之家（Freedomhouse）的政治權利與公民自由兩種自由程度在 2010 年的分數皆為 1，歸類為自

---

[1] *Jane's Fighting Ships.2004-2005*, Edited by Commodore Stephen Saunders RN, Virginia U.S.A, p.480.

[2] CIA, The World Factbook.(https://www.cia.gov/index.html) (2011/06/16)

[3] 《世界各國簡介暨各國首長名冊》，中華民國外交部，2001 年，頁 36。

由國家；聯合國（2010）最適合居住國家的人類發展指數為 6.0，在 169 個國家中排名第 103 名。[4]

密克羅尼西亞旅遊資源豐富，為經濟發展的重要項目，亦擁有豐富漁業資源，但其他食物及日常用品依靠進口。1986 年 11 月 3 日，密國與美國簽署「自由結盟公約」（Compact of Free Association, COFA）[5]，與馬紹爾群島皆因簽訂此公約而同為美國準洲（Associated States），與美關係受到個別的公約內容所規範。每個準洲擁有內政自治權與外交權，由美國提供經濟協助，另依據公約，國防完全交由美國掌管。

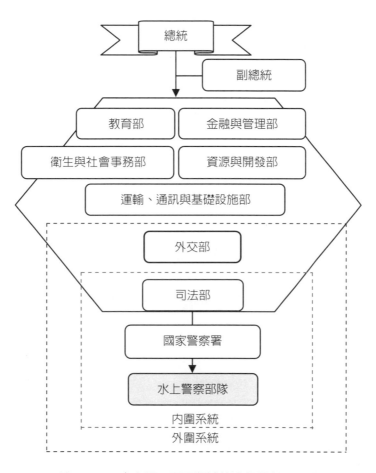

圖 159-1　密克羅尼西亞海域執法相關部門互動圖

資料來源：作者自繪

---

[4]　三類指標詳情請見本書導論，頁 11-14。

[5]　自由結盟公約：契約期間美國提供經濟援助（包括有資格參與某些美國聯邦的計劃）、國防及其他好處，交換條件是密克羅尼西亞允許美國在該國領土執行國防任務；否決其他國家進入該國領土的權利以及其他協議，密依然擁有自主權。I.C. Campbell 著，蔡百銓譯，《大洋洲史》，台北：國立編譯館，1994 年 12 月，頁 309。後於 2003 年更新該公約，2004 年 5 月 1 日生效，為期 20 年。中華民國外交部，外交資訊網頁（2010/04/16）

第二節　組織、職掌與編裝
（Organization, Duties and Equipment）

密克羅尼西亞水上警察部隊（Maritime Wing）

一、組織與職掌[6]

　　密克羅尼西亞外交部與司法部互動頻繁，外交部協助處理牽涉他國的海域事務，司法部下轄之國家警察署（FSM National Police）負責陸地與海域的執法工作，針對海域執法成立水上警察部隊，該部隊總部設於波納佩島。其職責為漁業巡邏、海難搜救、醫療工作、緊急災難疏散，並提供其他州的海域執法機構支援與訓練。澳洲長期支援密國海域執法，2009 年 12 月舉行的海上安全雙邊會談（Maritime Security Cooperation Talks），密外長讚賞澳洲願意支援密國海上監視任務的承諾，更有助於保護密國漁業資源和打擊跨國犯罪行動。2009 年 11 月，澳洲資助艦艇工程數百萬美元，讓密國聯邦艦艇（Federated States Ship，FSS）可延長壽命至 2023 年。[7]

二、裝備

　　水上警察部隊人員約 120 人，為配合太平洋巡邏船計劃（Pacific Patrol Boat Program），澳洲提供 3 艘大型巡邏艇（Large Patrol Craft），分別命名為帕利基爾號（Palikir）、密克羅尼西亞號（Micronesia）及獨立號（Independence）。這些巡邏艇的規格為滿載排水量為 162 噸，長 31.5 公尺，寬 8.1 公尺，吃水 2.1 公尺。裝設 2 部 Caterpillar 柴油引擎，有 4,400 匹馬力，航速 20 節。配有機槍炮及雷達，船上人員定額為 17 名。[8]

---

[6] *Jane's Fighting Ships.2004-2005*, Edited by Commodore Stephen Saunders RN, Virginia U.S.A, p.480.

[7] Maritime Security Cooperation Talks between FSM and Australia, (http://www.fsmgov.org/press/pr120909.htm) （2010/03/16）

[8] *Jane's Fighting Ships.2004-2005*, Edited by Commodore Stephen Saunders RN, Virginia U.S.A, p.480.

第三節 權限與管轄（Authority and Jurisdiction）

　　密克羅尼西亞海岸線長 6,112 公里，擁有 12 浬領海與 200 浬專屬經濟海域，因與美國簽署「自由聯合協議法案」，國防交由美負責，亦包含大部分海域防衛任務。密國亦參與澳洲策劃的太平洋巡邏船計劃，澳因此提供三艘大型巡邏艇以執行該計劃。太平洋巡邏船計劃中，有一名為「巨眼勤務方案」（Operation Big Eye）[9]的任務將密克羅尼西亞、馬紹爾群島（Marshall Islands）與帛琉（Palau）三小國連結在一起，協力應付因全球化而發生在北太平洋的跨國性犯罪。

第四節 教育與訓練（Education and Training）

　　澳洲海洋學院（Australia Maritime College, AMC）為太平洋巡邏船計劃的合作學院，提供航海等相關的知識給參與該計劃的巡邏船船員，密國亦將船員送到該學院接受教育與訓練。[10]

第五節 與我國制度之比較
（A Comparison with Taiwan Coast Guard）

　　密克羅尼西亞屬太平洋小國，經濟能力弱，無法自立國防部，亦無海、陸、空三軍；該國所成立的水上警察部隊，在人力與物力方面尚缺乏，所使用之巡邏船也是由澳洲提供。為解決國防問題，密國與美國簽署「自由聯系條約」，美負責該國安全防務，但仍然擁有內政與外交自主權，這種小國依賴大國保護的現象是太平洋島國的一種特色。我國專責海域

9　Operation Big Eye - 這是一個在太平洋巡邏船計劃下的一個行動。這個行動是北太平洋海域安全的關鍵，主要是聯合帛琉、馬紹爾與密克羅尼西亞這三個國家以及在美國海巡（U.S. Coast Guard）的協助下加強周圍海域的監視。（http://www.fsmgov.org/press/nw031303.htm）（2011/06/16）

10　(http://en.wikipedia.org/wiki/Australian_Maritime_College) (2009/03/22)

執法的海巡署，裝備或制度在政府的規劃下發展順利，我國在主權與國防上亦有自己的主張，不可能同密國一般將國防交給他國負責。

第六節　結語（Conclusion）──特徵（Characteristics）

密克羅尼西亞位於北太平洋上的群島範圍東西延 2,500 公里，海岸線長 6,112 公里，以下為其海域執法制度特徵。

壹、警察型海域執法機制

雖然設有水警部隊，但其執法能量單薄。

貳、巡邏艦艇皆由澳洲提供

國家經濟能力不足，因此與澳洲簽訂太平洋巡邏船計劃，國內三艘大型巡邏艇皆由澳提供。

參、海域國防委由美國執行

密國並無設立國防部，亦無海、陸、空三軍，與美國簽署「自由聯合協議法案」，國防交由美負責，同時協助海域執法事宜。

肆、國內無專業教育學校

因簽訂太平洋巡邏船計畫，參與該計畫之人員，可至澳洲海洋學院學習相關課程。

第 160 章　馬紹爾群島海域執法制度

大洋洲篇

馬紹爾群島海域執法制度

第一節　國情概況（Country Overview）

馬紹爾群島共和國（Republic of the Marshall Islands）是太平洋（Pacific Ocean）群島國，由 29 個環礁與 5 座偏遠珊瑚礁島嶼組成。全國面積 181 平方公里，是面積 45 平方公里的蘭嶼的 4 倍大。國土分兩部分，分別是分佈在東南面的日出群島與西北面的日落群島，雙方間隔約 208 公里。海岸線長 370.4 公里，海域面積 213 萬平方公里，領海 12 浬，聲稱專屬經濟海域 200 浬。[1]

首都馬久羅（Majuro），全國人口 67,182 人（2011）[2]。國體共和制，政體總統制，總統為內閣首腦，國會分上、下兩議院。（見圖 160-1）主要輸出椰子油、工藝品，輸入菸酒、日常用品、食品。[3]馬國國內生產總值（GDP）161.7（百萬）美元，在 190 個國家排名第 188名。馬國在自由之家（Freedomhouse）的政治權利與公民自由兩種自由程度在 2010 年的分

1　*Jane's Fighting Ships. 2004-2005*, Edited by Commodore Stephen Saunders RN, Virginia U.S.A, p. 466.

2　CIA, The World Factbook.(https://www.cia.gov/index.html) (2011/06/16)

3　《世界各國簡介暨各國首長名冊》，中華民國外交部，2001 年，頁 34。

數皆為 1，歸類為自由國家。[4]馬紹爾與我國具外交關係，雙方簽有多項經濟協定，有效加強經貿往來。我國派有農技團、牙醫師與多項運動教練協助馬國民眾。國際關係方面，與美國關係密切，國防及安全事務委由美國負責，為太平洋島國論壇（Pacific Islands Forum）[5]會員國。

第二節　組織、職掌與編裝
（Organization, Duties and Equipment）

馬紹爾海洋巡邏隊（Marshall Sea Patrol Force）

一、組織與職掌

1986 年 10 月 21 日，馬紹爾與美國簽訂效期 15 年的「自由結盟公約」（Compact of Free Association, COFA）[6]，與密克羅尼西亞皆因簽訂此公約而同為美國準洲（Associated States），與美關係受到個別公約內容所規範。每個準洲擁有內政自治權與外交權，由美國提供經濟協助，另依據公約，國防完全交由美國掌管。可知其海域執法工作主要由美國負責。但為加強海域執法，國內成立一支海洋巡邏隊伍，亦是為了配合澳洲創建的太平洋巡邏船計劃（Pacific Patrol Boat Program）的執行。馬紹爾海洋巡邏隊規模小，僅有 30 名隊員，由一名主管率領。巡邏隊總部設立於馬久羅，職責為保護領海主權及專屬經濟海域權利、反毒品走私、搜救行動與運輸工作。[7]

---

[4] 二類指標詳情請見本書導論，頁 11-13。

[5] 本論壇成立宗旨在於加強論壇成員在貿易、經濟發展、航空、海運、電訊、能源、旅遊、教育等領域，以及其他共同關心的問題之合作及協調。近年來論壇也加強了在政治、安全等領域的對外政策協調與區域合作。（http://baike.baidu.com/view/61343.htm）（2010/04/23）

[6] 自由結盟公約：契約期間美國提供經濟援助（包括有資格參與某些美國聯邦的計劃）、國防及其他好處，交換條件是馬紹爾允許美國在該國領土執行國防任務；否決其他國家進入該國領土的權利以及其他協議，馬依然擁有自主權。I.C. Campbell 著，蔡百銓譯，《大洋洲史》，台北：國立編譯館，1994 年 12 月，頁 309。後又於 2003 年 4 月 30 日簽署更新協定。中華民國外交部，外交資訊網頁（2010/04/23）

[7] (http://en.wikipedia.org/wiki/Pacific_Patrol_Boat_Program) (2009/02/06)

二、裝備

　　海洋巡邏隊擁有一艘由澳洲贈與命名為魯摩（LUMOR）的大型巡邏艇，其滿載排水量為 162 噸，長 31.5 公尺，寬 8.1 公尺，吃水 2.1 公尺。裝設 2 部 Caterpillar 柴油引擎，有 4,400 匹馬力，航速 20 節。艇上配有機槍炮及雷達，船上人員定額為 17 名。[8]

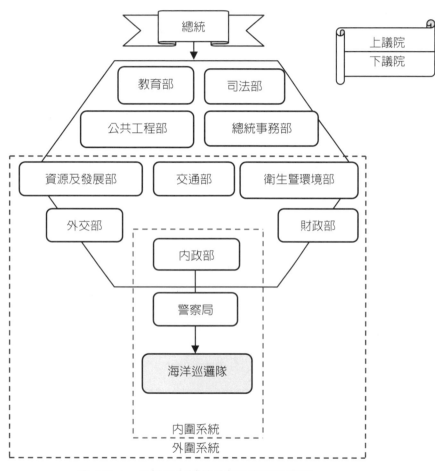

圖 160-1　馬紹爾海域執法相關部門互動圖

資料來源：作者自繪

---

[8]　*Jane's Fighting Ships.2004-2005*, Edited by Commodore Stephen Saunders RN, Virginia U.S.A, p. 466.

第三節　教育與訓練（Education and Training）

　　澳洲海洋學院（Australia Maritime College, AMC）為太平洋巡邏船計劃的合作學院，負責提供航海等相關的知識給參與該計劃的海洋巡邏隊船員。[9]

第四節　與我國制度之比較
（A Comparison with Taiwan Coast Guard）

　　馬紹爾群島為太平洋的群島國，共有 29 個環礁與 5 座偏遠珊瑚礁島嶼，如同多數太平洋島國及群島國，國內並無國防部亦無正式軍隊。唯一的安全單位是隸屬於內政部的警察，其下轄之海洋巡邏隊是為加強海域安全，是在與美國簽訂自由聯繫條約後成立的。馬國人力與裝備缺乏，領海與專屬經濟海域巡邏主要由美國負責。所使用之巡邏艇與教育訓練，與澳洲簽定太平洋巡邏船計畫，由澳洲海軍提供。比較我國與馬紹爾，我國設有專責海域執法的海巡署，不管是海域執法或安全巡護的能量及制度，都較馬國完善。

第五節　結語（Conclusion）──特徵（Characteristics）

　　馬紹爾是位於太平洋上的群島國，海岸線長 370.4 公里，以下為其海域執法制度特徵。

壹、委外制海域執法機制

　　與美國於 1986 年簽訂「自由聯繫條約」，雖然享有內政和外交自主權，但國防和安全事務仍由美國負責。2003 年重新簽約後，馬紹爾也成立了一支海洋巡邏隊伍，但他們僅有人員 30 人與 1 艘艦艇，根本無法獨力負擔廣大海域安全，所以仍依賴美國支援。

---

[9]　Australia Maritime College, (http://en.wikipedia.org/wiki/Australian_Maritime_College) (2010/04/23)

貳、四級制──隸屬於警察局

海洋巡邏隊為隸屬於警察局的四級單位。

參、艦艇由澳洲贈與

與澳洲簽訂太平洋巡邏船計畫，澳洲贈予一艘巡邏艇。

第 161 章　吉里巴斯海域執法制度

第一節　國情概況（Country Overview）

　　吉里巴斯共和國（Republic of Kiribati）為太平洋（Pacific Ocean）群島國，分成吉伯特（Gilbert）、鳳凰（Phoenix）和萊恩（Line）三大群島，共有三十二個環礁及一座珊瑚島，分佈於赤道附近 3,800 公里的海域。赤道貫穿吉爾伯特群島，國際換日線通過該國，國家範圍包含東西南北四半球，是世界上唯一踩跨四個半球的國家。全國面積 811 平方公里，是面積 150 平方公里的金門的 4.8 倍大。海岸線長 1,134 公里，領海 12 浬，專屬經濟海域 200 浬。[1]

　　首都塔拉瓦（Tarawa），全國人口 100,743 人（2011）[2]。國體共和制，政體總統制，國會一院制，總統為國家元首及政府首長。（見圖 161-1）主要輸出椰乾、海藻、魚類，輸入蔬果、電器、各類食品。[3]吉國國內生產總值（GDP）152（百萬）美元，在 190 個國家排名第 189 名；每人國民所得（GNP）1,522 美元（2010），在 182 個國家排名第 128 名。吉

---

[1]　*Jane's Fighting Ships.2004-2005*, Edited by Commodore Stephen Saunders RN, Virginia U.S.A, p.419.

[2]　CIA, The World Factbook.(https://www.cia.gov/index.html) (2011/06/16)

[3]　《世界各國簡介暨各國首長名冊》，中華民國外交部，2001 年，頁 22。

國在自由之家（Freedomhouse）的政治權利與公民自由兩種自由程度在 2010 年的分數皆為 1，歸類為自由國家；透明國際（Transparency International）中的 2010 年的貪污調查分數為 3.2，在 178 個國家中排名第 91 名。[4]

　　吉里巴斯曾受英國殖民與日本佔領，於 1979 年脫離英國獨立。獨立後，加入南太平洋航海發展計畫（South Pacific Maritime Development Programme ）與論壇漁業署（Forum Fisheries Agency, FFA），使美國、日本、澳洲等國必須繳納漁業執照費用，使吉國不僅可從漁業獲利，也能限制他國捕撈以保存資源。[5]擁有廣大珊瑚礁與其它自然資源，設有十一個台灣大的全球最大海洋保護區，期望以觀光做為國家收入來源。[6]台灣為提升吉國醫療品質與公共衛生，2006 年起，行動醫療團隊便赴吉國診療與協助。針對基礎建設發展，台灣對興建交通、醫療與政府大樓、學校等民生及經濟發展的重大建設投入心力。[7]因全球暖化困境，超過三個小島因海平面上升淹沒。原有兩公尺的海平面遇大雨或大潮僅剩一公尺，2010 年馬英九總統出訪吉國，就因連日驟雨導致機場關閉差點無法成行。[8]

第二節　組織、職掌與裝備
（Organization, Duties and Equipment）

吉里巴斯海上警察（Kiribati Police Maritime Unit）

一、組織與職掌

　　吉里巴斯的海上警察（Police Maritime Unit）隸屬於內政部與社會發展部下的警政署。（見圖 161-1）只有一艘巡邏艦艇，無法應付廣大的海域，國內也無正規海軍，因此海域執法需要美國、澳洲與紐西蘭支援巡邏。吉與美國、澳洲的合作關係是由彼此簽訂的協議達成。美駐吉大使與吉國外交部秘書長簽訂協議，美國派遣海域防衛司令部人員協巡吉國兩

---

[4]　四類指標詳情請見本書導論，頁 11-13。
[5]　I.C CamPBell 著。蔡百銓譯。《大洋洲史》，國立編譯館出版。1994 年 12 月。pp.243-245。
[6]　王麗娟編譯。《聯合報》〈全球最大　吉里巴斯海洋保護區〉，2008/02/15。
[7]　施正鋒、闕河嘉主編，《當代南太平洋民主政治》，2007 年 12 月，pp.138-139。
[8]　江慧真。《中國時報》〈雨擾吉里巴斯行　傳女巫作法放晴〉，2010/03/23。

百萬平方公里的海域。支援裝備包含艦艇與航空器,任務以巡邏與檢舉非法捕撈的漁船、毒品走私與維持海域治安為主。另外,協議內容也允許吉國執法人員登艇執法。[9]

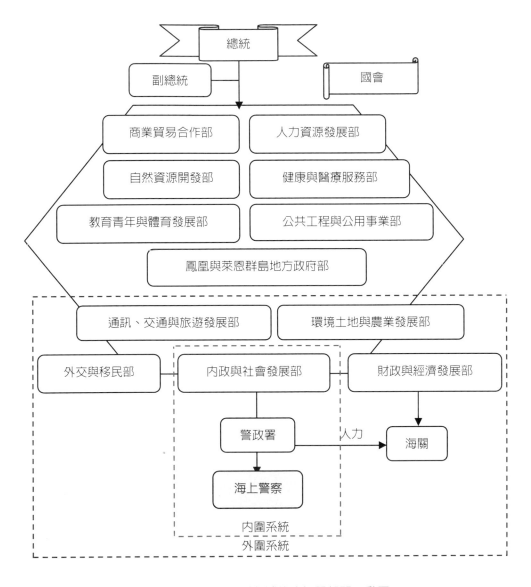

圖 161-1　吉里巴斯海域執法相關部門互動圖

資料來源:作者自繪

9　Radio New Zealand, US Coast Guard to assist Kiribati ocean zone policing. 28 November, 2008, (http://www.rnzi. com/pages/news.php?op=read&id=43377) (2009/08/19)

美國海域防衛司令部新聞稿聲明，巡邏艦艇 Rush 成功的完成六週的南太平洋巡邏任務返抵國門。此任務是依據美國與吉國簽訂的協議執行，雙邊協定提請隸屬美國國土安全部的海域防衛司令部巡邏吉國海域。為期六週的巡邏時間，案例之一為，掛有日本國旗的漁船在吉國海域進行非法捕撈作業，因此漁船船長遭到逮捕，而船隻與捕獲的 22,000 噸漁獲遭到扣押，預估罰款將超過 70 萬美金。另一案例為，一艘掛有吉國國旗卻無燃料許可證的燃料船，在海上將超過 10,500 加侖的燃料傳送給另一艘船，此船被懷疑在吉國海域進行非法捕撈活動，此案交由吉國國家警察調查。Rush 的機組人員曾執行兩次中太平洋與西太平洋漁業委員會（Western and Central Pacific Fisheries Commission , WCPFC）的公海登船臨檢任務，其中追逐中國漁船後得以登船便是依據此一國際計畫。[10]

美國海域防衛司令部第十四區指揮官聲稱，美國與吉國會更積極的提高合作關係解決那些非法、未申請許可的非法捕撈活動，以保護那些寶貴魚種的持續性發展。雙方美好的合作結果便是 Rush 機組人員與吉國執法人員皆清楚表明決心要消除這些非法的活動，防止世界集體資源遭到威脅。中太平洋與西太平洋漁業委員會是區域性的漁業管理組織，目標是長期保護中、西部太平洋中可高度洄游魚種（highly migratory fish），這些魚類總價值超過 30 億美元，世界一半的鮪魚便是在此區域捕撈，範圍從澳洲南部海岸橫跨太平洋至白令海。[11]

而吉里巴斯與澳洲也有長期密切的區域投資與貿易聯繫，澳國提供吉國發展援助計畫，也協助吉國海域治安監視。澳洲對吉國的廣大專屬經濟區域同樣提供支援，1990 年中期澳洲贈與吉國一艘 RKS Teanaoi 的艦艇協助吉國，這對吉國來說是保護國家漁業的重要資源。澳洲對吉國的海上警察執法專業也進行培訓協助，並訓練警政署的海警小組操作巡邏艦艇，澳洲還會周期性的對吉國廣大海域進行空中偵查與海軍巡邏。[12]

吉國海關屬隸屬於財政與經濟發展部，內有 25 名警官與 6 名支援人員。總部位於塔拉瓦，據點有 Bontiki 國際機場與 Christmas Island、Fanning Island、Canton Island 三大外港，並在這四個地點進行稅收、執法與邊境控制等任務。[13]

---

[10] The United States Coast Guard, Press Release-US Coast Guard cutter returns from innovative South Pacific law enforcement patrol. 10 March, 2009, (http://www.uscghawaii.com/go/doc/800/259728/) (2009/08/19)

[11] 同上註。

[12] Australia Government, Department of Foreign Affairs and Trade－Kiribati Country Brief . 16 August, 2009, (http://www.dfat.gov.au/GEO/kiribati/kiribati_brief.html)（2009/08/19）

[13] Oceania Customs Organization, Kiribati, (http://www.ocosec.org/index.html)（2009/08/19）

二、裝備

擁有一艘太平洋級 165 噸的大型巡邏艦，海上巡邏主要依賴澳洲始於 1987 年的協助，澳政府依據協議，派出 22 艘巡邏艦艇支援吉國至少 30 年。[14]

第三節　與我國制度之比較
（A Comparison with Taiwan Coast Guard）

我國有專責海域巡邏的海巡署，設有海巡隊於台灣各地；相反地，吉國因人力不足，島嶼散佈在太平洋上而需要他國家支援。我國有多艘巡邏艦艇進行各項任務；但吉國無專屬海上巡邏艦艇，需要澳洲、紐西蘭與美國支援。

第四節　結語（Conclusion）──特徵（Characteristics）

吉里巴斯為太平洋上的群島國，海岸線長 1,134 公里，設有 4 基地，以下為其海域執法制度特徵。

壹、部分委外制

吉里巴斯與美國海域防衛司令部聯合執行海域執法任務，美國亦可獨自執法。與澳洲合作關係密切，澳贈與一艘巡防艦，並協助操作。另依據簽訂的合作協議，只要與吉國相關的違法事件，經他國協助逮捕後，審訊與調查仍是交由吉國海警。

---

[14] *Jane's Fighting Ships.2004-2005*, Edited by Commodore Stephen Saunders RN, Virginia U.S.A, p.419.

貳、警察型海域執法機制

警政署下轄之海上警察為國內唯一海域執法單位。

參、四級制──隸屬於警政署

海上警察為隸屬於警政署之四級單位。

肆、無國防部亦無海軍

根據協議，國防安全委由美國執行。

伍、嚴禁非法捕撈

維護漁業資源乃是海域執法的核心任務

第 162 章　諾魯海域執法制度

第一節　國情概況（Country Overview）

　　諾魯共和國（Republic of Nauru）是南太平洋（South Pacific Ocean）島國，也是世界最小的共和國，相鄰最近的是東面 300 公里由吉里巴斯（Kiribati）所屬的巴納巴島（Banaba）。全國面積 21 平方公里，為面積 16.24 平方公里的綠島的 1.3 倍大。海岸線長 30 公里，領海 12 浬，專屬經濟海域 200 浬。[1]

　　未設首都，僅置雅連（Yaren）及艾渥（Aiwo）兩行政區。全國人口 9,322 人（2011）[2]。國體民主共和制，政體總統制，為大英國協會員。（見圖 162-1）主要輸出磷礦，輸入蔬果、電器、各類食品。[3]諾魯在自由之家（Freedomhouse）的政治權利與公民自由兩種自由程度在 2010 年的分數皆為 1，歸類為自由國家。[4]

---

[1]　CIA, The World Factbook.(https://www.cia.gov/index.html) (2011/02/10)

[2]　CIA, The World Factbook.(https://www.cia.gov/index.html) (2011/06/16)

[3]　《世界各國簡介暨各國首長名冊》，中華民國外交部，2001 年，頁 40。

[4]　本指標來源詳情請見本書導論，頁 11。

過去諾魯在澳洲統治下開發的磷酸礦是國家主要收入來源，在 1968 年獨立後完全取得磷酸礦控制權，因此太平洋各國逐一獨立後，唯有諾魯可不靠外援而有龐大收入。[5]近年因密集開採礦藏而近耗竭導致出口下降，加上國家財政管理不佳，經濟逐漸貧窮化，近年靠漁業與觀光業發展國家經濟，得到台灣與澳洲等國家支援。[6]諾魯為聯合國及大英國協特別會員，然對外關係多由澳洲協助處理。[7]台灣與諾魯 2005 年復交，行動醫療團隊長期至諾魯服務以提升醫療水平，2008 年團隊有幸救助諾魯難產胎兒存活而締造外交佳話，父母感念而將孩子取名為「Taiwan」。[8]

第二節　組織、職掌與編裝
（Organization, Duties and Equipments）

諾魯的國會每三年選 18 人，總統由 18 人中選出，總統再由 6 位常務國會議員選出 5 人為內閣。政黨分為「民主諾魯黨」、「第一諾魯黨」及「諾魯中央黨」。最高法院（Superme Court）由大法官（Chief Justice）主其事，是憲法議題的終結者，其他個案由上訴法院負責。諾魯並無正規軍隊，僅設有警察署（Nauru Police Commission），下轄之警察部隊（Nauru Police Force（NPF））執法範圍包含檢舉超速、車禍、家庭暴力與暴亂。根據聯合國非正式協定，諾魯軍事防禦責任交由澳洲負責。[9]

---

[5] I.C CamPBell 著、蔡百銓譯，《大洋洲史》，國立編譯館出版，1994 年 12 月，頁 223、242。
[6] 施正鋒、闕河嘉主編，《當代南太平洋民主政治》，2007 年 12 月，頁 52。
[7] 中華民國外交部，外交資訊網頁（2010/04/22）
[8] 《中國時報》〈救活諾魯難產嬰〉，2008/4/18。
[9] CIA, The World Factbook.(https://www.cia.gov/index.html)（2010/04/22）

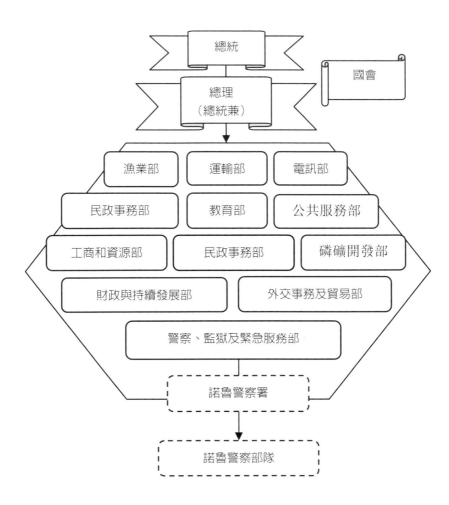

圖 162-1　諾魯政府部門互動圖

資料來源：作者自繪

第三節　與我國制度之比較（A Comparison with Taiwan Coast Guard）

　　諾魯沒有國防部亦無正規軍隊，維持治安的單位僅有警察署下轄之警察部隊，為維護廣大的海域安全，與澳洲簽訂太平洋巡邏船計畫，將海域防禦任務完全交由澳洲海軍負責。我國設有專責海域執法的海巡署，海上國防亦有海軍承擔，權責與發展尚稱完善，與依賴他國援助海域防衛的諾魯相比，此一牽涉國防主權之太平洋群島特色，我國實難與之並論。

第四節　結語（Conclusion）——特徵（Characteristics）

　　諾魯面積 21 平方公里，海岸線長 30 公里，為南太平洋島國，以下為其海域執法制度特徵。

部份委外制

　　諾魯設有警察署維護國內治安，但並無正規軍隊，因此為維護海域安全，與澳洲簽訂太平洋巡邏船計畫，海域執法及對外防禦完全委由澳洲執行。

第 163 章　關島海域執法制度

第一節　關島概況（Guam Overview）

　　關島領土（Territory of Guam）是西太平洋（Pacific Ocean）島嶼，位於北馬里亞納群島（Northern Mariana Islands）南端，（見大洋洲地圖）為美國非自治領地（又稱海外領地）（Overseas Territories）[1]。全境面積 544 平方公里，是面積 150 平方公里的金門的 3.5 倍大。海岸線長 125.5 公里，領海 12 浬，專屬經濟海域 200 浬。[2]

　　首府阿加尼亞（Hagåtña），全境人口 183,286 人（2011）[3]。關島自 1898 年後由美國統治。1950 年，美國會通過關島組織法，成立行政，立法，司法三權政府，給予關島原住民和以後出生的人美國公民權。1970 年後，總督改為民選，立法會一院制。（見圖 163-1）關島國內生產總值（GDP）2,773（百萬）美元，在 190 個國家排名第 155 名。[4]

---

[1] 海外領地是一個人文地理上的概念，意指一個國家所擁有、位在國外與本土不相連的領土。海外領地的生成原因與政治地位有很多類別，根據國情的不同，不同國家對其海外領土的分類方式也不全然一致。Wikipedia, (http://zh.wikipedia.org/wiki/%E6%B5%B7%E5%A4%96%E5%B1%9E%E5%9C%B0)（2011/06/17）

[2] CIA, The World Factbook.(https://www.cia.gov/index.html) (2011/06/17)

[3] CIA, The World Factbook.(https://www.cia.gov/index.html) (2011/06/17)

[4] 本類指標詳情請見本書導論，頁 12。

關島為美國在西太平洋的軍事重鎮，美軍基地佔約全島 1/4。關島將於 2012 年舉行公投，由居民在「成為美國第五十一州」、「獨立建國」、「與美國締結以自由結合」（Free Association）[5]三個選項中選出未來出路。[6]

第二節　組織、職掌與編裝
（Organization, Duties and Equipment）

關島美國海域防衛地區部（USCG Sector Guam）

關島沒有屬於自己的軍隊，也沒有設立專屬海域執法單位，其國防依賴美國駐關島海軍。而海域執法則依賴海域防衛司令部駐關島部門負責，其職責範圍包含關島、北馬里亞納群島、帛琉、密克羅尼西亞。主要任務有海難搜救、海域執法、維護沿海與航道安全、檢驗船舶、授權證書、保護港口安全、維護海洋環境。[7]2011 年 5 月，USCG 與關島消防署共同出動救援九位在瀑布附近失蹤的健行者。[8]

---

[5] 是指一個小國在一定程度上與另一個較大國家在政治上的一種自由合作夥伴關係。小國被稱為此大國的自由聯合國或結盟邦國（associated state）。自由聯合關係僅限於聯合國託管理事會指的美國的自由結盟公約（Compact of Free Association） 或英國的結盟邦法（Associated Statehood Act），及其相關國家。這些結盟邦國不是受保護國，而是國際法闡明的主權國家或擁有潛在獨立權。紐西蘭結盟邦國有紐埃與庫克群島，美國則有帛流、馬紹爾與密克羅尼西亞聯邦。Wikipedia, (http://zh.wikipedia.org/wiki/%E8%87%AA%E7%94%B1%E8%81%AF%E5%90%88)（2011/06/17）

[6] 陳文和，《中國時報——國際新聞》〈關島獨立或併入美國 明年公投〉，2011/06/13。

[7] USCG, USCG Sector Guam, 2011/02/16, (http://www.uscg.mil/d14/sectguam/)（2011/06/17）

[8] USCG & Guam Fire Rescue 9 Hikers Lost Near Sigua Falls,2011/05/16, (http://www.pacificnewscenter.com/index.php?option=com_content&view=article&id=14113:uscg-a-guam-fire-rescue-9-hikers-lost-near-sigua-falls&catid=45:guam-news&Itemid=156)（2011/06/17）

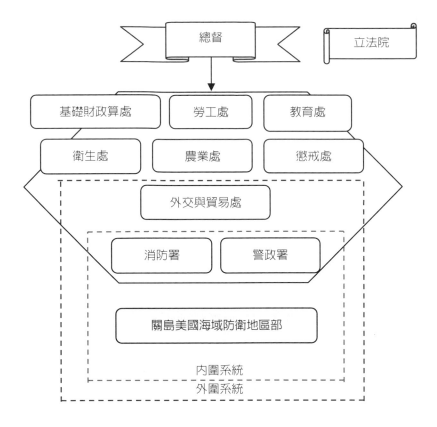

圖 163-1　關島海域執法相關部門互動圖

資料來源：作者自繪

第三節　與我國制度之比較
（A Comparison with Taiwan Coast Guard）

　　關島為美國位於南太平洋的領地，雖然將於 2012 年舉行獨立公投，但美國目前仍掌握他們的國防安全，其海域執法亦依賴美國。我國為一獨立國家，設有專責海域執法的海巡署，負責非法偵查、海難搜救等任務，並非由他國協助或領導海域執法任務。

第四節　結語（Conclusion）──特徵（Characteristics）

關島是西太平洋島嶼，海岸線長 125.5 公里，以下為其海域執法制度特徵。

壹、海域執法由美國負責

關島並無專屬海域執法單位，而是由美國海域防衛司令部負責。

貳、無國防有警察

關島目前仍為美國非自治領地，因此沒有國防部與軍隊，其國防任務皆依賴美國駐關島海軍。

大洋洲篇結論：分布、發現與詮釋

　　本書探討的大洋洲國家有 14 國，地區有 4 區。首先，各國（地區）海域執法制度特徵中組織型態分為大英國協式、分散制、委外制、部分委外制、警察型、海軍型。另外，其他特徵則有重視環保、無國防、重視海難搜救、海巡義工能量強、嚴禁非法捕撈。以下將 18 個國家（地區）之海域執法特徵統計如下。（見表 e-1）

表 e-1　大洋洲各國（地區）海域執法制度特徵統計分布

國家（地區） \ 特徵		大英國協式	分散制	委外制	部分委外制	警察型	海軍型	無國防（無海軍）	重視環保	重視海難搜救	海巡義工能量強	嚴禁非法捕撈
國家	澳洲	★	★			★			★	★	★	
	紐西蘭	★	★			★			★	★	★	
	吐瓦魯			★		★		★				
	東加						★					
	巴布亞紐幾內亞				★		★					★
	斐濟						★					
	帛琉				★	★		★				★
	密克羅尼西亞				★	★		★				
	馬紹爾群島			★		★		★				
	吉里巴斯				★	★		★				★
	索羅門群島				★	★		★				★
	萬那杜				★	★		★				
	諾魯				★			★				
	薩摩亞				★	★		★				
地區	美屬薩摩亞（美）					★		★				
	庫克群島（紐）					★		★				★
	新客里多尼亞（法）							★				
	關島（美）							★				

其次，針對 14 國 4 地區海域執法制度的各種特徵總數做出百分比統計，以顯示各項特徵在大洋洲的比例。（見表 e-2）大洋洲 14 個獨立國家中有 10 個國家是大英國協會員國，而以組織型態觀，大英國協式在 18 個國家（地區）中佔了 2 國，即澳洲、紐西蘭，根據其特色亦可稱之為分散制。14 個國家中有 8 個國家其國防、警察、外交，均採部分委外制，而委外制共 2 國，兩項加起來超過半數以上。18 個國家及地區中，有 10 個國家 1 個地區為警察型，海軍型有 3 國。然而，無國防亦無海軍的國家便佔了 9 國，4 個地區非國家，當然無國防。

表 e-2　大洋洲各國（地區）海域執法制度特徵分布百分比

	國家數	百分比
大英國協式	2	11%
分散制	2	11%
委外制	2	11%
部份委外制	8	44%
警察型	12	67%
海軍型	3	17%
無國防（無海軍）	13	72%
重視環保	2	11%
重視海難搜救	2	11%
海巡義工能量強	2	11%
嚴禁非法捕撈	5	28%

再來，以〈自由之家〉[1]2010 年的自由程度，觀察 14 個國家海域執法特徵，當中高度自由的國家有 10 國，中度自由（部份）的國家有 4 國。另外，由於庫克群島、新喀里多尼亞、美屬薩摩亞、關島並非獨立國家，因此並未列入此一統計表中。（見表 e-3、e-4）

---

[1]　〈自由之家〉詳情請見導論，頁 11。

表 e-3　大洋洲各國民主與自由程度暨海域執法制度關係分布表──自由（高）

程度	政治權利	公民自由	國家	海域執法制度特徵
自由（高）（10）	1	1	澳洲	大英國協式
	1	1	紐西蘭	大英國協式
	1	1	密克羅尼西亞	警察型
	2	2	薩摩亞	警察型
	2	2	萬納杜	警察型、部份委外制
	1	1	吉里巴斯	警察型、部份委外制
	1	1	諾魯	部分委外制
	1	1	馬紹爾	委外制
	1	1	吐瓦魯	委外制
	1	1	帛琉	司法部執法

　　自由國家在 14 國中佔了 10 國，當中委外制國家總共佔了 5 國，分別是部分委外制 3 國，委外制 2 國，警察型亦佔有 4 國，其餘便是大英國協式與司法部執法。

表 e-4　大洋洲各國民主與自由程度暨海域執法制度關係分布表──部份自由（中）

程度	政治權利	公民自由	國家	海域執法制度特徵
部分自由（中）（4）	4	3	巴布亞紐幾內亞	海軍型
	6	4	斐濟	海軍型
	5	3	東加王國	海軍型
	4	3	索羅門	警察型

　　部份自由國家在 14 國中佔了 4 國，組織型態以海軍型為多數，佔了 3 國，另一國為警察型。

　　最後，為了觀察大洋洲各國自由程度與其組織型態是否有直接關係，以下將大洋洲各國自由度指標與組織型態的關係做一百分比統計，發現兩者無直接關係。（見表 e-5（1）、e-5（2））

表 e-5（1）　大洋洲各國自由與民主程度暨海域執法制度百分比表

	大英國協式	百分比	委外制	百分比	部份委外制	百分比
自由（10）	2	20%	2	20%	3	30%
部分自由（4）						

表 e-5（2）　大洋洲各國自由與民主程度暨海域執法制度百分比表

	海軍型	百分比	警察型	百分比
自由（10）	0		4	40%
部分自由（4）	3	75%	1	25%

表 e-6　大洋洲各沿海國（地區）濱海面數與海域執法制度

	島嶼 （5）	群島 （13）
大英國協式	澳洲 紐西蘭 （2）	
分散制	澳洲 紐西蘭 （2）	
委外制		馬紹爾群島、吐瓦魯 （2）
部分委外制	諾魯 （1）	吉里巴斯、帛琉、索羅門群島、 密克羅尼西亞、巴布亞紐幾內亞、 薩摩亞、萬那杜 （7）
警察型	澳洲、紐西蘭 （2）	吉里巴斯、馬紹爾群島、帛琉、 吐瓦魯、索羅門群島、密克羅尼西亞、 薩摩亞、萬那杜、庫克群島、美屬薩摩亞 （10）
海軍型		斐濟、巴布亞紐幾內亞、東加 （3）
無國防（海軍）	諾魯、 新喀里多尼亞、 關島 （3）	吉里巴斯、馬紹爾群島、帛琉、 吐瓦魯、索羅門群島、密克羅尼西亞 、薩摩亞、萬那杜、庫克群島、 美屬薩摩亞 （10）

說明：由於大洋洲各國多曾經遭受殖民，直到 1970 年後多數國家才逐一自治或獨立，建國時間非常短暫，
　　　故其海軍或海域執法制度都還不如其他洲的國家完善，因此各國多同時擁有不同的海域執法特徵。

表 e-7　大洋洲各沿海國（地區）濱海數與海域執法制度特徵百分比

	島嶼	群島
大英國協式	40%	
分散制	40%	
委外制		15%
部份委外制	25%	54%
警察型	40%	77%
海軍型		23%
無國防（海軍）	60%	77%

　　由上表可知大洋洲海域執法制度特徵的百分比，無國防（海軍）的特徵在島嶼或群島都是非常普遍的現象。而警察型在群島國家（地區）中比島嶼國（地區）比例更高。

　　發現：

　　1. 不同濱海數國家皆無集中制。

　　2. 警察型居多。

　　3. 群島以委外制與部分委外制居多。

　　4. 多為無專屬國防（海軍）國家。

　　最後做一小結列舉如下：

壹、委外制居多

　　委外制分為委外制與部分委外制，惟兩者均為委外制，僅前者委外的程度除國防、外交外，其餘內政自主權亦委外管理。

貳、大英國協式，亦深具特色

　　顧名思義，大英國協式以英國為馬首是瞻。其最大特徵是戴著 "coast guard" 的帽子，並不以海域執法為主要職責，而是以海難搜救及海洋環境保護（污染）為主。可明確區隔美國 "coast guard" 模式。其次，大英國協會員國，不一定其海域執法制度就是大英國協式。

參、警察型居多

大洋洲除澳、紐外，其餘十二個國家，均為二次世界大戰後，宣佈獨立的國家。故先有警察的設置，而無力從事海域執法。

肆、澳洲、紐西蘭海域執法領域舉足輕重

澳、紐兩國在大洋洲（南太平洋）中，肩負海域執法重要角色。

伍、澳紐海難搜救能量豐富，且藏於民間。

此種模式深具參考價值。

總結論

總結論：分布、發現及詮釋

壹、總體敍述性統計分析——分布、發現及詮釋

本書探討的國家有 151 個及 10 個地區，總共 161 個國家與地區。分別是亞洲 40 國、2 地區，大洋洲 14 國、4 地區，歐洲 27 國、1 地區，美洲 33 國、3 地區，非洲 37 國。以下分別將各洲海域執法制度特徵統計分布顯示如表 F-1。

表 F-1　全球五大洲海域執法制度特徵分布表

	亞洲	歐洲	美洲	非洲	大洋洲	總計
集中制	24	10	13	4	12	63
分散制	1	2	0	0	2	5
統合分散制	0	3	0	0	0	3
大英國協式	0	1	1	0	2	4
委外制	0	0	0	0	2	2
部分委外制	0	0	0	1	8	9
海軍型	12	10	19	31	3	75
警察型	10	3	8	1	12	34
海關型	1	0	0	0	0	1
聯合型	0	0	1	0	0	1
軍警混合型	0	0	0	2	0	2
軍（警）文合一	3	2	5	0	0	10
直屬總統（二級制）	1	0	0	0	0	1
二級制（直屬總理）	2	1	2	0	0	5
三級制	14	9	21	6	0	50
四級制	8	6	11	3	0	28
岸海合一	5	7	8	1	0	21
岸海分立	7	0	0	0	0	7
陸海空合一制	5	6	1	1	0	13
巡邏範圍含內陸河湖	8	8	14	7	0	37
專屬航空器	10	10	11	1	0	32

警犬	0	1	0	0	0	1
專業教育搖籃	17	11	16	5	0	49
重視海洋研究	2	0	6	0	0	8
海洋政策機構	3	0	0	0	0	3
重視海難搜救	6	7	7	0	2	22
重視航海實習	2	7	5	0	0	14
重視漁業資源（嚴禁非法捕撈）	0	1	10	4	5	20
民力搜救強	0	5	2	0	2	9
重視環保	0	10	6	0	2	18
無國防（無海軍）	0	0	0	0	13	13
缺乏裝備（維護）	0	0	0	17	0	17
依賴他國協助	0	0	0	6	0	6
與他國密切合作	0	0	0	6	0	6
發展不穩	0	0	0	1	0	1

說明：

1、統合分散制為分散制之修正型，故可與分散制合併統計分析。

2、部分委外制與委外制亦可合併作分析。

3、直屬總統與二級制可合併計算分析。

4、組織層級資料僅 84 國，缺 67 國，故總百分比僅 67%。

5、集中制與警察型重疊。換言之，所有警察型亦是集中制。

接下來，將 151 國家（地區不計）的海域執法制度特徵總數做一統計分析，以顯示各項特徵的百分比。（見表 F-2）

表 F-2　全球五大洲沿海國海域執法制度特徵百分比

	亞洲	歐洲	美洲	非洲	大洋洲	總計
集中制	15%	6%	8%	2%	8%	39%
分散制	1%	1%	0%	0%	1%	3%
大英國協式	0%	1%	1%	0%	1%	3%
統合分散制	0%	2%	0%	0%	0%	2%
委外制	0%	0%	0%	0%	1%	1%
部分委外制	0%	0%	0%	1%	5%	5%
海軍型	7%	6%	12%	19%	2%	46%
警察型	6%	2%	5%	1%	8%	22%
海關型	1%	0%	0%	0%	0%	1%
聯合型	0%	0%	1%	0%	0%	1%
軍警混合型	0%	0%	0%	1%	0%	1%
軍（警）文合一	2%	1%	3%	3%	3%	12%
直屬總統（二級制）	1%	0%	0%	0%	0%	1%

二級制（直屬總理）	1%	1%	1%	0%	0%	3%
三級制	9%	6%	13%	4%	0%	32%
四級制	5%	4%	7%	2%	0%	19%
岸海合一	3%	4%	5%	1%	0%	13%
岸海分立	4%	0%	0%	0%	0%	4%
陸海空合一制	3%	4%	1%	1%	0%	8%
巡邏範圍 含內陸河湖	5%	5%	7%	4%	0%	21%
專屬航空器	6%	6%	7%	1%	0%	19%
警犬	0%	1%	0%	0%	0%	1%
專業教育搖籃	11%	7%	10%	3%	0%	31%
重視海洋研究	1%	0%	4%	0%	0%	5%
海洋政策機構	2%	0%	0%	0%	0%	2%
重視海難搜救	4%	4%	4%	0%	1%	13%
重視人員實習	1%	4%	3%	0%	0%	8%
重視漁業資源 （嚴禁非法捕撈）	0%	1%	6%	2%	3%	12%
民力搜救強	0%	3%	1%	0%	1%	5%
重視環保	0%	6%	4%	0%	1%	12%
無國防（無海軍）	0%	0%	0%	8%	0%	8%
缺乏裝備（維護）	0%	0%	0%	11%	0%	11%
依賴他國協助	0%	0%	0%	4%	0%	4%
與他國密切合作	0%	0%	0%	4%	0%	4%
發展不穩	0%	0%	0%	1%	0%	1%

說明：如表 F-1 說明欄

由表 F-1 及表 F-2 統計資料分析如下：

一、組織類別分析

（一）海軍型 75 國（47%）為首，集中制 63 國（39%）次之，警察型 34 國（21%）再次之，委外制及部分委外制共 11 國（7%）居四，分散制及統合分散制共 8 國（5%）居五，其餘如大英國協式、海關型等 1-4 國（1%至 3%）居末。其中警察型亦是集中制，故集中制可以分為國防集中制（印度、越南）、警察集中制（泰國、新加坡）、軍事集中制（美國）以及文職集中制（加拿大）。

（二）由各洲作依序比較觀察：

　　1. 集中制：亞州 24、美洲 13、歐洲 10、非洲 4、大洋洲 12。

　　2. 分散制及統合分散制：歐洲 5、大洋洲 2、亞洲 1、其餘 0。

3.海軍型：非洲 31、美洲 19、亞洲 12、歐洲 10、大洋洲 3。

4.警察型：大洋洲 12、亞洲 10、美洲 8、歐洲 3、非洲 1。

二、組織層級分析

三級制 50 國（31%）居首，四級制 28 國（13%）次之，二級制 6 國（40%）居末。故三級制較合組織理論，未來我國行政院改造案，其中海巡署將由二級降為三級，應屬允當。

三、岸海合一與陸海空合一

岸海合一制 21 國（13%）陸海空合一制 13 國（8%），岸海分立制 7 國（4%）。其中陸海空合一制發源於歐洲，有其悠久的歷史及組織設計的哲理而自然形成。至於岸海合一制，我國屬該制，新加坡亦是，歷史短暫，哲理薄弱，有修正空間。

四、專業航空器及專業教育搖藍

前者 32 國（20%），後者 49 國（30%）。分布相當廣泛，可作未來趨勢走向分析。

五、巡邏執法範圍含內陸河湖

此特徵共 37 國（23%），取決於地理因素，即內陸河湖均為跨洲（邦、省）等，如美加間的五大湖、阿拉伯半島的兩河流域、中南半島以及南美洲的長江大湖等。地理因素變化小，該項分布，應屬穩定。

六、民力搜救及重視環保

前者 9 國，後者 18 國，目前分布範圍不大，惟前瞻趨勢深具發展潛力。

貳、自由度高低與海域執法制度特徵之關係探究

以下為 151 國之民主與自由程度高低分布表，另外 10 地區並非獨立國家，故未顯示於資料中。

表 F-3　各洲沿海國民主與自由度分布表

	亞洲	歐洲	美洲	非洲	大洋洲	總數	百分比（%）
自由（高）	7	25	25	7	10	74	49
部分自由（中）	13	2	7	15	4	41	27
不自由（低）	20	0	1	15	0	36	24
總計	40	27	33	37	14	151	100

觀察各洲自由度分布後，為了瞭解是否與海域執法制度有直接關係，以下將各洲特徵——組織類別與自由度高低做一百分比。

表 F-4　高自由度國家與海域執法特徵百分比

特徵＼洲別	亞洲	歐洲	美洲	非洲	大洋洲	百分比
集中制	6	9	12	1	4	57%
分散制	0	2	0	0	0	3%
大英國協式	0	1	1	0	2	5%
統合分散制	0	3	0	0	0	4%
委外制	0	0	0	0	3	4%
部分委外制	0	0	0	0	3	4%
海軍型	0	8	13	5	0	35%
警察型	2	3	7	1	4	23%
岸海合一	1	7	5	1	0	19%
岸海分立	3	0	0	0	0	4%
陸海空合一制	0	6	0	0	0	8%
軍警混合型	1	0	0	0	0	1%

表 F-5　中自由度國家與海域執法特徵百分比

海域執法制度特徵	亞洲	歐洲	美洲	非洲	大洋洲	百分比
集中制	9	0	1	0	1	12%
分散制	0	0	0	0	0	0%
大英國協式	0	0	0	0	0	0%
統合分散制	0	0	0	0	0	0%
委外制	0	0	0	0	0	0%
部分委外制	0	0	0	0	0	0%
海軍型	4	2	6	15	3	73%
警察型	3	0	1	0	1	12%
岸海合一	3	0	3	0	0	15%
岸海分立	3	0	0	0	0	7%
陸海空合一制	1	0	0	0	0	2%
軍警混合型	0	0	0	0	0	0%

總結論

總結論：分布、發現及詮釋

F-6　低自由度國家與海域執法特徵百分比

海域執法制度特徵	亞洲	歐洲	美洲	非洲	大洋洲	百分比
集中制	8	0	0	2	0	28%
分散制	1	0	0	0	0	8%
大英國協式	0	0	0	0	0	0%
統合分散制	0	0	0	0	0	0%
委外制	0	0	0	0	0	0%
部分委外制	0	0	0	0	0	0%
海軍型	8	0	0	11	0	53%
警察型	5	0	0	0	0	14%
岸海合一	0	0	0	0	0	0%
岸海分立	1	0	0	0	0	3%
陸海空合一制	4	0	1	0	0	14%
軍警混合型	1	0	0	2	0	8%

由表 F-3、表 F-4、表 F-5 以及 F-6 統計資料顯示如下：

一、151 個沿海國自由度高低分佈情況（參考 F-3）。自由度高的國家共 74 個（49%），中自由度的國家有 41 個（27%），以及低自由度的國家有 36 個（24%）。

二、各洲沿海國高自由度的國家均集中在歐洲（25 國）與美洲（25 國），其次大洋洲（10 國），最後為亞洲（7 國）與非洲（7 國）。部份自由各國非洲居冠（15 國），亞洲次之（13 國），美洲（7 國），大洋洲更次之，歐洲（2 國）居末。

　　　低自由各國亞洲居冠（20 國），非洲次之（15 國），美洲（1 國）再次之，歐洲與大洋洲歸零居末。

三、高自由度國家，集中制居冠，海軍型次之。顯示高自由度國家重視軍文分治的概念。

四、中自由度國家，海軍型居冠，集中型次之。

五、低自由度國家，海軍型第一，集中制居二。

表 F-7　自由度層次與海域執法制度組織型態關係表

組織形式 ＼ 自由度層次	高自由度國家	中自由度國家	低自由度國家	總計
集中制	42	11	10	63
分散制（含統合分散制）	5	0	1	6
委外制（含部分委外制）	6	0	0	6
海軍型	26	30	19	75
警察型	17	5	5	27
大英國協式	2	0	0	2
岸海合一	14	6	0	20
岸海分立	3	3	1	7

陸海空合一制	6	1	5	12
軍警混合型	1	0	3	4

根據上表統計資料顯示，具有以下發現：

1. 自由度高，集中制多。 　　2. 自由度高，分散制亦多。

3. 自由度高，委外制多。 　　4. 中自由度，海軍型多。

5. 海軍型在自由度高、中、低中相差不大，說明兩造無關聯。

6. 自由度高，警察型多。

7. 自由度高，岸海合一及陸海空合一制，均為最多。

參、已開發國家與海域執法制度特徵關係探究

為了觀察已開發國家與海域執法制度是否有關係，以下就 34 個已開發沿海國家做一分析。（見表 F-8）

表 F-8　已開發沿海國分布表[1]

	已開發沿海國家（35 國）
亞洲（11）	日本、南韓、台灣、香港*、澳門*、新加坡、以色列、塞普勒斯、卡達、阿拉伯聯合大公國、科威特
歐洲（18）	冰島、丹麥、挪威、芬蘭、瑞典、英國、德國、法國、義大利、西班牙、比利時、荷蘭、愛爾蘭、葡萄牙、希臘、馬爾他、斯洛維尼亞、摩納哥◎
美洲（3）	美國、加拿大、巴貝多
大洋洲（2）	澳洲、紐西蘭
非洲（1）	南非

說明：

1. 摩納哥無海域執法制度相關資訊，以◎示之。

2. 香港、澳門為地區，以（*）示之。

---

[1]　參本書導論頁 12-14

表 F-9　已開發國家海域執法制度特徵統計表

	亞洲	歐洲	美洲	大洋洲	非洲	總計
集中制	6	8	3			17
分散制		2				2
海軍型	1	4			1	6
大英國協式		1	1	2		4
陸海空合一		2				2
岸海合一	3	6	1			10
岸海分立	2					2
統合分散制		3				3
警察型	3	1				4
軍警混合性	2					2
海關型	1					1

表 F-10　已開發沿海國家海域執法制度特徵百分比

	亞洲 （11）	歐洲 （17）	美洲 （3）	大洋洲 （2）	非洲 （1）	總百分比 （34）
集中制	55%	47%	100%			50%
分散制		12%				6%
海軍型	10%	24%			100%	18%
大英國協式		6%	30%	100%		12%
陸海空合一		12%				6%
岸海合一	27%	35%	33%			29%
岸海分立	18%					6%
統合分散制		18%				9%
警察型	27%	6%				12%
軍警混合性	18%					6%
海關型	10%					3%

　　已開發國家海域執法組織型態中，集中制 50%，超越海軍型 18%（居三）頗多，岸海合一制 29%居二，警察型及大英國協式 12%併列第四；而高自由度沿海國組織形態分布依序為集中制 38%，海軍制 35%，警察型 23%，岸海合一制 19%。兩造比較，除集中制均為第一外，其餘次序略有不同。已開發國家均為高自由度故也。

肆、各沿海國濱海數與海域執法制度特徵關係探討

表 F-11　全球各沿海國濱海數與海域執法制度特徵關係表

	一面濱海 （69）	二面濱海 （23）	三面濱海 （13）	群島 （28）	島嶼 （28）
集中制	9	13	7	17	12
分散制	2	1	1		3
統合分散制	2		1		
警察型	4	7	1	11	7
海軍型	52	6	2	8	7
海關型			1		
陸海空合一	6	4		1	
軍（警）文合一	1	3		3	1
軍警混合制	3		1		
委外制				2	
部分委外制	1			7	1
聯合型					1
無國防				11	4

表 F-12　全球各沿海國濱海數與海域執法制度特徵百分比

	一面濱海 （69）	二面濱海 （23）	三面濱海 （13）	群島 （28）	島嶼 （28）
集中制	13%	56%	53%	61%	42%
分散制	3%	4%	8%		11%
統合分散制	3%		8%		
警察型	6%	30%	8%	39%	25%
海軍型	75%	26%	15%	29%	25%
海關型			8%		
陸海空合一	7%	17%		4%	
軍（警）文合一	1%	13%		11%	4%
軍警混合制	4%		8%		
委外制				7%	
部分委外制	1%			25%	4%
聯合型					4%
無國防				39%	14%

根據全球各沿海國濱海面數與海域執法制度特徵的資料顯示發現：（見表 F-11、F-12）

1. 一面濱海者，以海軍型居冠，高達 75%。

2. 集中制以群島居多（61%），其次是二面濱海者（56%）。

3. 四面濱海（島嶼）者，以集中制居多（42%）。

4. 群島者，無國防者亦多（39%）。

5. 群島者，以警察型居次（32%）。

伍、經濟因素與海域執法制度特徵關係探討

（一）分析一面濱海的海軍型國家 GDP（Gross Domestic Product）分布

全球計有 75 個海軍型國家，以一面濱海分布最多，共 52 國。在全球 69 個一面濱海國家中，海軍型百分比高達 75%。（見表 F11、F12）為了進一步瞭解一面濱海國家中，是否因為其經濟發展程度的優劣，讓政府以海軍作為唯一海域防衛組織，進而形成成本經濟一魚二吃的海軍型特色，故以下分別就一面濱海海軍型之國家的 GDP 與 GNP 做一分析。

世界各國國內生產總值（GDP）排名計有 190 國，本統計數據主要是一面濱海的海軍型國家，共計有 52 國（剛果除外），故僅列 51 國分析。[2] 將 190 國的 GDP 程度分為三等分，分別是 1 名至 63 名為高度生產總值、64 名至 126 名的中度生產總值與 127 名至 190 名的低度生產總值。

表 F-13　一面濱海之海軍型國家 GDP 排名分布

經濟程度	GDP 排名	國家（51 國）	百分比
高生產總值（15 國）	20	比利時	29%
	29	伊朗	
	33	委內瑞拉	
	34	哥倫比亞	
	37	葡萄牙	
	41	奈及利亞	
	44	智利	
	49	羅馬尼亞	
	50	秘魯	
	54	哈薩克	
	56	科威特	

---

[2] 說明詳見導論，頁 12。

	59	摩洛哥	
	61	安哥拉	
	62	伊拉克	
	63	利比亞	
中 生 產 總 值 （24 國）	64	蘇丹	47%
	65	厄瓜多	
	66	克羅埃西亞	
	67	敘利亞	
	75	斯洛維尼亞	
	76	保加利亞	
	77	突尼西亞	
	79	烏拉圭	
	80	黎巴嫩	
	84	緬甸	
	86	肯亞	
	90	土庫曼	
	92	約旦	
	93	拉托維亞	
	95	坦尚尼亞	
	96	象牙海岸	
	97	喀麥隆	
	98	薩爾瓦多	
	103	迦納	
	114	塞內加爾	
	120	阿爾巴尼亞	
	121	納米比亞	
	122	柬埔寨	
	124	莫三比克	
低 生 產 總 值 （12 國）	136	貝南	24%
	148	幾內亞	
	150	蒙特內哥羅	
	151	茅利塔尼亞	
	152	蘇里南	
	155	多哥	
	158	獅子山	
	159	圭亞那	
	167	吉布地	
	170	甘比亞	
	172	賴比瑞亞	
	174	幾內亞比索	
總計			100%

發現：

    1. 一面濱海的海軍型國家，以中度生產總值 24 國最多，百分比佔 47%。

    2. 高度生產總值以 15 國居次，百分比佔 29%。

    3. 最少的是低度生產總值國家，百分比佔 24%。

分析：

    一面濱海海軍型國家的 GDP 集中於中低生產，兩者相加之百分比達 71%，相對地，高生產國家是海軍型國家中所佔最少。故海軍型國家除一面濱海外，財政拮据亦是影響因素之一。

（二）分析一面濱海的海軍型 GNP（Gross National Product）分布

    世界國民生產總值（GNP）排名計有 182 國，[3]本統計數據主要是一面濱海的海軍型國家，共計有 52 國（突尼西亞除外），因此僅列 51 國。182 國 GNP 程度分為三等分， 1 名至 60 名為高度人民所得、61 名至 121 名的中度人民所得、122 名至 182 名的低度人民所得。

表 F-14　一面濱海之海軍型國家 GNP 排名分布

經濟程度	GNP 排名	國家（51 國）	百分比
高度人民所得（11 國）	16	比利時	22%
	23	科威特	
	30	斯洛維尼亞	
	32	葡萄牙	
	44	克羅埃西亞	
	47	烏拉圭	
	48	利比亞	
	49	智利	
	56	拉托維亞	
	59	黎巴嫩	
	60	委內瑞拉	
中度人民所得（19 國）	64	哈薩克	37%
	67	羅馬尼亞	
	73	蘇里南	
	74	哥倫比亞	
	75	蒙特內哥羅	
	76	保加利亞	
	80	納米比亞	
	83	秘魯	

---

[3]　說明詳見導論，頁 12。

	87	安哥拉	
	90	伊朗	
	93	約旦	
	94	厄瓜多	
	99	薩爾瓦多	
	100	土庫曼	
	101	阿爾巴尼亞	
	112	敘利亞	
	113	摩洛哥	
	114	圭亞那	
	119	伊拉克	
低度人民所得（21國）	127	蘇丹	41%
	130	吉布地	
	133	奈及利亞	
	140	茅利塔尼亞	
	142	喀麥隆	
	144	象牙海岸	
	146	塞內加爾	
	147	肯亞	
	150	柬埔寨	
	151	迦納	
	155	貝南	
	159	甘比亞	
	161	緬甸	
	164	坦尚尼亞	
	168	幾內亞比索	
	170	莫三比克	
	172	多哥	
	174	幾內亞	
	179	獅子山	
	180	賴比瑞亞	
	181	剛果	
總計			100%

發現：

1. 一面濱海的海軍型國家，以低度國民所得 21 國最多，百分比佔 41%。

2. 中度國民所得以 19 國居次，百分比佔 37%。

3. 最少的是高度國民所得 11 國，百分比佔 22%。

分析：

一面濱海的海軍型國家，以低度人民所得分百分比最多，由此可判別海軍型國家人民大多不富裕。與 GDP 發現雷同。

（三）分析集中制於 GDP 分布

全球海域執法集中制的國家數僅次於海軍型國家，佔 63 國（地區），百分比亦達 31%。[4]故為分析集中制的國家，是否因為經濟程度影響其海域執法制度，以下做一統計分布。

世界 GDP 排名計有 190 國，本統計數據針對集中制的國家，共計有 60 國。[5]但是當中，將 190 國 GDP 程度分為三等分，分別是 1 名至 63 名為高度生產總值，64 名至 126 名的中度生產總值與 127 名至 190 名的低度生產總值。

表 F-15　集中制國家 GDP 排名分布

經濟程度	GDP 排名	國家（60 國）	百分比
高度生產（28 國）	1	美國	47%
	3	日本	
	7	義大利	
	9	加拿大	
	11	印度	
	13	澳洲	
	15	南韓	
	17	土耳其	
	18	印尼	
	21	瑞典	
	23	沙烏地阿拉伯	
	24	台灣	
	25	挪威	
	28	阿根廷	
	30	泰國	
	32	希臘	
	35	阿聯酋	
	36	芬蘭	
	38	馬來西亞	
	39	新加坡	
	42	愛爾蘭	
	46	菲律賓	
	47	巴基斯坦	

---

[4] 集中制國家（地區）中，包含香港，但此分析數據主要以國家為主，故香港不列入排名。
[5] 說明詳見導論，頁 12。

	48	阿爾及利亞	
	51	紐西蘭	
	52	烏克蘭	
	57	孟加拉	
	58	越南	
中度生產（16國）	69	阿曼	27%
	74	斯里蘭卡	
	83	立陶宛	
	85	哥斯大黎加	
	88	葉門	
	89	北韓	
	91	巴拿馬	
	94	塞浦勒斯	
	99	巴林	
	101	愛沙尼亞	
	111	赤道幾內亞	
	113	冰島	
	118	汶萊	
	118	千里達	
	123	喬治亞	
	126	模里西斯	
低度生產（16國）	135	海地	27%
	149	巴貝多	
	166	貝里斯	
	171	聖露西亞	
	175	萬那杜	
	176	索羅門	
	177	格瑞那達	
	179	聖文森	
	182	薩摩亞	
	183	多米尼克	
	185	密克羅尼西亞	
	186	聖多美	
	187	帛琉	
	188	馬紹爾	
	189	吉里巴斯	
	190	吐瓦魯	
總計			100%

發現：

　　1. 集中制國家中，以高度生產最多，有 28 國，百分比達 47%。

　　2. 其次為中度生產與低度生產各 16 國，分別佔 27%。

分析：

　　根據集中制的 GDP 排名分布，可判斷集中制國家的海域執法制度應屬高度生產總值國家。

（四）分析集中制於 GNP 分布

　　世界 GNP 排名計有 182 國，[6]本統計數據主要是集中制國家，共計有 60 國，但北韓、聖露西亞、赤道幾內亞、吐瓦魯、帛琉、密克羅尼西亞、馬紹爾並無數據，故不列入分析，因此僅列 53 國排名。將 182 國的 GDP 程度分為三等分，1 名至 60 名為高度人民所得、61 名至 121 名的中度人民所得、122 名至 182 名的低度人民所得。

表 F-16　集中制國家 GNP 排名分布

經濟程度	GNP 排名	國家（53 國）	百分比
高度人民所得（26 國）	2	挪威	49%
	6	澳洲	
	7	瑞典	
	8	阿聯酋	
	9	美國	
	11	加拿大	
	12	愛爾蘭	
	14	芬蘭	
	15	新加坡	
	17	日本	
	20	冰島	
	22	義大利	
	24	紐西蘭	
	26	汶萊	
	27	塞浦勒斯	
	28	希臘	
	33	南韓	
	34	巴林	
	37	台灣	
	38	阿曼	
	39	沙烏地阿拉伯	

---

[6] 說明詳見導論，頁 12。

	40	千里達	
	42	愛沙尼亞	
	43	巴貝多	
	52	立陶宛	
	57	土耳其	
中度人民所得（16國）	62	阿根廷	30%
	65	馬來西亞	
	66	巴拿馬	
	68	哥斯大黎加	
	69	模里西斯	
	72	格瑞那達	
	81	聖文森	
	85	多米尼克	
	89	泰國	
	92	阿爾及利亞	
	96	貝里斯	
	108	烏克蘭	
	109	印尼	
	110	萬那杜	
	120	喬治亞	
	121	斯里蘭卡	
低度人民所得（11國）	125	菲律賓	21%
	128	吉里巴斯	
	135	索羅門	
	136	葉門	
	137	印度	
	138	越南	
	139	聖多美	
	143	巴基斯坦	
	156	海地	
	158	孟加拉	
	178	薩摩亞	
總計			100%

發現：

　　1. 集中制國家中，以高度人民所得最多，有 26 國，佔 49%。

　　2. 以中度人民所得居次，有 16 國，佔 30%。

　　3. 以低度人民所得數最少，僅有 11 國，佔 21%。

分析：

　　集中制的 GNP 與 GDP 排名分布數字相近，可判斷經濟發展與人民所得多寡，影響了國家海域執法制度的發展。

　　最後，作一總結（包括建議）列舉如下：

一、集中制乃未來趨勢主流

　　儘管目前海軍型國家居冠，唯其趨勢應是集中制越來越多，前景看好，而海軍型及警察型越來越走下坡。意含著集中制的增加，乃是對軍文分治概念的尊重與實踐。當然，並非軍人不能執法，但是必須要有法的依據，也就是「依法行政」的實踐。另外，海域執法與海軍乃是沿海國為了維持海域秩序及安全所需要的兩大力量，海域執法機制必須仰仗海軍支援，反之亦然。

二、分散制演變成集中制之機率甚小

　　全世界分散制加上統合分散制共八個國家，其中統合分散制即是由分散制修正而來，其仍具備分散的屬性。探其原由，制度乃是自然形成的，分散與集中各具優缺點，不要輕言集中制必定優於分散制，分散變集中，手術太大，不如採統合方式，即保有分散之優點，又採取集中的優點。

三、海軍不可能脫離國防系統

　　海域執法機制的變革或調整，不論其弧度再大，海軍不可能脫離國防系統，反之，則有可能，即：海域執法機制納入國防系統。故兩邊的合作密切，要做到身心合一，其方式：1.納入國防系統或海軍；2.由海軍教育或訓練，如土耳其是。

四、分區（district）數目合理化，符合組織理論，增進行政效率。

　　各沿海國海域執法機制為達成其任務，必定依海岸線長短（海域面積），地形、地物以及海域治安狀況等因素劃分之。當然，分區數目合理化，較難量化，唯立足台灣，比較參考其他國家的面積倍數、海岸線長短、以及分區數目，亦可睽及合理化數目之梗概。

依據下列二表顯示，日本除面積 10.5 倍台灣外，海岸線長亦是台灣的 19 倍，僅列 11 個分區；加拿大面積是台灣的 277.5 倍，海岸線是台灣的 129 倍，僅列 5 個分區；以此類推，除新加坡外，其餘上列國家如日本、加拿大一樣，分區數少而海岸線長；至於新加坡及台灣乃蕞爾小國卻列 4 個及 8 個分區，將使資源分配支離破碎，控制幅度過多，有礙行政效率。2012 年 2 月 3 日，內政部長李鴻源主張台灣應以五都為核心，合併周邊縣市，以提高地方政府解決問題的能力，此一想法亦佐證了筆者將分區數目合理化，增進效率的想法。[7]

五、陸、海、空合一制不同於陸海合一制

陸海空合一制以邊境概念（border or frontier concept）設計維護國家邊界安全的機制，一般而言，一到三面沿海國家有陸、海、空三界，而四面環海國家僅海及空界而已。 其組織設計由內陸至邊界（陸及海），出入國際機場及港口人、貨之安檢。故、陸、海、空合一制起源於歐洲，以德國及俄羅斯最為典型，其餘多為前蘇聯加盟國，有其悠久歷史，及其自然形成的哲理。至於陸海合一制，2000 年台灣成立海巡署，文獻及紀錄中名之陸海合一制，新加坡也屬此一制。與移民署業務多有重疊，有討論的空間。

表 F-17　四面環海國

國家	面積倍數	海岸線長（公里）	分區
日本	10.5 倍	29,751（19 倍）	11
馬來西亞	9 倍	4,675（3 倍）	5
菲律賓	8 倍	36,289（23 倍）	10
新加坡	1/37	193（0.12 倍）	4
台灣	36,191	1,566	8

表 F-18　非四面環海國（1-3 面）

國家	面積倍數	海岸線長（公里）	分區
中國（2）	267 倍	32,000（20 倍）	3
美國（2）	267.7 倍	20,610（13 倍）	9
加拿大（3）	277.5 倍	202,080（129 倍）	5
南韓（3）	3 倍	2,413（2 倍）	13
泰國（1）	14 倍	3,219（2 倍）	8

說明：國家列各國（　）中數目是濱海面數

---

[7] 管婺媛、王莫昀、單厚之，《中國時報》〈李鴻源：五都為核心　合併縣市〉，2012/02/30。

- 643 -

六、民主自由度越高，海軍型建制越少

　　全球各沿海國，高自由度國家其海軍型是 35%，與集中制 57%差距甚大，故民主國家中，集中制超越海軍型；反之，中、低自由度國家，海軍型分別為 73%及 53%，海軍型超越集中制甚多。故自由度越高，海軍型建置越少，意含著軍文分治在民主自由國家較受重視。

七、三級制獨領風騷

　　就層級而言，三級制佔 31%，四級制是 13%，而二級制僅佔 3%。故多數沿海國中三級制居冠。

八、專屬教育搖籃 30%，專屬航空器 20%。二項所佔百分比頗高，亦是未來之趨勢所向。

九、創立海域防衛機制（coast guard）歷史最悠久的國家是瑞典 351 年及阿根廷 331 年（十七世紀），以及美國 221 年（十八世紀）。

　　十九世紀共有 4 國，佔 10%，其中愛爾蘭 189 年，新加坡 168 年，西班牙 167 年，義大利 146 年。廿世紀蓬勃發展，計有 32 國，為 79%。二十一世紀 2 國，為 5%。

參考資料

一、中文專書

木津徹著，張雲清譯（2007.11），《世界海軍圖鑑》，台北：人人。

尹章華、彭銘淵編著（1995.10），《海事行政法（上冊）》，台北：文淵書局。

尹章華（1998.3），《領海及鄰接區逐條釋義》，台北：文笙書局。

尹章華（1998.3），《專屬經濟海域及大陸礁層法逐條釋義》，台北：文笙書局。

王曉燕（2004），《智利》，北京：社會科學文獻出版社。

王建勛（1981），《中南美洲政治論叢》，台北：商務出版社。

方真真、方淑如編著（2003.6）。《西班牙史》。台北：三民。

史麗珠、林莉華編譯（2004），《統計學》，台北：學富。

丘宏達（1995），《現代國際法》，台北：三民書局。

李震山編著（1996.5），《德國警察制度》，桃園：中央警察大學世界警察博物館。

李邁光著（1990.1），《東歐諸國史》，台北：三民書局。

何景榮譯（2002.9），《新制度主義政治學》，台北：韋伯文化，。

吳學燕編著（1996.5），《英國警察制度》，桃園：中央警察大學──世界警察博物館。

吳興東（2003.6），《土耳其史》，台北：三民書局。

邱華君編著（2000），《各國警察制度概論》，桃園：中央警察大學。

邱文彥（2000），《海岸管理理論與實務》，台北：五南出版。

周志杰譯（2007.1），《比較政治的議題與途徑》，台北：韋伯文化。

施正鋒、闕河嘉主編（2007.12），《當代南太平洋民主政治》，台北：台灣國際研究學會。

姜皇池（2004.9），《國際海洋法──上冊》，台北：學林文化。

胡振洲（1978.6），《海事地理學》，台北：三民書局。

胡念祖（1997.9），《海洋政策：理論與實務研究》，台北：五南。

陳鴻瑜（1987），《南沙諸島主權與國際衝突》，台北：幼獅文化。

陳國勝（2000.3），《海域執法之理論與實務》，桃園：中央警察大學。

陳國勝（2001.10），《海岸巡防法逐條釋義》，桃園：中央警察大學出版社。

陳國勝（2003.1），《海岸巡防法析論》，桃園：中央警察大學出版社。

陳立中（1991），《警察行政法》，台北：裕文企業有限公司。

陳世欽編譯，《聯合報》，〈希拉蕊訪非洲 推自貿鞏美勢力〉，2009 年 8 月 5 日。

陳虹君譯（2009.6），《黑暗大布局 中國的非洲經濟版圖》（LA CHINAFRIQUE）。早安財經文化有限公司。

陳明傳等編著（1996.5），《各國警察制度》，桃園：中央警察大學。

夏章英（1996.10），《漁政管理學》。北京：海洋出版社。

張慧智、李敦球（2008），《北韓》，香港：城市大學出版社。

張金鑑（1967），《行政學典範》，台北：中國行政學會。

張明珠（2004.5），《波羅的海三小國史》，台北：三民書局。

張倩紅著（2006），《埃及史: 神祕驚奇的古國 》，台北：三民書局。

游乾賜（2006.10），《海巡署成長與變革》，台北：黎明文化。

黃異（2000），《海洋秩序與國際法》，台北：學林文化。

黃鴻釗（1999.10），《澳門簡史》，香港：三聯書店。

彭文賢（1988），《行政生態學》，台北：三民書局。

傅崑成（1994.5），《聯合國海洋法公約》，台北：123 資訊有限公司。

傅崑成編校（1994.5），《聯合國海洋公約暨全部附件》，台北：123 資訊有限公司。

楊逢泰（1989），《非洲研究專集》，台北：台灣商務印書館。

葉自成著，李炳南主編（1997.7），《俄羅斯政府與政治》，台北：揚智文化。

趙維田（1991.11.1），《國際航空法》，台北：水牛出版。

歐信宏、胡祖慶譯（2007.9），Joshua S. Goldstein, Jon C. Pevehouse 著，《國際關係》，台北：雙葉出版。

蔡百銓譯，I.C. Campbell 著（1994.12），《大洋洲史》，台北：國立編譯館。

薛曉源、陳家剛主編（2007），《全球化與新制度主義》，台北：五南出版。

邊子光（2005.2），《海洋巡防理論與實務》，桃園：中央警察大學出版社。

邊子光（1997.6），《海洋政策與法規論叢》，〈國際海洋執法制度下之海域執法〉，台北：內政部。

羅益強、史仕培、陳雅慧等著（2002.5.1），《借鏡荷蘭》，台北：天下雜誌股份有限公司。

魏靜芬（2008.8），《海洋法》，台北：五南。

魏靜芬、徐克銘（2001.6），《國際海洋法與海域執法》，台北：神州圖書股份有限公司。

蘇子喬譯（2009.6），《政治學的關鍵概念》，台北：五南出版社。

魏鏞（1973），《雲五社會科學大辭典（政治學）》，台北：商務出版。

鐸木昌之，胡慶山譯（2008），《北朝鮮》，台灣：月旦出版社。

二、英文專書

Coast Guard, United States Coast Guard Posture Statement With 2010 Budget in Brief, May 2009.

Earl Babbie, The Practice of Social Research,（international edition）U.S. Wad swath, Ceugage Learning, 2010.

Department of Homeland Security, Budget-in-Brief Fiscal Year 2010 U.S. Department of Homeland Security, February 2009.

Jane's Fighting Ships.2004-2005, Edited by Commodore Stephen Saunders RN, Virginia U.S.A.

Donald A. Torres," Handbook of Federal Police and Investigative Agencies" Westport,Connecticut: Greenland Prees, 1985.

三、學報期刊

林欽隆，行政院海岸巡防署「人員培訓前瞻規劃方案」，海巡月刊第七期，民國 93 年頁 18-27。

孫建中，《海軍學術月刊》〈跨世紀北韓海軍建軍發展之概況與困境〉，第三十九卷第一期。2005 年 1 月 1 號出版

林欽隆，《海巡雙月刊》，〈中西太平洋漁業委員會管理架構探討研析〉。第 6 期，2004 年 2 月。

《國家政策論壇》（2003），〈非政府組織與反貪腐運動：國際透明組織與台灣透明組織簡介〉，夏季號。

陳敦源（2001.8），《台北大學行政及政策學報編委會》，〈新制度論的規範與方法：一個理性選擇觀點的方法論檢視〉，台北：台北大學。

四、論文

朱金池（2002.1.21），《警政管理論文集》（未出版），〈第五章　新制度論的組織理論初探〉及〈第六章　警察組織理論研究新取向：制度論〉。桃園：中央警察大學。

胡立國（1994），中央警官學校警政研究所第 23 期碩士論文「中泰水上警察之比較研究」。

吳金碧，《我國海巡人員任用制度之研究》，國立台灣大學政治學系政府與公共事務研究所碩士論文，2006 年 7 月，頁 53-55。

廖偉辰期末報告，邊子光指導，〈中華民國（台灣）海域執法制度──組織改造之變革〉，桃園：警察大學水警研究所，2011/5/15。

其他出版品（政府機關及其他）

姜皇池，《設立專業海巡學校可行性之研究》，行政院海岸巡防署委託研究，2005 年 12 月。

參考資料

林欽隆等,《越南、澳門國際情報交流出國報告》,行政院海巡署海洋巡防總局(未出版),2004 年 8 月 31 日。

海岸巡防署海洋巡防總局－邊子光等,《東南亞國際情報交流出國報告》。2003 年 12 月 15 日。

外交部八十八年五月七日外(88)條三字第八八○一○○七一五四號予水警局函。

土耳其貿易辦事處。2005 年 5 月 2 日行政院海巡署海洋巡防總局去文土耳其貿易辦事處(Turkish Trade Office),期辦事處提供土國海域執法制度與國防、警察之關係。後於 2005 年 10 月 17 日辦事處代表布拉克‧古塞爾先生回文,提供共 10 頁之中英版說明。文件編號為 106。

《駐瑞典代表處函外交部》〈瑞典海域防衛署相關資料〉。瑞典(88)字第 135 號 民國 88 年 5 月 31 日。

《行政院海岸巡防署組織再造研究案》,〈行政院海岸巡防署合作研究〉。民國 90 年 12 月。

謝立功等。《建立兩岸共同打擊海上犯罪之作法與協商機制之研究》。2004 年 12 月。台北:行政院海岸巡防署委託研究。

海洋污染緊急應變能力養成計畫國外訓練班－海污應變管理與決策出國報告書,行政院環保署,民國 91 年 8 月。

吳東明,《借鏡美日韓各國、探討我國海巡署發展策略之研究》,行政院海岸巡防署,2004 年 12 月,頁 11。

《海域執法標準作業程序之研究》,行政院海岸巡防署委託研究,九十三年元月

游乾賜等。《考察荷蘭、法國、英國海岸巡防組織報告書》。行政院海岸巡防署。民國 90 年 12 月。

游乾賜、林俊熙、劉建國、歐凌嘉,《行政院海岸巡防署考察加拿大與美國海岸防衛隊報告書》,90 年 6 月 23 日。

鄭善印主持,《海域執法標準作業程序》,行政院海巡署委託,民國 93 年元月。

楊新義等。《德國聯邦海巡與邊防組織考察出國報告書》。2007 年 11 月 29 日。台北:行政院海岸巡防署海岸巡防總局。

憲兵學校(2006.12),《各國憲兵制度簡介》,台北:憲兵學校。

海洋發展戰略究所課題組(2009.1),《中國海洋發展報告(2009)》,北京:海洋出版社。

海洋發展戰略究所課題組(2009.1),《中國海洋發展報告(2009)》,北京:海洋出版社。

《辭海(上冊)》(1994),台北:台灣中華書局。

《牛津當代大辭典》(新訂版)(2000.1),台北:旺文社。

《國中社會,第六冊(3 下)》(2005),台北:康軒文教。

《世界各國知識叢書 4-2(非洲卷:北非諸國(二))》(1994),北京:軍事誼文出版社。

《世界各國簡介暨各國首長名冊》(2001),中華民國外交部。

《警隊博物館》(1994.2),〈皇家香港警察隊簡史〉。皇家香港警務處警隊博物館出版。

《警察總局簡介－組織架構》(2003.10.28),澳門:警察總局。

五、報紙

王麗娟編譯。《聯合報》〈全球最大　吉里巴斯海洋保護區〉，2008/02/15。

王嘉源，《中國時報——國際新聞》〈屠殺元凶　赤柬主席喬森潘被捕〉，2007/11/20。

尹德瀚，《中國時報》，〈南韓沉艦疑內部爆炸　無關北韓〉。2010/03/28。

尹德瀚，《中國時報——焦點新聞》〈穆巴拉克在位 30 年　累積財產上兆〉，2011/02/13。

尹德翰，《中國時報——國際專欄》〈美國入侵伊拉克最大受益者——伊朗〉，2007/09/25。

尹德瀚、黃文正，《中國時報——國際新聞》〈南蘇丹今獨立　全球最新國家〉，2011/07/09。

江靜玲，《中國時報——國際新聞》〈爬高跌得快　愛爾蘭奇蹟幻滅〉，2009/01/15。

江靜玲，《中國時報——倫敦傳真》〈愛爾蘭、歐盟禍福相依〉，2011/02/20。

江靜玲，《中國時報——國際新聞》〈比美歐更慘　英恐蹈冰島覆轍〉。2009/01/23。

江靜玲，《中國時報——時論廣場》〈倫敦傳真——快樂可以量化嗎？〉，2009/9/27。

江慧真，《中國時報》〈熱情吐瓦魯　馬允諾協助建設〉，2010/03/24。

江慧真，《中國時報》〈雨擾吉里巴斯行　傳女巫作法放晴〉，2010/03/23。

江慧真，《中國時報》〈馬訪「援索團」　外交突破〉，2010/03/26。

汪宜儒，《中國時報——文化新聞》〈政局動盪多年　藝術家世界聞名〉。2011/01/17。王綽中，《中國時報——澳門專題》〈一步一顛簸　民主前景不悲觀〉，2006 年 12 月 20 日。

江靜玲，《中國時報——國際新聞》〈愛爾蘭否決里斯本條約　歐盟陷危機〉，2008/06/14。

朱雲漢，《中國時報——時論廣場》〈全球進入政治體制多元競爭時代〉，2010/02/12。

朱小明編譯，《聯合報——國際新聞》〈索國海盜洗錢　肯亞首都房價漲三倍〉2010/01/03。

林克倫，《中國時報——澳門專題》〈貧富懸殊　特區政府嚴屬挑戰〉，2006 年 12 月 20 日。

林家群，《中國時報——國際新聞》，〈北韓判美記者 12 年勞改重刑〉，2009/06/09。

周志杰，《中國時報》〈想我那邦交小島國們〉，98 年 10 月 22 日。

胡琦君編譯，《中國時報——國際新聞》〈「番紅花革命」緬甸 10 萬人示威〉，2007/09/25。

陸以正專欄，《中國時報——時論廣場》〈揮兵巴林　沙國不智〉，2011/03/28。

陸以正專欄，《中國時報——時論廣場》〈沙國遠離茉莉風暴〉，2011/03/14。

陸以正專欄，《中國時報——時論廣場》〈秘魯有個華裔總理〉，2011/02/21。

陸以正，《中國時報——時論廣場》〈緬甸「僧侶革命」　大陸難逃指責〉，2007/10/01。

陸以正專欄，《中國時報——時論廣場》〈摩洛哥遠離茉莉風暴〉，2011/04/04。

陸以正專欄，《中國時報——時論廣場》〈埃及革命尚未成功〉，2011/02/14。

陸以正專欄，《中國時報——時論廣場》〈格達費大勢已去〉，2011/07/25。

陸以正專欄，《中國時報——時論廣場》〈突尼西亞革命　延燒中東〉，2011/01/24。

陸以正專欄，《中國時報——時論廣場》〈南蘇丹產油　兵家必爭〉，2011/07/18。

參考資料

陸以正專欄，《中國時報——時論廣場》〈蘇丹公投　南北分家〉，2011/01/17。

陸以正，《中國時報——陸以正專欄》〈美洲 34 國高峰會〉，2009/04/20。

陳文和，《中國時報——國際新聞》〈美擬將北韓重列支恐黑名單〉，2009/06/09。

陳文和，《中國時報——國際新聞》〈孟加拉兵變　至少 77 軍官遭屠殺〉，2009 年 03 月 02 日。

陳文和，《中國時報——國際新聞》〈恐怖攻擊效應　印巴劍拔弩張〉，2008 年 12 月 01 日。

陳文和，《中國時報——國際新聞》〈美「夢」成真　巴西首位女總統就職〉，2011/01/03。

陳文和，《中國時報——國際新聞》〈伊朗驗票　50 選區開票數超過選民數〉，2009/06/23。

陳文和，《中國時報——國際新聞》〈伊朗扼殺民主人權　全球砲轟〉，2009/07/27。

陳文和，《中國時報——國際新聞》〈冰島瀕破產　急向俄求援〉，2008 年 10 月 8 日。

陳文和，《中國時報——國際新聞》〈關島獨立或併入美國　明年公投〉，2011/06/13。

陳成良編譯，《自由時報——國際新聞》〈兩性平權革命　冰島立法關閉色情業〉，2010 年 3 月 27 日。

陳成良編譯，《自由時報——國際新聞》〈馬爾地夫　擬建漂浮島移居〉，99 年 4 月 2 日。

陳世宗，《中國時報——兩岸新聞》〈兩岸媽祖環台　將搭大陸救難船〉，2011/04/15。

陳鳳英，《中國時報——杜拜啟示錄》〈杜拜轉型傳奇　引領中東質變〉，2007 年 03 月 30 日。

郭篤為，《中國時報——國際新聞》〈宏國政變　我國使館庇護賽拉亞女兒〉，2009/09/29。

郭篤為，《中國時報——國際新聞》〈薩國大選變　親美政權連莊夢碎〉，2009/03/17。

郭崇倫，《中國時報——時論廣場》〈歐盟金援希臘　金融大鱷夢碎〉，2010 年 3 月 30 日。

郭崇倫，《中國時報——國際新聞》〈伊朗總統哥大演講　場內噓　場外罵〉，2007/09/26。

梁東屏，《中國時報——國際新聞》〈不速撤離神廟就大規模衝突　泰柬放狠話　駁火「10 分鐘」〉，2008/10/16。

梁東屏，《中國時報——東協筆記》〈緬甸示弱顯現自信〉，2011/08/20。

梁東屏，《中國時報——時論廣場》〈柬埔寨強人總理韓森〉，2008/10/25。

張力，《學習時報》〈裏海之爭仍會持續〉。2007 年 10 月 16 日。

賀桂芬，《天下雜誌》〈沙之堡面臨崩解「杜拜願景」吹破牛皮〉，2009 年 12 月 03 日。

黃文正，《中國時報——國際新聞》〈部隊開槍　巴林又四人死亡〉，2011/02/19。

黃文正，《中國時報——中東風雲特別報導》〈葉門情勢　急升溫〉，2011/3/22。

楊明暐，《中國時報——焦點新聞》〈親西方和反恐　班娜姬「再」劫難逃〉，2007 年 12 月 28 日。

楊明暐，《中國時報——要聞》〈聯軍空襲利比亞〉，2011/03/21。

管淑平編譯，《自由時報——國際新聞》〈萬那杜火山噴發　疏散待命〉，2010/04/20。

蔡鵑如，《中國時報——國際新聞》〈亞塞拜然第一家庭　杜拜置產〉。2010/03/06。

蔡鵑如，《中國時報——國際萬象》〈北極暖化加劇　格陵蘭人憂喜參半〉，民國 100 年 8 月 23 日。

蔡鵑如，《中國時報——焦點新聞》〈菜販、古歌主管，埃及革命推手〉，2011/02/13。

蔡增家，《中國時報——時論廣場》，〈北韓的「鎂光燈症候群」〉，2009/02/12。

蔡佳敏，《奇摩新聞》〈共和黨批與查維斯握手不負責任　歐巴馬駁斥〉，2009/04/20。

潘勛，《中國時報——國際新聞》〈喬治亞布局西化　不惜與俄交惡〉。2008/05/01。

閻紀宇，《中國時報——國際新聞》〈東柏威夏神廟申遺成功　泰怒引爆倒閣〉，2008/07/09。

閻紀宇，《中時晚報——頭版》〈南韓奇襲索國海盜　人船救回〉，2011/01/22。

閻紀宇，《中國時報——國際新聞》〈緬甸政府讓步　開放國際救災〉，2005/05/20

閻紀宇，《中國時報——焦點新聞》〈最危險的國家　民主曙光乍現即滅〉，2007 年 12 月 28 日。

閻紀宇，《中國時報——國際新聞》〈利比亞血腥鎮壓　200 人罹難〉，2011/02/21。

閻紀宇，《中國時報》〈利比亞船難　非法移民逾 300 死〉，2009/04/01。

賴樹盛，《中國時報》〈誰關心緬甸的民主？〉，2007/05/31。

鍾玉玨，《中國時報——國際新聞》〈冰島骨牌　倒向東歐新興市場〉。2008/10/19。

藍孝威，《聯合報——兩岸》〈中共護航艦隊　開抵亞丁灣〉。2009 年 01 月 07 日。

魏國金編譯，《自由時報——國際新聞》〈俄艦隊留駐爭議　烏克蘭國會全武行〉。2010/04/28。

《中國時報——林博文專欄》〈選後的伊朗　變定時炸彈〉2009/6/17。

《中國時報——兩岸國際》〈土庫曼獨裁總統　尼雅佐夫驟逝〉。民國 95 年 12 月 20 日。

《中國時報——國際新聞》，美政府不讓希爾續任是大錯〉，2009/02/05。

《中國時報——兩岸新聞》〈越南抗議　我宣示南沙主權〉，2007 年 11 月 21 日。

《自由時報》，〈最惡劣獨裁者　金正日居首〉，2010/06/23。

《中國時報》〈斯堪的納維亞專題——衝突與融合〉，民國九十六年六月十四日。

《中國時報》〈逾 50 船受困　冰封波羅的海〉。2010/03/06。

《中國時報——時論廣場》〈政府必須再造　後續配套尤重效能〉，2010 年 01 月 14 日。

法新社，《中國時報——國際新聞》〈王子凸槌〉。2008/06/05。

《中央社》〈詹氏防衛周刊：美法俄中英居世界軍力前 5〉。2009 年 9 月 13 日。

《新華社》〈尼加拉瓜抗議哥倫比亞恐嚇漁民〉2008 年 02 月 13 日。

《中國時報》，〈國際新聞——北韓外交轉守為攻〉。2008/07/29。

《澳門日報》〈西籲歐助遏非洲難民湧入加那利〉，1993 年 12 月。

《中國時報》〈救活諾魯難產嬰〉。2008/4/18。

《中國時報》〈維基百科 10 歲，每月吸引 14 億人〉，2011 年元月 17 日。

《星島日報》，〈溫家寶提四建議推動中非經貿合作〉，2009 年 11 月 8 日。

索引

索引

十劃

索引

索引

二十劃

索引

海域執法類　PF0079

各國海域執法制度（下冊）

作　　者 / 邊子光
責任編輯 / 鄭伊庭
圖文排版 / 楊尚蓁
封面設計 / 蔡瑋中

發 行 人 / 宋政坤
法律顧問 / 毛國樑　律師
印製出版 / 秀威資訊科技股份有限公司
　　　　　114 台北市內湖區瑞光路 76 巷 65 號 1 樓
　　　　　電話：+886-2-2796-3638　傳真：+886-2-2796-1377
　　　　　http://www.showwe.com.tw
劃撥帳號 / 19563868　戶名：秀威資訊科技股份有限公司
　　　　　讀者服務信箱：service@showwe.com.tw
展售門市 / 國家書店（松江門市）
　　　　　104 台北市中山區松江路 209 號 1 樓
　　　　　電話：+886-2-2518-0207　傳真：+886-2-2518-0778
網路訂購 / 秀威網路書店：http://www.bodbooks.com.tw
　　　　　國家網路書店：http://www.govbooks.com.tw
圖書經銷 / 紅螞蟻圖書有限公司
　　　　　114 台北市內湖區舊宗路二段 121 巷 28、32 號 4 樓
　　　　　電話：+886-2-2795-3656　傳真：+886-2-2795-4100

2012 年 9 月 BOD 一版
定價：1800 元（全套上下兩冊不分售）
版權所有　翻印必究
本書如有缺頁、破損或裝訂錯誤，請寄回更換

國家圖書館出版品預行編目

各國海域執法制度 / 邊子光著. -- 一版. -- 臺北
市 : 秀威資訊科技, 2012.09
　　冊 ； 　公分. -- (海域執法類；PF0079)
BOD 版
ISBN 978-986-221-967-6(全套 : 平裝)

1. 海洋法　2. 國際海洋法

579.14   101009245

讀 者 回 函 卡

感謝您購買本書，為提升服務品質，請填妥以下資料，將讀者回函卡直接寄回或傳真本公司，收到您的寶貴意見後，我們會收藏記錄及檢討，謝謝！
如您需要了解本公司最新出版書目、購書優惠或企劃活動，歡迎您上網查詢或下載相關資料：http:// www.showwe.com.tw

您購買的書名：_____

出生日期：_____年_____月_____日

學歷：□高中 (含) 以下　　□大專　　□研究所 (含) 以上

職業：□製造業　□金融業　□資訊業　□軍警　□傳播業　□自由業
　　　□服務業　□公務員　□教職　　□學生　□家管　　□其它_____

購書地點：□網路書店　□實體書店　□書展　□郵購　□贈閱　□其他

您從何得知本書的消息 ？

　　□網路書店　□實體書店　□網路搜尋　□電子報　□書訊　□雜誌
　　□傳播媒體　□親友推薦　□網站推薦　□部落格　□其他_____

您對本書的評價：（請填代號　1.非常滿意　2.滿意　3.尚可　4.再改進）

　　封面設計____　版面編排____　內容____　文／譯筆____　價格____

讀完書後您覺得：

　　□很有收穫　□有收穫　□收穫不多　□沒收穫

對我們的建議：_____

_____

_____

_____

11466
台北市內湖區瑞光路 76 巷 65 號 1 樓

秀威資訊科技股份有限公司　　　收

BOD 數位出版事業部

···

（請沿線對折寄回，謝謝！）

姓　　名：_____　年齡：_____　性別：□女　□男

郵遞區號：□□□□□

地　　址：_____

聯絡電話：(日) _____ (夜) _____

E-mail：_____